Religion im Alltag
wahrnehmen und deuten

Uwe Böhm

Religion im Alltag wahrnehmen und deuten

Popkulturelle und symboldidaktische Bausteine
für Schule, Jugendarbeit und Gemeinde

Waxmann 2011
Münster / New York / München / Berlin

Bibliografische Informationen der Deutschen Nationalbibliothek
Die Deutsche Nationalbibliothek verzeichnet diese Publikation in
der Deutschen Nationalbibliografie; detaillierte bibliografische
Daten sind im Internet über http://dnb.d-nb.de abrufbar.

Waxmann Studium

ISSN 1869-2249
ISBN 978-3-8309-2608-5

© Waxmann Verlag GmbH, 2011
Postfach 8603, 48046 Münster
Waxmann Publishing Co.
P.O. Box 1318, New York, NY 10028, USA

www.waxmann.com
order@waxmann.com

Umschlagentwurf: Pleßmann Design, Ascheberg
Titelgrafik: Fotolia.com
Satz: Stoddart Satz- und Layoutservice, Münster
Druck: Hubert & Co., Göttingen

Gedruckt auf alterungsbeständigem Papier,
säurefrei gemäß ISO 9706

Printed in Germany

Inhalt

Vorwort

Theologisch und religionspädagogisch hat die Beschäftigung mit dem Themenfeld „Popkultur und Religion" in den letzten 15 Jahren etliche wissenschaftliche Arbeiten her-
vorgebracht. Aus diesen grundlegenden Arbeiten zur „Religion im Alltag" entwirft
der vorliegende Band religionsdidaktische Modelle und entwickelt sie durch ergänzen-
de Methoden weiter. Die dargebotenen Bereiche (z.B. Film, Werbung, Sport, Wellness,
Musik) sollen dabei nicht „verzweckt" werden. Dafür sind sie für die Religionspädagogik
zu wertvoll!

Die Beiträge wollen zur eigenen didaktisch-methodischen Auseinandersetzung anregen. Die Modelle sind im Religionsunterricht, im Konfirmandenunterricht, in der kirchlichen Jugendarbeit und Erwachsenenbildung verwendbar. Zudem bieten sie weiterführende Impulse im Bereich Religionsdidaktik, Medienpädagogik, Theologie und
Religionswissenschaft an.

Die Beiträge sind zum größten Teil als Aufsätze erschienen, die heute schwer zugänglich sind und auch weitergeschrieben wurden. Jeder Beitrag ist daher in sich eigenständig
und für sich lesbar. Die exemplarischen Modelle verbinden Theorie und Praxis und wurden in unterschiedlichen Handlungsfeldern erprobt. Die Modellvielfalt ist gekennzeich-
net durch unterschiedliche Themen, vielfältige Zugänge, grundsätzliche Fragestellungen
und durch ein breites Methodenspektrum.

Das Buch will eine breitere religionspädagogische Leserschaft ansprechen, nicht nur
den engen Kreis wissenschaftlicher Theologie. Das vorliegende Buch verortet sich deshalb jenseits abstrakt wissenschaftlich-theoretischer Grundlegung einerseits und flacher
pädagogischer Verzweckung im Sinne reiner Materialsammlung andererseits.

Ich bedanke mich bei allen Kolleginnen und Kollegen, die sich bei den Beiträgen
beteiligt haben. Um im medien- und religionspädagogischen Interesse weitere Entdeckungen in der „Religion im Alltag" wahrzunehmen, freue ich mich über Reaktionen
von Ihnen, den Leserinnen und Lesern: u.boehm@seminar-ludwigsburg.de. Besonders
danke ich meiner Frau Beate und unseren Kindern Lea, Sophie und Simeon für die
Impulse durch ihre Wahrnehmung der massenmedialen Religion im popkulturellen
Alltag.

Ludwigsburg, im Sommer 2011   Uwe Böhm

(Religions-)pädagogische Grundlagen

„Clash of Culture" – Religiöse Elemente in der Popularkultur*

1. Das exemplarische Phänomen „Religion in der Popmusik"

In Anlehnung an Huntingtons Buch „Clash of Culture" frage ich bei unserem Thema: Religion und Popkultur – Treffen nicht zwei gegensätzliche Kulturbereiche aufeinander? Beispielhaft erläutere ich dies im Kontext von Religion und Popmusik. Sicherlich kann die Verwendung von religiösen Elementen in der Popmusik erzkonservativ und kulturpessimistisch als Blasphemie – Gotteslästerung – bezeichnet werden. Auch evangelikale Warner und Mahner sahen und sehen in der Popmusik ein Teufelswerk. Jedoch kann dieses Phänomen auch anders gedeutet werden, deshalb möchte ich es differenzierter betrachten.

Jugendliche unterscheiden sehr genau die einzelnen Stile und wehren sich, wenn Hardrock als Popmusik bezeichnet wird. Ein Grunge-Fan würde z.B. auf die Barrikaden gehen, wenn man ihn als Popper bezeichnen würde. Ein HipHop-Fan würde nie Gangsta-Rap als Popmusik bezeichnen. Hier zeigt sich, dass diese Musik von individualisierten Lebensstilen geprägt ist und eine differenzierte Szenenkultur besitzt.

Als Gattungsbegriff hat sich in der Musikwissenschaft das Wort „Popularmusik" bzw. „populäre Musik" durchgesetzt.

Ich schließe mich der Definition des Musikwissenschaftlers Wulf Dieter Lugert an:

> „Populäre Musik ist solche Musik, die sich zu einer bestimmten Zeit bei einer bestimmten Personengruppe großer Beliebtheit erfreut. Demnach kann Mozarts Kleine Nachtmusik ebenso ,populäre Musik' sein wie die Titelmusik einer beliebten Fernsehserie oder ein Tagesschlager."[1]

Noch immer wird die Popularmusik als eine Lebenswelt nur von Kindern und Jugendlichen wahrgenommen. Es ist aber ein gesellschaftliches Phänomen aller Altersgruppen.[2] Auch Erwachsene hören Popmusik und lassen sich von ihr inspirieren. Dabei bleibt natürlich Popmusik für die Mehrheit der Jugendliche von zentraler Bedeutung und die bevorzugte Freizeitbeschäftigung.[3] Ihr identitätsstiftender Charakter darf nicht unterschätzt werden.

In dieser Bandbreite ist „Popularmusik … eine spezifisch eigenständige Musikkultur auf der Grundlage industrieller Produktion und Distribution. Ihre sozialen und psychologischen Funktionen sind bestimmt durch die emotionalen und körperlichen Bedürfnisse, die in verstärktem Maße durch die rationalisierte Lebens- und Arbeitsform

---

* Vortrag bei der Verleihung des Sozialpreises an Abiturienten in Ludwigshafen am 9.03.05
1 Vgl. Wulf Dieter Lugert: „Populare Musik" – ein untauglicher Begriff?; in: PmiU 8/1983, 3f. Zitiert aus: Georg Maas/Wolfgang Schmidt-Brunner: Pop/Rock im Musikunterricht, Mainz 1988, 13.
2 Vgl. R. Flender / H. Rauhe, Popmusik. Aspekte ihrer Geschichte, Funktionen, Wirkung und Ästhetik. Darmstadt 1989, 171.
3 Vgl. I. Kögler, Die Sehnsucht nach mehr. Rockmusik, Jugend und Religion. Informationen und Deutungen. Graz 1994, 236f.

in der industrialisierten Gesellschaft erzeugt werden. Ihre Ästhetik wird bestimmt durch die Bedingungen und Möglichkeiten der Massenkommunikationsmittel, ihre Semantik erwächst aus den Topoi moderner Mythologien."[4] Popularmusik ist wie der Glaube gefüllt mit bedeutsamen Mythen und wirkmächtigen Symbolen.

Religiöse Elemente sind in einigen Songs sehr auffallend vorhanden:

Joan Osborne sieht Gott als „One of us". In ihrem Song stellt sie wichtige Fragen: Wenn wir vor Gott stünden, was würdest du ihn fragen, wenn du nur eine Frage hättest? Religionspädagogisch äußerst wertvoll!

Die Toten Hosen haben die CD „Opium fürs Volk" herausgebracht mit Titeln wie „Paradies", „Vater unser" oder „Nichts bleibt für die Ewigkeit". Im Booklet werden Fernsehbilder gezeigt von Unterhaltungssendungen, von einem toten Kind, von Jürgen Fliege und dem Papst. Im Zentrum steht der Wunsch gedruckt: „Friede sei mit euch. Amen." Nachdenklich machende Provokation!

Weitere Beispiele sind: „Jesus" von Marius Müller-Westernhagen auf der CD „Radio Maria". Das Stück beginnt auch mit einen Höreindruck aus dem Vatikan-Sender.

Madonnas „Like a prayer" oder Michael Jacksons „Heal the World" oder „Earth Song" sind von christlichen Traditionen durchdrungen. Ebenso auch Songs von Xavier Naidoo und der Söhne Mannheims, z.B. die CD „Nioz", also rückwärts gesprochen ZION.

E Nomine zitiert biblische Texte im moderaten Techno-Rhythmus. Crash Test Dummies meinen „God shuffled his feet" und die „Arrested Development" geben sich kirchenkritisch in „Fishin' 4 Religion".

Religiöse Elemente finden sich in allen stilistischen Richtungen der Vergangenheit und Gegenwart. Dies sind theologische Herausforderungen. Die Beiträge dieses Buches stellen sich der religionspädagogischen Aufgabe.

Allein zur Jahrtausendwende kamen einige Techno-Stücke auf den säkularen Markt: Z.B. „Aquagen" mit „Ihr seid so leise!" oder „DJ Taylor & Flow" mit „Gott tanzte". Beide bearbeiten schöpfungstheologische Themen kurz und knackig.[5] Ohne Scheu und Schuld wird die neue Leiblichkeit betont und während der Rave-Party das Geschaffensein tanzend zelebriert und gefeiert. Gott machte den Menschen und er sah, dass er gut war; heute macht der DJ den Rhythmus und alle sehen, dass er gut ist. Feel your body!

Religiöse Elemente in der Popmusik finden sich nicht nur im Text der Songs. Fan-Artikel sind moderne Reliquien, das Musikkonzert ein Event in liturgischer postmoderner Gottesdienstform mit integrierter Pilgerfahrt. Michael Jackson kommt von oben auf die Bühne wie ein Erlöser.

Neben den sattsam bekannten evangelikalen Warnern und Mahnern, die in der Popmusik nur Teufelswerk erkennen können[6], und sonstigen erzkonservativ-kulturpessimistischen Stimmen wie der des damailigen Kardinals J. Ratzinger, der Popmusik pauschal als „Vehikel einer Gegenreligion" und als „Agitationsmusik" diffamiert[7], erwächst Kritik vor allem auch aus Kirchenmusikerkreisen, die „unter Berufung auf die ästhetischen Qualitätsstandards der europäischen Musikgeschichte … Popularmusik als

---

4   Flender / Rauhe, Popmusik, 17.
5   Beide Stücke sind z.B. auf der CD „Bravo-Hits 27".
6   Vgl. hierzu: Andreas Malessa, Beaten oder Beten? Rockmusik und evangelikale Kritik, in: Peter Bubmann / Rolf Tischer (Hg.), Pop & Religion. Auf dem Weg zu einer neuen Volksfrömmigkeit?, Stuttgart 1992, 140-146.
7   Unter Missachtung jedweder seriöser Literatur zum Thema: Joseph Ratzinger, Ein neues Lied für den Herrn. Christusglaube und Liturgie in der Gegenwart, Freiburg 1995, 141f, vgl. 159f.

Kitsch oder musikalischen Müll"[8] verdammen und, – in linksintellektueller Variante –, aus der theologischen Jüngerschaft Th. W. Adornos[9] und der „Kritischen Theorie" mit dem Regressionsverdacht und der fragwürdigen und mittlerweile überwundenen Gegenüberstellung von E-Musik („ernst") und U-Musik („unterhaltend")[10]. Religion in der Popularmusik kann man als Blasphemie bezeichnen. Oder wie es der damalige Kardinal Joseph Ratzinger nannte: „Prostitution mit der Unkultur." Popmusik als eine Popkultur kann auch anders interpretiert werden. Deshalb betrachte ich dieses exemplarische Phänomen im Kontext der Massenmedien und ihrer Symbolik sowie in einem zweiten Schritt analytisch an einem Videoclip.

2. Das Phänomen der Verknüpfung von Religion und Popkultur

Popularmusik drückt für die Mehrheit der Jugendlichen ihr Lebensgefühl, ihre soziale und psychische Befindlichkeit, ihre Wünsche, Probleme, Nöte, Erwartungen, ihre Vitalität, Spiel- und Abenteuerlust, aber auch Verzweiflung aus. Es ist ein Symbol ihrer sozialen, seelischen, erotischen Identität. Deshalb ist diese Musik für viele Jugendliche zum integralen Bestandteil ihrer Persönlichkeit geworden.[11]

Heutige Jugendliche sind durch den Einfluss von Medien, durch das Fernsehen, das Kino, Zeitschriften und Internet immer schon in Deutungszusammenhänge hineingestellt. Pop-Songs, Filme, Videoclips, Fernsehsendungen, aber auch Comics und Werbeanzeigen enthalten Sinndeutungsvorschläge, die eigene Prozesse der Welt- und Selbstdeutung evozieren, potenzieren, präsentieren und reflektieren können. Weitgehend verloren hat sich die traditionsgeleitete Formierung, die Prägung durch kirchliche Lehre, durch biblische Inhalte, durch den Katechismus, durch dogmatische Theologie. Das, was in diesen Überlieferungen inhaltlich gesagt wird, ist weithin unbekannt geworden und kaum noch verständlich zu machen. Statt dessen haben wir es mit einem real existierenden, lebensphilosophischen und weltanschaulichen Pluralismus und Synkretismus, mit religiösen Sinneinstellungen zu tun, die vielfach auch als „vagabundierende Religion" bezeichnet werden, da sie, obwohl überwiegend durch die Massenmedien vermittelt, doch je nach Situation, nach individueller Verfassung, nach Gruppenzugehörigkeit zu unterschiedlichen Formen und Inhalten führen.

Popkultur kann zum Ausgang für einen fruchtbringenden Prozess des christlichen Denkens, Urteilens und Handelns werden. Ihre Stimmigkeit liegt darin, dass sie denen, die sie sich aneignen und praktizieren, subjektiv gut tun, ein Empfinden von Glück auslösen, die Schwere des Seins ein wenig lichten. Die Medien vor allem mit ihren wirkmächtigen Inszenierungen großer Rituale, wunderbarer Traumhochzeiten, den Alltagsgeschichten der Daily-Soaps – diese Medien vor allem haben Zuständigkeiten

---

8   Peter Bubmann, Religiöse Elemente in der Popularmusik, in: ders., Von Mystik bis Ekstase. Herausforderungen und Perspektiven für die Musik in der Kirche, München 1997, 60-69: 62.

9   Vgl. u.a.: Theodor W. Adorno, Über den Fetischcharakter in der Musik und die Regression des Hörens, in: ders., Dissonanzen. Musik in der verwalteten Welt, Göttingen (6. Aufl.) 1982, 9-45 / Theodor W. Adorno, Einleitung in die Musiksoziologie, Frankfurt/M. 1962, 42f u.ö. – Kritisch dagegen: R. Siedler, Feel it in your body, Mainz 1995, 50-59.

10 Vgl. Flender / Rauhe, Popmusik, 60.

11 Vgl. Flender / Rauhe, Popmusik, 170.

beim Aufbau und der Vermittlung von Sinnhorizonten, Grundgestimmtheiten und Lebensdeutungen gewonnen.[12]

In jugendlichen Lebenswelten und Pop-Kulturen, wie beispielsweise die Popularmusik oder Werbung, drücken sich Erwartungen, Sehnsüchte, Spannungen zwischen eigenen Wünschen und Anforderungen der Realität, Wut und auch Verzweiflung aus. Die Musik ihrer Lebenswelten etwa begleitet die Jugendlichen bei ihrer Identitätssuche, sie überträgt Stimmungen und Gefühle, sie öffnet Spielräume, die Alltagserfahrungen zusammen mit Gleichaltrigen verarbeiten lässt.

3. Konkretisierung an einem Videoclip[13]

Ich lade Sie ein, mit mir jetzt einen Videoclip zu betrachten. „Where Is The Love" fragt die amerikanische Gruppe „The Black Eyed Peas" – „Die schwarzäugigen Erbsen" – im Jahr 2003. Der Song wie die Frage ist heute noch aktuell. Zwei Handlungsstränge sind im Clip vorhanden: Zum einen begleiten wir die Gruppe mit ihrem Piratensender durch New York. Im Musikclip sehen Sie an Alltagsorten ein kritisches Fragezeichen. Zum anderen wird ein aktiv protestierendes Gruppenmitglied, Apl De Ap, verfolgt und schüttet seine seelische Betroffenheit vor den Polizisten aus.

Schon im Text tauchen christliche Elemente auf: Und würdest du die andere Backe hinhalten? (Matth 5, 39) – verleugnen ihren Bruder – Vater, Vater, Vater, hilf uns – sende uns Führung von oben – Halte meinen Glauben am Leben. Natürlich dominieren auch ethische Themen im Songtext: Terrorismus – Ku Klux Klan – Rassismus – Kinder sind verletzt und du hörst sie schreien – Kannst du umsetzen, was du predigst? – Ein Krieg wird geführt, aber der Grund ist verborgen.

Es geht mir in den nächsten 5 Minuten weniger um den Textinhalt als um die gezeigten Bilder. Bitte schauen Sie den Clip an und lassen sich nun auf die folgende Aufgabe ein: Gehen Sie im Betrachten des Videoclips der Leitfrage „Where is the love?" auf zweifache Weise nach: Wo ist im Alltag unseres Lebens Liebe? Und: Wo entdecken Sie religiöse Elemente in diesem Videoclip?

Jugendliche können die Schnittfrequenzen der Clips zwar schneller „verdauen" als wir Erwachsene. Trotzdem lade ich Sie ein, diesen Videoclip auf www.youtube.de unter der zweifachen Fragestellung anzusehen – vielleicht sogar mehrfach, bevor Sie jetzt weiterlesen.

Sicherlich haben Sie einiges entdeckt: Nicht nur der Prediger auf der Straße ist ein Element, sondern auch das Motiv der Nachfolge – hier des Piratensenders – durchzieht die Filmsequenzen. Das Leben in der Einen Welt, Frieden, Gerechtigkeit und Bewahrung der Schöpfung sind die wichtigen Aufgaben in der ökumenischen Bewegung, der Videoclip unterstützt dies substantiell.

Zwei christliche Aspekte im Musikvideo möchte ich herausgreifen:

1. Die Predigt des Fragezeichens regt zum Nachdenken an. „Ask yourself" – Frage dich selbst. Kinder und Jugendliche fragen und suchen nach Orientierung. Gerade die alltäglichen Stellen und Plätze in der Stadt, an denen die Fragezeichen angebracht

---

12 Der Beitrag „Wertorientierungen in Daily Soaps" in diesem Buch analysiert dieses Genre näher und zeigt die Umsetzung im Unterricht auf.

13 Eine ausführlichere Darstellung findet sich in diesem Buch im Kapitel „Where is the love?" oder: „Die andere Backe hinhalten".

werden, weisen auf eine tiefere Bedeutung hin: Alles dies wird in Frage gestellt, so die Freiheitsstatue, die Wirtschaft (der Zeitungsverteiler der Financial Times), der Kommerz (die Werbeplakatwände), das gesamte politische, wirtschaftliche und öffentliche Leben. Die Welt besteht aus Gesichtern, aus Menschen. Nicht nur der im Videoclip gesehene Straßenprediger predigt, sondern auch die HipHop-Gruppe selbst: Wahrheit und Liebe ist ihnen ebenso wichtig und wertvoll, wie es auch in den Evangelien von Jesus aus Nazareth mehrfach berichtet wird. Sie sind Sand im alltäglichen Getriebe!

2. Der Refrain geht noch einen Schritt weiter und ruft in dieser fragenden Situation nach Gott, dem Vater. Es ist ein Stoßgebet. Der Epilog zeigt viele Menschen mit unterschiedlicher Hautfarbe und Alter. Sie alle schauen zum Himmel und haben einen glücklichen Gesichtsausdruck. Die Erwachsenen wenden sich vom Fernseher ab. Die Kamera zeigt nichts von dem, was die Leute sehen. Die Fantasie des Rezipienten ist gefragt. Ich denke jedoch, dass weder E.T. noch ein Ufo gemeint ist, sondern – wie gesungen „Vater, Vater, Vater, hilf uns – sende uns Führung von oben" – dass der Vater-Gott Jesu Christi Hoffnung und Befreiung ermöglicht. Durch diesen Clip bricht die Zuwendung Gottes am Ende hervor.

4. Aufgaben und Konsequenzen für die Kirche, insbesondere Religionspädagogik und Gemeindepädagogik

Die religiösen Inhalte in der Popularmusik beziehen sich auf christliche Traditionen. Zugleich gilt es, diese christlichen Traditionen in den Popkulturen aufzuzeigen und im ursprünglichen Sinn zu deuten, also religionspädagogisch zu rekonstruieren. Ad fontes – zurück zu den jüdisch-christlichen Wurzeln! Es findet eine doppelte Verwendung der christlichen Tradition statt. Popularmusik verwendet zunächst jüdisch-christliche Symbole, die Religions- und auch Gemeindepädagogik führt dann über die Behandlung populärkultureller Medien diese Symbole zu ihrem Ursprung zurück. Die Popularkultur wird zur Tradentin theologischer Inhalte und im Sinne von Medium zur Vermittlerin jüdisch-christlicher Symbole. Mit Hilfe massenmedialer Symboldidaktik können auch alte christliche Symbole wiederentdeckt werden.[14] M.a.W.: Die Religions- und Gemeindepädagogik benötigt weniger ein „drittes Auge"[15] im Blick auf Jugendliche – so Hubertus Halbfas –, als vielmehr die Fähigkeit, mit zwei Augen die Lebenswelten von Jugendlichen wahrzunehmen. Gerade die Wahrnehmung lebensweltlicher Erfahrungen und Phänomene führt zum Deuten und Verstehen von religiösen Symbolen und biblisch-christlichen Symbolen und Ritualen. Aus diesem Verstehen heraus folgt das christliche Handeln und Gestalten.

Theologie hat die Alltagsmythen der Popkultur[16] fast vollständig außer Acht gelassen: Die Religionspädagogik bevorzugt die „klassischen" Mythen und Symbole, wie Hand, Wasser, Licht, und übersieht die modernen Alltagsmythen und –symbole, wie Handy oder Harry Potter. Zum Mythos gehören als kollektive Übergangsobjekte die fiktiven und imaginären Götter als Projektionsflächen; die Stars der Popmusik werden vergöttert und

---

14 Vgl. hierzu die beiden Beiträge „Symbolverständnis – Symbolbildung – Symboldidaktik" und „Von der Symbolik zur Semiotik" in diesem Buch.
15 Vgl. H. Halbfas, Das dritte Auge. Religionsdidaktische Anstöße, Schriften zur Religionspädagogik 1, Düsseldorf ⁴1989.
16 Vgl. D. Zilleßen, Mythen im Alltagsleben. Ein Thema für den Religionsunterricht, in: EvErz 40/1988, 59-76.

zu starren, perfekt inszenierten Idolen (z.B. Michael Jackson)[17], deren „Botschaften" freilich so offen und vieldeutig sein müssen, dass breite Bevölkerungsschichten sie mit ihren projektiven Ich-Idealen besetzen können[18].

Als Konsequenz ergibt sich: „Kinder und Jugendliche müssen so früh wie möglich in geeigneter Form und anhand konkreter Beispiele auf die Funktion und Wirkung von Alltagsmythen … hingewiesen werden."[19] Wir benötigt einerseits einen kritischen Umgang mit (Alltags-) Mythen. Andererseits müssen wir deren existentielle Dimension erschließen und aneignen; denn religiöse Elemente in der Popularmusik können eben auch Ausdruck authentischer Erfahrungen und Sozialisationshilfe sein.

Popularmusik selbst kann einerseits regressiv als Objekt der Ersatzbefriedigung in der Situation der entfremdeten Gesellschaft gedeutet werden. Musik selbst kann zur Religion werden.

„Sie ist schnell fabriziert, reagiert umgehend auf die akuten Bedürfnisse der Zeit und zerstreut mit Witz, eingängigen Melodien und erotischen Träumen die Ängste und Sorgen der Bevölkerung."[20] Sie ist überall dort erfolgreich, „wo gesellschaftliche Schichten ihre traditionelle Enkulturation verloren haben oder ablehnen und eine neue soziale oder geistige Einbindung noch nicht in Sicht ist."[21] Popmusik und Popkultur befriedigen insofern über die Adaption mythologischer Inhalte Bedürfnisse, die früher durch Religion erfüllt wurden. Eine zeitgemäße Theologie und Religionspädagogik wird jedenfalls die Regression im Verhalten der Gläubigen beachten und reagieren.[22]

Andererseits kann Popularmusik in ihren progressiv-emanzipatorischen Eigenschaften erkannt werden, die als subkulturelle Gegenentwürfe gesellschaftliche Veränderungen voranzutreiben vermögen.[23] So vor allem in den 60er und 70er Jahren durch Folkmusik und Rockmusik.

Die Chancen der Popularmusik, welche religiöse Elemente transportieren, sind:
- Körper und Geist werden nicht (neu-)platonisch und unchristlich getrennt; body and soul bilden eine Einheit. Popularmusik verhilft entgegen einer in kirchlich-christlichen Kreisen immer noch verbreiteten Abwertung des Körperlichen zur Annahme der eigenen Körperlichkeit (besonders in der Pubertät).
- Popularmusik legt durch Inspiration und Improvisation ein schöpferisches Potential frei, das inmitten der Normierungen des Alltags zur Identitätsbildung beiträgt.
- Popularmusik kann ästhetische Kompetenz und Handlungskompetenz ermöglichen. Jugendliche bringen mit Hilfe popularmusikalischer Rituale ihre moralischen Ideale und Sehnsüchte einer gerechteren Welt zum Ausdruck.[24]

---

17 Vgl. G. M. Klinkhammer, Jugendliche Träume vom Heil. Eine Untersuchung zu religiösen Dimensionen der Jugendzeitschrift Bravo, in: L. Friedrichs / M. Vogt, (Hg.), Sichtbares und Unsichtbares: Facetten von Religion in deutschen Zeitschriften, Würzburg 1996, 72-98: 86-90.
18 Vgl. Flender / Rauhe, Popmusik, 63ff.
19 A.a.O., 165.
20 Flender / Rauhe, Popmusik, 35.
21 Ebd.
22 Vgl. H. Albrecht, Die Religion der Massenmedien, Stuttgart 1993, 144.
23 Vgl. zum Folgenden: R. Siedler, Feel it in your body. Sinnlichkeit, Lebensgefühl und Moral in der Rockmusik, Mainz 1995, bes. 306-310.
24 Vgl. H.-G. Heimbrock, Didaktik des klangvollen Ohres. Über die Bedeutung von Musik für religiöse Lernprozesse, in: EvErz 43/1991, 459-471: 461.

- Popularmusik wiederentdeckt unterdrückte (religiöse) Elemente unseres Zivilisationsprozesses; Ekstase, Rhythmus und Tanz sind auch in biblischer Tradition keineswegs nur negativ (Ex 32,18f; 1 Kön 18,25; Mk 6,22-28 u.ö.) konnotiert, wie z.B. 1 Kön 18,46 zeigt.
- Popularmusik ermöglicht eine moderne Berührung mit dem ‚tremendum et fascinosum' des Religiösen, dem Heiligen.
- Popularmusik wird zum emotionalen Sprachrohr jugendlicher Bedürfnisse. Die im Kontrast zur Alltagswirklichkeit in der Popularmusik erlebten Glücksmomente wirken sich motivierend aus.

Die Kirche muss das Gesagte sehen lernen. Deshalb möchte ich zwei Konsequenzen ziehen:

„Kirche muss die Popularkultur unbedingt wahr- und ernst nehmen."
Ich möchte keine neue Diskussion über das Thema Kirche und Kultur entfachen, jedoch meine ich mit „unbedingt" zwei Aspekte:

1. ohne Vorbedingung, einfach nur betrachten, wahrnehmen, zur Kenntnis nehmen, ohne gleich zu kritisieren und

2. im Sinne von Paul Tillich: Religion ist das, was mich unbedingt angeht. Popmusik, Sport, Theater und andere Formen der Popularkultur greifen grundlegende Bedürfnisse auf und besitzen einen Verheißungscharakter.

Auf drei grundlegende menschliche Bedürfnisse möchte ich hinweisen, die sowohl durch Religion als auch durch Popularmusik befriedigt werden:

1) Identifikations-Bedürfnis
Religionsstifter und –führer sind stets auch Identifikationsobjekte gewesen und haben in die Nachfolge gerufen. Stars und Sternchen der Popkultur vermarkten sich ähnlich als Heilsträger.[25] Insbesondere in einer sich ausdifferenzierenden und pluralistischen Welt werden Identifikationsangebote für Kinder und Jugendliche zur Orientierung zunehmend bedeutsam. Zugleich muss jede „Führer"-Rolle kritisch begleitet werden.

2) Transzendenz-Bedürfnis
Transzendenz ist elementares Kennzeichen von Religion. Die black music-Tradition aus Spiritual, Gospel und Blues als Grundlage der Popularmusik transzendiert die gegenwärtigen Erfahrungen auf eine kommende endgültige Befreiung hin (Exodus-Motiv).[26] Dabei darf Musik als Befriedigung emotionaler und somatischer Bedürfnisse allerdings ebenso wenig wie die Religion zur therapeutischen Droge und zur Ersatzbefriedigung als „Opium fürs Volk"[27] werden.

---

25 In der Jugendzeitschrift BRAVO unterscheidet Klinkhammer, Träume, 86 vier unterschiedliche Typen von Stars: den Mega-Star, den Luxus-Star, den ‚guten Jungen' bzw. das ‚gute Mädchen', den ‚harten Mann' bzw. die ‚harte Frau'.
26 Vgl. G. Buschmann / K. Küßner, Das Exodus-Motiv in zwei Beispielen der Pop-Musik als fächerübergreifender Unterricht ev. Religion / Englisch: Bruce Springsteen, Across the Border (1995) / Bob Marley, Exodus (1977), in „Religion heute" Heft 2/1998.
27 Vgl. die gleichnamige CD der „Toten Hosen" sowie G. Buschmann / B. Leich, Gott sei Punk: Religion – Tote Hose?! Opium fürs Volk. Die neue CD der Toten Hosen, Religion heute 27/Sept. 1996, 192-195.

3) Zerstreuungs- und Unterhaltungsbedürfnis

Entspannung, Unterhaltung und Ablenkung dürfen inmitten einer ungeheuer dichten Arbeits- und Schulwelt nicht nur negativ gesehen werden. Auch der Religionsunterricht und die Kirchengemeinde müssen sich den Charakter des Freiraums in seelsorgerlichem Interesse im Getriebe eines arbeitsintensiven Alltagsbetriebs bewahren. Religionsunterricht und Kirchengemeinde dürfen eine Insel der Erholung sein, wenn Religion mit dem katholischen Theologen Johann Baptist Metz zu verstehen ist als „Unterbrechung und Überbietung dessen, was den gewöhnlichen Alltag bestimmt, Religion als Auszug aus dem Bestehenden und routinehaft Vollzogenen …".[28]

Popularmusik zeigt wie die Religion das Unfassbare im Fassbaren. Darin besitzt sie einen Verheißungscharakter: Sie weckt die Sehnsucht nach einer zukünftigen Stillung, nach dem Paradies oder besser nach einer besseren Welt, in der die Bedürfnisse gestillt sind.

Wie dieses Weltbild aussehen soll, kann man am popularkulturellen Produkt ablesen. Von daher lautet meine zweite Konsequenz:

„Bilderwelten konstruieren Weltbilder – Worte werden überhört."

Wir leben in einem optischen Zeitalter; Bilderfluten wie noch nie umgeben uns. Die Ästhetik des Wortes am Sonntag hat ausgedient. Das 20. Jahrhundert war das Jahrhundert der Photographie, des Films, der Nachrichtenbilder, der Satelliten, der digitalen Bildübertragung, der audio-visuellen Medien. Gutenberg war nur ihr Vorläufer. Theologie aber verharrt vielfältig allein in Wort und Schrift. Das Bilderverbot[29] in Ex 20,4 darf nicht länger im Sinne eines allgemeinen Bilderverbots interpretiert werden; es bezieht sich ausschließlich auf das Gottesbild und seine Verehrung. Luther hat zu Recht alle Bilderstürmerei verurteilt und damit gegen alle intellektualistische Überheblichkeit eine „Option für die Armen" aufrechterhalten, für die, die eben nicht lesen konnten. Theologie hat alle Sinne anzusprechen. „Die Religion der Medien ist … eine Bilderreligion."[30]

Die Kirche, die die Popkultur berücksichtigt, wird zur werbenden Kirche. Es geht der Theologie wie der Popkultur um das Sichtbarmachen des Unsichtbaren, um das Unverfügbare im Verfügbaren.

---

28 R. Sauer, Religiöse Phänomene in den Jugendkulturen, JRP 10/1993, 17-30: 17.
29 Vgl. u.a. F. Johannsen, Du sollst dir kein Bildnis machen … Auf der Suche nach theologischen und didaktischen Kriterien für den Bildgebrauch im Religionsunterricht, in: ders. (Hg.), Religion im Bild. Visuelle Medien im Religionsunterricht. Göttingen 1981, 13-31 / TRE 6 (1980), Art. Bilder I-VII.
30 Albrecht, Religion der Massenmedien, 144.

Musik und Religion*

Musik ist ein Kulturgut. Musik ist ein wesentliches Ausdrucksmittel der Menschheit. Durch sie ist Wirklichkeitswahrnehmung und -deutung möglich. Singen gehört zum menschlichen Bedürfnis der Mitteilung und Gemeinschaftspflege. Für Martin Luther kommt Musik gleich nach der Theologie.

„Ich liebe die Musik. … Denn die Musik ist
1. ein Geschenk Gottes und nicht der Menschen;
2. sie macht das Gemüt froh;
3. sie verjagt den Teufel;
4. sie bereitet unschuldige Freude.

Darüber vergehen Zorn, Begierden, Hochmut. Den ersten Platz nach der Theologie gebe ich der Musik. Das lässt sich ersehen aus dem Beispiel Davids und aller Propheten, die alles, was sie zu sagen hatten, in Metren und Gesängen ausdrückten … ."[1]

Neben der Bedeutung der Musik nennt Martin Luther Maßstäbe der protestantischen Musikbenutzung: Gabe Gottes, welche Böses abwendet und Freude bereitet. Deshalb wünscht sich Luther einen singfähigen Prediger: „Ein Schulmeister muss singen können, sonst sehe ich ihn nicht an. Man soll auch junge Gesellen zum Predigtamt nicht verordnen, sie haben sich denn in der Schule der Musica versucht und geübt."[2]

Musik gehört wesentlich zur europäischen Kultur und somit auch zur Schulkultur. Das Fach Musik ist selbstverständlicher Bestandteil des Fächerkanons. Musik bildet die Grundlage für Jazzdance oder Sportgymnastik. Chor, Orchester oder Bands bereichern vielfach das Schulleben. Aber auch in anderen pädagogischen Handlungsfeldern wird in der Zwischenzeit bewusst auf Musik zurückgegriffen, wie etwa in der Gestaltpädagogik oder in der auf Fremdsprachenerwerb bezogenen Suggestopädie. Der Alltag ist von Musik durchdrungen: Filmmusik, Musik in der Werbung, Radiohören während der Autofahrt usw. Die Musik hat unterhaltende, meditative, sinnliche, unterstützende sowie schutz- und haltgebende Funktion. Jugendliche können sich hingegen durch die massenmediale Prägung der Gesellschaft zunehmend schwieriger von der Erwachsenenwelt (musik-)stilistisch abgrenzen.

Musik begegnet uns in pädagogischen Arbeitsbereichen in zweifacher Weise: Zum einen wird Musik wahrgenommen. Die Rezeption von Musik umfasst sowohl die semantische Betrachtung eines Liedtextes als auch die Analyse eines popmusikalischen Arrangements oder das entspannende Meditieren bei Musik. Zum anderen besteht ein Bedürfnis, in Gemeinschaft zu singen oder Musik selbsttätig zu gestalten. Die Produktion von Musik geschieht in interaktionistischen Zusammenhängen sowohl bei der Verklanglichung eines Bildes oder Gefühls als auch bei der Erstellung eines Rhythmus-Patterns am Computer.

---

* Erstveröffentlichung in: Gesellschaft für Religionspädagogik (Hrsg.): Neues Handbuch Religionsunterricht an berufsbildenden Schulen, Neukirchen-Vluyn 2005, 531-554.
1 Luther, M.: Werke. Kritische Gesamtausgabe. WA, Bd. 30 II, (Weimar 1909) Graz 1964, 696.
2 Luther, M.: Tischreden, Nr. 968; abgedruckt in: Oskar Söhngen: Theologie der Musik, Kassel 1987, 84.

Didaktisch basiert dieser Beitrag auf dem phänomenologischen Ansatz, der zunehmend in die neueren religionspädagogischen Konzeptionen und Bildungspläne Einzug hält. Ich räume deshalb der Rezeptionsästhetik den Vorrang vor der Werkästhetik ein. Dies schließt nicht aus, dass bei dem Einsatz von Musik im Religionsunterricht grundsätzlich der Eigenwert des Mediums zu achten ist. Das bedeutet: Musikstücke dürfen nicht funktionalisiert werden. Die Dignität des Mediums erfordert auch die musikwissenschaftliche Analyse. Der Mehrwert eines Musikstücks ist dabei zu beachten und zu gewichten. Musik spricht somit die Kognition und die Emotion gleichermaßen an. Es handelt sich um ein Medium, welches die Ganzheitlichkeit des Menschseins erfreut und den Hörer zur Transzendenz hin öffnet.

Symbol und Logos, Bildgehalt und Textverstehen verbinden sich bei der Verwendung von Musik im Religionsunterricht. Die Ästhetik der Antike erblickte in der Musik einen rein rationalen Begriff: Nach Platon besteht Musik[3]
- aus ‚harmonia‘, eine geregelte, in ein System gebrachte Tonbeziehung,
- aus ‚rhythmos‘, der Zeitordnung, und
- aus ‚logos‘, der Sprache als Ausdruck menschlicher Ratio.

Die so genannte ‚absolute Musik‘ ohne Text und Programm – vor allem der Barock- und Klassikepoche – verstand sich als ‚tönend bewegte Formen‘ (E. Hanslick). Erst die Romantik gab den drängenden Gefühlen und der Sehnsucht der Empfindungen eine musikalische Bewusstheit. Musik ist nun nicht mehr gänzlich in Sprache zu übersetzen oder restlos analytisch zu erschließen. Sie darf auch als Symbol betrachtet und respektiert werden. Musik vermag mit ihrem eigentümlichen Charakter, auf eine andere Wirklichkeit zu verweisen. In ihr steckt eine religiöse Potenz. Sie kann zur Ersatzreligion – auch in der Lebenswelt heutiger Jugendlicher – werden. ‚Chiffren der Transzendenz‘ in der Musik durchbrechen den Alltag und führen die Rezipienten in eine übersinnliche Welt.[4]

1. Rezeption und Produktion populärer Musik

Elementare Phasen der Musikrezeption im Unterricht sind:
I. Erstbegegnung / Hören (z.B. CD, Kassette)
II. Aufnehmen / (Mit-)Lesen (z.B. Textblatt, Folie)
III. Verstehen / Interpretieren (z.B. vertiefendes Gespräch, angeleitete Gruppenarbeit)
IV. Verarbeiten / Gestalten (z.B. eigener Antworttext, thematische Collage)

Die verstehende Wahrnehmung von Liedern und anderen Musikformen im Unterricht geschieht durch unterschiedliche Kanäle: In der Erstbegegnung kann die Musik gehört werden. Ebenso ist auch ein Erstlesen des Liedtextes vor dem Hören möglich. Jedoch sollten die Jugendlichen die Musik in den ersten beiden Phasen durch mehrfache Zugänge wahrnehmen. In der dritten Phase kommen Hintergrundinformationen hinzu bzw. entsteht ein Diskurs über Wahrgenommenes (z.B. besondere Textausschnitte, Hörempfindungen, musikalische Besonderheiten). ‚Symbolische Kommunikation gibt zu ler-

---

3 Vgl. Bosold, I./Kliemann, P. (Hg.): „Ach, Sie unterrichten Religion?“. Methoden, Tipps und Trends, Stuttgart 2003, 220.
4 Vgl. weiterführend und historisch betrachtend: Pirner, M.L.: Musik und Religion in der Schule. Historisch-systematische Studien in religions- und musikpädagogischer Perspektive, Göttingen 1999.

nen'[5] – in diesem Sinn des phänomenologisch-ästhetischen Ansatzes der Symboldidaktik nach Peter Biehl gestaltet sich die dritte Phase. Einen Zugang in dieser Gesprächsphase ermöglichen die vier Fragen des „Göttinger Stufenmodells" aus der Seelsorgearbeit:[6]

1. Was habe ich wahrgenommen (gehört, gesehen usw.)?
2. Was habe ich gefühlt, dabei empfunden?
3. Welche Einfälle/Assoziationen sind mir gekommen?
4. Welchen Schluss ziehe ich im Hinblick auf die zentralen Aussagen des Mediums?

Meistens bricht dann der musikdidaktische Religionsunterricht ab und nützt nicht die nachhaltige Wirkung eigenen Gestaltens. In der letzten Phase findet die weiterführende Auseinandersetzung mit dem Bildungsgehalt des Mediums statt: Um- und Weiterdichtungen sind ebenso möglich wie bildliche Verarbeitungen. Diese performative Produktion knüpft an die Kreativität der Kinder und Jugendlichen an.

1.1 Religiöse Anknüpfungen an Popularmusik

Das Wort ‚Popmusik' ist vieldeutig und ein schillernder Begriff. Deshalb verwende ich den Oberbegriff ‚Populäre Musik' bzw. ‚Popularmusik': Gemeint ist eine Musik, die die Mainstream-Popmusik (z.B. Michael Jackson, Madonna) genauso umfasst wie neuere und spezifischere Stile (z.B. Punk, HipHop, Techno etc.)[7]. Jugendliche unterscheiden sehr genau die einzelnen Stile der populären Musik und wehren sich, wenn Rap-Musik oder Rockmusik als Popmusik bezeichnet wird. Ein Grunge-Fan würde z.B. auf die Barrikaden gehen, wenn man Kurt Cobain (Verstorbener Sänger der Band Nirvana) als Popper bezeichnen würde. Hier zeigt sich, dass die populäre Musik von individualisierten Lebensstilen geprägt ist und eine differenzierte Szenenkultur besitzt. Jugendliche identifizieren sich mit Stilen der populären Musik.

Die Wurzeln heutiger populärer Musik liegen in der religiösen Tradition der Spirituals und Gospels sowie in der Lebenswelt des Blues. Die afroamerikanische Musikgeschichte ist verknüpft mit religiösen Hoffnungen auf Befreiung und Gerechtigkeit. Deshalb finden sich bis heute in den Texten und Videoclips biblische Symbole (z.B. Engel, Exodus) und christliche Motive (z.B. Kreuz, Marienbilder). Die Popularmusik ist zunächst durch Musikstil und Interpret Sympathieträger, zugleich benutzt sie oftmals die Sprache der Jugendlichen. Dabei werden auch religiöse und anthropologische Fragen und Themen aus der Lebenswelt Jugendlicher aufgegriffen. Manche Stars inszenieren sich als Erlöserfigur (z.B. Michael Jackson, Xavier Naidoo).

Der Musikkult selbst besitzt religiöse Züge:
- Fan sieht die Welt aus dieser Stil-Perspektive und gehört zur ‚Gemeinde der Glaubenden'.
- Starposter und CD-Sammlungen werden zu Altären und Heiligtümer; verschwitzte Handtücher, Drumsticks oder Gitarren-Plektrons sowie Autogramme sind postmoderne Reliquien.

---

5 Vgl. Biehl, Peter, Festsymbole. Kreative Wahrnehmung als Ort der Symboldidaktik, Neukirchen-Vluyn 1999, 15.
6 Vgl. Lindemann, F.W.: Seelsorge im Trauerfall. Erfahrungen und Modelle aus der Pfarrerfortbildung, Göttingen 1984, 73ff.
7 Vgl. zu den Stilrichtungen u.a.: Kögler, I.: Die Sehnsucht nach mehr. Rockmusik, Jugend und Religion. Informationen und Deutungen. Graz 1994; Treml, H.: Spiritualität und Rockmusik, Ostfildern 1997.

– Konzerte werden als Gottesdienste durch Licht-, Sound- und Kommunikationseffekte ritualisiert; der Fan pilgert zu diesen Wallfahrtsorten sowie zu anderen, wie Memphis (Grab von Elvis).

Schon seit den 70er und 80er Jahren wird im Musik- und Englischunterricht populäre Musik vielfältig als Medium verwendet. Es entstanden vor allem in den 90er Jahre brauchbare Modelle auch für den Religionsunterricht. Parallel zu der Materialentwicklung wird theologisch und religionspädagogisch seit den 90er Jahren auf wissenschaftlichem Niveau die populäre Musik im Hinblick auf ihre religiösen Implikationen analysiert, – manchmal aber auch in vorurteilsbehafteten Beiträgen. Die hauptsächlichen Pro- und Kontra-Argumente zum Einsatz von populärer Musik im Religionsunterricht liegen vor – jedoch ohne genügende empirische Belege:

Pro	Kontra
– Inhaltsvermittlung durch ein jugend-orientiertes Medium im offenen Unterricht	– Instrumentalisierung von Jugendkultur im Unterricht
– Ganzheitliche Verbindung von Kognition und Emotion in der Popmusikdidaktik	– Unmöglichkeit der dialogischen alters-differenten Rezeption von Lehrenden und Schülern im hierarchischen Unterricht
– Sprache und religiöse Themen aus der Lebenswelt der Jugendlichen als kulturästhetische Hermeneutik des Alltags	– Christologische Verzerrungen und synkretistische Religiösität in den Inhalten vieler Musikstücke und Videoclips

Die Spannung zwischen Pro und Kontra bleibt erhalten, fordert jedoch eine Prüfung durch empirische Studien: Wichtige Erkenntnisse einer explorativen Studie[8] war, dass die Jugendlichen gerne Popularmusik im Religionsunterricht hören und dankbar waren, wenn die englischen Titel übersetzt wurden bzw. über die Textinhalte gesprochen wurde. Der Vorwurf, dass die Schülerinnen und Schüler nicht ‚ihre Musik' im Unterricht hören möchten, wurde somit mehrfach empirisch widerlegt.[9] Eine bewährte Aufgabe im Unterricht ist mittlerweile, zu einem bestimmten Thema des Religionsunterrichts populäre Musik suchen und mitbringen zu lassen. Neben der Betrachtung der Textaussage sind musikalische Elemente (z.B. Form, Instrumente, Text-Wort-Bezug, Musikstil) im Vergleich ebenfalls erhellend und leisten ihren spezifischen Beitrag zur Thematik. Solche themenorientierten Projekte eignen sich vorzüglich, um Toleranz und Respekt einzuüben, denn meistens treten die unterschiedlichen Musikgeschmäcke der Schülerinnen und Schülern zu Tage und konkurrieren miteinander.

1.2 Religiöse Elemente in der Rock- und Popmusik

Musikhören gehört zu den bevorzugten Freizeitbeschäftigungen heutiger Jugendlicher. Neben dem passiven und nebenbei praktizierten Zuhören singen die Jugendlichen auch spontan mit. Meistens ist ihnen der Inhalt jedoch unbewusst, vor allem bei englischer Popularmusik. In Konzerten können durch Klatschen, Mitsingen bzw. Tanzen

---

8   Vgl. Böhm, U./Buschmann, G.: Popmusik – Religion – Unterricht. Modelle und Materialien zur Didaktik von Popularkultur, Münster 2002, 35ff.
9   Vgl. Böhm/Buschmann 2002, 27-40 und Obenauer, A.: Too much Heaven? Religiöse Popsongs – jugendliche Zugangsweisen – Chancen für den Religionsunterricht, Münster 2002.

und in Discos durch andauerndes Tanzen ekstatische Erfahrungen entstehen, die die Heranwachsenden aus ihrer Alltagsrealität entheben.[10] Dies geschieht größtenteils durch den Rhythmus (meistens motorische Metrik im 4/4-Takt eines monotonen Beats oder synkopischer Gegenakzentuierungen und vorgezogene ‚off-beat'-Schläge) und den Klang (stilistisch abhängig von synthetisch erzeugtem Klangteppich über perkussiven Elementen des Keyboards bis zu rockigem E-Gitarren-Sound).

In populären Songs findet sich eine auffällig häufige Thematisierung religiöser Inhalte. Die Texte enthalten dabei sowohl eindeutige als auch implizite religiöse Aussagen. Künstler wie John Lennon, Van Morrison, Bob Dylan, Sting, Bruce Springsteen, Madonna sowie Michael Jackson oder Musikgruppen wie Tote Hosen, Fantastische Vier oder Die Prinzen haben darin ihren eigenen religiösen Haltungen Ausdruck verliehen. Explizite Religiosität in populärer Musik kommt in drei Formen vor:[11]

1. Christliche Orientierung
2. Auseinandersetzung mit persönlichen religiösen Fragen
3. Oberflächliches Bedienen am religiösen Symbolvorrat

Daneben gibt es die christliche (Rock-)Musik (z.B. die deutsche Gruppe Normal Generation oder die irische Gruppe U2) und im Heavy-Metal-Bereich Bands, die bewusst mit einem christlich-missionarischen Anspruch auftreten (als ‚White Metal' bezeichneter Stil). Implizit religiöse Aussagen finden sich, wenn Popularmusik existentielle und ethische Fragestellungen thematisiert (z. B. partnerschaftliche Liebe, Befreiung von Unterdrückung). Sie dient damit vielfach als Transportmittel persönlicher Gedanken über die letzten Sinnhorizonte des Lebens und kann so eine mehr oder weniger bewusste Auseinandersetzung mit dem Leben darstellen. Die Popularmusik erweist sich somit als Fundgrube für den Unterricht.[12] Vorsicht ist geboten, beim Einsatz aktueller Songs, da diese meistens emotional besetzt sind und die Jugendlichen sich einem analytischen Zugang verwehren. Zugleich sollte im Unterricht auch die Vielfalt der Betrachtungsebenen bei Pop- und Rockmusik (z.B. Technik, Produktion, Vermarktung) genutzt werden.[13]

Inhaltliche Betrachtung der Popmusik am Beispiel „Zärtlichkeit"

Beispielhaft für einen thematischen Vergleich wähle ich im Folgenden das Thema „Zärtlichkeit" aus. Zärtlichkeit ist kein Begriff der Dogmatik. Jedoch findet sich die Berührung durch Jesus sehr häufig im Kontext von Segnung und Heilung: Touching als somatische Heilungsgeste. Zärtlichkeit geschieht durch Berührung. Ich berühre und werde dadurch berührt – im doppelten Sinn. Berührung berührt unsere Berührungsängste. Zärtlichkeit wurde als weibliches Merkmal gesehen. Für die Männer gehörte Mut dazu, Zärtlichkeit zu zeigen. Zärtlichkeit erwartet man von der Mutter für ihr Kind. Für den Mann gilt leider immer noch: Gelobt sei, was hart macht!

War bei Sigmund Freud Zärtlichkeit eine Entgleisung des für ihn zentral wichtigen Sexualtriebs, eine abgelenkte Erotik vom sexuellen Triebziel, so sieht Erich Fromm in

---

10 Vgl. weiterführend: Fermor, G.: Ekstasis. Das religiöse Erbe in der Popmusik als Herausforderung an die Kirche, Stuttgart 1999.
11 Vgl. Treml 1997, 281.
12 Viele erprobte Modelle finden sich differenziert nach Altem und Neuem Testament sowie nach thematischer Problemorientierung in: Böhm, U./Buschmann, G.: Popmusik – Religion – Unterricht. Modelle und Materialien zur Didaktik von Popularkultur, Münster 2002.
13 Vgl. hierzu: Rohrbach, K.: Rockmusik. Die Grundlagen. Ein Arbeitsbuch für den Musikunterricht in Schulen (mit CD), Oldershausen 1995.

seiner „Kunst des Liebens"[14] Zärtlichkeit als unmittelbaren Ausdruck der Nächstenliebe in körperlicher und nichtkörperlicher Form.[15] In Anlehnung an Kurt Marti wird die Zärtlichkeit bei Elisabeth Moltmann-Wendel zur Anarchistin, „um die ungerechten Machtverhältnisse, die Machtansprüche, die Machtsprache zu entmachten."[16] Zärtlichkeit wird zur politischen Kategorie.

Die Theologie entdeckt die Zärtlichkeit ebenso wie die neue Leiblichkeit: „Die Ästhetisierung emotionaler Erfahrung ist bei uns im vollen Gang. Sie hat längst auch die christliche Religion ergriffen, nicht nur zu ihrem Schaden."[17] Das Alte Testament bewahrte die Zärtlichkeit im Liebeslied, Liebe und Sexualität werden hier unbekümmert-natürlich dargestellt Sicherlich entspricht das Liebesgeflüster im Hohelied Salomos nicht mehr dem Sprachmodus heutiger Popmusik. In beiden Musikstilen wird jedoch deutlich, dass Zärtlichkeit verwundbar bleibt. Im Neuen Testament wurde der Maria Magdalena – und verknüpft mit ihr der ‚Sünderin' – eine Theologie der Zärtlichkeit zugeschrieben (vgl. Lk 7,47). Dass Männer ebenso zärtlich, herzlich und warm sein können, zeigt das Beispiel des ‚Jüngers, den Jesus lieb hatte' (Joh 13,23; 19,26; 21,7.20) an der Seite von Jesus. Gott selbst ist Zärtlichkeit, Liebe und Schmerz.[18]

Es wurde deutlich, dass Zärtlichkeit verschiedene Facetten trägt. Sie berührt das Thema der Geschlechtertypologie, besitzt jüdisch-christliche Wurzeln und kann politische Dimension erreichen. Ebenso verhält es sich mit dem Gebrauch des Begriffs Zärtlichkeit in der Popmusik. Viele Songs sind Liebeslieder und weisen implizit auf Zärtlichkeiten zwischen den Liebenden hin.

Zärtlichkeit gehört – wie Religion auch – für Schülerinnen und Schüler in den Privatbereich bzw. in die Intimsphäre. Trotzdem ergibt eine Spurensuche zusammen mit den Jugendlichen die Entdeckung, dass viele Songs der popkulturellen Szene den Begriff ‚Zärtlichkeit' verwenden. Neben Suchmaschinen im Internet sind Bravo und Kuschel-Rock-CDs Quellen der Suche bei Liebesthemen in der Popmusik.

Die Künstler bearbeiten in der Popmusik den Begriff ‚Zärtlichkeit', wie im Folgenden anhand von deutschen Titeln exemplarisch gezeigt wird, ebenfalls unterschiedlich. Die Geschlechterproblematik im Kontext von Zärtlichkeit kommt zum Beispiel in dem Klassiker ‚Männer' von Herbert Grönemeyer zum Ausdruck:

Herbert Grönemeyer: Männer

	1. Strophe:
1	Männer nehm'n in den Arm
	Männer geben Geborgenheit
	Männer weinen heimlich
	Männer brauchen viel Zärtlichkeit
5	Oh Männer sind so verletzlich
	Männer sind auf dieser Welt einfach unersetzlich

---

14 Erich Fromm, Die Kunst des Liebens, 1956 (amerikanische Originalausgabe: The Art of Loving)
15 Vgl. Elisabeth Moltmann-Wendel, Zärtlichkeit & Eros. Neue Formen der alten Liebe, in: Religion heute 27/1996, 164-167:164.
16 A.a.O., 165.
17 Christoph Bizer, Theologie der Zärtlichkeit, in: Religion heute 27/1996, 158-163:163.
18 So sieht es Kurt Marti in E. Moltmann-Wendel, Zärtlichkeit, 165. Für Kurt Marti kann es auch zu einem „Zorn göttlicher Zärtlichkeit" kommen, der Macht und Ungerechtigkeit anprangert.

2. Strophe:
Männer kaufen Frauen
Männer stehen ständig unter Strom
Männer baggern wie blöde
10   Männer lügen am Telefon
Männer sind allzeit bereit
Männer bestechen durch Geld und ihre Lässigkeit

Refrain:
Männer haben's schwer, nehmen's leicht,
außen hart und innen ganz weich
15   werd'n als Kind schon auf Mann geeicht
Wann ist ein Mann ein Mann?
Wann ist ein Mann ein Mann?

Zwischenteil:
Männer führen Kriege
Männer sind schon als Baby blau
20   Männer rauchen Pfeife
Männer sind furchtbar schlau
Männer bauen Raketen
Männer machen alles ganz genau
Wann ist ein Mann ein Mann?
25   Wann ist ein Mann ein Mann?

3. Strophe:
Männer haben Muskeln
Männer sind furchtbar stark
Männer können alles
Männer kriegen 'n Herzinfarkt
30   Männer sind einsame Streiter
müssen durch jede Wand, müssen immer weiter

4. Strophe:
Männer kriegen keine Kinder
Männer kriegen dünnes Haar
Männer sind auch Menschen
35   Männer sind etwas sonderbar
Männer sind so verletzlich
Männer sind auf dieser Welt einfach unersetzlich.

Refrain

Die Härte des Mannseins, erworben durch die Erziehung in der Kindheit, benötigt von außen die zärtliche Zuwendung. Trotzdem sind sie innerlich empfindsam (‚weinen heimlich‘) und verletzlich. Ihre scheinbare Lässigkeit führt sie zum Herzinfarkt. Der geschlechtstypologische Dualismus von ‚hart‘ und ‚weich‘ wird in diesem Popsong überwunden.

In einen anderen Kontext stellen ‚Die Ärzte' in ihrem Song ‚Schrei nach Liebe' die Zärtlichkeit:

Die Ärzte: Schrei nach Liebe

1. Strophe:
1   du bist wirklich saudumm
    darum geht's dir gut
    Hass ist deine Attitüde
    ständig kocht dein Blut
5   alles muss man dir erklären
    weil du wirklich gar nichts weist
    höchstwahrscheinlich nicht einmal
    was Attitüde heißt

    Refrain:
    deine Gewalt ist nur ein stummer Schrei nach Liebe
10 deine Springerstiefel sehnen sich nach Zärtlichkeit
    du hast nie gelernt dich zu artikulieren
    und deine Eltern hatten niemals für dich Zeit
    oh oh oh Arschloch

    2. Strophe:
    warum hast du Angst vorm Streicheln
15 was soll all der Terz
    unterm Lorbeerkranz mit Eicheln
    weiß ich, schlägt ein Herz
    und Romantik ist für dich
    nicht nur graue Theorie
20 zwischen Störkraft und den Onkelz
    steht ne Kuschelrock LP

    Refrain

    3. Strophe:
    weil du Probleme hast die keinen interessieren
    weil du Angst vorm Schmusen hast
    bist du ein Faschist
25 du musst deinen Selbsthass nicht auf andere projizieren
    damit keiner merkt, was für ein lieber Kerl du bist

Gewalt und Rechtsruck bzw. Rechtsrock sind die Themen des Songs der Punkband. Sie nehmen dabei psychologische Ansätze auf (‚deine Eltern hatten niemals für dich Zeit' oder ‚du musst deinen Selbsthass nicht auf andere projizieren'). In derber Sprache wird die Charakterstudie eines Neonazis dargestellt (‚saudumm', ‚Hass', ‚du hast nie gelernt dich zu artikulieren'). Der Blick hinter die Maske offenbart den Wunsch nach Zärtlichkeit, Zuwendung und Akzeptanz: ‚deine Gewalt ist nur ein stummer Schrei nach Liebe, deine Springerstiefel sehnen sich nach Zärtlichkeit', ‚schlägt ein Herz' oder ‚damit keiner merkt was für ein lieber Kerl du bist'. Angst vorm Schmusen und die Verschleierung der Wahrheit seines Selbst bildet die Mauer, die durchbrochen werden muss. Als Unterrichtsmedium ermöglicht dieser ‚gewaltige‘ Song die Bearbeitung von rechter Orientierung – und zwar ohne Gesichtsverlust eines vielleicht betroffenen Schülers oder einer Schülerin.

‚Irgendwie, irgendwo, irgendwann‘ von Nena drückt in modernem Sprachmodus die Verletzbarkeit von Zärtlichkeit aus:

Nena: Irgendwie, irgendwo, irgendwann

1   Im Sturz durch Raum und Zeit
       Richtung Unendlichkeit,
       fliegen Motten in das Licht,
       genau wie du und ich.

5   Irgendwie fängt irgendwann
       irgendwo die Zukunft an,
       ich warte nicht mehr lang.
       Liebe wird aus Mut gemacht
       denk’ nicht lange drüber nach,
10   wir fahr’n auf Feuerrädern
       Richtung Zukunft durch die Nacht.

       Gib mir die Hand,
       ich bau dir ein Schloss aus Sand,
       irgendwie, irgendwo, irgendwann.
15   Die Zeit ist reif,
       für ein bisschen Zärtlichkeit,
       irgendwie, irgendwo, irgendwann.

       Im Sturz durch Zeit und Raum
       erwacht aus einem Traum
20   nur ein kurzer Augenblick,
       dann kehrt die Nacht zurück.

       Irgendwie fängt …

       Gib mir die Hand …

Die Sehnsucht nach Zärtlichkeit wird deutlich. Es genügt jedoch schon ‚ein bisschen Zärtlichkeit‘. Es ist ein kurzer Traum und Augenblick. In dem ‚Sturz durch Raum und Zeit‘ fliegen die Verliebten wie ‚Motten in das Licht‘ und verglühen. Zärtlichkeit ist Berührung (‚Gib mir die Hand‘) und zugleich verwundbar.

Die drei Beispiele haben gezeigt, dass Zärtlichkeit in der Popmusik nicht nur ‚Love me tender‘ vom ‚King‘ Elvis Presley oder „Piep-Piep-Piep, ich hab dich lieb“ des ‚Meisters‘ Guildo Horn bedeutet. Das Geschlechterthema wird vertiefend aufgearbeitet. Zärtlichkeit kann das Böse überwinden und durch die Aktualität der Gewaltfrage eine politische Dimension einnehmen. Zärtlichkeit birgt in sich auch die Erfahrung von Verletzt-Werden. Somit provozieren die Popsongs ein Nachdenken über eigene Zärtlichkeitserfahrungen im Religionsunterricht und holen somit das Thema ‚Zärtlichkeit‘ in den Schulalltag.

1.2.1 HipHop-Kultur als religiöser (Lebens-)Stil

In seiner inzwischen 30-jährigen Geschichte hat HipHop viele spezifische Eigenheiten ausgebildet, wovon eine die besondere Häufung religiöser Elemente ist. Doch obwohl in den letzten zehn Jahren eine fast unüberschaubare Anzahl von Veröffentlichungen auf die Bedeutung von Popularmusik im Religionsunterricht hingewiesen hat, fand die religiöse Dimension des HipHop fast gar keine Beachtung. Das erscheint verwunderlich, denn selbst bei nur oberflächlicher Betrachtung von HipHop fällt eine Vielzahl an religiösen Motiven auf. Dies wird allein schon an einigen Albumtiteln deutlich: ‚Deliverance‘ (Bubba Sparxxx), ‚God’s Son‘ (Nas), ‚God’s Favorite‘ (N.O.R.E.), ‚Spiritual Minded‘ (KRS-One), ‚Das dritte Auge‘ (Die Firma), ‚Engel und Ratten‘ (Spax), ‚Reine Glaubenssache‘ (Chima) oder ‚Zwischen Himmel und Hölle‘ (Breite Seite).

HipHop-Kultur besteht neben dem Rap-Gesang (schneller Sprechgesang) aus Break-Dance und Graffiti.[19] Als direkte Vorfahren von Raps werden Erzählgedichte gesehen, mit denen Afroamerikaner sich im Gefängnis, beim Militärdienst oder an der Straßenecke die Zeit vertrieben. Mitte der sechziger Jahre sorgte der Boxer Cassius Clay für Aufsehen, indem er mit eben solchen Erzählgedichten seine Gegner vor den Kämpfen öffentlich verspottete. Ende der sechziger Jahre wurde im universitären Umfeld New Yorks die Gruppe ‚The Last Poets‘ mit dem Ziel gegründet, vor allem junge Leute in den Ghettos zu erreichen. Ihre sozialkritischen Gedichte mit Titeln wie ‚White man’s got a God complex‘ oder ‚Niggers are scared of revolution‘ trugen sie, begleitet von Perkussion-Instrumenten, auf den Straßen vor.[20]

Rapper der ersten HipHop-Generation (70er Jahre im New Yorker Stadtteil Bronx) waren Afrika Bambaataa, Kool DJ Herc (Clive Campbell) und Grandmaster Flash. Afrika Bambaataa wandte sich durch die Erfahrung der Ermordung seines besten Freundes vom gewalttätigen Bandenleben ab und gründete die ‚Zulu Nation‘, eine Organisation, die versuchte, Jugendlichen Alternativen zur Gewalt aufzuzeigen. Statt sich zu erschießen, reimten sie und tanzten auf der Straße (so genannte HipHop-Battles). Kool DJ Herc arbeitete mit zwei Plattenspieler und kreierte Rhythmusketten mit zahlreichen Breaks zur Unterstützung des Break-Dance. Als MC (Master of Ceremony) feuerte er durch Reime die Menge an. DJ Grandmaster Flash verfeinerte die Montagetechnik beim Plattenauflegen durch Soundcollagen (sampling) und das Hin- und Herbewegen der Nadel (scratching). So mutierte der reine Plattenaufleger zum kreativen Künstler und das Soundsystem (Plattenspieler und Mischpult) zum Musikinstrument.

Durch den Computer entwickelte die ‚New School‘ der Rapper seit Mitte der achtziger Jahre eine Sampling-Technik, die Instrumente, Sounds, Bassläufe und bekannte Songs zu einem neuen Titel mischten (Möglichkeiten eines Sequenzers). Dadurch entstehen Loops (Instrumentalschleifen), die als Grundlage für einen Rapsong dienen. Bekannteste Vertreter waren Beasty Boys, Run DMC und Public Enemy.

An der Westküste entstand hingegen der so genannte ‚Gangsta-Rap‘. In den Texten geht es vor allem um die Verherrlichung von Gewalt und der eigenen kriminellen

---

19 Verlan, S./Loh, H.: 20 Jahre HipHop in Deutschland, Höfen 2000, 13f.
20 Vgl. Verlan, S. (Hg.): Arbeitstexte für den Unterricht. Rap-Texte, Stuttgart 2000, 10f.

Aktivitäten. Vertreter dieser Richtung sind Snoop Doggy Dog, 2Pac, Ice-T und Coolio, dessen Titel ‚Gangsta's Paradise' durch den Film ‚Dangerous Mind' bekannt wurde und melodisch auf Stevie Wonders ‚Pastime Paradise' zurückgeht.[21]

Die Fantastischen Vier (heute auch Fanta 4 genannt) eroberten 1992 mit ‚Die da' als erste HipHop-Gruppe die Hitparade. Andere Vertreter in Deutschland sind z.B. Die Firma, Freundeskreis, Eins Zwo, Massive Töne, Hausmarke, Die 3. Generation, Jazzkantine und Fünf Sterne Deluxe. Die deutsche HipHop-Musik ist eine Fundgrube für den Religionsunterricht. Die Aufgabe der Lehrer und Schüler ist es, die Schwätzer und Schwafler von den Philosophen unter den Rappern herauszufinden.[22]

Beispiel von „Fanta 4": „Es wird Regen geben"
Exemplarisch greife ich das Beispiel ‚Es wird Regen geben' von den Fantastischen Vier auf.[23] Ihr 1992 erschienenes Album ‚4 gewinnt' enthält neben ‚Die da' auch dieses (Alp-) Traum-Stück. Obwohl sich kein Mitglied der Gruppe explizit zu einer Religion bekennt, treten religiöse und philosophische Elemente in ihren Texten auf. So auch bei diesem ausgewählten Rap:

> „Ich mach die Augen auf, in meinem Zimmer ist es still,
> mein Kopf ist voll mit Dingen die ich dort nicht haben will.
> Was hab ich bloß gemacht, wo war ich letzte Nacht,
> mit wem und vor allem wie hab ich sie verbracht?
> Ich weiß ich hab zuviel geraucht und Alkohol missbraucht,
> das hat mich geschlaucht und ich bin abgetaucht,
> bin durch die Gassen gerannt, hab mich nicht mehr ausgekannt,
> bis an irgendeiner Wand ein Bekannter vor mir stand.
> Anzug weiß, Cowboystiefel, Haare Afrolook,
> rotes Hemd und an den Armen Goldschmuck.
> Er sagt was geht und muss sich übergeben,
> ergreift nach seiner Flasche, er wird sie überleben.
> Er setzt sich, er ist dicht, ich setz mich dicht daneben
> und er beginnt zu reden und zu reden und zu reden.
> SMUDO sagt so ist das Leben eben,
> der Typ gestern sagte: Es wird Regen geben.
>
> Jetzt erst mal aufstehen, duschen und Kaffee machen,
> das Ganze vergessen oder einfach drüber lachen.
> Aber wie hat der Freak gestern richtig gesagt:
> die Dinge laufen falsch auch wenn sich keiner beklagt.
> Er sagt, die Menschen vertragen mehr als sie zu sagen wagen
> aber auf die Dauer schlagen ihnen Dinge auf den Magen.
> Doch anstatt anderen Menschen in den Magen zu hauen
> wird alles schön geschluckt und beim Versuch es zu verdauen
> musste er ganz einfach kotzen und da sind wir beim Problem,
> obwohl sich alles um uns dreht bleiben wir hier oben stehen.
> In der Bewegung siegt die Kraft, habt ihr das nicht gerafft?

21 Vgl. Unterrichtsmodell in: Böhm/Buschmann 2002, 177-188.
22 Vgl. auch Thömmes, A.: HipHop – Die Philosophen der Straße; in: KatBl 4/2000, 287-289.
23 Vgl. ausführlicher: Böhm/Buschmann 2002, 189-196.

Der Stillstand ist der Tod und der geschieht massenhaft.
Wir alle sind dabei und selber so dicht dran,
und der Typ klinkt sich aus, weil er es nicht ertragen kann.
er spricht von Menschen die verrecken in den Straßen in den Ecken,
direkt vor anderen Menschen, die erschreckt zurückschrecken
oder aber weitergehen, weil sie es gar nicht sehen,
nicht hören, nicht fühlen und erst recht nicht verstehen.
Da ist einer am Krepieren und liegt in seinem Kot,
doch die Leute, die ihn ignorieren sind schon lange tot.
Sitzt der Penner in der Ecke, dann sie ihn dir an,
es könnte ich sein, vielleicht bist du es irgendwann.
Doch unsere Bäuche sind zu voll und unsere Köpfe zu leer,
der Typ resigniert und er hat keine Hoffnung mehr.
Doch dann kommt seine Theorie und seine Augen werden groß,
denn der Gedanke an das Ende lässt ihn nicht mehr los.
Was wir zum Leben brauchen wird sich gegen uns stellen.
Ich denk noch Alter locker bleiben, mach mal keine Wellen.
Er springt auf und zeigt zum Himmel, sagt von dort wird es kommen.
Ich versuch was zu erkennen doch ich sehe zu verschwommen
und dann dreht er sich zu mir und sagt du wirst es noch erleben,
und ich frage ihn was? Es wird Regen geben.

Aha, das war also der Typ und seine Theorie.
War das nun Philosophie oder nur Utopie?
Die einen glauben an den Sturm, die anderen an das Beben,
der Typ behauptet eben, es wird Regen geben.
Es kommt nicht darauf an, wie man das Ende sieht,
es geht auch nicht darum, was dann genau geschieht.
Es ist viel wichtiger zwischen den Zeilen zu verweilen,
das zu peilen, daran zu feilen und Gedankengut zu teilen.
Teil gute Gedanken, gehörst du auch zu den Bleichen,
du wirst reicher durch Bereicherung in allen Bereichen.
Ging das zu schnell, setz die Nadel zurück,
hat es dir nicht gefallen, hör ein anderes Stück,
doch schalt niemals ab und hör niemals auf zu denken
das ist nicht umsonst, ich will dir auch nichts schenken,
Hausmeister Thomas D., für heute bin ich raus.
Ich zieh den Regenmantel an, denn es sieht nach Regen aus.

Und was wäre, wenn es auf einmal anfinge zu regnen
und keine Regentropfen herabfallen sondern …"

Im Anschluss an das erste Hören bietet sich als Brainstorming die Frage an: An welche Textteile erinnert ihr euch? Alternative Aufgabe ist, schon während des Hörens, Textaussagen, die einem auffallen, aufzuschreiben. Der zweite Schritt ist dann ein nochmaliges Hören mit Textblatt. Der Verstehensschritt besteht nun darin, den Schlusssatz zu vervollständigen. Zur Vertiefung bietet sich der bildliche Vergleich mit Albrecht Dürers

,Traumgesicht' von 1525 an. Die Entstehung dieses Bildes geht zurück auf einen eigenen apokalyptischen Traum. Er beschreibt diesen folgendermaßen:

„Im Jahr 1525 habe ich in der Nacht von Mittwoch auf Donnerstag nach Pfingsten im Schlaf dieses Gesicht gesehen, wie viele große Wasser vom Himmel vielen. Und es traf das Erdreich ungefähr vier Meilen von mir mit einer solchen Grausamkeit, mit einem übergroßen Rauschen und Zerspritzen und ertränkte das ganze Land. Davon erschrak ich so überaus heftig, dass ich davon erwachte, bevor die anderen Wasser fielen. Und die Wasser, die da fielen, waren sehr groß. Und etliche davon fielen weiter weg, etliche näher. Und sie kamen so hoch herab, dass sie dem Anschein nach durchweg langsam fielen. Aber als das erste Wasser das Erdreich traf, näher heran kam, da fiel es mit einer solchen Geschwindigkeit, mit Wind und Brausen, dass ich so erschrak, dass ich beim Erwachen am ganzen Leib zitterte und lange Zeit nicht recht zu mir kam. Aber als ich am Morgen aufstand, malte ich es hier oben, wie ich es gesehen hatte. Gott wende alle Dinge zum Besten.“[24]

In Dürers Traum wird ebenfalls die symbolische Bedeutung von Regen aufgegriffen. Als grundsätzlichen Unterschied kann man die Hoffnung, die der letzte Satz („Gott wende alle Dinge zum Besten.“) vermittelt, trotz aller negativen Wahrnehmungen festhalten. Dieser Text endet nicht in der Hoffnungslosigkeit oder in der Unfähigkeit, seinem Schicksal zu entrinnen, vielmehr wird dem endzeitlichen Traum Angst und Schrecken durch das Vertrauen auf Gott genommen. So greift Dürer das biblische Motiv der Sintflut, die die Möglichkeit zum Neuanfang bietet, auf.

Die Schülerinnen und Schüler entwerfen im vierten Schritt eigene verfasste Raps als Antwortmöglichkeit auf ,Es wird Regen geben'. Folgende Beispiele haben sich in einer Unterrichtssequenz ergeben:

1)   „Die Tierversuche bringen die Tiere um.
       Nur wenige Menschen finden das dumm.
       Die Tiere verrecken in ihrem eigenen Blut,
       dann kriegen die Tierschützer 'ne Wut.
       Sie schlagen auf die Tierquäler ein
       – das kann's ja wohl auch nicht sein!“

2)   „Der Junge hat in manchen Dingen doch recht.
       Keiner macht was, obwohl wir uns beschweren.
       Die Dinge stören; doch keiner will sich wehren.
       Die Menschen gehen ein – die Pflanzen sterben ab.
       Bei allem schauen wir zu – schauen zu den anderen;
       haben es nicht nötig, irgend' was zu tun.
       Aber eins will ich noch sagen:
       Der Regen ist noch nicht ganz da!“

3)   „Du hast recht: Die Welt ist schlecht.
       Aber halt – der Mensch ist kalt.
       Die Frage bleibt: Was soll ich tun?
       Auf jeden Fall, du darfst nicht ruh'n!“

---

24 Beer, J.: Albrecht Dürer als Maler und als Zeichner, Königstein im Taunus 1960, 80 (Text und Bild dort).

Der selbstkreierte Rap-Song kann mit „musikalischer Stütze" vorgetragen werden. Dazu eignet sich eine rhythmisch-instrumentale Begleitung oder ein computerunterstütztes eingespieltes Rhythmuspattern. In der Gruppe kann ein rhythmischer Groove schnell eingeübt werden: Eine Gruppe schlägt mit zwei Fingern (leiser als Klatschen!) eine einfache rhythmische Begleitung in die andere Handfläche. Eine zweite Gruppe klopft mit der flachen Hand bei Zählzeit 1 auf ihr Schülerbuch (dumpf klingend!). Dadurch sind fast alle Schülerinnen und Schüler während der Präsentationsphase des eigenen Rap-Songs beteiligt.

1.2.2 Techno-Musik und Rave-Party

Techno ist eine rhythmusorientierte, synthetisch hergestellte elektronische Musik, die die Menschen in erster Linie zum Tanzen bringen will. Anfang der 90er Jahre tauchte sie langsam aus dem Untergrund der Clubs in die Öffentlichkeit. Techno war von Anfang an eine Kunst-Musik. Diskjockeys aus Detroit (Automobilstadt) benutzten Ende der 70er Jahre die Musik der deutschen Elektronik-Musikband ‚Kraftwerk' für ihre Kompositionen, indem sie diese futuristischen Klänge über ihren Beat legten. Der Sound schwappte Mitte der 80er Jahre über England nach Deutschland über.

Die Musik wird vom Rhythmus bestimmt, es gibt keine Harmonien, keine Melodien, kaum Gesang und keine Instrumentalsoli. Der Mainstream besteht aus einer wortlosen Musik, da es auf heutige Probleme keine Antworten mehr gibt bzw. schon genug gesagt wurde. Techno ist die Musik, die man nicht nur hört, sondern am ganzen Körper fühlt. Plötzlich gab es Tanzpartys (Raves) zum Feiern und Austoben. Kommunikation findet nicht mehr in Worten statt. Körper korrespondieren im Tanz, das Gespräch führen die Bewegungen. Arme antworten Beinen, Leiber erzählen eigene Geschichten. Worte und Werte der anderen Welt verlieren ihre Bedeutung, Gedanken formen sich zu Bildern. Die monotonen Rhythmen haben auf Dauer beim Hörer eine hypnotisierende Wirkung. Die Droge XTC (Ecstasy) unterstützt gefährlich diese Wirkung.

„Die neue elektronische Tanzmusik hat sich wie jede neue Kultur im Untergrund entwickelt, in verlassenen Kaufhaus-Ruinen, in Bunkern und hermetisch abgeriegelten Clubs. Und es hat sich ein Generationen-Ritual wiederholt: Die Eltern – diesmal Kinder der Rockkultur – standen kopfschüttelnd abseits, während ihre Kinder die Nacht zum Tag machten. Auch das ein Zeichen der Abgrenzung: Raven, also austoben, beginnt erst ab Mitternacht und endet am Vormittag mit dem ‚chill out', dem Ausklingen. Die schnelle, monotone Rhythmik mit ihren jähen Brüchen, das helle Stroboskop-Geflimmer, die technoide Tanz-Ausrüstung von Ravern mit Nebelhörnern, Leuchtstäben und Atemschutz-Masken – das alles spiegelt die Welt wider, aus der die Fans kommen: Aufgewachsen als erste Generation einer digitalen Gesellschaft, vertraut mit den Geräuschen und schnellen Bildern von Video-Clips und Computer-Spielen, reproduzieren sie mit modernster Technik uralte Tanz-Rituale in den Höhlen einer post-industriellen Gesellschaft."[25] Relikte der Arbeitsgesellschaft (z.B. Straßenkehrer-Jacken mit Reflexstreifen) und Symbole zukünftiger Arbeitswelten mit ihrer klinisch-sterilen Reinheit erinnern wie die synthetischen Stoffe an die Technisierung unserer Zivilisation.

---

25 Zitat des ‚SWR 2, Kultur aus dem Computer' entnommen aus: Thömmes, A.: Sinnsucher. Populäre Musik im Religionsunterricht. Arbeitshilfe mit CD, Trier 2001, 132.

Notfall- und Extremkleidung signalisieren ‚May-Day' als internationales Notrufsignal.[26] Spaß und Genuss rekonstruieren das Ich und werden zu Elementen der Selbstbefreiung in einer komplett entfremdeten Umwelt. Techno ist zu einer eigenständigen Jugendkultur geworden. Der Techno-Sound hat seit einigen Jahren den Untergrund verlassen. Er taucht in Radiosendern und als Filmmusik auf. Einige Titel haben selbst die Hitparaden gestürmt.

Der DJ (Diskjockey) der Techno-Musik ist ein Künstler, der musikalisch mit elektronischen Geräten experimentiert. DJs sind die Priester der Nacht. Zeremonienmeister, die die Massen im Griff haben. Mit Hilfe von Drum-Maschine, Keyboard, Plattenspieler, Mischpult und Computer wird ‚gesampelt' (vorhandene Sounds werden miteinander vermischt und zusammengestellt). Man braucht kein Instrument mehr zu lernen, man muss keine Noten lesen können. Jeder kann sich hinsetzen und komponieren, wenn er nur Ideen im Kopf hat. Es ist eine Form fantasievoller Kreativität in rasanter Geschwindigkeit (‚beats per minute', 200 bpm entsprechen hartem Techno). Zu den bekanntesten deutschen DJs zählen Sven Väth, Westbam, Marusha, Tomcraft und Mark Spoon.

‚Deutschlands größte Jugend-Demonstration', die Love-Parade, ist ein Familienfest, ein Happening, das jährliche Massentreffen der Technojünger in den Großstädten. Bei der ersten Love Parade (1989) tanzten etwa 150 Fans hinter einem Wagen mit einem Techno-Soundsystem her. Die Veranstalter hatten von Anfang an die Vision, mit der Love Parade zum Weltfrieden beizutragen, die Menschen tanzend zu vereinen. Der Slogan ist ‚Love, Peace, Unity'. Heute sind es über 1,5 Millionen Raver, die die Straßen der Großstädte Jahr für Jahr tanzend belagern. Seit einigen Jahren ist die Love Parade zu einer professionell organisierten kommerziellen Großparty mit Millionenumsätzen geworden.

Beispiel von „E Nomine": „Vater unser"

Als Beispiel wähle ich das Stück ‚Vater unser' von ‚E Nomine'[27] aus dem Jahr 1999, kurz vor dem Jahrtausend-Wechsel. Die deutsche Techno-Band arbeitet mit bekannten Synchronstimmen aus der Filmwelt und kreiert ihre Stücke synthetisch am Computer. Die Textgrundlage bilden biblische Zitate.[28]

Der Sprecher rezitiert in diesem ausgewählten Song folgenden Text, manchmal nüchtern wie ein Nachrichtensprecher, manchmal auch emotional betroffen:

---

26 Englisches Kurzwort als Notsignal im Funkdienst, phonetisch für französisch ‚m'aider' (‚Hilfe!'). – Doppeldeutig verweist MayDay aber auch auf den 1. Mai-Feiertag.
27 Enthalten auf der CD ‚Neues Testament', inklusive einer zweiten CD zur Weihnachtsgeschichte nach Luk 2.
28 Weitere Informationen und zur didaktisch-methodischen Umsetzung siehe: Böhm/Buschmann 2002, 164-175.

Vater Unser von E Nomine (November 1999)

1.   Vater unser, der Du bist im Himmel,
2.   Geheiligt werde Dein Name,
3.   Dein Reich komme,
4.   Dein Wille geschehe,
5.   Wie im Himmel als auch auf Erden,
6.   Und vergib uns unsere Schuld,
7.   Wie auch wir vergeben unseren Schuldigern …

8.   … In nomine patris et filii et spiritus sancti

9.   Vater unser, der Du bist im Himmel,
10. Geheiligt werde Dein Name,
11. Dein Reich komme,
12. Dein Wille geschehe,
13. Wie im Himmel als auch auf Erden,
14. Unser täglich Brot gib uns heute,
15. Und vergib uns unsere Schuld,
16. Wie auch wir vergeben unseren Schuldigern,
17. Und führe uns nicht in Versuchung,
18. Sondern erlöse uns von dem Übel,
19. Denn Dein ist das Reich,
20. Und die Kraft und die Herrlichkeit,
21. In Ewigkeit …
22. … Amen.

23. In nomine patris et filii et spiritus sancti

24. Vater unser, der Du bist im Himmel,
25. Geheiligt werde Dein Name,
26. Dein Reich komme,
27. Dein Wille geschehe,
28. Wie im Himmel als auch auf Erden,
29. Und vergib uns unsere Schuld,
30. Wie auch wir vergeben unseren Schuldigern.

31. Vater höre meine Stimme.
32. Herr, höre meine Stimme!
33. Lasset uns beten.

34. In nomine patris et filii et spiritus sancti

35. Der Herr … ist ein Schatten über
36. Deiner rechten Hand …
37. … Amen.

Im Hintergrund singt der Chor: Sempiternus Testare

Zu Beginn des moderaten Trance-Stücks[29] ‚Vater unser‘ erklingt die hypnotisierende Stimme von Christian Brückner. Es handelt sich dabei um die Synchronstimme von Robert De Niro. Der amerikanische Schauspieler gab durch den Film „Sleepers“, in dem er einen Priester spielt, den Produzenten die Idee zu der Vertonung des zentralen Gebets der Christen. Die Wirkung des Anfangs ist ambivalent: Neben der schaurigen Stimmung, die die erklingende Stimme durch ihr Rezitieren hervorruft, fühlt sich der Zuhörer durch den Bekanntheitsgrad der Synchronstimme von Robert De Niro jedoch auch wohl. Bekanntes und Fremdes erzeugen in ihrer Zusammensetzung Spannung.

Die Musik basiert auf synthetischen Klängen. Die verschiedenen dreitönigen Melodiephrasen entstammen dem Material der Pentatonik. Rhythmisch betont die erste motivische Hälfte die Schwerpunkte, die zweite Hälfte benützt synkopische Verschiebungen. Dadurch wirkt der gesamte Rhythmus wie bei einem Rave während der Love-Parade. Der Zuhörer wird dahingehend stimuliert, dass er sich tanzend nach vorne bewegen möchte. Der gregorianische Gesang beginnt immer auf dem zweiten Taktschlag, wodurch diesem Background-Chor ein stilfremdes Element anhaftet. Alle melodischen und rezitierenden Abschnitte sind 4-, 8- oder 16-taktig angelegt.

Durch dieses popkulturelle Produkt begegnen die Schülerinnen und Schüler dem christlichen Hauptgebet auf neue Weise. Während des Stücks findet ein semantischer Wechsel statt: Nach dem empathischen Schrei „Herr, höre meine Stimme!“ folgt am Ende das leicht veränderte Zitat aus Psalm 121,5b. Das Symbol ‚Schatten‘ besitzt bei Jugendlichen – wie bei Erwachsenen – eine eher negative Konnotation. Der Psalm 121 zeigt die positive Seite des Schattens im Kontext der Wüste auf. Im Psalmgebet vergewissert sich der Beter der Fürsorge und der Bewahrung seines Gottes. Der Schatten ist hier ein Schutz vor der Hitze der Sonne. Im Zusammenhang des Herrengebets bekommt der Psalm 121 die heuristische Funktion der Zusage der Erfüllung der Vaterunser-Bitten. Die Bitten werden erhört und durch das Amen am Schluss nochmals bestätigt. Diese Interpretation berücksichtigt den lateinischen Text des Background-Chorals: Sempiternus Testare (‚Der Immer-Währende soll es bezeugen‘). Die genannten Bitten werden von Gott wahr- und ernst genommen, sie werden in der ‚Kraft seines Namens‘ (E Nomine) genannt und durch den Ewigen bezeugend erfüllt: ‚So sei es‘ – Amen.

Diese fundamentale Aussage hat auf Jugendliche stimulierenden Einfluss. Sie erkennen eine Eindeutigkeit und energietragende Einwirkung durch die gesprochenen Worte, Bitten und Zusagen. Zugleich verknüpft das ‚Vater unser‘ von E Nomine Fremdes (Lateinische Worte – mittelalterliche Gesänge) und Bekanntes (deutsche Stimme von Robert De Niro – Techno-Stil). Das Vaterunser selbst ist den Schülerinnen und Schülern meist noch geläufig.

Gebete sind Ausdrucksformen eines impliziten Gottesbildes. Hier ist die Art der Darbietung wesentlicher als der Textinhalt selbst. Gott erscheint in dem ‚Vater unser‘ von E Nomine als der ‚Karmel-Gott‘ (vgl. 1.Kön 18) – mächtig wirksam und unbedingt ekstatisch anrufbar. Der Gott der Liebe, der Stille und des Säuselns, des sanften Windhauchs – wie er bei Elia (1.Kön 19,12ff) ebenfalls erscheint – ist bei E Nomine nicht erfahrbar, jedoch im Unterricht durch dieses Stück (vor allem im Schluss der Videoclip-Visualisierung) kommunizierbar.

---

29 Dieser Techno-Stil, der melodische Phrasen enthält, rhythmisch durchsichtiger gestaltet ist und ein langsameres Metrum besitzt als der Rave-Techno, heißt „Trance“.

2. Singen im Unterricht

Angefangen von Miriams Lobgesang über Marias Magnifikat bis zur christlichen Urgemeinde als Singgemeinschaft (z.B. Eph 5,19) ist der Lobgesang eine biblisch-christliche Tradition. Heute ist die Gemeindeverbindung unterbrochen; das bedeutet, dass seltener eine Gottesdienstsozialisation stattfindet, in der in das kirchliche Liedgut eingeführt wird. Trotzdem bleibt das Singbedürfnis als Ausdruck von Freude. Durch das Singen geschieht an unterschiedlichen Orten und Zusammenkünften Gemeinschaftsförderung – im Konfirmanden- und Religionsunterricht sowie in der Jugendarbeit.

Für den Unterricht gelten folgende Auswahlkriterien:
- Ist der Text theologisch und religionspädagogisch vertretbar?
- Sind Inhalt und Melodie jugendgemäß?
- Ist das Lied sprachlich und musikalisch wertvoll?[30]

Auch beim Singen eines Liedes gibt es vier Aneignungsschritte:
1. Hören: Melodie kann schon mitgesummt werden.
2. Aufnehmen/Singen: Durch Vor- und Nachsingen kann das Lied bzw. die Melodie gelernt werden. Ebenso ist der Wechselgesang zwischen Refrain für alle und Strophen für Lehrer bzw. für Schüler, die diese Lied schon kennen, eine gute Möglichkeit des Einstudierens.
3. Interpretieren/Aktualisieren: Der Text steht nun im Vordergrund.
4. Einüben/Gestalten: ‚Learning by heart‘ bzw. das Auswendiglernen durch mehrfaches Singen ermöglicht, dass das Lied in Erinnerung bleibt. Neue Strophen können gedichtet werden.

Die letzten beiden Schritte vertiefen und sorgen für Nachhaltigkeit des Liedes und seiner Aussage. Die ersten beiden Schritte kommen dem Singbedürfnis sowie der Gemeinschaftsförderung am ehesten entgegen. Neben dem Liedgut des ‚Evangelischen Gesangbuches‘ bzw. des ‚Gotteslobes‘ eignen sich die Spirituals und Gospels im Religionsunterricht.

Wie schon Martin Luther es mit weltlichen Melodien tat, können die Schülerinnen und Schüler zu bekannten Melodien Textumdichtungen durchführen. Sie knüpfen dabei indirekt an Lebens- und Gegenwartserfahrungen an. Zugleich gehen sie von den Glaubenserfahrungen der Lieddichter aus bzw. suchen nach adäquaten Formulierungen für die heutige Situation.

Viele Jugendliche spielen ein Instrument. Diese Kompetenz kann beim Singen in der Klasse genutzt werden. Damit besteht auch die Chance, dass Schüler und Schülerinnen singen, auch wenn die Lehrperson weniger gut singen kann. Gitarre oder Keyboard, auch Akkordeon sind für den Religionsunterricht geeignetere Instrumente als Flöte oder Klavier.

---

30 Vgl. auch: Adam, G./Lachmann, R. (Hg.): Methodisches Kompendium für den Religionsunterricht. Basisband, Göttingen 2002, 4. überarb. Aufl., 308ff.

3. Kirchenmusik und Klassische Werke im Religionsunterricht

Kirchenmusik prägt(e) in ihrer Vielfalt von Kantaten, Oratorien, Messen oder Motetten bis in die Gegenwart die abendländische Musikgeschichte. Diesen Zeugnissen christlichen Glaubens zu begegnen und ein sachgemäßes Verständnis zu ermöglichen, gehört auch zum Kulturauftrag des Religionsunterrichts. Die Förderung der Kompetenz zur theologischen Erschließung im Bereich der Kirchenmusik ist ein gerechtfertigtes Bildungsziel. Dies erfordert Geduld und kontinuierliche Arbeit.

Es sind jedoch zwei didaktische Schwellen bei der Benutzung des kirchlichen Chorals zu überwinden: Zum einen entstammt die Melodik des alten Kirchenliedes den Kirchentonarten, die eine andere Melodieführung besitzen als die heutigen Dur- und Molltonleitern. Hierzu gehören auch die anderen Metren bzw. rhythmische Figuren der Melodie. Bei alten Liedern der Reformationszeit ist ein 4/4- oder 3/4-Takt nicht gleichmäßig vorhanden; es gibt Mischformen in der melodischen Rhythmik. Zum anderen entspricht die Textsemantik nicht mehr unserer (Alltags-)Sprache. Erläuterungen, Erklärungen und Transformationen in heutige Sprachformen sind deshalb hilfreich, um das Lied zu verstehen. Hinzu kommt die damaligen geistesgeschichtliche Bedeutung der Worte und Sätze, die den Jugendlichen selten bekannt sind, für ein Textverstehen jedoch notwendig.

Die Behandlung der Werke aus der sog. ‚ernsten Musik' bzw. ‚klassischen Musik' benötigen meistens einen höheren Zeitaufwand als Werke der popularen Musik. Unter ‚klassischer Musik' sind hier Werke von der Renaissance über Barock, Klassik, Romantik, Im- und Expressionismus bis zur Avantgarde gemeint. Trotz des Zeitaufwandes fördert die Verwendung dieses Genre wichtige Kompetenzen:[31]
-   Fähigkeit, differenziert wahrzunehmen (Grundlage aller Verstehensprozesse)
-   Fähigkeit, seinen Alltag zu übersteigen (anthropologisches Grundbedürfnis nach Transzendenz sowohl innerhalb religiöser Erfahrungen als auch bei individueller Hörverhaltensweise im Kontext dieser Musik)
-   Fähigkeit, sich in Beziehung zu setzen (Mensch erfährt sich beim Hörerleben und anschließendem Diskurs relativ, ebenso wenn er rechtfertigungstheologisch denkt und glaubt)
-   Fähigkeit, offene Fragen auszuhalten (Grundlage hermeneutischer Ansätze wie Theologie, Philosophie, Musik und Pädagogik)

Um die mögliche Beziehung zwischen einem musikalischen Werk und religionspädagogischen Aspekten aufdecken zu können, ist es notwendig, entsprechende Analysekriterien zu verwenden. Anders als im Musikunterricht bieten sich im Religionsunterricht vier Bezugskategorien an:[32] Wahrnehmung – Wirkung – Entstehung – Vermittlung. Mögliche Fragestellungen, die die Lerngruppe zu Gesprächen und Recherchen motivieren, können hier nur exemplarisch genannt werden:
-   Wahrnehmung: Für welchen Personenkreis war damals bzw. ist heute die Musik bestimmt? Welche Funktionen hatte bzw. hat die Musik? Welche religiösen Assoziationen drängen sich beim Hören auf?

---

31 Vgl. Lindner, H.: Musik im Religionsunterricht. Mit didaktischen Entfaltungen und Beispielen für die Schulpraxis, Münster 2003, 235. Dieses Buch enthält praxisbezogene Modelle für die Verwendung von klassischer Musik im Religionsunterricht.
32 Vgl. auch: Schmitt, R.: Musik und Spiel in Religionsunterricht und Jugendarbeit. Praktische Anleitungen, Beispiele und Modelle, Stuttgart 1983, 163ff.

- Wirkung: Wie wirkt die Musik auf mich/uns? Wie beurteilen wir die Qualität dieser Musik? Wie wirkte die Musik zur Entstehungszeit auf die Hörer?
- Entstehung: Wer schrieb die Musik, wo und zu welcher Zeit sowie zu welchem Anlass? Welche politischen, gesellschaftlichen oder religiösen Verhältnisse beeinflussten das Werk? Inwieweit ist die Musik Ausdruck religiöser Empfindungen des Komponisten bzw. seiner Zeit?
- Vermittlung: Welche Mittel setzt der Komponist ein, um eine bestimmte Botschaft zu erreichen? Worin besteht das Liturgische, Geistliche oder Religiöse des Werkes? Inwieweit entsprechen die musikalischen Mittel dem Textinhalt? Wie wird die Musik von den Musikern interpretiert?

Alle vier Kategorien treten im Religionsunterricht zwar nicht chronologisch auf, jedoch werden sie in unterschiedlichen Phasen miteinander verknüpft. Für eine musikalische Betrachtung der sog. ,ernsten Musik' bietet sich von daher folgendes Verlaufsschema an, das im Einzelfall zu modifizieren und zu differenzieren ist:

1. Vorbereitung auf die Erstbegegnung durch Anhören (Qualität der Einspielung beachten)
2. Äußerung der ersten Eindrücke durch die Rezipienten
3. eventuell erneutes Anhören mit klarem Arbeitsauftrag
4. Verbalisierung von Hörbeobachtungen (unter Umständen unter Zuhilfenahme des Notentextes bzw. der Partitur)
5. eventuell zur Erhellung der Wahrnehmung werkimmanente Beobachtungen und Verifizierung am Musiktext: z.B. Aspekte der Musikform und Kompositionstechnik, Berücksichtigung der Aspekte Tongeschlecht, Melodik, Themen, Harmonie, Rhythmus, Dynamik, Instrumentierung, Wort-Text-Verhältnis
6. eventuell zur Vertiefung Einbezug kontextueller Informationen: ursprünglicher Zweck des Werkes; Aufführungspraxis; Biographie des Komponisten und dessen weitere Werke; Vergleich von Musikstücken; Interpretationsvergleich, da Musik in der Interpretation des jeweiligen Künstlers und nicht in der Idee des Komponisten zu hören ist; zeitgeschichtliche Aspekte; Wirkungsgeschichte von der Uraufführung bis heute
7. Gespräch über die mögliche Bedeutung des Musikstücks für den Einzelnen

Verständlicherweise steht im Religionsunterricht nur begrenzte Zeit zur Verfügung, klassische Musikwerke zu hören und zu erarbeiten. Doch sollte im Interesse einer religiös-kulturellen Alphabetisierung darauf nicht verzichtet werden. Durch das Wort ,eventuell' ist der Unterschied von Rezeptions- und Werkästhetik markiert: Die Rezeptionsästhetik kommt mit weniger Schritte aus; bei der Werkästhetik sind die Schritte mit dem Wort ,eventuell' wichtig. Trotzdem kann mit der emotional-subjektiven Wahrnehmung und phänomenologisch-diskursiven Betrachtung eine nachhaltige Wirkung erzeugt werden.

Die Zuschreibung von Adjektiven helfen einen emotionalen und subjektiven Zugang zu der heute meistens fremden Musik zu ermöglichen:[33]

---

33 Exemplarisch verwende ich den Hevner'schen Adjektivzirkel. Die gegensätzlichen Wahrnehmungen liegen bei dieser grafischen Darstellung gegenüber. Hieraus kann auch ein Polaritätsprofil erstellt werden.

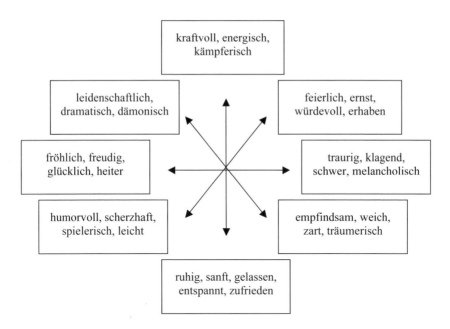

Sicherlich ist im Kontext von Musik im Religionsunterricht ein biografischer Ansatz fruchtbringend. Zum einen führen Aussagen des Komponisten, Bilder der Entstehungszeit sowie geistesgeschichtliche Äußerungen zur Identifikation mit Zeit und Umwelt des Werkes. Zum anderen rekonstruieren die Kinder und Jugendlichen ihre Hörpräferenzen sowie ihre biografische Erfahrungen oder Nicht-Erfahrungen mit diesem Medium.

Die wesentlichste Frage aus religionspädagogischer und musikpädagogischer Sicht ist: Welche Musik hilft mir bei welcher Stimmung und zu welcher Zeit am ehesten, meine Persönlichkeit zu stärken? Die Verknüpfung von phänomenologischem, biografischem und emotional-subjektivem Ansatz fördert die nachhaltige Bedeutung der im Religionsunterricht durchgeführten Musikbetrachtung.

Heranwachsende sollten an Bachs Weihnachtsoratorium, Mozarts Krönungsmesse oder Haydns Schöpfung ebenso wenig vorbeigehen, wie an Mozarts Requiem oder Brahms Deutsches Requiem bei der Thematik ‚Tod und Sterben‘. Die Chancen für fächerübergreifendes und –verbindendes Arbeiten können dabei effektiv genutzt werden. Auch zeitgenössische bzw. avantgardistische Musik (z.B. von Arnold Schönberg[34] oder Krzystzof Penderecki[35]) kann im Religionsunterricht Platz finden. Abschließend ist zu erwähnen, dass auch Großformen, wie Oper und Musicals einen inhaltlichen Beitrag für den Religionsunterricht leisten können (z.B. der Umgang mit Fremdem in Mozarts ‚Entführung aus dem Serail‘ oder das Christusbild in ‚Jesus Christ Superstar‘).

---

34 Vgl. Kliemann, P.: Impulse und Methoden. Anregungen für die Praxis des Religionsunterrichts, Stuttgart 2003, 2. Auflage, 129-146.
35 Vgl. Schmitt, R.: Musik und Spiel in Religionsunterricht und Jugendarbeit. Praktische Anleitungen, Beispiele und Modelle, Stuttgart 1983, 183-187.

4. Meditieren mit Musik

Die Bedeutung der Meditation für die Erziehung junger Menschen wird nicht nur von Religionslehrern zunehmend erkannt. Meditationsübungen können den Blick frei machen für Haltungen und Werte, die unsere Leistungsgesellschaft mit ihren auf Wissensvermittlung angelegten Formen zum Teil verloren hat. Die Faszination, die heute von asiatischen Meditationspraktiken, alternativen Lebensformen und religiösen Sekten ausgeht, entspricht dem Bedürfnis der Jugendlichen nach neuen Wegen zur Selbsterfahrung und Selbstverwirklichung. Diese Tendenzen darf der Religionslehrer nicht übersehen und sollte ihnen durch ein entsprechendes christliches Unterrichtsangebot entgegenkommen, wozu die Praxis der Meditation geeignete Möglichkeiten bietet. Der Lehrer muss sich allerdings darüber klar sein, dass seine Arbeit auf diesem Feld nicht nur von Erfolgserlebnissen begleitet wird. Allein die großen Klassen, die geringe Unterrichtszeit und das für die Schüler ungewohnte Ausbrechen aus traditionellen Unterrichtsformen werden besonders am Anfang Schwierigkeiten bereiten. Diese sollte die Lehrerperson jedoch nicht davon abhalten, die Meditation zumindest ansatzweise in seinen Unterricht zu integrieren und damit einen Beitrag zur Selbstfindung und Charakterbildung der Schülerinnen und Schüler zu leisten. Da mittlerweile auch in einigen anderen Schulfächern versucht wird, meditative Praktiken (z.B. Suggestopädie in den Fremdsprachen, Stilleübungen, Phantasiereisen) in die Unterrichtsmethodik zu integrieren, ist auf Dauer mit einer positiven Wirkung zu rechnen.

Fragt man nach der Rolle der Musik bei Meditationsübungen im Religionsunterricht, so ist festzustellen, dass sie vor allem dazu dient, die nötige Konzentration vorzubereiten und während der Meditation zu erhalten. Die Musik ist im Kontext von Meditation Hilfsmittel und nicht Selbstzweck.

Passive Musikmeditation führt zur Entspannung. Aktive Musikmeditation hingegen provoziert einen gruppendynamischen Prozess. Dieser kommunikative Charakter entsteht z.B. durch Stimmen- oder Rhythmusimprovisationen. In diesem Beitrag soll es um die passive meditative Form gehen. Das Ziel ist eine dreistufige Anleitung zur Meditation durch Musik:[36]

1) Die passive Musikmeditation benötigt die Musik zunächst als Abkehr von störenden Umweltgeräuschen durch das entspannte Hören auf die Musik. Die ruhige Musik (z.B. Adagio) führt heraus aus dem Alltag, hilft zur Entspannung von Muskeln und Gedanken. Die Musik versetzt die Hörerin und den Hörer in eine innere Ruhe und in eine gelöste Anspannung.

2) Die zweite Stufe der Musikmeditation führt zum Verweilen in der Musik. Störende Gedanken können durch Konzentration auf die Musik verdrängt werden. Körper und Geist fühlen sich im Einklang mit der Musik. Gedanken, die kommen bzw. sich aufdrängen, können weiterziehen bzw. durch das Zuhören auf die dargebotene Musik abgelenkt werden.

3) Die letzte Stufe der passiven Musikmeditation ermöglicht das Sich-Öffnen für transzendentale, außermusikalische Bezüge (z.B. biblische Worte, Bilder, Symbole). Neues kann gedacht, Altes vertieft werden. Wichtig ist jedoch, dass nicht bei jeder Übung die dritte Stufe erreicht werden kann bzw. muss. Dies fordert sicherlich eine gewisse Erfahrung in meditativen Übungen. Eine bewusste Konzentration auf religiöse Sachverhalte ist meistens erst auf der letzten Stufe möglich. Unterstützend wirkt, wenn

---

36 Vgl. im Folgenden Schmitt 1983, 149.

der Meditation eine bestimmte Thematik gegeben wird. Dies kann eine Symbolik, ein Bild, ein christlicher Begriff oder ein Bibeltext sein. In der letzten Stufe besteht dann die freiwillige Möglichkeit, sich dieser Thematik zu widmen.

Die Empfindungen beim Durchleben dieser drei meditativen Stufen sind von Person zu Person unterschiedlich und können kaum verallgemeinert werden. Pubertierenden Jugendlichen fällt es schwerer, sich auf meditative Elemente einzulassen. Die Jugendlichen in und nach der Adoleszenz hingegen gewinnen durch meditative Elemente einen neuen Zugang zu Daseinsfragen und zu religiösen Themen. Ebenso erleben dies Kinder auf einer vorkritischen Ebene. Empirische Erkenntnisse aus dem Symbolverstehen klären die Wahrnehmung und Wirkung meditativer Praxis entwicklungspsychologisch und religionspsychologisch auf.[37]

Es versteht sich von selbst, dass vor allem ruhige Musik (z.B. Adagio, Largo) – beispielsweise Bachs Air oder Händels Xerxes – geeignete Mittel für die passive Meditation ist. Auch in meditativen Phasen sind gemeinsame Gesänge hilfreich für die Abkehr vom Alltag und Hinkehr zur meditativen Besinnung. Gemeinsames Singen kann der passiven Meditation voraus gehen. Es eignen sich die Lieder aus Taizé, da sie kurz sind und mehrmals hintereinander gesungen werden. Dies kann laut und leise geschehen oder in gesummter Art. Beispielhaft sind zu nennen: „Laudate omnes gentes", „Meine Hoffnung und meine Freude" sowie „Ubi caritas et amor". Ebenso eignen sich ruhige Kanons wie „Gottes Wort ist wie Licht in der Nacht" (israelische Melodie) oder „Ausgang und Eingang".

Auswahlliteratur

Obenauer, A.: Too much Heaven? Religiöse Popsongs – jugendliche Zugangsweisen – Chancen für den Religionsunterricht, Münster 2002

Böhm, U./Buschmann, G.: Popmusik – Religion – Unterricht. Modelle und Materialien zur Didaktik von Popularkultur, Münster 2002

Fermor, G.: Ekstasis. Das religiöse Erbe in der Popmusik als Herausforderung an die Kirche, Stuttgart 1999

Kögler, I.: Die Sehnsucht nach mehr. Rockmusik, Jugend und Religion. Informationen und Deutungen. Graz 1994

Lindner, H.: Musik im Religionsunterricht. Mit didaktischen Entfaltungen und Beispielen für die Schulpraxis, Münster 2003

Pirner, M.L.: Musik und Religion in der Schule. Historisch-systematische Studien in religions- und musikpädagogischer Perspektive, Göttingen 1999

Rohrbach, K.: Rockmusik. Die Grundlagen. Ein Arbeitsbuch für den Musikunterricht in Schulen (mit CD), Oldershausen 1995

Schmitt, R.: Musik und Spiel in Religionsunterricht und Jugendarbeit. Praktische Anleitungen, Beispiele und Modelle, Stuttgart 1983

Schwarz, B.: Die Religion der Rock- und Popmusik. Analysen und Interpretationen, Stuttgart 1997

Thömmes, A.: Sinnsucher. Populäre Musik im Religionsunterricht. Arbeitshilfe mit CD, Trier 2001

Treml, H.: Spiritualität und Rockmusik, Ostfildern 1997

Zender, H: Happy New Ear. Das Abenteuer, Musik zu hören, Freiburg 1991

Zöller, Chr.: Rockmusik als jugendliche Weltanschauung und Mythologie, Münster 2000

---

37 Nähere Erläuterungen hierzu finden sich in dem folgenden Beitrag „Symbolverständnis – Symbolbildung – Symboldidaktik" in diesem Buch.

Symbolverständnis – Symbolbildung – Symboldidaktik

1. Was ist ein Symbol?

Eine erste Antwort auf die gestellte Frage bietet der etymologische Zugang:[1]

ursprünglich: Erkennungszeichen (Bruchstück z.B. eines Ringes) zwischen Freunden oder Verwandten Þ Zusammengefügt ergibt das Erkennungszeichen etwas Ganzes Þ Verbundenheit in der Fremde und während der Trennung

gr. **sýmbolon** („Kenn-Zeichen") Þ lat. symbolum („Sinnbild, Kenn-Zeichen")
Þ 15. Jh. Symbol („Sinnbild, Kenn-Zeichen")

symbolisch im 17.Jh. bedeutet „sinnbildlich" von gr. symbolikós „durch Zeichen andeutend"

Symbolik im 18.Jh. ist dann die sinnbildliche Bedeutung und Darstellung; zahlreiche Verwendung von Symbolen

gr. **Verb** sym-bállein („zusammenwerfen, zusammenfügen, zusammenbringen usw."; im übertragenen Sinn: „vergleichen, erwägen")

Der biblische Befund ergibt Folgendes:
Das Verb **sym-bállein** findet sich in Luk 2,19: „Maria aber **behielt** alle diese Worte und **bewegte** sie in **in ihrem Herzen.**" (Þ gute, wohltuende Wahrheit)
Das Gegenteil im Sinn von „Durcheinanderbringen" oder „Entzweien" findet sich auch im Lukasevangelium:
Das Gleichnis vom klugen Haushalter in Luk 16,1 beginnt folgendermaßen: „Es war ein reicher Mann, der hatte einen Verwalter; der wurde bei ihm **von einem Widersacher beschuldigt**, er verschleudere ihm seinen Besitz." In der griechischen Übersetzung des Fettgedruckten steht **dia-bállein**: „auseinander werfen, zerlegen, entzweien, verklagen, verleumden, schmähen, betrügen usw." (Þ zerstörerische, vermeintliche Wahrheit)

Daraus kann eine erste religionspädagogische Bedeutung gefolgert werden:
Symboldidaktik will Erfahrung und Botschaft, Situation und Tradition zusammenbringen. Dies sind zwei schwerzuvereinbarende Bereiche: Außen – Innen, Sichtbare – Unsichtbare, Erfahrung – Glaube. Dies führt zum vertieften Verständnis der Wahrheit. Der Prozess selbst hat seine berechtigte Bedeutung.
Neben der erfahrungsorientierten Didaktik sind die Korrelationsdidaktik und die Elementarisierung ebenfalls wichtige theoretische Stützen der Symboldidaktik.

Es existieren in der Geschichte und Gegenwart unterschiedliche Definitionen für ein Symbol. Für die religionspädagogische Betrachtung sind die theologischen und philosophisch-pädagogischen Konzeptionen leitend. Deshalb stelle ich die jeweiligen Vertreter und ihre Betrachtung kurz vor.

---

1 Der Duden: Das-Herkunftswörterbuch. Band 7, Mannheim 1989, 729.

1.1 Die religionswissenschaftliche und theologische Grundlegung

Im Mittelalter wurde die Symbolik der Glaubenssprache zugeordnet. Die Psychoanalyse verwendete die Symbolik zunächst als Hilfe zur Traumdeutung. Paul Ricoeur übertrug die Erkenntnisse in die Religionswissenschaft.

1.1.1 Paul Ricoeur (1913-2005): Der Doppelsinn des Symbols

Da sich die Deutung auf einen Traum bezieht, besitzt der Traum an sich eine offene Struktur. Ricoeur betrachtet den Traum als **Semantik des Wunsches**. Denn „sie will anderes sagen, als sie sagt, sie hat einen doppelten Sinn, ist zweideutig"[2]. Hier zeigt sich der komplexe Bereich der sprachlichen Bedeutung. Diese Region, wo sich ein anderer Sinn auftut und zugleich verbirgt, nennt Ricoeur **Symbol**.

Das Problem des Doppelsinns findet sich nicht nur in der Psychoanalyse, sondern auch in der Phänomenologie der Religion wieder. Die kosmischen Symbole (Himmel, Wasser, Leben, Bäume, Mythen, Erzählungen über den Ursprung und das Ende der Dinge usw.) sind eine Art und Weise des Menschen, „mit der fundamentalen Wirklichkeit, wie immer sie beschaffen sei, in Beziehung zu treten"[3]. Hier handelt es sich nicht um das Entschlüsseln des Wunsches hinter dem Doppelsinn, wie bei dem Traum, sondern es geht um die **Manifestation von etwas Anderem**, das sich zugleich zeigt und verbirgt. Es geht somit in der Religionswissenschaft nicht wie in der Psychoanalyse (z.B. S. Freud) um eine Entstellung eines elementaren, dem Wunsch anhaftenden Sinns, sondern um die Manifestation eines Inhalts im Sinne von „Offenbarung des Heiligen".

Ricoeur stellt neu die Frage zur Diskussion, ob „das Zeigen oder Verbergen des Doppelsinns immer Verschleierung dessen, was der Wunsch sagen will, oder kann es zuweilen Manifestation, Offenbarung des Heiligen sein"[4]. Deshalb geben Symbole nach Ricoeur immer zu denken.

In der Religionswissenschaft wurde diese Frage weitergeführt und es ergaben sich folgende Standpunkte:
- Religion ist bei M. Eliade ein phänomenologisches Symbolsystem (Zusammentreffen von Profanität und Heiligkeit), in dem der Mensch tätig sein muss, um erkennen zu können.
- Der Soziologe Durckheim betonte die gemeinschaftsstiftende Funktion der Religion. Sie ist eine kollektive Angelegenheit, die integrativ und identitätsbildend wirkt (z.B. Fisch, Tisch).
- Andere Soziologen (A. Schütz, P. Berger, T. Luhmann) betrachten Religion als symbolische Sinnwelt, die die Wirklichkeit besonders in Grenzsituationen konstruiert (z.B. Beerdigung, Führerschein kann wichtiger werden als Konfirmation).

---

2 Ricoeur, Paul: Die Interpretation. Ein Versuch über Freud, Frankfurt 1974, 18.
3 ebd.
4 A.a.O., 20.

1.1.2 Paul Tillich (1886-1965): Symbol als Sprache der Religion

Paul Tillich begründet an verschiedenen Stellen, dass „das, was den Menschen unbedingt angeht", die Religion sei. Sie muss wiederum symbolisch ausgedrückt werden, weil nach Tillich allein die Symbolsprache das Unbedingte auszudrücken vermag. Tillich kann diese These aufgrund der auseinander gehenden philosophischen Definitionen von Symbol äußern. Jedoch muss immer gesagt werden, was unter Symbol gemeint ist. Tillich nennt hierzu **Merkmale der Symbole:**[5]
1. Symbole weisen wie (eindeutige) Zeichen über sich hinaus.
2. Jedoch haben Symbole Anteil an dieser hingewiesenen Wirklichkeit.
3. Symbole können nicht erfunden werden.
4. Symbole erschließen eine Dimension der Wirklichkeit.

Symbole als die **Verbindungen von Existenz und Offenbarung** („Korrelation") „zwingen das Unendliche in die Endlichkeit hinab und das Endliche hinauf zur Unendlichkeit"[6].

Für Tillich ist das **religiöse Symbol** an (biblisch-christliche) Inhalte gebunden und äußert sich in ihrer Art der Bezogenheit: D.h. das grundlegende Symbol für das, was uns unbedingt angeht, ist Gott. Da religiöse Symbole das Erfasste nicht unmittelbar angemessen ausdrücken können, setzt „Gott" verstanden als Symbol einige Fragestellungen frei:

1. Gibt es eine nichtsymbolische Aussage zu „Gott" damit religiöse Wahrheit angemessen plausibel gemacht werden kann? Z.B. „Alles, was über Gott gesagt werden kann, ist symbolisch." und „Gott ist Seinselbst."

2. Kann somit „Gott" wortwörtlich aufgefasst werden? Nein, denn „Gott" ist Symbol und weist über sich hinaus. Wenn Gott wortwörtlich aufgefasst wird, wird Gott zum Seienden, zum Ding der Endlichkeit. Dies ist der Widerspruch im Fundamentalismus.

3. Ist „Gott" dann nur Symbol? Gott ist „nichts Geringeres als ein Symbol", denn er kann authentisch erfahren werden. Offenbarung ist nach Tillich eine „sich deutende Symbolbedeutung". Gott als Symbol ist eine Macht, die Tiefe und Kraft besitzt. Für Tillich ist Glaube deshalb kein Für-Wahr-Halten, sondern die Annahme von Symbolen.

1.1.3 Romano Guardini (1885-1968): Der Mensch als Symbol

Guardini baut sein Symbolverständnis auf seine gesellschaftliche Kritik an der Dominanz eines zweckrationalistisch-technologischen Wirklichkeitsverständnis auf. Er sieht den „Verlust der unmittelbaren Fühlung mit den Dingen"[7]. Die anthropologische Grundlage ist der Mensch als Leib **und** Seele. Die Seele ist die geistige Substanz, die im Leib zum Ausdruck kommt. Der Mensch als sichtbarer Leib ist das Symbol der Seele. Guardini orientiert sich an den Sinnen und am Konkreten und stellt das „Lebendig-Konkrete" in die Mitte seines Symbolsystems:

---

5   Die Reihenfolge der Aufzählung wurde verschiedentlich von Tillich verändert bzw. geringfügig erweitert: GW V, 196ff, GW V, 237ff, GW VIII, 139ff.
6   Tillich, Paul: Systematische Theologie I, 278.
7   Guardini, Romano: Von heiligen Zeichen, o.O. 1922.

	fruchtbarer Gegensatz zwischen Intuition und Rationalität	
Intuition (Allgemeines, Unfassbares)	**„Lebendig-Konkretes" (Symbol)**	Rationalität (Abstraktes, es gibt keine „abstrakte Subjekte")
	Anschauung als konkreter Akt (Auge und Herz hängen eng zusammen)	

Guardini verdeutlicht sein Symbol an Körperhaltungen, am Spiel und an symbolischen Dingen wie Kleidung, Wohnraum usw. Die Erziehung zur Symbolfähigkeit ist die Schulung der Ausdrucks- und Wahrnehmungsfähigkeit.

1.2 Die philosophische Grundlegung

Es gibt hauptsächlich zwei Philosophen, die sich im 20. Jahrhundert mit dem Symbolismus beschäftigt haben. Sowohl Cassirer als auch Langer gehen anthopologisch von dem „animal symbolicum" statt wie seither „animal rationale" aus. Wie schon Baumgarten und Goethe erkennt der Mensch durch sinnliche Wahrnehmung (philosophische Ästhetik). Bei Kant hingegen ist die sinnliche Erkenntnis nur sinnlich-anschauliches Element ohne Reflexionsakt und besitzt somit keine objektive Erkenntnisfunktion.

1.2.1 Ernst Cassirer (1874-1945): Philosophie der symbolischen Formen

Der Symbolismus ist eine Funktionsmetaphysik und keine Substanzmetaphysik (wie z.B. in der Symbolik des Mittelalters) mehr. Die Symbolisierung ist deshalb die geistige Grundfunktion aller Erkenntnis. Die Verknüpfung von Sinnlichem und Geistigem leistet das Symbol. Es handelt sich bei Cassirer um eine subjekttheoretische und konstruktivistische Erkenntnistheorie.

Jede symbolische Form besitzt Ausdrucks-, Darstellungs- und Bedeutungsfunktion. Diese hierarchische Ebenen werden in seinen 3 Bänden (1923 und 1929 erschienen) an folgenden symbolischen Formen verdeutlicht: Sprache, Mythos, Wissenschaft. Die Religion wird bei der Wissenschaft (3. Band: „Phänomenologie der Erkenntnis") angeordnet. Die Religion wird kulturgeschichtlich nach und qualitativ über dem Mythos betrachtet. Der Bewusstseinsgrad religiöser Symbole ist für Cassirer das Unterscheidungskriterium. Religiöses Symbol ist mit dem Symbolisierten nicht identisch.

Ausdrucksebene		Darstellungsebene	Bedeutungsebene
Magisch, Numimoses		als Symbol erkannt	Symbol wird hinfällig
Götter		Gottessymbol	
Persönlichkeitsbildung (Gebet, Kult, Opfer)	Tun mit Werkzeugen als Welterschließung	auch Selbstwahrnehmung als Person (Ethik)	
kindlicher Zustand		nicht Projektion (Feuerbach)	

1.2.2 Susanne Langer (1895-1985): Philosophie auf neuen Wegen

Nach Langer ist die Rationalität das Weben des Geistes, die symbolische Transformation ihr elementarer Prozess. Sie unterscheidet den präsentativen Symbolismus (z.B. Musik, Mythos, Kunst usw.) und diskursiven Symbolismus (z.B. Begriffe, Metapher, mathematische Zeichen usw.).

Die diskursiven Symbole setzen den präsentativen Symbolismus voraus. Dadurch kann eine elementare symbolische Transformation geschehen. Die Metapher ist hierbei das „Wachstumsprinzip der Sprache" (z.B. Tischbein, Flaschenhals). Bei ihrem Symbolismus geht es um die Erkenntnis des Lebens, dazu gehören auch Lebenssymbole wie Essen, Trinken, Sich-Reinigen.

2. Zur Symbolbildung

2.1 Tiefenpsychologische Begründung

Sigmund Freud benötigt in seiner Psychoanalyse das Symbol im pathologischen Sinn. In Modifizierung zu seinem Lehrer S. Freud hat C.G. Jung die Psychologie des Traumes symboltheoretisch weiterentwickelt. A. Lorenzer hingegen stellt ein kritisches Symbolbildungskonzept entgegen. Im Folgenden kann ich diese drei psychoanalytischen Richtungen nur skizziert. Abschließend zeige ich die Weiterentwicklung der Symbolbildung im Lebenslauf durch Ana Maria Rizzuto auf.

2.1.1 Sigmund Freud (1856-1939): Symbolik des Traumes

Im Traum werden Ereignisse des Subjekts verkleidet bzw. verdrängt. Das Symbol dient als Substitut des unterdrückten Wunsches. Diese Traumsymbole sind konstante Symbole und lassen sich daher eindeutig deuten. Nach Freud sind es individuelle Kindheitserfahrungen (z.B. Ödipuskonflikt), die mit der Assoziationsmethode er- bzw. aufgeschlossen werden können. Es handelt sich meist um sexuell geprägte Erlebnisse. Parallelen zwischen Phylogenese und Ontogenese bezeugen den archaischen Ursprung. Freud sieht nicht die Mehrdeutigkeit der Symbole und weiß noch nichts von der subjektorientierten Lebenslaufforschung.

2.1.2 Carl Gustav Jung (1875-1961): Symbole als Bilder des Unbewussten

Das Konstrukt „Archetypus" ist universal und im persönlichen Unbewussten angeboren. Archetypen sind Bilder und Formen kollektiver Natur, die auf der ganzen Erde als Konstituenten der Mythen auftreten. Jung beweist dies psychologisch-empirisch durch ihre Existenz. Symbole sind sinnlich fassbare Bilder und Ausdrücke wesentlicher Kraft in der menschlichen Psyche (Inkarnation von Archetypen). Bei Nichtbeachtung durch das Bewusstsein verursachen sie Störungen. Praktische und intellektuelle Beachtung ist notwendig. Deshalb nimmt Jung Religion positiv wahr, denn es handelt sich für ihn um den Traum von dem Glauben der Kindheit und ist spontaner Ausdruck eines seelischen Zustands. Das Dogma (Glaubensaussage) als geschichtlicher Ausdruck des Unbewussten enthält Symbole des Unbewussten. Die natürlichen Symbole sind deshalb Brücken zwischen der Anschauung des Dogmas und der unmittelbaren Erfahrung der psychologischen Archetypen des Individuums. Konfessionen (Glaubensformen) können heilen, wenn sie die Persönlichkeit gegenüber dem Unbewussten zusammen mit der „inneren Stimme" (Anima und Animus) stärken. Die Gottheit drückt sich im Traum in der Quaternität[8] aus (z.B. das Mandala als Ausdruck der Gottheit), im Glaubensbekenntnis jedoch als Trinität (ohne die Seite des Menschen).

2.1.3 Alfred Lorenzer (1922-2002): Symbol und Klischee

Für Lorenzer geschieht die Symbolbildung durch das Ich im Bewusstsein. Deshalb ist das Symbol nicht konstant und auch nicht kollektiv eindeutig. Es ist affektiv besetzt und bildet sich durch lebensgeschichtliche Erfahrungen. Die Symbolbildung geht der Sprachentwicklung voraus.

Lorenzer unterscheidet Symbol, Zeichen und Klischee: Ähnlich dem Symbolischen Interaktionismus nach G.H.Mead sieht Lorenzer die Symbole durch Interaktionsprozesse mit der Umwelt durch das Ich formiert. Symbol ist deshalb ein bewusstes psychisches Gebilde, das innere und äußere Vorgänge und Objekte repräsentiert.[9] Die Zeichen sind entleerte Symbole. Das Klischee ist ein psychischer Repräsentant, der ein Symbol war und im Verlauf der Lebensgeschichte ins Unbewusste abgedrängt wurde (Desymbolisierung). Das Klischee basiert auf der stereotypen Determiniertheit. Hierdurch entstehen Konflikte mit der Umwelt (z.B. Vater = Vorgesetzter[10]). Freuds Symbolbegriff entspricht eher dem Klischeebegriff Lorenzers.

Wie Langer betont Lorenzer somit die sinnlich-symbolische Interaktionsformen als Basisschicht der Persönlichkeit. Die präsentativen Symbole gehen den diskursiven in der lebensgeschichtlichen Entwicklung voraus.

2.1.4 Ana Maria Rizzuto (geb. unbekannt): Symbolbildung der Gottesvorstellung

Die Symbolbildung des Gottesbildes geschieht nicht erst im Ödipuskonflikt der mittleren Kindheit. Winnicott wies nach, dass frühestkindliche Erfahrungen wichtig und prägend

8   Jung, C.G.: Psychologie und Religion, München ²1991, 85ff.
9   Lorenzer, A.: Kritik des psychoanalytischen Symbolbegriffs, Frankfurt 1970, 91.
10 A.a.O., 122.

für das Gottesbild und den Glauben sind. Die Argentinierin Rizzuto gründet darauf eine psychoanalytische Lebenslaufbetrachtung des Gottesbildes. Sie teilt die Symbolbildung des Gottesbildes in idealtypische Phasen ein:

1. Phase	Durch den ersten Augenkontakt von Mutter und Kind beginnt die Symbolbildung. Übergangsobjekte lösen die Symbiose auf und verbinden sich mit der Persönlichkeitsformung. Gott ist spezielles Übergangsobjekt, welches das ganze Leben lang besteht.
2. Phase	„Imaginäre Begleiter" werden real empfunden (z.B. Schutzengel); Märchen werden psychohygienisch bedeutsam
3. Phase	Im ödipalen Konfliktbereich kommt das entstandene Gottesbild mit dem gesellschaftlichen Gottesbild zusammen
4. Phase	In der Adoleszenz bildet sich ein eigenes „Gotteskonzept". Dies unterscheidet sich vom Gottesbild oder Gottessymbol, weil es angelernt sein kann und meist reflexiv korrigiert wird.

2.2 Strukturgenetische Entwicklungspsychologie

Die strukturgenetische Psychologie stellt sich der Aufgabe, wie das Denken, die Moral und das Urteil entstehen und sich entwickeln. Die Untersuchungen zur Denkentwicklung schließen die Entwicklung von Sprache, Intelligenz und Symbolverstehen mit ein.

2.2.1 Jean Piaget (1896-1980): Wie entsteht Erkenntnis?

Die Erkenntnis geschieht nach Kant durch aktive Konstruktion des Subjekts. Mit Struktur bezeichnet Piaget ein offenes genetisches System mit den Merkmalen Totalität (Ganzheit auf jeder Stufe), Transformierbarkeit und Selbstregulation. Der Lernprozess geschieht durch eine Störung des Äquilibrium. Das Subjekt sehnt sich nach erneutem Gleichgewicht. Dies wiederum geschieht durch Assimilation (Einverleibung der äußeren Wirklichkeit in die aus dem eigenen Tun herausgewachsenen Denkformen und -strukturen) oder Akkomodation (Angleichung an äußere Wirklichkeit durch Umstrukturierung des Denkens).

Piaget unterteilt die Intelligenzentwicklung empirisch in 4 Stufen:

1. Stufe der sensomotorischen Intelligenz: Für Piaget liegt hier der Ursprung der Symbolbildung. Er unterscheidet wiederum 6 Stadien:
1. Betätigung und Übung der Reflexe ist angeboren (1.Monat)
2. Primäre Zirkulärreaktionen (2.-4.M.): z.B. Mutter beim Wiedererkennen anlächeln
3. Sekundäre Zirkulärreaktionen (4.-8.M.): äußere Objektexperimente
4. Übertragung der sensomotorischen Schemeta auf neue Gegenstände (8.-11.M.)
5. Terziäre Zirkulärreaktionen (11.-13.M.) untersucht neue Räume und Kausalitäten. Es werden Planungen von Handlungen vorgenommen.
6. Symbolische Bilder entstehen, weil nun innerliche Objektpermanenz möglich wird

Symbole sind Produkte verinnerlichter Nachahmungen wahrgenommener Modelle und Handlungsmuster. Sie werden aus willkürlich gewählten, erlebten Situationen geistig hervorgerufen. Symbolspiele sind Assimilationen unterschiedlicher Komplexität und spiegeln Wunscherfüllung und Konfliktlösungen. Sie fördern zudem die Kreativität.

2. Stufe der präoperativen Intelligenz: Symbolfunktion ist generiert, aber es ist noch keine Operation möglich. Handlungen können im Denken und in der äußeren Wirklichkeit noch nicht ausgeführt werden (z.B. Mengenbegriff).

3. Stufe der konkret-operationalen Intelligenz: Mit ca. 7 Jahren beginnt das Erkennen der Invarianz physikalischer Mengen. Das Kind benötigt die konkrete Anschauung. Abstrakte Begriffe und Kreuzklassifikationen sind noch nicht möglich. Symbol wird eindimensional betrachtet.

4. Stufe der formal-operationalen Intelligenz: Mit ca. 12 Jahren sind kognitive Operationen ohne konkretes Anschauungsmaterial möglich. Durch Hypothesenbildungen sind erst jetzt Analogieschlüsse denkbar (z.B. Reich-Gottes-Gleichnisse). Symbolverständnis ist nun mehrdimensional möglich.

2.2.2 James W. Fowler (geb. 1940): Glaubensentwicklung

Fowler geht von folgenden Prämissen aus:[11] Anthropologisch betrachtet ist die Glaubensentwicklung zugleich eine Persönlichkeitsentwicklung und setzt die genetisch angelegte Fähigkeit des Menschen zur Partnerschaft mit Gott voraus. Die Entwicklung geschieht im Rahmen interaktionistischer Wechselbeziehungen des Selbst mit Gott und dem Nächsten. Die notwendigen Denkentwicklungen und Selbstreflexionen sind entwicklungsgebunden und bedingen die Glaubens- und Persönlichkeitsentwicklung. Somit besteht eine Korrelation von Lebenszeit und Glaubensstufe, wobei beobachtete Ausnahmen vorhanden sind.[12]

Fowler[13] warnt davor, die Stufen als Abwertung oder Zweck bösartiger Vergleiche zu missbrauchen. Er sieht in ihnen ein System, das Erleichterung zum Verständnis anderer und ihres Glaubens bietet und zugleich Konsequenzen für die seelsorgerliche Arbeit aufzeigt. Daher sind es keine soteriologische Stufen. Denn jede Stufe beinhaltet echtes Engagement, Mut und Heiterkeit im Glauben. Deshalb dürfen die Menschen nicht von einer in die andere Stufe gedrängt werden. Die Auseinandersetzung mit den Problemen ihres Lebens, ihrer geistlichen Berufung, der Verkündigung des Evangeliums und das Bemühen um Einwurzelung im menschlichen Leben ergeben als Nebenprodukt die gewünschte Glaubensentwicklung. Fowler spricht bei der Glaubensgemeinschaft von einem „Ökosystem der Berufung"[14].

---

11 Fowler, J.W.: Glaubensentwicklung. Perspektiven für Seelsorge und kirchliche Bildungsarbeit, München 1989, S. 78f.
12 Fowler, J.W.: Stufen des Glaubens. Die Psychologie der menschlichen Entwicklung und die Suche nach Sinn, Gütersloh 1991, S. 132.
13 Fowler, 1989, S. 113f.
14 Fowler, 1989, S. 33.

Fowler nennt seine 1. Stufe[15] „Intuitiv-projektiver Glaube" und ordnet sie dem Kind im Vorschulalter zu:[16] Bilder und Symbole der Märchen werden mit Gut und Böse identifiziert. Bild und Sache rufen gleiche Reaktionen hervor (z.B. Tierbild -> Angst).

In der 2. Stufe, genannt „Mythisch-wörtlicher Glaube"[17], können religiöse Erfahrungen außerhalb der familiären Umgebung (Nachbarschaft, Schule, Kirchengemeinde) verarbeitet werden. Symbole, Geschichten und eigene Erfahrungen haben eine große Bedeutung. Es entsteht ein eindimensionales anthropomorphes Gottesbild.

Die 3. Stufe[18] markiert den Beginn der Jugendzeit. Fowler nennt sie „Synthetisch-konventioneller Glaube". Das Bewusstwerden der eigenen Innenwelt mit dem Ziel eines einheitlichen funktionierenden Identitätsgefühls korreliert mit dem Gedanken: „Gott ist jemand, der uns besser kennt, als wir uns selbst kennen können!" Der Bindung an eine Gruppe und deren Werte schenkt die notwendige Gemeinschaftserfahrung und lässt die Gemeinde als eine „romantische" Großfamilie erscheinen. Erfahrungsreflexion, Fähigkeit zu abstraktem Denken und soziale Perspektivenübernahme führen zu einem von anderen übernommenen und aus Teilen zusammengesetzten Glauben. Institutionell wichtige Rollen (z.B. Pfarrer, Gruppenleiter) werden zunächst respektiert und später kritisch-analytisch verarbeitet, wodurch der Jugendliche in eine Krise durch Konflikte zwischen einzelnen wichtigen Personen gelangt. Trauer und Verlust besitzen besondere Intensität und führen zu einer tieferen Beziehung zu Gott. Historische Hintergründe gewinnen an Bedeutung. Symbole werden zunehmend mehrdimensional wahrgenommen.

Das Ende der Adoleszenz bzw. Post-Adoleszenz[19] kann mit der Entwicklung zur 4. Stufe[20] eingeläutet werden. Der „Individuierend-reflektierende Glaube" ist nach Fowler[21] als Beginn des jungen Erwachsenenalters gedacht und markiert eine Phase der Aufklärung. Eine kritische Prüfung der Glaubensinhalte setzt in dieser Phase ein, so dass nur das geglaubt wird, was man selbst für richtig hält. Autorität, die früher für einen bestimmend war, wird nun selbst übernommen. Aus der Perspektive der 3. Person werden Konflikte zwischen internalisierten Stimmen und externen Autoritäten bewertet und entschieden. Das Netzwerk der seitherigen Beziehungen zerfällt und die Gemeinschaft wird verlassen. Diese neue Unabhängigkeit wird zunächst ängstlich als Vertrauensbruch

---

15 Der „erste Glauben" als Vorstufe beginnt jedoch für Fowler schon in der Fötusbeziehung zur Mutter. Die erste Bedrohung geschieht durch die Gefahr des Erstickens im Geburtskanal. Die Antwortbereitschaft der neuen Umgebung auf die entstehenden Bedürfnisse (z.B. Wärme, Nahrung, Sicherheit) ist für die Glaubens- und Persönlichkeitsentwicklung entscheidend und prägend. Die Art der Beziehung zu den Eltern bildet durch Trennungsängste, Vertrauen und Loyalität zur Umwelt und dem wechselseitigen Geben und Nehmen das grundlegende Lebensgefühl aus. Vgl. Fowler, 1989, S. 83ff

16 Fowler, 1989, S. 85ff; Fowler, 1991, S. 139ff: Diese Stufe beginnt mit der sprachlichen Kommunikation und dem Erleben von Macht und Ohnmacht. Der naive Egozentrismus kann noch nicht die Perspektivenübernahme bewältigen. Angst- und Schuldgefühle können empfunden werden. Vieles wird nachgeahmt, wobei eine Unterscheidung von Phantasie und Tatsache fehlt.

17 Fowler, 1989, S. 87ff; Fowler, 1991, S. 151ff: Kausalitäten der Realität können jetzt erkannt werden, jedoch bleiben Wünsche, Motive und Persönlichkeit noch unbewusst und daher ist die Selbstreflexion eine Überforderung. Perspektivenübernahme wird langsam möglich. Glaubensvorstellungen werden buchstabengetreu übernommen und angeeignet. Gott wird oft als Herrscher menschlich vorgestellt. Reflexive Beziehungen und das Aufzeigen der Mehrdimensionalität verhilft in die nächste Stufe, in der die Pubertät beginnt.

18 Fowler, 1989, S. 91ff; Fowler, 1991, S. 167ff.

19 Fowler wies nach, dass es Erwachsene gibt, die in niederen Stufen stecken geblieben sind. Vgl. Fowler, 1991, S. 265.

20 Fowler, 1989, S. 97ff; Fowler, 1991, S. 192ff.

21 Fowler, 1991, S. 132.

und Selbstaufgabe empfunden. Eine Art von Beichtverlangen kann durch diese innere Zerrissenheit und äußere Ablösung aufbrechen. Glaubensbekenntnisse, Symbole und Geschichten werden analysiert, um einen Zugewinn an Klarheit und Genauigkeit zu erreichen. Zeitgebundene und gegenwartsnahe Geschichten geben dem eigenen Leben eine sinngebenden Richtung. Die Kirche hat die bedeutungsvolle Aufgabe der Perspektivenerweiterung. Symbole gehen durch die Symbolkritik (Zerstörung der 1.Naivität nach Ricoeur) verloren. In der nächsten Stufe wird das symbolkritische Potential aufgehoben (2. Naivität). Dies geschieht im Hegelschen Sinn: Symbolkritisches Potential wird bewahrt, erhöht und selbstkritisch negiert. Dadurch entsteht ein neues Symbolverständnis (2. Naivität).

Die 5. Stufe[22], der „Verbindende Glaube", offenbart realistische Erfahrungen der erwachsenen Persönlichkeit. Als Weghilfe entsteht ein neues Symbolverständnis durch Neuorientierung an Tradition und heiligen Schriften. Es ist ein Symbolverständnis, das Tiefe und Kritik integriert.

Die selten vorfindbare 6. Stufe[23] des „Universalisierenden Glaubens" markiert den empirischen Schlusspunkt seiner Untersuchungen.

Für das Jugendalter kann eine Entwicklung der Ablösung von Autoritäten – auch im religiösen Lebensbereich – festgestellt werden. Jedoch ist nicht ausgeschlossen, daß junge Erwachsene durch verschiedene Begegnungen mit Christen und religiösen Fragen wieder zu einem christlichen Lebensstil finden bzw. zurückfinden.[24]

3. Symboldidaktiken

Ich beschränke mich auf eine katholische (Halbfas) und eine evangelische Symboldidaktik (Biehl), um an ihnen die Differenzen und das Gemeinsame von symboldidaktischen Konzeptionen deutlich zu machen.

---

22 Fowler, 1989, S. 102ff; Fowler, 1991, S. 201ff: Wechselseitige Abhängigkeit wird erfahrbar und führt zu einem bewussten Lebensstil neuer Intimität durch die geistige Zusammenführung von Selbstvertrauen und Wahrnehmung der eigenen Grenzen durch Selbsterkenntnis. In dieser Stufe reift der Glaube zur spannungsvollen Dialektik zwischen Bekenntnis und Erfahrung heran und ist geprägt von einer dialektischen multidimensionalen Denkweise. Wahrheit wird aus verschiedenen Blickwinkeln wahrgenommen und integrierend verarbeitet. Freiheit in den wechselseitigen Abhängigkeiten der Systeme wird verantwortlich gefüllt. Auf Impulse des Geistes wird eingegangen, wodurch ein Verhältnis zu Jesus als Befreier und ein Solidaritätsgefühl für Unterdrückte und Verachtete heranwächst.

23 Fowler, 1989, S. 107ff; Fowler, 1991, S. 217ff: Diese letzte für Fowler bekannte Stufe setzt ein reflexives und kritisches Bewusstsein voraus. Der Dezentrierungsprozess ist abgeschlossen. Das Selbst ist nicht mehr Hauptbezugspunkt. Frühere Feinde werden als Kinder Gottes gesehen und gewaltlose Opposition gegen das Böse entsteht. Die Menschen dieser Stufe leben, Herz und Wille zutiefst mit dem göttlichen Geist verbunden, als ob Gottes Gemeinwesen von Liebe und Gerechtigkeit schon eine entscheidende Wirklichkeit unter uns wäre. Das Sein ist in der Liebe und im Wissen um Gott verankert. Dennoch ist der Mensch dieser Stufe ein Geschöpf mit inneren Widersprüchlichkeiten und beeinträchtigten Beziehungsfähigkeiten. Fowler ordnet Persönlichkeiten wie Mutter Teresa, Martin Luther King u.a. dieser Stufe zu.

24 Vgl. Fiedler u.a.: Funk-Kolleg Religion. Bd. 2, Gütersloh 1985, S. 157.

3.1 Hubertus Halbfas (geb. 1932)

Halbfas geht es um die Entwicklung des Symbolsinns. Dies soll nicht am Konflikt oder Problem oder durch eine Engführung der Praxis geschehen, sondern im Sinne von C.G. Jung durch die Suche nach der Mitte, dem Selbst. Mit anderen Worten ausgedrückt, bedeutet dies, in die Tiefe zu gehen. Methodisch geschah die Entwicklung des Symbolsinns ursprünglich vor allem durch Labyrinth- und Mandala-Meditationen. Dadurch wird die freie psychische Energie wirksam.

Halbfas nennt fünf Merkmale seiner Symboldidaktik:[25]
1. Symboldidaktik macht einen handlungsbezogenen, sinnhaften Unterricht möglich.
2. Symboldidaktik fordert einen narrativen Unterricht.
3. Symboldidaktik führt von der 1. zur 2.Naivität (Unmittelbarkeit).
4. Symboldidaktik impliziert einen gesellschaftskritischen Bezug.
5. Symboldidaktik fördert einen sensibilisierenden Unterricht (z.B. Stilleübungen).

Nach Halbfas dürfen keine Fotos verwendet werden. Deshalb kommen in seinem Schulwerk hauptsächlich Bilder vor (z.B. von Relinis Agethen). Das Wissen oder Reden über Symbole ist nicht die geeignete religionspädagogische Aneignung von Symbolen oder Symbolverständnis. Es geht ihm um die „Vermittlung der elementaren Grammatik der religiösen Sprache". Er wendet sich gegen die Bildverarmung der Sprache. Die Gleichnisse als Metapher bieten sich religionsdidaktisch an.

Bei seiner religionspädagogischen Konzeption handelt es sich um einen ganzheitlichen Prozess, bei dem der Weg genauso wichtig ist wie das Ziel. Lerntheoretisch geht es um ein „Lernen durch Handeln" (Tonen, Drucken, Backen, Schulgarten usw.) zusammen mit symboldidaktischen Formen (Stilleübung, Schweigen, Feiern, Bild, Musik, Erzählen, Spielen usw.). Auch das Umgestalten des Klassenzimmers („Sich-Einhausen") wird ebenfalls wichtig wie das gemeinsame Frühstücken am Morgen. Halbfas verbindet in seiner Symboldidaktik der religiösen Erziehung verschiedene reformpädagogische Elemente. Zudem geschieht Symboldidaktik nach Halbfas in einer Gemeinschaft herrschaftsfreier Kommunikation.

Verschiedene Religionspädagogen äußerten ihre Kritik an der Symboldidaktik von Halbfas:
1. fragwürdige Optik: Gewagte Abwendung von der Wirklichkeit, die die Kinder und Jugendlichen manipulieren kann.
2. theologisch: Die Diesseitigkeit wird gnostisch übersprungen. Gott findet sich im Menschen.
3. symboltheoretisch: Nach Cassirer sind Symbole geistig-sinnhafte Objektivierungen menschlicher Welterkenntnis. Symbole sind somit Entdecker der Realität.
4. tiefenpsychologisch: Lorenzer zeigt ein anderes Symbolverständnis auf als Jung. In dieser Perspektive wird die gesellschaftliche Außenwelt wieder wichtig.
5. entwicklungspsychologisch: Kindliche Überforderung durch metaphorische Sprache und kognitive Verfrühung der Fähigkeit zu Analogieschlüssen
6. religionspädagogisch: Ist der „Weg nach innen" nicht ein Weg der Erwachsenen? Ist der Lehrer nicht auch überfordert, wenn er ständig „in sich selbst ruhend sein" soll?
7. methodisch: Bewährtes wird von der Symboldidaktik vereinnahmt.

---

25 Vgl. Biehl, Peter u.a. (Hrsg.): Jahrbuch der Religionspädagogik, Band 1, Neukirchen 1984.

3.2 Peter Biehl (1931-2006)

Symboldidaktik ist für Biehl ein „Weg nach innen und außen". Symbole gehören in ihrer Alltagsgestalt (z.B. Fotografie) in den Religionsunterricht. Aufgrund des alttestamentarischen Bilderverbots gehört die kritische Beleuchtung der Symbole in die religionspädagogische Konzeption. Hierfür gibt Biehl fünf Kriterien an:

1. Repräsentation des Ganzen der Wirklichkeit: Die vorgängige Erfahrung der Schüler spielen eine wichtige Rolle. Die Schüler sollen lernen, das Ganze zu sehen.
2. Verschärfte Wahrnehmung der Wirklichkeit: Der Unterrichtsprozess muss so angelegt werden, dass Symbole ihre wirklichkeitserschließende Funktion haben bzw. die Schüler über die Symbole Wirklichkeit wahrnehmen können.
3. Streit um die Auslegung der Wirklichkeit: Durch die christlichen Symbole kommt in die Alltagspraxis ein provozierendes, alternatives Denken hinein. Veränderung geschieht über die biblische Gesellschaftskritik.
4. Handlungsorientierung: Das Erproben des Umgangs mit christlichen Symbolen bietet ein Modell religiösen Handelns.
5. Erschließung der Tiefendimension: Der affektiv-emotionale Bereich des Menschseins wird angesprochen. Dies muss bei der Planung und Durchführung des Unterrichts berücksichtigt werden.

Biehl geht es also um die Auseinandersetzung mit der Wirklichkeit (wirklichkeitserhellende Funktion der Symbole). Es handelt sich bei ihm im Gegensatz zu Halbfas (wirklichkeitsdurchstoßende Funktion der Symbole) nicht um einen Blick hinter die Wirklichkeit. Durch die politische, gesellschaftskritische Komponente sieht Biehl die praktische Umsetzung seiner kritischen Symbolkunde erst in der Sekundarstufe I und II. Seine Symboltheorie ist eine Antwort auf die Säkularisierungsthese, denn es geht ihm um die kritische Auseinandersetzung mit den gesellschaftlichen Symbolen (z.B. in der Werbung). Beides, die kritische Auseinandersetzung und die Resymbolisierung biblischer Überlieferungen, wirken identitätsbildend. Jedoch verfolgt seine kritische Symbolkunde vor allem kognitive Ziele.

Auch hier dürfen Kritikpunkte an der Symboldidaktik von Biehl genannt werden:

1. symboltheoretisch: Symbole müssen erst gebildet sein, bevor eine kritische Reflexion darüber geschehen kann. Ansonsten ist die Unmittelbarkeit verloren.
2. entwicklungspsychologisch: Die Sinnesschulung (ästhetische Erziehung) kommt zu kurz. Es überwiegt die Kognition und die Metaebene.
3. methodisch: Der Anspruch ist größer als die Verwirklichung im Unterricht.

Es ergibt sich ein wenn auch verkürzter Vergleich zwischen der Symboldidaktik nach Halbfas und Biehl.

Vergleichspunkt	Hubertus Halbfas	Peter Biehl
Symbolbegriff	„Sinnhafter Ausdruck der verborgenen Wirklichkeit (numinose Kraftgeladenheit)" Schlüsselbegriffe: Bild und Verarmung (Technik, TV …)	Brücke des Verstehens und innere Anschauung des Wortes Schlüsselbegriffe: Bild und Wort
Theologie	P. Tillich, M. Eliade, P. Ricoeur	P. Tillich, P. Ricoeur, G. Ebeling, E. Jüngel, A. Grözinger
Symbolfunktion	- Entlastungsfunktion: Therapie (Scharfenberg/Kämpfer) - Orientierungsfunktion: Selbstfindung, Ganzheitlichkeit - Vermittlungsfunktion: Bewusstes – Unbewusstes, Sichtbares – Unsichtbares	- expressive Wirkung: jugendliche Liebe - fokussierende Wirkung: „was uns unbedingt angeht" - kompensatorische Wirkung: Therapie - Brückenfunktion: Gegenwart – Vergangenheit - Wirklichkeitsbezug
Did.-meth. Prinzipien	- Umschreiben, nicht erklären! (Ziel: „Bildung des Symbolsinns") - Vierfache Sicht: faktisch – allegorisch – existentiell/ ethisch – schauend/ hinaufführend (mittelalterliche Erkenntnistheorie) - Meditationsbild: Mandala - Praxisfelder: Märchen, elementare Symbole, Bibel, Sakramente - Abgrenzungen: Stiftung des Symbolsinns versus Symbolkritik / Bildender Umgang versus therapeutische Arbeit / Integrierter Prozess versus isolierte Behandlung	Vermittlung durch Resymbolisierung (Korrelationsdidaktik): a) von der Lebenserfahrung der Schüler zu den christlichen Symbolen b) von den christlichen Symbolen (Verheißung) als provozierende Verfremdung oder produktive Unterbrechung alltäglicher Erfahrung (alternative Perspektive) zur Lebenswelt Jugendlicher Symbole … - geben dem Leben Ausdruck und Deutung (Sinn) - helfen, Grundkonflikte zu bearbeiten - helfen, Grundambivalenzen tragbar zu machen - haben eine didaktische Brückenfunktion

3.3 Weiterentwicklung der Symboldidaktik (P. Biehl)

Peter Biehl entwickelte seine „kritische Symboldidaktik" in seinen 2 Bänden „Symbole geben zu lernen" (erschienen 1989 und 1993). In seinem Buch „Festsymbole" (erschienen 1999) begründete er in der Auseinandersetzung mit der Semiotik, der Phänomenologie und der Medienwirklichkeit eine Wahrnehmungsdidaktik.

Biehl geht von der These aus: Wirklichkeit sei nur symbolisch zugänglich. Die Theologie hat die Aufgabe der Unterscheidung von Wirklichkeit und Konstruktion, von Wahrgenommenem und der Wahrnehmungsweise und von Gottes Wirklichkeit und unseren imaginären Gottesbildern. Ihr steht die Frage nach der Wahrheit zu. Biehl begründet seine kritische Symbolkunde phänomenologisch-ästhetisch und bildungstheoretisch-kommunkationsorientiert.

Der ästhetische Ansatz nimmt mehr Raum ein und ist grundlegend bedeutsamer als früher: Symbole werden in ihrer Widerständigkeit wahrgenommen. Wahrnehmung ist ein „Prozess der sinngebenden Erschließung von Welt"[26]; es handelt sich dabei um einen Lernprozess mit offenem Ausgang. Denn die Wahrnehmung wirkt auf spätere Wahrnehmung und verdichtet sich zu Deutungsmustern durch Auswahlkategorien. Diesen Prozess nennt Biehl „Erneuerung als lebendige Erfahrung"[27]. Als Nebenprodukt will er Sehen und Hören, Auge und Ohr, Bild und Wort theologisch versöhnen.

Die Hermeneutik der Wahrnehmung ist ein lebensweltlicher Ansatz, der Einsichten der Rezeptionsästhetik (Methoden- und Interpretationspluralismus) aufnimmt. Symbole der Lebenswelt Jugendlicher müssen entdeckt, entziffert und interpretiert werden. Denn Symbole helfen, Sehnsüchte aufzuspüren, Hoffnungen zu verstärken und Schmerzen zur Klage werden zu lassen.[28] Echte Symbole können regressiv oder progressiv sein.

Die Wahrnehmung hat fünf kategoriale Deutungsrichtungen: das Ich, der Andere/ Fremde, die Natur, die Geschichte und die Spuren Gottes. Übergeordnetes Ziel der kritischen Symbolkunde ist die Subjektwerdung im Kontext menschlicher Lebensverhältnisse.

Dem phänomenologisch-ästhetischen Ansatz verbindet Biehl mit der kritisch-kommunikativen Didaktik (religionspädagogische Weiterentwicklung der bildungstheoretischen und lerntheoretischen Didaktik). Symbol ist ein Beziehungsbegriff und korreliert am ehesten mit dem Bildungsprozess verstanden als Kommunikationsprozess und als Interaktion von Symbol und Subjekt. Der Akt der wechselseitigen Erschließung hat kommunikative Struktur.[29]

Biehl bietet neben einer symboldidaktischen Struktur Aufgaben und Auswahlkriterien seiner Symbolkunde an und nennt didaktische Prinzipien der kritischen Symbolkunde: Wahrnehmungsfähigkeit, Selbsttätigkeit, Handlungsorientierung, Geschichtsbezug durch Erzählung, Re-Symbolisierung durch originale Begegnung, Unterbrechung und Überbietung.

Am Beispiel „Ostern" und „Auferstehung" zeigt Biehl exemplarisch, wie sein symboldidaktischer Ansatz konkret didaktisch und methodisch realisiert werden kann.

Einzelne (kritische) Aspekte sollen genannt werden:
Biehl greift schulpädagogische Konzeptionen auf: die kritisch-kommunikative Didaktik (K. Schaller, K.-H. Schäfer, R. Winkel) und die bildungstheoretische bzw. kritisch-konstruktive Didaktik (W. Klafki). Die Symboldidaktik ist ein Vorgang doppelseitiger Erschließung im Sinne der „kategorialen Bildung" (W. Klafki) unter Berücksichtigung der Dialektik von Zeigen und Verbergen (W. Iser). Neben der Subjektwerdung geht es auch um die kritische Weltbewältigung des Subjekts. Es geht ihm auch um die Bearbeitung der „epochaltypischen Schlüsselprobleme" (W. Klafki, 1985). Die Überlegungen zur Unterrichtsvorbereitung beruhen auf den Kriterien der „Unterrichtsvorbereitung im Sinne der kritisch-konstruktiven Didaktik" (didaktisch-methodische Analyse und Konstruktion, W. Klafki, 1985) und verbinden sich mit den Fragen der Elementarisierung (K.E. Nipkow, F. Schweitzer u.a.).

---

26 Biehl, Peter, Festsymbole, Neukirchen-Vluyn 1999, 44.
27 A.a.O., 41.
28 A.a.O., 63.
29 Vgl. a.a.O, 109.

Biehl möchte die traditionserschließende Struktur und problemorientierte Struktur des Religionsunterrichts mit der symboldidaktischen Struktur verbinden. Dabei geht idealtypisch die didaktische Schrittfolge von der Wahrnehmung lebensweltlicher Symbole (Phänomene) zur Auffindung religiöser Symbole und der Transfer zu biblisch-christlichen Symbolen (Symbolkomplexe). Folgende Leitfragen nennt Biehl, um diesen Weg zu gehen:[30]

1. Wie kommt das Symbol bzw. die Erfahrung, die es repräsentiert, in der Lebenwelt der Lernenden vor? Wie kann es gelingen, dass die Lernenden das Symbol überraschend wahrnehmen?
2. Wie ist eine Wahrnehmung seiner religiösen Dimension möglich?
3. Wie kann eine Wahrnehmung des spezifisch theologischen Sinnes des Symbols erreicht werden?
4. Auf welche menschlichen Grunderfahrungen hin lassen sich die lebensweltlichen Vollzüge deuten?
5. Wie ist eine religiöse Deutung dieser Erfahrungen erreichbar, ihre tieferliegende Dimension erschließbar?
6. Durch welche Inhalte und Verfahren ist eine kreative Deutung des Symbols in theologischer Perspektive möglich?
7. Durch welche Gestaltungsaufgaben oder Handlungsvollzüge können die im Lernprozess gewonnenen Einsichten und Erfahrungen vertieft, selbsttätig angeeignet und „erprobt" werden? a) In lebensweltlicher, b) in religiöser, c) in theologischer Perspektive?

Biehl betrachtet den Religionsunterricht manchmal auch als Therapie durch symbolische Interaktion; die Lerngruppe mutiert dabei zur Selbsterfahrungsgruppe. Als Beispiel nennt er die Verfahren der Traumdeutung Freuds.[31] Der Religionslehrer ist m.E. nicht als Therapeut ausgebildet und gerät durch Überbetonung des sozialisationsbegleitenden Ansatzes von Stoodt in einen Bereich hinein, der ihn überfordert. Es ist Biehl zugute zu halten, dass er bemerkt, dass die „Grenze von pädagogischem und therapeutischem Handeln" bewusst bleiben soll. Er spricht vom Lehrer als Regisseur und nicht als Therapeut.

Trotz der Kritik bietet der neuere Biehlsche Ansatz symboldidaktische Zugänge zum christlich-jüdischen Ursprung des jeweiligen Symbols. Symbole haben wirklichkeitserschließende Wirkung. Peter Biehl unterscheidet vor allem in seinem phänomenologisch-ästhetischen Ansatz drei Symbolebenen:[32]
- Lebensweltliche Symbole: Biehl spricht von Phänomenen.
- Religiöse Symbole: Hier handelt es sich nach Biehl um Symbole, die Sehnsucht zum Ausdruck bringen, die durch nichts Endliches zu stillen ist.
- Christliche Symbole: Für Biehl sind dies eher Symbolkomplexe, da verschiedene Symbole zu Symbolhandlungen und Ritualen verschmelzen.

Die Symboldidaktik hat nach Biehl „die Aufgabe, die lebensgeschichtliche Verankerung eines Symbols wahrzunehmen, es in seiner religiösen Dimension zu erschließen und das in seinem anthropologischen wie religiösen Sinn erschlossene Symbol zu deuten."[33]

---

30 A.a.O., 104.
31 Vgl. a.a.O., 93.
32 Vgl. a.a.O., 95ff.
33 A.a.O., 99.

Durch diesen didaktischen Ansatz finden im Unterricht Gesprächsanlässe statt, die die Wahrnehmung fördern und die religiös-christliche Spurensuche inszenieren.

War für Biehl der didaktische Leitsatz „Symbole geben zu lernen" in seinen früheren Büchern zur Symboldidaktik grundlegend, so vollzieht er in der Auseinandersetzung mit der Semiotik (Umberto Eco) einen Paradigmenwechsel: „Symbolische Kommunikation gibt zu lernen"[34]. Die Schüler erschließen sich die Symbole im wechselseitigen kommunikativen Prozess und bearbeiten durch subjektive Wahrnehmung das Dargebotene. Die Frage nach der Wahrheit wird durch die „Wahrnehmung der Spuren Gottes"[35] nicht suspendiert. Im Gegenteil, durch die Kommunikation über die symbolische Handlung nehmen die Beteiligten das Unsichtbare im Sichtbaren, das Unfassbare im Fassbaren wahr.

Die Schülerinnen und Schüler sowie die Lehrerinnen und Lehrer nehmen am Prozess des „Wahrnehmens, Deutens und Verstehens, Handelns und Gestaltens"[36] teil. Für die unterrichtliche Konkretion ergeben sich somit vier Ziele in Anlehnung an die neuere Symboldidaktik nach Biehl:
a) Wahrnehmen einzelner Phänomene, Symbole und Symbol-Ebenen in den Medien
b) Kommunikation über die subjektive Wahrnehmung
c) Entdecken der religiösen Dimension
d) Herausarbeiten der biblisch-christlichen Dimension

Videoclips, Werbung und andere populäre Medien können, vermittelt über Symbole und Mythen, thematisieren, was Menschen „unbedingt angeht" (Paul Tillich) oder sie unbedingt angehen soll. Hierzu finden sich im Praxisteil dieses Buches zahlreiche Anregungen und Anknüpfungen.

Literaturhinweise

Grundlegende Literatur:

Bucher, Anton A.: Symbol – Symbolbildung – Symbolerziehung, St. Ottilien 1991
Biehl, Peter u.a. (Hrsg.): Jahrbuch der Religionspädagogik, Band 1, Neukirchen-Vluyn 1984
Biehl, Peter: Symbole geben zu lernen, 2 Bände, Neukirchen-Vluyn 1989, 1993
Biehl, Peter, Festsymbole. Zum Beispiel: Ostern. Kreative Wahrnehmung als Ort der Symboldidaktik, Neukirchen-Vluyn 1999
Halbfas, Hubertus: Das dritte Auge, Düsseldorf 1987

Praxismaterial:

Bihler, Elisabeth: Symbole, 3 Bände, Limburg 1992-1995
Donay, Erhard (Hrsg.): Symbole – Geschichten zu biblischen Bildwörter. Vorlesebuch. 6–12 Jahre, Lahr 1989, [4]1994
Halbfas, Hubertus: Der Sprung in den Brunnen, Düsseldorf 1991

---

34 A.a.O., 15.
35 A.a.O., 75ff.
36 A.a.O., 105.

Zur Vertiefung:

Adam, G./Lachmann, R. (Hrsg.): Religionspädagogisches Kompendium, Göttingen 1993, 4., ergänzte Aufl.

Becker, U.: Lexikon der Symbole, Freiburg 1992

Berg, S.: Biblische Bilder und Symbole erfahren. Material- und Arbeitsbuch, München 1996

Betz, O.: Elementare Symbole zur tieferen Wahrnehmung des Lebens, 1987

Biehl, P./Baudler, G.: Erfahrung – Symbol – Glaube. Grundfragen des Religionsunterrichts, Frankfurt 1980

Bucher, A.A.: Symbole – Ein kritischer Diskussionsbeitrag zu den Religionslehrbücher von H. Halbfas; in: EvErz 39 (1987), 598-612

Bucher, A.A.: Symboldidaktik; in: KatBl 113 (1988), 23-27

Bucher, A.A.: Symbol und Symbolbildung bei C.G. Jung und J. Piaget; in: RpB 23(1989), 70-89

Bucher, A.A.: „Wenn wir immer tiefer graben … kommt vielleicht die Hölle". Plädoyer für die erste Naivität; in: KatBl 114 (1989), 654-662

Fetz, R.L.: Die Himmelssymbolik in Menschheitsgeschichte und individueller Entwicklung; in: Zweig, A. (Hrsg.): Schriften zur Symbolforschung, Band 2: Zur Entstehung von Symbolen, Bern, Frankfurt 1985, 111-150

Fowler, J.W.: Stufen des Glaubens. Die Psychologie der menschlichen Entwicklung und die Suche nach Sinn, Gütersloh 1991

Fowler, J.W.: Glaubensentwicklung. Perspektiven für Seelsorge und kirchliche Bildungsarbeit, München 1989

Freud, S.: Die Traumdeutung, Band 2 der Studienausgabe, Frankfurt 1972 (Orginal 1900)

Früchtel, U: Mit der Bibel Symbole entdecken, Göttingen 1991

Heinz-Mohr, G.: Lexikon der Symbole, München 1998 (Neuausgabe)

Herder-Lexikon: Symbole, Freiburg [9]1978

Jung, C.G.: Der Mensch und seine Symbole, Olten 1968

Jung, C.G.: Psychologie und Religion, München [2]1991

Kassel, M.: Biblische Urbilder. Tiefenpsychologische Auslegung nach C.G. Jung, München 1980

Langer, S.: Philosophie auf neuem Weg. Das Symbol im Denken, im Ritus und in der Kunst, Frankfurt 1965

Lorenzer, A.: Kritik des psychoanalytischen Symbolbegriffs, Frankfurt 1970

Nipkow, K.E.: Erwachsenwerden ohne Gott? Gotteserfahrung im Lebenslauf, München 1987

Piaget, J.: Nachahmung, Spiel und Traum, Stuttgart 1975

Piaget, J.: Das Weltbild des Kindes, Frankfurt 1980

Ricoeur, P.: Die Interpretation, Ein Versuch über Freud, Frankfurt 1974

Rizzuto, A.M.: The Birth of Living God, Chicago 1979

Röll, F.J.: Mythen und Symbole in populären Medien. Der wahrnehmungsorientierte Ansatz in der Medienpädagogik, Frankfurt 1998

Schilling, Klaus: Symbole erleben, Stuttgart 1991

Tillich, P.: Die Frage nach dem Unbedingten. Schriften zur Religionsphilosophie, Stuttgart 1964

Tillich, P.: Symbol und Wirklichkeit, Göttingen [3]1986

Vom Symbol zur Semiotik

Die Symboldidaktik – wie im vorausgehenden Kapitel entwickelt – arbeitet mit Symbolen, die das Heilige, Religiöse und Unsichtbare sichtbar werden lässt. Symbole sind dabei ein Teil dessen, was sie repräsentieren wollen. In ihrer Gestalt wird der symbolische Gehalt erfahrbar. Zum Beispiel verkörpert das Symbol „Licht" Wärme, Nähe, Entspannung, aber auch Assoziationen der Gefahr, dass es plötzlich brennen könnte. Im Gegensatz zum Zeichen (z.B. Verkehrsschild) ist das Symbol (z.B. Wasser, Baum) mehrdeutig.

„Licht" als christliches Symbol weist auf Christus hin, der sagte: „Ich bin das Licht der Welt." Hier kommt eine Konnotation hinzu, die über Jahrhunderte die Christen in ihrer Christus-Nachfolge geprägt haben: Christus als das Licht verkörpert Wärme, Nähe, Helligkeit und Klarheit in der komplexen Welt und transportiert zudem die strahlende Befreiungsbotschaft des Evangeliums. Jedes Symbol partizipiert an dem, auf wen es hinweist. Es ist ontologisch aufgeladen. Dadurch wirkt es und kann in seinen Bann ziehen (z.B. Fahne, Abendmahl). Die Gefahr besteht nun, dass das Symbol angebetet wird. Gott selbst gebührt die Anbetung und nicht seiner symbolischen Darstellung oder Manifestation. Das Symbol in säkularisierter Form (z.B. Kerze in romantisierter Situation) zeigt auch die Nutzung als bedeutungsloses Klischees oder verzweckter Fetisch.

Ein Symbol besitzt also die Gefahr, dass der Mensch es von dem abtrennt, was es symbolisieren möchte. Der Zugang zum „Doppelsinn" (P. Ricoeur) ist durch gesellschaftliche Rationalisierung und individueller Umdeutung verdeckt. Die religiöse bzw. christliche Bedeutsamkeit der elementaren Ur-Symbole (z.B. Hand, Weg) ist heute schwerer vermittelbar. In modernen Formen und Gestaltungen stellen sich religiöse Bedeutungen dar (z.B. das Handy in der Werbung, der Weg-Charakter in den Videoclips).

Gerade hier setzt die Kritik der Semiotik („Lehre der Zeichen") an: Die heutigen Codes ersetzen die alten Symbole. War die klassische Symboldidaktik eher eine Abbilddidaktik, so will die Semiotik die neuen, zeitgemäßen Zeichen entschlüsseln. Diese Didaktik ist eher eine Aneignungsdidaktik, welche dem kommunikativen Prozess bei der Dekodierung der Betrachter Bedeutung verleiht. Die Rezeptionsästhetik sowie die subjektive Wahrnehmung des „offenen Kunstwerks" (U. Ecco) ist die Grundlage dieser Didaktik. Symbolisierung ist im semiotischen Ansatz ein Prozess der eigenen Interpretation eines Zeichens. Dadurch kann das Zeichen zu einem Symbol für den Interpreten werden.

Michael Meyer-Blanck legt den Gegenstand der Betrachtung im Religionsunterricht aus semiotischer Sicht folgendermaßen fest:

> „Nicht die ‚Bedeutungstiefe von religiösen Symbolen', sondern die offene Kommunikation christlicher Zeichen dürfte der angemessene Inhalt religionsdidaktischer Bemühungen sein."[1]

Für die Semiotik ist die objektive Wahrheitsfrage (zunächst) unwichtig. Die Schülerinnen und Schüler sollen für sich das Zeichen als wahr erkennen. Im Gespräch über die Zeichen entsteht die Semiose zwischen Gestalt und Gehalt. Zeichen wirken im Kommunikationsprozess zwischen Zeichen und Rezipienten. Durch den Semiose-Prozess

---

1   Meyer-Blanck, M: Vom Symbol zum Zeichen. Symboldidaktik und Semiotik, Hannover 1995, 72.

kann das Zeichen an Bedeutung für den einzelnen wie früher das Symbol gewinnen. Der Unterschied liegt darin, dass das Symbol substantiell-ontologisch determiniert war und das Zeichen heute durch Kontext und Interpret subjektiv-funktional decodiert wird. Das didaktische Ziel ist dann nicht, dass das Symbol erlebt bzw. das Gemeinte erfahren wird, sondern dass die Zeichen aufgedeckt und entmythologisiert werden. Die semiotische Grundfrage lautet: Wer gebraucht wann, in welchem Zusammenhang und wie welche Zeichen? Somit kann alles und das Alltägliche (z.B. Handy) zum Zeichen werden. Diese Zeichen wiederum sind interpretationsbedürftig.

Trotzdem sind nach Meyer-Blanck auch weiterhin Symbole „im Unterricht als konventionelle Zeichen ernst zu nehmen"[2]. Symbole funktionieren wie Zeichen in Kodierungen und Dekodierungen. Sie müssen in ihren Relationen gesehen werden. Der Reichtum an Kodierungen und Konnotationen ist wichtiger als der Reichtum der Symbole und ihrer ontologischen Bedeutung. Kritische Symboldidaktik hat deshalb nach Meyer-Blanck die Aufgabe, symbolische Kommunikation zu erproben, zu erkennen und zu benennen. Diese Kommunikation über die Funktion und den Gebrauch von Zeichen und Symbolen unterscheidet prinzipiell die Frage nach der Wahrheit und die Frage nach der Funktion von Zeichen und Symbolen. Die Semiotik betont die Subjektgebundenheit der Zeichen und kritisiert eine ontologisch gedachte Symbolhermeneutik zugunsten der semiotisch begründeten Symbolisierungshermeneutik.

> „Gerade weil die Semiotik sich weigert, Wahrheitsansprüche zu formulieren, bringt sie die Notwendigkeit der Wahrheitsfrage umso stärker ins Spiel."[3]

Wie kann dies gelingen? In drei Schritten kann der semiotische Ansatz didaktisch-methodisch vollzogen werden:
1. Den Gebrauch der Zeichen wahrnehmen und studieren,
2. erproben und
3. kritisieren.

Im ersten Schritt muss der Lehrende oftmals die Zeichen auch zeigen bzw. in Lehr-Lern-Arrangements entdecken lassen (z.B. Abendessen am Tisch als Zeichen der familiären Gemeinschaft). Methodisch geschieht dies im Austausch der äußeren Wahrnehmung zwischen den Betrachtern. Der zweite Schritt ermöglicht die Erfahrung durch Erleben des Zeichens (z.B. Gemeinschaftserfahrung beim gemeinsamen Essen wie beim liturgischen Abendmahl). Die Wirkungen und Funktionen eines Zeichens nimmt der Akteur innerlich bewusst oder unbewusst wahr. Um vor der Abhängigkeit bzw. dem falschen Gebrauch des Zeichens zu schützen, findet die kritische Betrachtung des Gebrauchs statt (z.B. sinnentleertes Gemeinschaftsmahl oder Zwangsbeglückung im Abendmahl trotz distanzierter Haltung). Durch den reflektierenden Diskurs über das Zeichen und seinen Gebrauch geschieht der Erkenntnisgewinn bei den Beteiligten (z.B. Freiheit der Teilnahme am Gemeinschaftsmahl sowie christologische Bedeutung des Abendmahls). Nun ist der semiotische Prozess vorläufig beendet.

---

2 A.a.O., 87.
3 A.a.O., 125.

Folgendes muss bei der semiotischen Konzeption kritisch angemerkt werden:

- theologisch: Die semiotische Frage nach der Kommunikation und die theologische Frage nach der Wahrheit findet nicht getrennt von einander statt; im Gespräch über die Zeichen setzt sich die Wahrheit durch Argumente der Beteiligten durch.
- entwicklungspsychologisch: Das Subjekt ist keine „Tabula rasa"; die Semiotik will das Zeichen entschlüsseln und berücksichtigt nicht den Erfahrungshorizont von Kindern sowie die möglichen Widerstände der Jugendlichen gegen die Entmythologisierung.
- religionspädagogisch: Die semiotische Aneignung kann ohne erweiterndes Angebot und professionelle Vermittlung nur bruchstückhaft stattfinden.
- religionsdidaktisch: Der semiotische Ansatz hat als Gegenstand nicht das Zeichen selbst, sondern den Gebrauch und die Funktion des Zeichens; somit kann das Zeichen nicht zu einem bedeutsamen Symbol für den Interpret werden.

Film und Fernsehen

Matrix – Popkultureller Zugang zur Religion als Projekt*

Matrix ist ein Kultfilm des ausgehenden 20. Jahrhunderts.[1] Matrix ist voll von Symbolen und Zitaten der Religions-, Literatur-, Filmgeschichte. Zudem spricht Matrix verschiedene Interessenlagen von Jugendlichen an. Matrix entspricht dadurch einem modernen Heldenmythos.

1. Film im Religionsunterricht oder in der Gemeinde/Jugendarbeit

Der Einsatz von Filmen ist im Gesamtblick der medialen Inhaltsvermittlung zu betrachten. Kein Medium kann den Anspruch erheben bzw. diesem gerecht werden, Lerninhalte für alle Teilnehmer/innen einer Lerngruppe hinlänglich zugänglich zu machen. Der Grad der Betrachtungsdifferenzierung ist von den verschiedensten Vorbedingungen abhängig, die eine „Lernkontrolle" bzw. eine „Ergebnissicherung" in traditioneller Weise unmöglich machen. Sollen wesentliche Aussagen eines Mediums (sei es Film, Musik, Bild oder alle weiteren medialen Formen) erarbeitet werden, kann dies nur in arbeitsteiliger Weise geschehen, die es der Lerngruppe ermöglicht, die eigenen subjektiven Wahrnehmungen zu artikulieren, auszutauschen und einen Vergleichshorizont im Rahmen des Gruppenprozesses zu benennen. Das Geschehen des Unterrichts wird somit ein offener Prozess, in dem die Inhalte sich durch das Medium und (in gleichem Maße) durch die Wahrnehmung der Betrachter/innen ergeben (Rezeptionsästhetik).

Das Medium Film darf als die Kunstform des 20. Jahrhunderts gelten. Zugleich wird Medienkompetenz im 21. Jahrhundert wahrscheinlich das Problem Alphabetismus ablösen (Peter Weibel). In einer zunehmend medial bestimmten Lebenswirklichkeit verlagert sich auch die religiöse Dimension in Kino, Clips, Fernsehen, Comics und Cyberwelt. Theologisch und religionspädagogisch wurden besonders in den vergangenen 20 Jahren religiöse Elemente in Kino und populärem Film vielfältig entdeckt. Kino als Ersatzkirche lässt Erlösung durch den dreiteiligen „Standardmythos"[2] miterleben: Verlust – Kampf – Erlösung. Die Grundstruktur der meisten Kino-Erzählungen bildet ein dreiaktiges Drama, an dessen Anfang Verlust, Entzweiung, Schuld oder Abschied steht, gefolgt von einer Phase der Bewältigung, der Konflikte und Prüfungen, in deren Zentrum zumeist ein stellvertretendes Opfer steht, das endlich die Erlösung, die Versöhnung

---

*   Erstveröffentlichung des Projektes für die Sekundarstufe II (vor allem Berufschule) zusammen mit Marc Lenz im Internet unter www.entwurf-online.de. Die Tauftthematik ist zusammen mit Gerd Buschmann als einstündige Unterrichtseinheit für die Sekundarstufe I und II zuerst erschienen in: Medienimpulse. Beiträge zur Medienpädagogik (hg. v. Österreichischen Bundesministerium für Unterricht und kulturelle Angelegenheiten) 36/2001, 79-84.
1   Hier handelt es sich um den ersten Teil der Matrix-Triologie.
2   Vgl. Gottwald, Eckart, Die widerständige Sehnsucht nach dem Mythos. Erlösermythen in der täglichen Unterhaltung, Der Evangelische Erzieher. Zeitschrift für Pädagogik und Theologie 44/1992, 585-599 / Sistermann, Rolf, Symboldidaktik und gebrochener Mythos, Der Evangelische Erzieher. Zeitschrift für Pädagogik und Theologie 42/1990, 321-341 / Seeßlen, Georg, Das Kino und der Mythos, Der Evangelische Erzieher. Zeitschrift für Pädagogik und Theologie 44/1992, 537-554.

oder Wiedergewinnung der Unschuld mit sich bringt. „Religiös gesprochen ist es der Dreischritt von Schuld, Sühne und Erlösung, den wir als Betrachtende miterleben und in den wir durch das Betrachten des Films mit hineingezogen und miterlöst werden."[3]

Warum funktionieren ausgerechnet mythische Textformen (der Antike) in postmodernen Zeiten? „Eine Welt, die keine allgemeinen Fixpunkte und keine transzendental legitimierten Gewissheiten hat, weil die Individuen ihren Alltag und ihren Lebenslauf selber gestalten müssen, braucht in besonderem Maße kommunikative Formen, die zu intersubjektiver Gewissheit verhelfen. Diese Gewissheit kann nur in der Spannung von fassbarem Alltag und eigenem Lebenslauf … sowie tradierten Denkgewohnheiten … entstehen."[4] D.h. insbesondere postmoderne Individualisierung und Fragmentierung machen neue Formen eines gemeinsamen symbolischen Bezugsrahmens notwendig.

2. Die „kritische Symbolkunde" als didaktischer Begründungsrahmen

Matrix ist durchdrungen von verschiedenen Symbolen. Symbole haben in der Symboldidaktik wirklichkeitserschließende Wirkung. Peter Biehl unterscheidet vor allem in seinem phänomenologisch-ästhetischen Ansatz drei Symbolebenen (vgl. P. Biehl: Festsymbole, Neukirchen-Vluyn 1999, S. 95ff):
1. Lebensweltliche Symbole: Biehl spricht von Phänomenen.
2. Religiöse Symbole: Hier handelt es sich nach Biehl um Symbole, die Sehnsucht zum Ausdruck bringen, die durch nichts Endliches zu stillen ist.
3. Christliche Symbole: Die biblisch-christlichen Symbole sind für Biehl eher Symbolkomplexe.

Die Symboldidaktik hat nach Biehl (S. 99) „die Aufgabe, die lebensgeschichtliche Verankerung eines Symbols wahrzunehmen, es in seiner religiösen Dimension zu erschließen und das in seinem anthropologischen wie religiösen Sinn erschlossene Symbol zu deuten." Diesen didaktischen Weg geht diese religionsunterrichtliche Bearbeitung des Films „Matrix".

Im Zentrum des Films steht das Christus-Symbol. Gerade für Biehl ist Christus das Zentrum der christlichen Symbolwelt: „Er ist das Symbol schlechthin; denn in ihm werden prinzipiell ungleiche Teile zu einem Ganzen vereinigt; zwischen göttlicher und menschlicher Natur findet ein intensiver Austausch statt." (S. 97f) Wer „Christus" in postmoderner Inszenierung entdecken will, muss sich mit dem Kultfilm „Matrix" beschäftigen.

3. Der Sciencefiction-Film „Matrix"

Nach „Nirvana" (Gabriele Salvatore, Italien/Frankreich/England 1997) und der „Truman Show" (Peter Weir, USA 1998) greift auch der Oskar-prämierte Film „Matrix" (Larry und

---

3   Kirsner, Inge, Religion im Kino, in: Wermke, Michael (Hg.), Jugend & Kultur & Religion. Theologische und religionspädagogische Annäherungen an die Alltagskultur Jugendlicher, Rehburg-Loccum 2000, 67-75: 72.

4   Bachmair, Ben, Telemythen. Eine Aktualisierung mythischer Weltauslegung, in: Thomas, Günter (Hg.), Religiöse Funktionen des Fernsehens? Medien-, kultur- und religionswissenschaftliche Perspektiven, Wiesbaden 2000, 161-177: 165.

Andy Wachowski, USA 1999)[5] die Erfahrungsdifferenz von Wirklichkeit und Fiktion auf.: „Hattest Du schon einmal einen Traum, Neo, von dem Du glaubtest, er sei real? Und was wäre, wenn Du aus diesem Traum nicht mehr aufwachst? Woher wüsstest Du, was Traum ist und was Realität?" Der ausgewählte Film ist synkretistisch angefüllt mit Symbolen und Anspielungen der Religions- und Theologiegeschichte. „In dem Herausarbeiten von Anspielungen und Zitaten nicht nur aus dem jüdisch-christlichen Symbolbereich besteht die Chance, dass die Schüler quasi durch einen Verfremdungseffekt zu einem vertieften Verständnis der jeweiligen religiösen Inhalte gelangen können."[6] Da das Sujet die Computerwelt ist, entspricht der Film der Weltanschauung und der Alltagswelt sowie den Interessenlagen Jugendlicher. Er kann in beinahe jeder Kreisbildstelle kostenlos ausgeliehen werden und ist in Videotheken auch auf DVD erhältlich.

Der Inhalt des Films: „Die Erde ist zerstört, und der Rohstoff Mensch liegt embryonal eingebettet in künstlichen Fruchtblasen, durch Computerstöpsel wird ihnen eine Welt vorgegaukelt, die Ergebnis des Computerprogrammes Matrix ist. Die erlebte Wirklichkeit findet also ausschließlich in den Köpfen statt, in einer verinnerlichten platonischen Höhle."[7] In diesem Kontext entwickelt sich die Initiationsgeschichte des Programmierers Thomas Anderson (=Neo) zum Erlöser: „Der Computerexperte Neo erfährt durch Morpheus, einem Rebellenanführer, dass die Welt nur eine Illusion in den computermanipulierten Gehirnen der Menschen ist, die „Matrix" genannt wird. In Wirklichkeit werden die Menschen von Maschinen mit künstlicher Intelligenz als Batterien gehalten. Morpheus, Trinity und die Crew des Rebellenschiffes Nebukadnezar befreien Neo aus der Matrix, weil sie ihn für den Auserwählten halten, der die Welt retten soll. Neo nimmt den Kampf gegen die Wächter der Matrix, die sogenannten Agenten auf und erweist sich letztendlich als der Erlöser, auf den alle gewartet haben."[8]

„Matrix" als „Sciencefictionfilm über Wirklichkeitsverständnis, Glauben und einen Erlöser" ist „eine Zukunftsvision als Brennspiegel von Gegenwartsfragen"[9], ist Spiegelung philosophischer Trends der Gegenwart (Gnosis, s.u. / Konstruktivismus) und Ausdruck von Religion im Alltag: Hier warten aktuelle Ängste angesichts zunehmender Vermischung realer und virtueller Welten auf mediale Erlösung: „Im Zeichen des neuen Jahrtausends hat sich im Kino die Sorge ausgebreitet, angesichts einer von rasanten technischen Fortschritten geprägten Welt zunehmend die Kontrolle über die eigene Wahrnehmung und damit ihre Verlässlichkeit als Orientierungspunkt zu verlieren."[10]. „Zukunftsszenarien im Kino dienen … dazu, gesellschaftliche Entwicklungen durch überspitzte Projektion kritisch zu hinterfragen und können in dieser Funktion die

---

5 Produktion: Warner Bros. Film GmbH, Tel.: 040/22650390, Joel Silver, Länge 136 Min., deutscher Kino-Start 17.6.1999, FSK: Freigabe ab 16 Jahre, Hauptdarsteller: Neo – Keanu Reeves, Morpheus – Laurence Fishburne, Trinity – Carrie-Ann Moss, Agent Smith – Hugo Weaving, Cypher – Joe Pantoliano. / Filmbesprechungen u.a.: Fina, Susan, The Matrix, in: ZOOM 1999, Heft 6/7, 54 / Rahayel, Oliver, Matrix, in: film-dienst 52/1999, Heft 12, 28f.
6 Brinkop, Barbara & Nitz, Wiebke, Erlösung aus der feindlichen Scheinwelt. Der Film „Matrix" als Beispiel für Religion in der populären Kultur, online-Beitrag: http://www.rpi-loccum.de/matrix.html (Lesedatum: 29.12.2000).
7 Kirsner, Religion im Kino, in: Wermke, Jugend, 71f.
8 Burkhart, Petra, „… in die tiefsten Tiefen des Kaninchenbaus". „Matrix" – ein Sciencefictionfilm über Wirklichkeitsverständnis, Glauben und einen Erlöser als Grundlage für ein Unterrichtsprojekt in der gymnasialen Oberstufe, rhs. Religionsunterricht an höheren Schulen 43/2000 (Heft 4), 249.
9 Burkhart, Tiefen, 242-254: 242.
10 Hollstein, Miriam, Das Leben ein Computerspiel. Zukunftsvisionen im Kino, in: Medien praktisch 24/2000, Heft 1, 23-26: 23.

Rezeption und Diskussion dieser Entwicklungen stark beeinflussen.“[11] In Matrix wird der Zuschauerschaft in Anknüpfung an Platos Höhlengleichnis suggeriert, „dass die Menschen eigentlich in einer virtuellen Welt leben, die von intelligenten Maschinen beherrscht wird. Der auserwählte messianische Held ist Neo (Anagramm von „one“), der mit einer Gruppe von Hackern nach atemberaubenden Kämpfen, der Befreiung aus fast aussichtslosen Situationen, dem Verrat von Cypher („Null“) das Ende der Matrix einläutet“[12], die als computergenerierte Scheinwelt nicht länger die Menschheit versklaven soll. Neben der Mitspielerin Trinity (Betonung der Weiblichkeit in der Trinität) ist Morpheus (altgriechischer Gott der Träume, Sohn des Hypnos, aber auch Orpheus kann assoziiert werden) als dem Kopf der wirklich befreiten Menschen in der geheimen Stadt Zion (!) bedeutsam. Er „wird im Film als eine Figur gestaltet, die Züge Johannes des Täufers, aber auch eines Gott-Vaters trägt: Er erkennt in Neo den prophezeiten Auserwählten und bereitet ihn auf seine zukünftige Erlösungstat vor.“[13] Damit Neo, der Eine, der Neue, der Erlöser und Befreier aus der virtuellen Welt, in die Matrix eindringen kann, muss er verwandelt werden. Hierzu leitet Morpheus den Neuen in tibetanisch-kämpfender Manier an.

4. Die Organisation und Durchführung des Film-Projekts

War für Biehl der didaktische Leitsatz „Symbole geben zu lernen“ in seinen früheren Bücher zur Symboldidaktik grundlegend, so sieht er in der Auseinandersetzung mit der Semiotik einen Paradigmawechsel: „Symbolische Kommunikation gibt zu lernen“ (P. Biehl, Festsymbole, Neukirchen-Vluyn 1999, S. 15). Die Rezipienten erschließen die Symbole im wechselseitigen kommunikativen Prozess und bearbeiten durch kreative Wahrnehmung das offene Kunstwerk. Die Frage nach der Wahrheit wird durch die „Wahrnehmung der Spuren Gottes“ (S. 75ff) nicht suspendiert.

Die Lehrkräfte werden zu „Regisseure“ (S. 110ff), die Lernende wie Lehrende zum „Wahrnehmen, Deuten und Verstehen, Handeln und Gestalten“ (S. 105) führen.

Für die unterrichtliche Konkretion der Bearbeitung des Films „Matrix“ ergeben sich somit vier Ziele in Anlehnung an die neuere Symboldidaktik nach Biehl:
a) Wahrnehmen einzelner Phänomene, Symbole und Symbol-Ebenen im Film
b) Kommunikation über die Wahrnehmung der Beobachter/innen
c) Entdecken der religiösen Dimension
d) Herausarbeiten der biblisch-christlichen Dimension
Die Schüler/innen verfolgen diese Ziele in den unten dargestellten fünf Schritten.

Für das „Projekt Matrix“ ergibt sich folgende Organisation:

1) Vorinformation
Die Lerngruppe erhält den Auftrag unter dem Stichwort MATRIX zu recherchieren. Dazu werden 4 AG's mit folgenden Arbeitsaufträgen gebildet (M 2 – 5):

---

11 Hollstein, Leben, 26.
12 Vgl. a.a.O., 115. – Cypher (Null) ist in der Computerlogik das Gegenteil/der Gegenspieler zu Neo (One / Eins)
13 Burkhart, Tiefen, 243.

AG 1:

Recherchieren Sie die Bedeutung der Namen im Film Matrix.

Hilfsmittel: Filmprotokoll (M 1)

Arbeitsauftrag:

Ihre Aufgabe ist es, nach der Gruppenarbeit den anderen Teilnehmern/innen Auskunft über die im Film vorkommenden Namen und deren Bedeutung bzw. Hintergründe geben zu können.

Dazu haben sie alle Möglichkeiten der Präsentation zur Verfügung, die im Rahmen des Unterrichts möglich sind (Folien, Tafel, PC, Videobeamer, …).

AG 2:

Recherchieren Sie die Bedeutung und Darstellung der Gewalt im Film Matrix.

Hilfsmittel: Filmprotokoll (M 1), Arbeitshilfen (M 8 –14)

Arbeitsauftrag:

Ihre Aufgabe ist es, nach der Gruppenarbeit den anderen Teilnehmern/innen Auskunft darüber geben zu können, wie Gewalt filmisch erzeugt wird und wie diese filmtechnischen Mittel auf den Betrachter wirken.

Zur Erarbeitung können Ihnen verschiedene Arbeitsblätter (M 8 – 14) dienen.

Dazu haben sie alle Möglichkeiten der Präsentation zur Verfügung, die im Rahmen des Unterrichts möglich sind (Folien, Tafel, PC, Videobeamer, …).

AG 3:

Recherchieren Sie die Bedeutung der Dinge und Farben im Film Matrix.

Hilfsmittel: Filmprotokoll (M 1)

Arbeitsauftrag:

Ihre Aufgabe ist es, nach der Gruppenarbeit den anderen Teilnehmern/innen Auskunft über die verschiedenen Dinge (alles was nicht personal ist) und deren Bedeutungshintergrund im Film zu geben.

Dazu haben sie alle Möglichkeiten der Präsentation zur Verfügung, die im Rahmen des Unterrichts möglich sind (Folien, Tafel, PC, Videobeamer, …).

AG 4:

Recherchieren Sie die Zitate (v.a. biblische evtl. auch filmische) im Film Matrix.

Hilfsmittel: Filmprotokoll (M 1)

Arbeitsauftrag:

Ihre Aufgabe ist es, nach der Gruppenarbeit den anderen Teilnehmern/innen Auskunft über eine Auswahl der in „Matrix" verwendeten Zitate zu geben.

Dazu haben sie alle Möglichkeiten der Präsentation zur Verfügung, die im Rahmen des Unterrichts möglich sind (Folien, Tafel, PC, Videobeamer, …).

Die Arbeitszeit für die AG's sind mindestens 2, maximal 4 Schulstunden. Die Kommunikation in der Kleingruppe erfolgt über E-Mails. Somit wird entsprechend dem Film „digital" im Team gearbeitet. Die Lautstärke während der Gruppenarbeitsphase wird dadurch minimiert. Zwei bis drei Personen können in der Regel an einem Computer arbeiten.

2) Austausch bzw. Präsentation der Ergebnisse der AG's

Die AG's präsentieren ihre Ergebnisse der Lerngruppe in einer Form, die sie selbst bestimmt, die aber unter folgenden Bedingungen geschieht:

Jede AG hat zur Präsentation maximal 15 Minuten Zeit, so dass in einer Doppelstunde alle 4 AG's zu Wort kommen.

Alle Teilnehmer/innen erhalten ein Auswertungsskript (M 6), das einen Vergleich über die geleistete Arbeit ermöglicht und zur Selbstkontrolle anregt.

Dabei ist mit der Lerngruppe zu klären und zu definieren:

a.) Die Punkte und ihre Bedeutung.

b.) Inhalt – Was hat mir die AG beigebracht? Was weiß ich jetzt, was ich nicht wußte?

c.) Methode – Wie hat mir die AG etwas beigebracht? Waren die Methoden so, dass ich als Lernender/als Lernende meine Fragen stellen konnte? Waren die verschiedenen Methoden den Inhalten angemessen?

d.) Transparenz – Weiß ich, woher die AG ihre Informationen hat, damit ich evtl. selbst nochmals nachrecherchieren kann? Ist mir immer noch etwas unklar bzw. ist mein Interesse erst richtig geweckt worden?

e.) Ergebnisse – Sind die Ergebnisse so, dass ich auf übersichtliche Art und Weise einen Überblick bekomme, wenn ich in einiger Zeit nochmals nachlesen möchte?

3) Die religiöse Dimension im Film

Parallel ihrem ursprünglichen Arbeitsauftrag soll jede AG die religiösen Dimensionen (im allgemeinen Sinn!) in ihrem Untersuchungsfeld untersuchen und herausarbeiten.

Dazu dienen folgende Stichworte, die als „Folie" über die Ergebnisse gelegt werden, wobei darauf zu achten ist, dass sich Überschneidungen ergeben können, die dann aber von jeder AG als solche benannt werden sollen und im anschließenden Gespräch abgeglichen werden (M 7). Ein anschließendes Unterrichtsgespräch stellt die religiösen Elemente im Film Matrix heraus.

4) Die biblisch-christliche Dimension im Film

Anhand ausgewählter Filmausschnitte werden spezifisch biblisch-christliche Inhalte des Films thematisiert.

Bsp.:   Auferstehung   (Szene 28 – Dauer: 13 Minuten!)
        Taufe   (Szene 8 – Dauer: 4 Minuten)
        Johannes d. Täufer   (Szene 12 – Dauer: 3 Minuten)

Dazu dienen biblische Quellen als Vergleich (AG 4) sowie Hinweise der Theologie-, Kirchen- und Kunstgeschichte etc. An dieser Stelle kann auch eine Einführung in die „Jesuanische Filmgeschichte" erfolgen.[14]

---

14 Vgl. dazu Manfred Tiemann: Bibel im Film. ein Handbuch für Religionsunterricht, Gemeindearbeit und Erwachsenenbildung, Stuttgart 1995. Weitere Analysen und Unterrichtsmodelle sind in: Inge Kirsner/Michael Wermke (Hg.): Religion im Kino, Göttingen 2000. Stichwörter und Kurzkritiken zu 2400 Filmen im Lexikon: Religion im Film, Marburg 2001.

Die Lerngruppe diskutiert ihre Wahrnehmungen vor dem Hintergrund der bereits geleisteten Arbeit und der Ergebnisse.

Übergeordnete und weiterführende Fragestellung:
Wie kann heute von Gottes Handeln in Jesus Christus gesprochen werden?

5) Gesamtbetrachtung des Films mit abschließender Diskussion

Am Ende betrachtet die Lerngruppe den gesamten Film. Entdeckungen werden in dieser Phase der Aneignung eines Gesamtkunstwerks nochmals resymbolisiert und vertieft.

Bewusst wurde auf ein Betrachten des Films am Anfang des Unterrichtsprojekts verzichtet. Dies geschieht aus mehreren Gründen.

1. Der Film erschließt sich nicht „eingleisig", sondern erst vor dem Hintergrund vieler Zusatzinformationen. Die vorangegangenen Analysen in der Gruppenarbeit erhöht die Neugier auf den Film.
2. Der Film ist für die „normale" Unterrichtszeit zu lang (123 Minuten) und kann nur im außerunterrichtlichen Verlauf ununterbrochen angeschaut werden. Das gemeinschaftliche Betrachten des Films bildet abschließend den Höhepunkt. Anschließend stellt sich organisch die Frage nach virtueller Welt/Scheinwelt und Realität/ Wirklichkeit/Wahrheit.

Der Film bietet sich für eine andere Unterrichtsform geradezu an. Seine Themen sind vielschichtig, die Technik – insbesondere die der Informationstechnik – spielt eine herausragende Rolle und kann methodisch im Unterrichtsgeschehen eingesetzt werden. Papier spielt für eine Beschäftigung mit Matrix nur eine untergeordnete Rolle. Die differenzierte Auseinandersetzung mit dem Thema PC – virtuelle Welten und der biblisch-christlichen Tradition hat somit u.U. eine erst auf den zweiten Blick sich erschließende Parallele. Dieser Blick sollte den Schüler/innen nicht vorenthalten werden.

Falls der Wunsch besteht einen Filmausschnitt im Unterricht selbst zu zeigen, dann eignet sich die 15-minütige Metamorphose-Sequenz (Szene 8) im Vergleich zum paulinischen Taufverständnis.

5. Zusatzinformationen für Lehrer und Lehrerinnen

Zu AG 1 – Namen

Namen in Matrix	Namen – Parallelen
Thomas Anderson – Im Film hat A. eine Menge Fragen über die Welt, in der er lebt und Selbstzweifel. Der Name „Anderson" bedeutet auch „Son of Man", wie Jesus oft genannt wurde.	Der ungläubige Thomas glaubt nicht an Jesu Tod und Auferstehung bis er dessen Wunden sah.
Neo – Er wird eine neue Person, nachdem er aus der Matrix ausgeklinkt wurde, d.h., dass ein neues Leben für die Menschen möglich ist. T. Anderson wird wiedergeboren (vom Thomas zum Neo), dann erwacht er zum wahren Leben (von Neo zu One).	Eine Form bzw. Anagramm von „One", der „Eine / Auserwählte"

Morpheus – ist der Anführer einer Rebelleneinheit, die versucht, die versklavten Massen aus einer traumgleichen Realität zu erwecken.	Der griech. Gott der Träume und des Schlafes. In Comics ist M. der Name des „Sandmanns", der Herr der Träume. Vgl. Orpheus, der in die Unterwelt reiste, um seine Geliebte aus der Unterwelt zu befreien.
Trinity – Ihr Glaube und ihre Liebe helfen Neo, der „Eine" zu werden.	Der heilige Geist, Dreieinigkeit.
Cypher – als ZERO und Neo als ONE sind wie die Binärzeichen 0 und 1 die zwei Pole des Films, 1 und 0 – Gut und Böse.	Zero, Null (Computer-Terminus). In der Computerwelt basiert alles auf 1 und 0 und kann durch diese beiden Zahlen dargestellt werden. Verballhornung von „Luzifer" (engl.: Lucifer)
Switch – Sie schaltet die Farbe ihrer Kleidung zwischen schwarz und weiß	Schalten/Schalter (Computer-Terminus)
Apoc – Kurzform von Apokalypse. Eine Version des Drehbuchs spricht von ihm als dem Erfinder des „Four Horseman" Computervirus.	Der Weltuntergang
Mouse – ebenfalls ein Computerterm, ein Hacker also	Computer-Tool, u.a. ein signifikanter Charakter in „Alice im Wunderland"
Choi und **Du Jour** – Die Leute, die die Software von Neo kaufen. Du Jour franz. „des Tages", Choi kommt von Choice, eng. für Wahl/Entscheidung /Angebot – also Choix du Jour = Entscheidung/Angebot des Tages. Neos erste Entscheidung war, dem weißen Kaninchen zu folgen. Das Angebot mit auf die Party zu gehen, war der erste Teil seiner Reise.	Das Motto des Barock, „carpe diem" – nutze den Tag.
Zion – Nach der Zerstörung der Erde ist Zion der einzige Platz, an dem die Menschen noch frei sind.	Der „Zion" als Zentralheiligtum Israels, der Tempelberg. Psalm 48: Groß ist der HERR und hoch zu rühmen in der Stadt unsres Gottes, auf seinem heiligen Berge. Schön ragt empor der Berg Zion, daran sich freut die ganze Welt, der Gottesberg fern im Norden, die Stadt des großen Königs. Gott ist in ihren Palästen, er ist bekannt als Schutz.
Nebukadnezzar – Morpheus nennt sein Schiff Nebuchadnezzar und besucht das Orakel, um sich die Realität erklären zu lassen – die nur ein Traum ist.	Ein babylonischer König (605-562 v. Chr.). In der Bibel: Der König sucht nach der Bedeutung seiner Träume (Daniel 2-5).
Heart of the city – Hotel – Zu Beginn des Films beobachtet Trinity von dort aus Neo, zum Ende hin hält Neo sich dort auf und wird von Smith erschossen. Sein Herz hört auf zu schlagen, und Trinitys Liebe hilft ihm, wieder auf zu stehen.	Das Herz, Sinnbild für die Liebe und das Leben.

Die Meta Cortex-Company – Cortex, Hirnrinde, die beim Menschen eine viel ausdifferenziertere Oberfläche und Größe als bei allen anderen Lebewesen hat.	Bedeutung von 1. Hinter oder vor 2. Höher oder Ordnung 3. Festlegung von Position oder Zustand Cortex: Der äußere Teil eines Organs, speziell des Gehirns.
Tank – bedeutet Panzer – Erdmaschine	
Dozer – ebenfalls eine Erdmaschine, also zusammen mit Tank ein Pol zu den beiden Computernamen.	
Agents – Smith, Jones und Brown. „Agent" wird auch zur Bezeichnung eines intelligenten Computerassistenten benutzt.	

Zu AG 2 – Gewalt im Film

Gewalt ist ein zentrales Thema des Films und nicht nur pure „Action". Ziel dieser AG ist es, die Darstellung und Bedeutung der Gewalt im Film Matrix zu untersuchen. Dazu kann

a.) ein Fragebogen nach folgendem Muster (M 8) erarbeitet, eingesetzt und ausgewertet werden. Ebenso (und / oder)

b.) kann die Gewaltdarstellung an zwei beispielhaften Szenen im Film untersucht und dargestellt werden (M 9 ff)

zu a)

Thesen zur Verarbeitung von Gewalt in Matrix:

- Jugendliche nehmen nur physische Gewalt wahr, psychische und strukturelle Gewalt werden ausgeblendet.
- Hochgeschwindigkeits-, Zeitlupenaufnahmen, eingefrorene Bilder und andere Spezialeffekte werden von Betrachtern nur unreflektiert wahrgenommen.
- Mädchen und Jungen haben verschiedene Wahrnehmungen von Gewalt.
- Jungen behaupten, dass sie Gewaltfilme „kalt" lassen.
- Mädchen lassen Ängste und Ekel zu.
- Jungen befassen sich eher mit der Filmhandlung, den Taten und technischen Ausstattungen.
- Geschlechterrollen werden im Film bestätigt und verstärkt: die schöne, angepasste Frau begegnet dem starken Helden.
- Die Figuren werden austauschbar, sie agieren und reagieren (auch in Todesangst) scheinbar emotionslos, wie die Maschinen.

zu b)

Als beispielhafte Szenen werden empfohlen:

Szene 5:   Dauer 4 Min   Das Verhör

Szene 26:   Dauer 4 Min   Neos und Trinitys finaler Kampf

Beide Szenen sind durch und durch von Gewalt geprägt, einerseits institutionelle Foltermethode und andererseits ein film-klassischer Showdown. Die Teilnehmer/innen der AG sollen beide Szenen analysieren und ihre Wirkungsweisen anhand der eingesetzten filmtechnischen Mittel erarbeiten (M 9 – 14).

Ding	Bedeutung	In Matrix
Wasser	Wäscht das Alte weg, bringt das Neue	1. Der Regen in der Nacht, als Neo zum ersten Mal auf Morpheus trifft 2. Neo wird in einen „Brunnen" gespült 3. das Wasser im Abwassertank 4. das Bürogebäude ist nach der Explosion mit Wasser gefüllt 5. Glas und Feuer sehen teilweise wie Wasser aus 6. die Sprenkleranlage im Bürohaus
Gewehre und Kugeln	Gewalt ist eine der Regeln in der Matrix	Neo gebraucht sie, um Morpheus zu retten, biegt sie sich, um die Agenten zu bekämpfen und verleugnet sie zum Schluss, um ein neue Welt aufzubauen.
Sonnenbrillen	Schutz vor UV – Strahlen	Die dunklere Welt erinnert die Rebellen an die Wirklichkeit der realen Welt. Die Agenten tragen Sonnenbrillen, um dahinter ihre Verletzlichkeit zu verstecken.
Telefone	Kommunikation und Information	Die Crew hackt sich mit den Telefonen in die Matrix ein, wie die Leute heutzutage ins Internet mit ihren Modems.

Bedeutung	Farben in Matrix
Rot Farbe des Lebens und der Energie	1. die rote Pille 2. Die roten Kokons, in denen die Babys wachsen 3. das Blut der Crew 4. die Frau in Rot 5. das Feuer im Aufzug 6. die Laser-Waffen 7. das Signallicht des Käfers
Grün Farbe der Illusion und der Hoffnung	1. Matrixcodes 2. Einige Kleider, die Neo und Morpheus im Konstrukt tragen
Blau Farbe von Traum und Tod	1. die blaue Pille 2. die Tentakel der Maschinen 3. das Licht auf den toten Körpern 4. Energieblitze als Waffe gegen die Maschinen
Weiß Farbe der Leere und Geheimnis	1. Der Hintergrund des Lade-Programms 2. Die Kleidung von Switch innerhalb der Matrix 3. das weiße Kaninchen 4. Fußboden des alten Gebäudes, das die Crew in der Matrix benutzt (Schachbrett)
Schwarz Farbe der Realität	1. Die Kleidung der Crew (außer Switch) in der Matrix 2. der Himmel der realen Welt 3. die Kleidung der Agenten 4. die Leute im Agenten-Trainings-Programm 5. die Maschinen

Jesu Leben	Neos Leben
Christus' jungfräuliche Geburt:	**Neos „jungfräuliche Geburt"**
Matthäus 1,24 f – Da nun Joseph vom Schlaf erwachte, tat er, wie ihm des Herrn Engel befohlen hatte, und nahm sein Gemahl zu sich. und er berührte sie nicht, bis sie einen Sohn gebar; und hieß seinen Namen Jesus.	Neo wird aus dem gebärmutterartigen Brutkasten, in dem er sein ganzes Leben gelebt hat, in die Welt hineingeboren. Auch die Bildsprache im Film symbolisiert eine Geburt – aus einem Sack (mit mehreren Nabelschnüren!) die Rutschbahn eines Geburtskanals hinunter in die Welt!
Die Jünger	**Die Besatzung**
Markus 3,14 – Und er ordnete zwölf, dass sie bei ihm sein sollten und dass er sie aussendete, zu predigen.	Neo wird in eine Gruppe von Leuten eingeführt, die über seine Gegenwart sehr aufgeregt sind; sie sind bereit zu glauben, dass er „der Eine/Auserwählte" ist. Tank: „Wenn du der EINE bist, [...]. wird es eine aufregende Zeit!"
Gott, der Vater	Tank: „Morpheus, du warst mehr als ein Führer für uns. Du warst ein Vater."
Johannes der Täufer	**Morpheus**
Johannes 1,29. 30 u. 34 – Des andern Tages sieht Johannes Jesus kommen und spricht: Siehe, das ist Gottes Lamm, welches der Welt Sünde trägt! Dieser ist's, von dem ich gesagt habe: Nach mir kommt ein Mann, welcher vor mir gewesen ist, denn er war eher als ich. ... Und ich sah es und bezeugte, dass dieser ist Gottes Sohn.	Neos Weg wurde von Morpheus vorbereitet, der leidenschaftlich daran glaubt und jedem erklärte, dass Neo „der Auserwählte" sei. Das Orakel erzählte Morpheus, dass er derjenige sein würde, der den „Auserwählten" fände. Morpheus: „Wir haben es geschafft, Trinity. Wir haben ihn gefunden." Trinity: „Ich hoffe, du hast recht." Morpheus: „Ich muss es nicht hoffen. Ich weiß es!"
Vorausgesagtes Erscheinen:	Vorausgesagtes Erscheinen:
Jesaja 7,14 – Darum wird euch der HERR selbst ein Zeichen geben: Siehe, eine Jungfrau ist schwanger und wird einen Sohn gebären, den wird sie nennen Immanuel.	Neos Erscheinen wird vom Orakel vorausgesagt. Morpheus: „[...] das Orakel hat seine Rückkehr prophezeit und dass sein Kommen die Zerstörung der Matrix und den Krieg, der uns die Freiheit bringen wird, einläuten würde."
Die Brüder:	**Tank** und **Dozer**
Matthäus 4,18-20 – Als nun Jesus an dem Galiläischen Meer ging, sah er zwei Brüder, Simon, der da heißt Petrus, und Andreas, seinen Bruder, die warfen ihre Netze ins Meer; denn sie waren Fischer. Und er sprach zu ihnen: Folget mir nach, ich will euch zu Menschenfischern machen! Alsbald verließen sie ihre Netze und folgten ihm nach.	Unter der Besatzung der Nebukadnezzar gibt es zwei Brüder. Unter den Aposteln von Jesus gab es drei Brüderpaare. Die Tatsache, dass in dieser kleinen Gruppe Geschwister sind, ist eine bemerkenswerte Parallele.

Matthäus 26,15f – Was wollt ihr mir geben? Ich will ihn euch verraten. Und sie boten ihm dreißig Silberlinge. Und von da an suchte er Gelegenheit, dass er ihn verriete.

Lukas 22,47f – Als er aber noch redete, da kam die Schar; und einer von den Zwölfen, der mit dem Namen Judas, ging vor ihnen her und nahte sich zu Jesus, ihn zu küssen. Jesus aber sprach zu ihm: Judas, verrätst du des Menschen Sohn mit einem Kuss?

Cypher

Die Gruppe wird aus ihren eigenen Reihen von Cypher verraten. Hier hinkt der Vergleich mit Christus etwas, da Neo nicht wirklich das Ziel des Verrats ist, sondern Morpheus. Die Agenten sind sich der Bedeutung Neos noch nicht bewusst und wollen Morpheus. Cypher schließt folgende Vereinbarung: Er wird Morpheus und den Rest der Gruppe (einschließlich Neo) in eine Falle führen, in der Morpheus gefangengenommen werden kann. Cyphers „Bezahlung": wieder in die Matrix eingegliedert zu werden, um ein „besseres" Leben zu haben, „es ist ein Segen nichts zu wissen".

Dämon

visuelle Hinweise: Spitzbart, rote Flecken reflektieren sich in seiner Brille wie rote Pupillen (nach der Rückkehr vom Orakel), als er mit seinem Kopfhörer auf Morpheus sitzt, reflektiert das Licht auf dem Kopfhörer wie kleine Hörner. Er ist der einzige Charakter, der rot trägt. Cypher: „Hasse mich nicht, Trinity. Ich bin nur ein Bote." Satan nannte sich selber den Boten. Der Deal mit den Agenten = er verkauft seine Seele für materielles Vergnügen = ein Deal mit dem Teufel

Voraussage von Tod und Auferstehung

Matthäus 16,21 – Seit der Zeit fing Jesus Christus an und zeigte seinen Jüngern, wie er müsste hin nach Jerusalem gehen und viel leiden von den Ältesten und Hohepriestern und Schriftgelehrten und getötet werden und am dritten Tage auferstehen.

Voraussage von Tod und Auferstehung

Neos Tod und Auferstehung wird während Neos Besuch vom Orakel vorausgesagt. Sie sagt Neo, dass er „die Gabe" habe, aber er scheine auf etwas zu warten. Neo fragt: „Worauf?" Das Orakel: „Vielleicht auf dein nächstes Leben! […]"

Opfer/Opferung

Matthäus 20,28 – Gleichwie des Menschen Sohn ist nicht gekommen, dass er sich dienen lasse, sondern dass er diene und gebe sein Leben zu einer Erlösung für viele.

Das Orakel (zu Neo): „Morpheus glaubt an dich, Neo. Und niemand, nicht du, nicht mal ich können ihn vom Gegenteil überzeugen. Er glaubt so blind daran, dass er sein Leben opfern wird, um deines zu retten. Du wirst eine Wahl treffen müssen. […] Einer von euch wird sterben. Wer es sein wird, hängt von dir ab."

Als Neo die Entscheidung trifft „hineinzugehen", um Morpheus zu retten, geht er mit dem vollen Bewusstsein, dass er sterben wird („Einer von euch wird sterben"). Die „mainframe codes" von Zion müssen um jeden Preis beschützt werden, sonst wäre die Menschheit verloren. Mit diesem Schritt opfert sich Neo tatsächlich bewusst, um den Rest der Menschheit zu retten.

Matthäus 12,40 – Denn gleichwie Jona drei Tage und drei Nächte in des Fisches Bauch war, so wird des Menschen Sohn drei Tage und drei Nächte im Schoß der Erde sein.

Später wird Neo von den Behörden (den Agenten) getötet und an Stelle von 3 Tagen ist er in weniger als 3 Minuten wiederauferstanden. Neo ist für ungefähr 72 Sekunden auf dem Bildschirm tot. Diese 72 Sekunden stehen symbolisch für 72 Stunden = 3 Tage.

Lukas 24,4-7 – Und da sie darum bekümmert waren, siehe, da traten zu ihnen zwei Männer mit glänzenden Kleidern. Und sie erschraken und schlugen ihr Angesicht nieder zur Erde. Da sprachen die zu ihnen: Was suchet ihr den Lebendigen bei den Toten? Er ist nicht hier; er ist auferstanden. Gedenket daran, wie er euch sagte, da er noch in Galiläa war und sprach: Des Menschen Sohn muss überantwortet werden in der Hände der Sünder und gekreuzigt werden und am dritten Tage auferstehen.

Liebe bringt Neo von den Toten zurück. Das Instrument dieser Liebe war „Trinity" (und zwar nicht notwendigerweise die Person als das, was der NAME im Christentum bedeutet!).
Trinity lehnt über Neo und küsst ihn (der sprichwörtliche „Kuss des Lebens" oder „Hauch des Lebens" vgl. auch Dornröschen) und Neo wacht auf. Die ersten Worte, die Neo hört, sind eine Art Befehl von Trinity, „Steh jetzt auf!"

Größere Macht nach der Auferstehung

Matthäus 28,18 – Und Jesus trat zu ihnen, redete mit ihnen und sprach: Mir ist gegeben alle Gewalt im Himmel und auf Erden.

Nach seiner Auferstehung beherrscht Neo die Matrix total, selbst Agenten sind machtlos gegen ihn.

Strahlende Erscheinung

Matthäus 17,2 – Und er ward verklärt vor ihnen, und sein Angesicht leuchtete wie die Sonne, und seine Kleider wurden weiß wie das Licht.

Nachdem er durch den Körper von Agent Smith fliegt und diesen dadurch explodieren lässt, wird Neo als strahlende Erscheinung dargestellt.

Christi Himmelfahrt

Markus 16,19 – Und der Herr, nachdem er mit ihnen geredet hatte, ward er aufgehoben gen Himmel und setzte sich zur rechten Hand Gottes.

Am Ende des Films legt Neo einen Telefonhörer auf, nachdem er der „Artificial Intelligence" mitgeteilt hat, dass dies der Beginn einer Welt ohne Beschränkungen und Grenzen ist; dann steigt er – in Superman-Geste – in den Himmel auf.

Der Heilige Geist	Trinity
	repräsentiert die Liebe, möglicherweise die Jungfrau Maria als nährende Mutterfigur, die Neos „Geburt" in die reale Welt erleichtert. Daneben aber auch Züge von Maria Magdalena
Die Jungfrau Maria	Tank
	Tank sagt, er sei 100 % rein. Er agiert als Botschafter zwischen zwei Welten. Er wird als freundlich und gutherzig dargestellt.

6. Philosophische Hintergründe

1. Descartes' böser Dämon und die paranoide Ontologie
„Ignorance is bliss" – Mit diesen Worten begründet Morpheus' Mitarbeiter Cypher seinen Verrat an der aufklärerischen Befreiungsaktion des Meisters. Unwissenheit ist Seligkeit. Er guckt begehrlich, geradezu sehnsüchtig auf ein blutig-saftiges Stück Fleisch, das er auf der Gabel hält, dann schiebt er es sich genießerisch in den Mund, bevor er diesen Satz äußert. Das deutet an: Selige Unwissenheit meint hier nicht die unschuldige Reinheit eines Toren. Cypher ist kein Parsifal. Cypher ist ein Judas. Der Verräter hat eine Vorliebe für totes Fleisch und berauschende Getränke, und das heißt – denn er ist der Bösewicht des Films – für Genuss durch Töten und gezieltes Nicht-Wissen-Wollen.

Die selige Unwissenheit, in die Cypher sich zurücksehnt – so suggeriert der Film – ist Ausdruck einer begehrlichen Dumpfheit. Sie ist die wichtigste Gegenkraft zum aufklärerischen Unternehmen. Sie ist es, die die Befreiung des Menschen aus seiner selbstverschuldeten Unmündigkeit verhindert. Matrix erzählt davon, dass diese zwei untrennbar verbunden sind: Befreiung durch Aufklärung, Aufklärung durch Befreiung. Die Judasgeschichte um Cypher zeigt: Dies ist nicht ein bloß intellektuelles Projekt. Es ist ein Unternehmen, in dem wahre Erkenntnis und rechtes Verhalten sich gegenseitig bedingen. Jeder Wahrheitssucher ein Freiheitskämpfer, jeder Freiheitskämpfer ein Wahrheitssucher. Es ist ein Unternehmen, das die ganze Person erfordert, weil sein Erfolg emotionale Qualitäten voraussetzt. Aufklärung und Befreiung aus der Matrix setzen voraus, dass der tiefverwurzelte Wille zum Nicht-Wissen überwunden ist, der aus Dumpfheit, Begehrlichkeit und Widerwillen entspringt. Der Teufelskreis der Gleichsetzung von Unwissenheit mit Seligkeit muss durchbrochen sein, damit Befreiung gelingt.

„Ignorance is bliss, some say." – Das ist der erste Satz aus Josef Rusnaks Film The Thirteenth Floor (1999). Direkt davor, unmittelbar nach dem Titel, liest man leinwandfüllend: „Cogito ergo sum." (Descartes). In The Thirteenth Floor geht es um ein ähnliches Thema wie in Matrix: um Menschen, denen allmählich die Erkenntnis dämmert, dass ihre Realität nicht real ist, dass sie nicht unabhängig aus sich heraus existiert. Die Welt, die sie bewohnen, wird von anderswoher programmiert. Dieselbe Thematik finden wir auch in Paul Verhoevens Total Recall (1990), in Alex Proyas Dark City (1998) und in Peter Weirs The Truman Show (1998). All dies sind Filme, die in einem übereinstimmen: in ihrer paranoiden Ontologie, also in der Vorstellung, dass Realität von anderswoher programmiert wird. Warum in diesem Zusammenhang Descartes? Das ist leicht erklärt. Wer, durch diese Filme angeregt, die Meditationes von Descartes liest, wird schnell fündig. Descartes versteht sich als Wahrheitssucher. An einem entscheidenden Punkt seiner Entwicklung hält er es für förderlich, ein Experiment zu veranstalten, das Philosophiegeschichte gemacht hat. Man nennt es „methodischer Zweifel": Descartes zieht sich auf sein Landhaus zurück und beschließt in tiefster Einsamkeit, nichts für wahr zu halten, woran er zweifeln kann. ‚Meine Sinne täuschen mich gelegentlich', sagt er sich. ‚Also kann ich dem Zeugnis meiner Sinne nicht trauen. Und überhaupt: Woher weiß ich eigentlich, dass mein Erleben, dass die Eindrücke, die ich habe, von Gott her kommen? Nur dann kann ich mich nämlich darauf verlassen, dass meine Eindrücke und mein Erleben mit der Welt, wie sie wirklich ist, übereinstimmen. Aber es könnte doch auch sein', so könnte Descartes sich in seinem einsamen Landhaus gedacht haben – und hier kommt jetzt die paranoide Tendenz des methodischen Zweifels zum Ausdruck – ‚es könnte doch auch sein, dass Eindrücke und Erleben nicht von Gott vermittelt sind. Es könnte doch sein, dass da ein genius malignus, ein böser Dämon sitzt, der sozusagen beständig mein Hirn füllt, der mir irgendwelchen Unsinn einbeamt oder einpflanzt, der mit der tatsächlichen Wirklichkeit nichts zu tun hat. So wäre dann das, was ich erlebe, und die Welt in der ich wirklich lebe, radikal verschieden, und ich wüsste noch nicht einmal, dass es so ist.'

Und das ist natürlich genau die Situation in Matrix. „The Matrix is the world that has been pulled over your eyes to blind you from the truth", erklärt Morpheus. Descartes würde übersetzen: ‚Die Matrix ist mein ganzes Erleben, das mir von einem bösen Dämon eingegeben wird, um mich über die tatsächliche Situation zu täuschen.' Und das trifft es ziemlich gut. Nur gibt es da einen entscheidenden Unterschied: Was bei Descartes das leicht paranoide Misstrauen einer vorübergehenden, wenn auch radikalen Skepsis war, nur ein Mittel des methodischen Zweifels auf dem Weg zur Wahrheit, das wird in diesen Filmen zur metaphysischen Glaubensgewissheit. Ein wichtiger Unterschied. Descartes' hypothetischer genius malignus, das sind in Matrix die intelligenten Maschinen, welche den Menschen in ihren Nährlösungskokons eine digital codierte, elektronisch erzeugte halluzinatorische Realität vorgaukeln. Das sind in The Thirteenth Floor die Teilnehmer der nächsthöheren usergroup, welche die darunterliegende Simulationswelt programmieren und benutzen. Das sind in Dark City die Außerirdischen, welche auf der Suche nach dem Geheimnis der Individualität eine ganze Stadt als Versuchslabor aus den Erinnerungsfragmenten der Menschen errichtet haben, die diese simulierte Umgebung als real erleben. Das ist in Truman Show der Regisseur der Show mit seinem Team, der Truman seit seiner Geburt und ohne sein Wissen in einer bis ins Detail kontrollierten Kleinstadtumgebung gefangen hält, bei der es sich in Wirklichkeit um das größte Studioset der Welt handelt.

Um aber noch einmal den Unterschied zu formulieren: Bei Descartes ist der genius malignus eine methodische Hypothese, die im Zuge der Wahrheitsgewinnung widerlegt wird. In diesen Filmen geht es jedoch im Gegenteil darum, die schreckliche Wahrheit zu erkennen, dass der genius malignus keine hypothetische, sondern reale Existenz hat. Es gibt ihn wirklich. Das erinnert an den Unterschied zwischen Neurose und Psychose: Der Neurotiker zweifelt, der Psychotiker weiß. Descartes als Neurotiker wagt vielleicht einen kleinen Flirt mit dem Dämonischen. Er denkt, ‚es könnte so sein, aber letztlich ist es nicht so'. Der genius malignus ist eine neurotische Angstphantasie, die vorübergehend Macht gewinnt, dann aber abgewehrt wird – manche sagen ‚widerlegt', andere ‚verdrängt'. Die Maschinen in Matrix aber sind für Neo, Trinity, Morpheus keine Angstphantasien, keine hypothetischen Annahmen. Sie sind real, und wenn bei einem Angriff der Electro-Magnetic Pulse nicht rechtzeitig betätigt werden kann, ist das ganze Schiff geliefert. Von Descartes zu Matrix mutiert der genius malignus: Aus einer neurotischen Phantasie, aus einem skeptischen Zweifel wird eine psychotische Gewissheit, eine metaphysische Wahrheit.

2. Höhlenausgänge und Hinterwelten   *Höhlengleichnis*

Die Geschichte von Neos Befreiung aus der Matrix ist eine Variante der großen philosophischen Erzählung vom Höhlenausgang. Platon erzählt von Menschen, die mit dem Gesicht zur Rückwand in einer Höhle festgekettet sind. In Matrix sind die Menschen in Nährlösungskokons gefangen. Superrealistische, digital codierte Realitätssimulationen werden ihnen über Elektroden direkt ins Hirn gespeist. Platon berichtet von einer frühen, medientechnologisch noch nicht so ausgereiften Ausführung derselben Idee: Vor der Höhle werden Gegenstände vorbeigetragen, die Träger durch eine Mauer verdeckt, das Licht eines Feuers wirft die Schatten auf die Höhlenrückseite. Dies ist die einzige den Höhlenbewohnern bekannte Realität. Philosophie heißt nun Erkenntnis der Wahrheit durch Befreiung aus den Ketten und Ausgang aus der Höhle. Morpheus wäre demnach ein platonischer Philosoph. Die Grundidee ist dieselbe: Was wir für Wirklichkeit halten, ist nicht, was es scheint. Es sind Eindrücke, die von anderswoher kommen und nicht sie selbst bedeuten. Viele erliegen der illusionären Gewalt des Anscheins. Das heißt: Sie sind sich ihrer Unfreiheit nicht bewusst. Einige aber befreien sich aus der Gefangenschaft und werden zur Erkenntnis der Wahrheit geführt. Oder umgekehrt: Sie erkennen die Wahrheit und werden aus der Gefangenschaft befreit. Sie entdecken: Es gibt eine Welt hinter der Welt – eine Hinterwelt.

Die Hinterwelt ist das, was wirklich ist, und zugleich das, was den Anschein erzeugt, den wir für wirklich halten. Es gibt viele unterschiedliche Geschichten von Ausflügen in die Hinterwelt. Gelegentlich werden die seriöseren unter ihnen unter dem Namen Metaphysik zusammengefasst. Matrix ist ein metaphysischer Film. Er erzählt von einem Ausbruch in die Hinterwelt, von einem Durchbruch aus der trügerischen Oberflächenrealität in die wahre Tiefe des Seins, die darunter und dahinter verborgen liegt. Aber etwas unterscheidet ihn von Platons Höhlenausgangsabenteuer: Der Ausbruch aus Platons Höhle führt ins Reich der Ideen, in eine nur anfangs verwirrende Welt des Wahren, Guten, Schönen. Die Hinterwelt der Matrix hingegen ist nicht strahlender, heller, besser, sondern trüb, grau und ungeheuerlich angsteinflößend und deprimierend. Platon erklärt die Idee des Guten durch eine Analogie zur Sonne: als Herrscherin bringt sie Wahrheit und Vernunft hervor. In Matrix dagegen haben die Menschen die Sonne vernichtet.

Die Hinterwelt der Matrix hat einen pessimistischen Akzent, der an Schopenhauer erinnert. Schopenhauer hat das Hinterwelten-Schema umgedreht. Platon sagt: ‚Hier ist nur trüber Abglanz, dort aber ist strahlende Wirklichkeit'. Schopenhauer dagegen sagt umgekehrt: ‚Wir sehen nur den schönen Schein, darunter liegt die schlimme Wahrheit'. Die Welt als Vorstellung gilt ihm wie Morpheus als ‚Schleier der Maya', als eine Welt, die wir über unsere Augen gezogen tragen, um uns für die Wahrheit blind zu machen. Die Wahrheit, das ist die Welt als Wille, sinnlos, egoistisch, deprimierend. Eine ähnliche Akzentumkehr wie bei Marx. Auch er wollte die schönfärberischen Täuschungen der kulturellen und geistigen Welt als Fassade entlarven, welche die düstere Realität der tatsächlichen Machtverhältnisse und Produktionsbedingungen verdeckt. Die Hinterwelt der Matrix hat den gleichen pessimistischen Akzent wie bei Schopenhauer und Marx: Die Wahrheit ist so deprimierend, so schwer zu ertragen, dass es wohltuend sein kann, in der Illusion zu leben. Der Schleier der Matrix ist (wie bei Marx das Opium der Religion) eine Schutzphantasie, die vor einer deprimierenden, um nicht zu sagen: traumatisierenden Einsicht schützt. Ignorance is bliss. – Aber ist das Entschuldigung genug, nichts wissen zu wollen?

Und noch ein wichtiger Unterschied: Weder im platonischen Reich der Ideen noch in Schopenhauers Welt als Wille findet sich eine Instanz, die mit böser Absicht manipuliert, täuscht und betrügt. Die kommt erst mit Descartes' bösem Dämon ins Spiel. Matrix setzt also die raunende Beschwörung der Hinterwelten und Höhlenausgänge fort, die so viele Jahrhunderte europäischer und nun auch amerikanischer Geistesgeschichte durchzogen hat. Von Platon der Befreiungsglaube der Erkenntnis, von Schopenhauer der Pessimismus der deprimierenden Wahrheit hinterm schönen Schein – und von Descartes der Dämon. Dieser Dämon ist für die Metaphysik das, was der Teufel für die Theologie ist: die personifizierte Ursache dafür, dass es einen Unterschied zwischen göttlicher Wahrheit und menschlicher Wirklichkeit gibt, zwischen eigentlichem Sein und täuschendem Schein.

Die Spekulation auf eine personifizierte Ursache, die aus der platonischen Metaphysik eine paranoide Ontologie macht, könnte man so paraphrasieren: Wenn es eine Welt hinter der Welt gibt, und wenn die Welt, die ich normalerweise erlebe, nicht die eigentliche Wirklichkeit ist, dann muss es eine Instanz geben, die für die Täuschung verantwortlich ist, und diese Instanz muss sich in der Hinterwelt befinden. Das Reich der Ideen muss dann der Hort eines bösen Manipulators sein. Daher könnte man über die Maschinen in der Hinterwelt der Matrix sagen: Sie sind böse cartesische Dämonen, die das platonische Ideenreich besetzt halten.

Die Matrix ist Ideologie. Sie ist der täuschende Schein, welcher die metaphysischen Tyrannen vor Erkenntnis und Widerstand schützt. Sie ist das imaginäre Verhältnis des Menschen zu seinen realen Existenzbedingungen. Widerstand, das hieße, gegen die dämonische Macht des Manipulators anzugehen, der die Differenz zwischen den beiden Welten kennt und verwaltet. Sein Trick ist es aber, die Beherrschten für diese Differenz blind zu machen, also die Existenz der Hinterwelt, seine eigene Existenz und die Manipulation im Verborgenen zu halten. La plus belle ruse du Diable, sagt Baudelaire, est de nous persuader qu'il n'existe pas. Die Agenten des Widerstandes müssen mit den Agenten der Manipulation eines gemeinsam haben: dass sie über das Wissen von beiden Seiten verfügen, dass sie die Differenz beider Welten sehen können, dass sie über die Grenze hin- und herwechseln können. Erst das ist die Chance zu Wahrheit und Freiheit. Das Bekenntnis des Maschinenagenten Smith, der die Matrix nicht verlassen darf, obwohl er ihre andere Seite kennt, ist daher einer der unheimlichsten und tragischsten Momente des Films.

3. Leerheit und Eigenverantwortung

Zum Schluss möchte ich auf eine interessante Auffälligkeit in Matrix aufmerksam machen. Da gibt es einerseits das, was ich eine paranoide Ontologie genannt habe. Sie hat zwei zentrale Charakteristika: Zum einen das Hinterweltlertum – also die Vorstellung, dass es hinter der normalerweise erfahrbaren Realität eine andere Welt gibt, welche die eigentliche ist und von der aus sich die konventionelle Realität als Illusion erweist – und dann den Satanismus, also die Vorstellung, dass der Zerfall des Universums in eine Welt der Wahrheit und eine Welt der Täuschung einen personalisierten Ursprung hat und Resultat einer feindseligen Manipulation ist.

Und da gibt es andererseits eine Fülle von Anspielungen auf buddhistische Lehren und Vorstellungen, so wie sie mittlerweile in den amerikanischen Kulturkreis eingedrungen und von ihm adaptiert worden sind. Das beginnt mit der Wahl des Hauptdarstellers.

Keanu Reeves hat zuvor nicht nur Johnny Mnemonic gespielt, den Datenkurier in der Verfilmung der gleichnamigen Cyberpunk-Novelle von William Gibson, sondern auch Prinz Siddharta in Bertoluccis Film Little Buddha. Buddhistisch klingen auch die Lehren, die Neo im Vorzimmer des Orakels erhält. Von einem kleinen Knaben, der sich die Zeit mit dem mentalen Verbiegen von Löffeln vertreibt, wird ihm gesagt: Do not try to bend the spoon. That's impossible. Instead, try to realise the truth about the spoon: There is no spoon. Then you realise: It is not the spoon that bends. It is your mind. Buddhistisch klingt auch die Betonung auf Befreiung des Geistes während Neos Ausbildungszeit. I am trying to free your mind, sagt Morpheus. Sein Lehrstil erinnert an bekannte Klischees buddhistischer Meister: überraschende Paradoxien, liebevolle Zuwendung, befreiende Schocks, hintergründiges Lächeln. Do you think that is air you are breathing?

Auch Morpheus' Suche nach Neo ist nicht nur eine messianische Heilsgeschichte. Allzu stark sind die Anklänge an die mittlerweile in Hollywood überaus bekannte Praxis buddhistischer Mönche, nach der Wiedergeburt ihres verstorbenen Meisters zu suchen. Und beim Duell im U-Bahn-Schacht, als Agent Smith und Neo sich wechselseitig die Revolver an die Schläfe halten, fallen die Worte: You are empty. – So are you. Die deutsche Synchronfassung übersetzt hier völlig korrekt: Dein Magazin ist leer. – Deins auch. Verloren geht dabei eine Doppeldeutigkeit. Leerheit, emptiness, ist nämlich die übliche Übersetzung für einen zentralen Begriff buddhistischer Philosophie, sunyata auf Sanskrit. Gemeint ist damit, dass kein Phänomen eine Eigennatur hat, dass es kein Ding gibt, welches aus sich heraus eigenständige Existenz hat. Es ist das, was der löffelverbiegende Knabe gesagt hat: There is no spoon. Zum Schluss durchschaut Neo die Leerheit der Matrix. Er sieht, dass diese Welt keine eigenständige, substantielle Existenz hat. Er sieht: There is no agent. Deshalb kann er zu ihm sagen: You are empty. Er hat begriffen, was Morpheus meinte, als er sagte: The mind makes it real. Er hat verstanden, dass der Eindruck einer soliden Realität zustandekommt, wenn das Bewusstsein in Anhaftung, Abneigung und Unwissenheit gefangen den Phänomenen eigenständige Existenz zuschreibt. Und zum Schluss tut er, was der Boddhisattva tut: Er bleibt in der Welt, die er in ihrer Leerheit durchschaut hat, um andere zu befreien.

Und dies ist nun die Auffälligkeit: Es besteht ein Widerspruch zwischen paranoider Ontologie und buddhistischer Leerheit. Zum einen: Das Nirvana ist keine Hinterwelt. Es ist keine eigentliche Welt hinter der Oberfläche des trügenden Scheins. Es ist kein Jenseits, das beginnt, wo das Diesseits aufhört. Zum anderen: Buddhistisch gesehen ist nicht jemand anderes für meine Unwissenheit verantwortlich zu machen. Dass wir in Täuschung über die wahren Verhältnisse leben, gilt nicht als Resultat einer dämonischen Intervention in ein ursprünglich funktionierendes Universum, sondern als Fortsetzung einer anfangslosen Unwissenheit, die wir selbst perpetuieren. Die Vorstellung einer anderen, eigentlichen Welt hinter oder jenseits der hiesigen ist dem Buddhismus ebenso fremd wie der Gedanke, eine personale, außenstehende Instanz für meine Unwissenheit und Unfreiheit verantwortlich zu machen.

Daher ist buddhistische Freiheit auf der Grundlage der Leerheit etwas anderes als metaphysische Freiheit im Rahmen einer paranoiden Ontologie. Buddhistisch gesprochen heißt Befreiung nicht, eine andere Welt zu betreten. Es heißt, in dieser anders zu leben und zu erleben. Es heißt auch nicht, äußere Agenten der Unfreiheit zu bekämpfen. Sondern Befreiung heißt, gegen die einzige Instanz anzugehen, die mich daran hindern kann: ich selbst.

7. Taufe und Matrix als Einzelstunde

Die Filmszene: Neos Einweihung („Taufe")

Die hier näher zu behandelnden Filmszenen 7 bis 9 (Minute 24-33) können als Tauf-, Wiedergeburts-, Initiations- und Einweihungs- oder Erkenntnis-(Gnosis-) und Entscheidungs-Szene überschrieben werden. Dabei fällt auf: „In Matrix spielt sich die ‚Initiation' der Hauptfigur in die Geheimnisse der Matrix in einem Raum ab, der bis auf einen Fernseher leer ist: Selbst die Erkenntnis der Wahrheit wird medial vermittelt, der Fernseher ist weit mehr als das ‚Schaufenster zur Welt': Seine Bilder bestimmen die Rezeption von Wirklichkeit."[15] Das macht auch die Ambivalenz des Films aus: Er warnt vor den Gefahren einer technischen Entwicklung in einem Medium, das genau mit diesen technischen Entwicklungen arbeitet.

Der Inhalt: „In einem alten Haus trifft Neo auf Morpheus, der ihm erklärt, die Matrix sei eine illusorische, die Menschen gefangen haltende Welt. Er stellt Neo vor die Wahl, die Matrix und ihre Hintergründe kennen zu lernen oder unwissend zu bleiben. ‚Schluckst du die blaue Kapsel, ist alles aus. Du wachst in deinem Bett auf und glaubst, woran du glauben willst. Schluckst du die rote Kapsel, bleibst du im Wunderland und ich führe dich in die tiefsten Tiefen des Kaninchenbaus. – Bedenke, alles was ich dir anbiete, ist die Wahrheit, mehr nicht.' Neo nimmt die rote Kapsel. Neo wird an ein Suchprogramm angekoppelt, das den Standort seines betäubten und in ein Energiekraftwerk eingegliederten Körpers ermittelt. Er findet sich außerhalb der Matrix in der ‚realen' Welt wieder, in der Maschinen mit künstlicher Intelligenz sich Menschen als Energiespender halten. Die Maschinen nutzen die virtuelle Welt der Matrix, um den menschlichen Gehirnen ein zivilisatorisches Leben vorzugaukeln und sie so ruhig zu stellen. Aus dem künstlichen Schlaf geweckt und also nutzlos für die Maschinen, wird Neos Körper abgestoßen. Morpheus' Piratenboot (Nebukadnezar) birgt ihn aus dem Abwasser."[16] Neo entscheidet sich also für die Metamorphose, die Umgestaltung und Einbettung in die Nährlösung, die ihn aus der Matrix herausführen wird, ihn in ein Neues Sein verwandeln wird durch ein Tauf- und Tauchbad, ein Bad der Wiedergeburt durch eine Art Geburtskanal hindurch, in dem das „Einbohren des Neuen Seins" geschieht und an dessen Ende Morpheus zu Neo sagen kann: „Willkommen in der wirklichen Welt."

Die gesamte Szene weist deutliche Nähen zu religiösen Initiationsriten, Vorstellungen von Wieder- oder Neu(Neo-!)geburt und christlicher Taufvorstellung auf, – verbunden mit der für den Täufling bzw. Mysten notwendigen Entscheidungssituation: Neo, allein mit (Gott) Morpheus, wird vor die Entscheidung gestellt, die blaue oder die rote Kapsel einzunehmen; aber nur die rote Kapsel verheißt das neue Sein, den Ausstieg aus der versklavenden Matrix. Während der gesamten Szene blitzt und donnert es, Zeichen von Theophanie (vgl. z.B. Ex 19,16ff). Nachdem sich Neo für die rote Kapsel (der Erkenntnis) entschieden hat, spricht Morpheus: „Folge mir!" Nach dem Betreten eines anderen Raums wird Neo „angekoppelt" an die Verwandlungsgeräte. In Bildern, die an eine Operation, an ein apokalyptisches Tauch- und Taufbad und an einen überdimensionalen Geburtskanal erinnern, wird der verwandelte Neo schließlich aus dem nackten

---

15 Hollstein, Miriam, Das Leben ein Computerspiel. Zukunftsvisionen im Kino, in: Medien praktisch 24/2000, Heft 1, 23-26: 24.

16 Burkhart, Petra, „… in die tiefsten Tiefen des Kaninchenbaus". „Matrix" – ein Sciencefictionfilm über Wirklichkeitsverständnis, Glauben und einen Erlöser als Grundlage für ein Unterrichtsprojekt in der gymnasialen Oberstufe, rhs. Religionsunterricht an höheren Schulen 43/2000 (Heft 4), 250.

Ganzkörpertauchbad senkrecht empor ins Licht gehoben: „Willkommen in der wirklichen Welt!" „Wir haben es geschafft, Trinity!" „Bin ich tot?", fragt Neo, „Weit davon entfernt!", antwortet Morpheus. Neo: „Warum tun meine Augen so weh?" Morpheus: „Weil Du sie noch nie benutzt hast."

Paulinische Taufvorstellung

Hier begegnet vielfältige Symbolik wie sie nicht nur aus der biblischen Sündenfallerzählung (Wahl zwischen Erkenntnis und Unwissenheit / rote Pille – roter Apfel / Pille schlucken – Apfel essen), sondern auch aus frühchristlicher Tauftradition vertraut ist, vgl. z.B. Röm 6,3f: „Oder wisst ihr nicht, dass wir alle, die wir auf Christus Jesus getauft wurden, auf seinen Tod getauft worden sind? Wir sind also durch die Taufe auf seinen Tod mit ihm begraben worden, damit, wie Christus durch die Herrlichkeit des Vaters von den Toten auferweckt worden ist, so auch wir in einem neuen Leben wandeln." Das griech. Verb für „taufen" ist das Intensivum „baptizein", das „eintauchen, untertauchen, versinken" bedeutet. Insofern ist Taufe reinigendes und veränderndes Bad. Taufe bedeutet:

– Absterben des alten Menschen (Röm 6,3f.11)
– Verwandlung und neues Leben (Röm 6,4; Gal 3,26-28; 1 Kor 6,11)
– Entscheidung (für Jesus Christus) (Gal 3,27)
– Bad der Wiedergeburt
– Verherrlichung und Auferweckung (Röm 6,4; Kol 2,12)
– Befreiung von versklavenden Mächten
– Erkenntnis (Gnosis)
– Leben für Gott (und das Gute) (1 Kor 10,1-13)

In Röm 6 geht es nicht eigentlich um die Entfaltung paulinischer Tauftheologie; „Paulus exemplifiziert in Röm 6 nur an Hand der Taufe [...], was für ihn christliche Existenz heißt."[17] Genau darum geht es auch in der „Taufe" des Thomas Anderson: Er gelangt als Neo zu einer neuen Existenz, die sich gebunden weiß an den Kampf gegen die Matrix. Wenn für Paulus Christus das Ende des Gesetzes/der Tora bedeutet (Röm 10,4) und wenn mit Christus die Zeit der Tora vorüber ist (Gal 3,23ff), dann ist mit Neos Taufe die Zeit der versklavenden Matrix zu Ende. Taufe bedeutet neues Leben, mithin kann das Leben nicht der Sünde bzw. der Matrix überlassen werden. In der christlichen Taufe geht es (nach Röm 6) immer um Mitgekreuzigtsein, Mitgestorbensein, Mitbegrabensein (mit Christus) und damit um den Anfang einer neuen Existenz, um Auferstehung (Röm 6,8; Phil 3,10f). Die Lebenden leben nicht mehr für sich selbst (2. Kor 5,14f).

Antike Mysterienreligionen

Das Christentum ist nach Auffassung der sog. religionsgeschichtlichen Schule eine von anderen Religionen stark beeinflusste synkretistische Religion. Insofern bedarf es zum einen keiner besonderen Empörung über einen Film wie „Matrix" aus christlicher Perspektive. Zum anderen ist speziell die christliche Taufe und insbesondere Röm 6 schon früh als religionsgeschichtlich durch die antiken Mysterienreligionen beeinflusst gesehen worden. Das ganze Leben des Christen erweist sich durch die Taufe als Mysterium. Antike Mysterientexte und Röm 6 stimmen in der Vorstellung einer Identifikation des Mysten mit dem Schicksal der Gottheit grundsätzlich überein; der

---

17 Eichholz, Georg, Die Theologie des Paulus im Umriss, Neukirchen-Vluyn ⁷1991, 203.

Myste wird vergottet. Die Mysterien waren Geheimkulte, die schon im 7. Jahrhundert v.Chr. praktiziert wurden. Das Heil besteht in der Befreiung von der Herrschaft des Schicksals und der kosmischen Mächte und des Todes sowie in der Fähigkeit, den Hades ohne Vernichtung zu durchschreiten. Der Myste nimmt Teil am zunächst leidvollen und dann doch siegreichen Schicksal des Gottes, das auf den Mysten übertragen wird und ihn endlich über Schicksal und Tod triumphieren lässt. – Auch die Relevanz der Gnosis für das Neue Testament ist früh gesehen worden. Beide für das Neue Testament relevanten religionsgeschichtlichen Phänomene (Mysterien und Gnosis) sind auch für „Matrix" von Bedeutung; denn Gnosis ist ein Produkt des skeptischen spätantiken Zeitgeistes, der seinen Ausdruck in einem radikalen Dualismus, der Verwerfung des Irdischen und Sichtbaren sowie einer großen Sehnsucht nach jenseitiger Erlösung fand. Der Sinn der Mysterienreligionen liegt darin, dass der Myste das Ende des Lebens und den von Zeus geschenkten neuen Anfang kennt. Die Mysten erhalten durch ihre Einweihung/Initiation, deren Kult in abgeschlossenen, von Nichteingeweihten nicht zugänglichen Räumen vollzogen wird und in denen der Novize sich unter strikter Geheimhaltung bestimmter Reinigungsriten unterzieht, Anteil am Geschick der Gottheit und überwinden so Schicksal und Tod. Mit den Mysterienreligionen haben christliche Taufe und der Film „Matrix" Folgendes gemein:

–   (geheimer) Initiationsritus
–   vorausgehende Belehrung des Mysten
–   Entscheidung des Einzelnen
–   Verheißung der Zugehörigkeit zur Gottheit/jenseitigen Welt
–   Symbolik von Tod und Wiedergeburt; der Initiand teilt den Tod der Gottheit im eigenen Sterben; Wiedergeburt als Erneuerung irdischen Lebens
–   Reinigungszeremonien
–   Überwindung von Todesfurcht
–   Gewissheit: „Ich bin dem Unheil entflohen, habe Besseres gefunden."
–   Die Initianden müssen sich harten Prüfungen unterziehen

Unabhängig von der umstrittenen Frage, ob die christliche Taufe einen religionsgeschichtlichen Zusammenhang mit den antiken Mysterienreligionen aufweist oder nicht, – Waschungen und Wasserriten aller Art gehören zu den Grundphänomenen der Religionsgeschichte und Wasser ist ein elementares Symbol auch im popkulturellen Kontext von „Matrix"; Wasser kann Reinheit und Erneuerung symbolisieren, Fruchtbarkeit und Leben, aber auch Chaos, Gericht und Tod (vgl. Gen 7,11). Die christliche Taufe steht von Anbeginn im Zusammenhang der prophetisch-eschatologischen Umkehr (vgl. Johannes d. Täufer) und der Aufnahme in die endzeitliche Gemeinschaft (der Heiligen). Der Täufling wird der alten Existenz entnommen und erfährt eine Geburt zu neuem göttlichen Leben. „Dass die Taufe Herrschaftswechsel sei, ist der Skopus der Taufinterpretation des Paulus, wie er sie in Röm 6,1-14 entfaltet"[18], indem er sie in den Kontext der Ethik stellt. Taufe bedeutet Freiheit von der Sündenmacht – und damit ist der Christ zum Gehorsam gegenüber dem Herrn Jesus Christus befreit. Das alles gilt auch für die „Taufszene" in „Matrix". Wie der antike Myste (ein)geweiht wird und mit anderen „Geweihten" eine heilige Gemeinschaft bildet oder der christliche Täufling mit den anderen Christen den Auszug/Exodus in eine neue Existenz erlebt und ein messianisches Gottesvolk bildet, so erlebt auch Neo die eigentliche Weihe als Fahrt in die

---

18 Roloff, Jürgen, Neues Testament, Neukirchen-Vluyn ⁶1995, 238.

Welt des Todes und als Aufstieg zu den Göttern des Lichts als Wiedergeburt zu neuem Leben. Zu vergleichen ist nicht nur Röm 6,1-14, sondern auch ein Mysterientext aus dem Isis-Kult: Apuleius, metamorphoses XI 23,1b-24,6a, lässt seinen Romanhelden Lucius seine Einweihung in den Isis-Kult in Korinth schildern. Dabei erlebt Lucius eine rituell festgelegte Reise durch die untere und die obere Welt, die einige Parallelen zu Neos Erlebnissen aufweist.

Unterrichtsstunde zur Tauf-Thematik in Matrix
Die Schülerinnen und Schüler erschließen sich emotional und inhaltlich die Taufszene und erfassen die religiöse Dimension exemplarisch.
Diese Stunde kann vor oder nach dem Projekt durchgeführt werden.

Zeit	Interaktion	Medien
Info-Input 10'	Kurze Information über die gesamte Handlung bieten. Evtl. können dies einige Jugendliche, die den Film kennen, übernehmen.	
Erstbegegnung 20'	Die ausgewählte Filmszene wird betrachtet: Von Minute 24 bis zur „Batterie" (ca. 15 Minuten). Leitfrage: Was ist die Matrix? Morpheus: „Die Matrix ist eine computergenerierte Traumwelt, die geschaffen wurde, um uns unter Kontrolle zu halten."	Video oder DVD
Sammlung 10'	Erste Reaktionen und Gefühle zum Filmausschnitt können geäußert werden. Die Crew will die Menschen aus der Matrix befreien. Neo ist der erwartete Erlöser.	Bei einer nicht mitteilsamen Gruppe ist das semantische Profil (M 15) als Einstieg hilfreich.
Reflektiertes Betrachten 20'	Anhand eines Arbeitsblattes wird der Filmausschnitt nochmals betrachtet. Es ist als Unterstützung zur Wahrnehmung gedacht. Anschließend werden die Beobachtungen und Antworten zusammengetragen. Abschlussgedanken: Was ist Wirklichkeit? – Stimmt das noch: „Ich glaube nur, was ich sehe!" – Evtl. Vergleich mit Alice im Wunderland	M 16
Paulinische Taufvorstellung 20'	Information über die ursprüngliche Taufpraxis bzw. Taufhandlung des vollständigen Untertauchens Die Jugendlichen informieren sich über die Taufvorstellung bei Paulus (Röm 6). Leitfragen: - Von was hat uns Christus befreit? - Warum drückt die Taufe diese Befreiung ideal aus? - Welche Zusage gilt uns nach der Taufe?	Bibel
Abschließender Vergleich zwischen Paulus und Matrix 10'	Gemeinsamkeiten: Einweihung, Umwandlung, Geburtshelfer notwendig Unterschiede: Technik statt Sünde, Geburtskanal, Abwasser statt Wasser	

8. Materialien für das Projekt und die Einzelstunde

M 1

<table>
<tr><td rowspan="4">

Filmprotokoll</td><td>**Matrix**</td></tr>
<tr><td>USA, 1999

FSK: ab 16 Jahre

Regie: Andy & Larry Wachowski</td></tr>
<tr><td>Darsteller:</td></tr>
<tr><td>Keanu Reeves (Neo); Laurence Fishburne (Morpheus); Carrie-Anne Moss (Trinity); Hugo Weaving (Agent Smith); Joe Pantoliano (Cypher)</td></tr>
</table>

Szene	Zeit	Inhalt
1	0:00	Eine Frau (Trinity) sitzt in einem Raum und soll von einer Gruppe Polizisten verhaftet werden. Sie verfügt über scheinbar übernatürliche Kräfte und tötet die Beamten, flüchtet aber vor so genannten Agenten. Ob sie sich aus einer Telefonzelle gerettet hat, bleibt zunächst unklar.
2	0:06	Der Held: Ein Hacker (Th. Anderson, alias Neo) bei seiner „Arbeit", ein Kunde erhält von ihm eine Disc und lädt ihn ein auf eine Party mitzukommen. Neo nimmt an.
3	0:09	„Ich weiß, was du suchst.": Trinity spricht Neo auf der Party an und offenbart ihm ein Wissen über sich selbst, das ihn verwirrt.
4	0:11	Mister Anderson, sie haben ein Problem: Neo wird von seinem Vorgesetzten hinsichtlich seiner Arbeitsmoral kritisiert und von Agenten an seinem Arbeitsplatz gesucht. Er entkommt zunächst, von Morpheus durch ein Handy gelenkt, scheut aber vor einem waghalsigen Klettermanöver an der Fassade des Hochhauses zurück. Die Agenten führen ihn ab.
5	0:16	Das Verhör: In einem kahlen Raum wird Neo von drei Agenten verhört und gefoltert. „Ich möchte telefonieren!" – „Was nutzt schon ein Telefonat, wenn man nicht im Stande ist zu sprechen?", antwortet der Agent. Neos Mund zerfließt und überzieht sich in einer Trickaufnahme mit Haut. Ihm wird eine Art „Wanze" – ein Sender – durch den Bauchnabel implantiert.
6	0:20	„Ich bin schon mein ganzes Leben auf der Suche nach dir." Neo erwacht aus einem scheinbaren Alptraum und wird von Morpheus – dem „Terroristen" angerufen. Er entschließt sich, der Einladung zu folgen und steigt zu Trinity in ein Auto. Dort wird er bedroht, letztlich aber überzeugt. „Du kennst die Welt da draußen, ihre Irrwege" (Trinity) und unter großen Schmerzen von der Wanze befreit.
7	0:24	„Sei ehrlich, er weiß mehr als du dir vorstellen kannst." Die erste Begegnung mit Morpheus, der Neo eröffnet, dass die Welt ein Trugbild ist. Auf die Frage, ob Neo an das Schicksal glaube, antwortet dieser „Nein, mir missfällt der Gedanke, mein Leben nicht unter Kontrolle zu haben". Morpheus stellt Neo vor die Wahl. Nimmt dieser eine blaue Kapsel zu sich, wird er wieder, als sei nichts geschehen, in die Welt eintauchen, die er kennt. Nimmt er dagegen die rote Kapsel, wird Neo die Matrix erkennen und die Wahrheit finden. Neo entscheidet sich für die Rote, obwohl ihn Morpheus mit den Worten: „Bedenke, alles, was ich dir anbieten kann, ist die Wahrheit" warnt.

8	0:29	Die wahre Existenz des Menschen: Neo wird „wiedergeboren". Er erwacht in der Matrix und erkennt die wahre Existenzform des Menschen als Energielieferant für die Maschinen. Nach seinem Aufwachen wird er von einer Maschine registriert, von den Leitungen genommen und in den „Nahrungskreislauf" geworfen. Dort wird er von der Besatzung der Nebukadnezar gerettet und an Bord gebracht.
9	0:33	Ruhe vor dem Sturm: „Bin ich tot?", fragt Neo noch im Delirium – „Weit davon entfernt." antwortet Morpheus. Am Ende, Neos anschließender Ruhephase, erkennt er sich selbst und löst sich von seinen Infusionen.
10	0:36	Die Gerechten: Morpheus führt Neo durch das Schiff Nebukadnezar und stellt die Besatzung vor. Trinity, Cypher, Tank, Apoc, Mouse, Switch, Dozer.
11	0:37	„Du wolltest wissen, was die Matrix ist." Erklärung der Geschichte der Matrix. Am Beginn des 21. Jhdt. Erschaffung der KI (Künstliche Intelligenz). „Wir wissen nicht, wer den Krieg begonnen hat, wir wissen aber, dass wir es waren, die den Himmel verdunkelte." Morpheus rechnet Neo den Energiegewinn eines Menschen vor, worauf dieser erneut zusammenbricht. „Ich glaub das nicht." – „Die Matrix ist eine computergenerierte Traumwelt, die geschaffen wurde, um uns unter Kontrolle zu halten."
12	0:41	Neos Erwachen: „Ich kann nicht mehr zurück!" – „Nein, wenn du es könntest, würdest du es wollen?" Morpheus weiht Neo in seine Vision ein, nach der Neo der Auserwählte ist, dessen Aufgabe darin besteht, die Menschheit aus der Matrix zu retten. „Als die Matrix erschaffen wurde, wurde ein Mann geboren, der alles verändern konnte. Als er starb, prophezeite das Orakel seine Wiederkunft. … Solange die Matrix existiert, wird die Menschheit niemals frei sein!"
13	0:44	Neos Training: Tank („garantiert biologischer Anbau aus Zion – der Stadt im Erdinnern") lässt Neo durch Computersimulationen alle möglichen Kampfsportarten erlernen.
14	0:46	Neos und Morpheus Kampf: Die Besatzung verfolgt am Bildschirm den Kampf zwischen Neo und Morpheus. „Denkst du, das ist Luft, die du atmest?" Neo lernt, dass sein Geist die alles entscheidende Waffe ist. Morpheus beschreibt seine eigene Aufgabe: „Ich will deinen Geist befreien, aber ich kann dir nur die Tür zeigen, durchgehen musst du ganz allein"
15	0:51	Der Sprung: „Beim ersten Mal hat es noch keiner geschafft." Auch Neo ist in seiner Entwicklung noch nicht so weit und stürzt beim Versuch von einem Hochhaus zum andern zu fliegen ab. „Was geschieht, wenn ich in der Matrix sterbe?", fragt er Morpheus, nachdem er sich in der Matrix verletzte. Die Antwort ist einfach: „In deinem Kopf wird es real. Dein Körper kann ohne Geist nicht leben."
16	0:53	Trinity und Cypher: Eine Szene der Eifersucht, denn Trinity behandelt Neo anders als andere Besatzungsmitglieder.
17	0:54	Die Feinde der Besatzung: Agenten und die Killermaschinen (sogenannte Wächter). Die Kraft und Schnelligkeit der Agenten kommt aus einer Welt, die auf Naturgesetzen beruht, deshalb sind sie zu besiegen. Die Killermaschinen suchen dagegen nach dem Raumschiff und sind eine ständige existentielle Bedrohung.
18	0:58	Cypher und Neo: Während sich Cypher in einer ruhigen Stunde die endlosen Zahlencodes der Matrix am Bildschirm betrachtet, kommt Neo ins Cockpit der Nebukadnezar. „Wieso habe ich Idiot nicht die blaue Kapsel gewollt?" Cypher offenbart Neo seine Verunsicherung und seine Zweifel an Neos Bestimmung. „Wenn du einen Agenten siehst, tu das Gleiche wie wir: Renn!"

19	1:00	„Unwissenheit ist ein Segen." Cypher sitzt mit Agent Smith in einem Lokal und isst ein Steak. Sein Name in der Matrix ist Reagan. Er weiß um die Illusion; doch sein Wunsch nach Freiheit und Wissen ist schwächer als nach Anerkennung und Sicherheit, denn er möchte berühmt und bekannt werden, genügend Geld und ein schönes Leben haben. „Ihr gliedert meinen Körper wieder in die Matrix ein und befreit mich vom Wissen!" Dafür ist er bereit, Morpheus zu verraten.
20	1:04	Das Orakel: Beim Eintritt in die Matrix vollendet Cypher den Verrat, indem er den Agenten den exakten Aufenthaltsort und die geeignete Zugriffszeit auf Morpheus durch ein eingeschaltetes Handy anzeigt. Morpheus, Trinity und Neo gehen während dessen zum Orakel (Gloria Foster) einer Frau, die die Zukunft sieht und den Auserwählten erkennen kann. „Erkenne dich selbst…" – Neo äußert seine Zweifel an der Tatsache dass er der Auserwählte sei und wird bestätigt. „Leider nicht, du hast die Gabe, aber du wartest auf etwas. Armer Morpheus, ohne ihn sind wir verloren. Er glaubt an dich Neo. Er wird eines Tages sein Leben opfern, um deines zu retten. Du hast die Wahl, Neo. Auf einen von euch wartet der Tod. Wer das sein wird, hängt allein von dir ab." Neo verlässt das Orakel und wird von Morpheus begleitet.
21	1:14	Morpheus Gefangennahme: Am Treffpunkt der Gruppe wurden von den Agenten Veränderungen vorgenommen, die so nicht planbar waren. Ein Déjà-vu Neos lässt diese Erkenntnis noch zu, ehe es zum Kampf kommt in dessen Verlauf sich Morpheus für die Gruppe, v.a. aber für Neo opfert. Er wird von Agent Smith besiegt und festgenommen.
22	1:22	Cyphers Rache: Nachdem Cypher als erster wieder an Bord der Nebukadnezar ist, tötet er Tank und setzt sich an den Platz des „Operators". Beim Anruf Trinitys offenbart er sein wahres Gesicht. Er zieht die „Nabelschnur" aus Apoks und Switchs Gehirnen und tötet damit diese beiden in der Matrix. „Ich habe es satt, ich will nicht mehr kämpfen. Wenn er uns die Wahrheit gesagt hätte… Wenn Morpheus Recht hat, kann Neo der Auserwählte sein, wenn er tot ist? Trinity, sieh noch einmal in seine Augen, die großen, schönen Augen." „Es müsste ein Wunder geschehen." Das Wunder geschieht, kurz bevor Cypher Neo töten kann, wird er von Tank, der schwer verwundet – aber nicht getötet wurde, seinerseits umgebracht. Tank holt Trinity und Neo aus der Matrix zurück in die Wirklichkeit des Raumschiffes. Die Besatzung besteht nur noch aus diesen drei, da Morpheus in der Gewalt der Agenten ist und alle anderen von Cypher getötet wurden.
23	1:27	Morpheus Verhör: Agent Smith klärt Morpheus im Hauptquartier der Matrix (ein Wolkenkratzer) über seine Sicht der Welt auf. „Die erste Matrix war ein rundum glückliches Leben, doch die perfekte Welt war nur ein Traum, aus dem euer primitives Gehirn, die Spezies Mensch, aufwachen wollte … Sieh aus dem Fenster! Eure Zeit ist abgelaufen, die Zukunft gehört den Maschinen – unsere Zukunft ist angebrochen." Die Agenten versuchen in Morpheus Gehirn einzubrechen, um den Code zur geheimen Stadt Zion zu erhalten. Es gelingt nicht, da inzwischen von Tank die Telefonverbindung abgebrochen wurde. Ihr Kommentar: „Nimm nie einen Menschen, wenn du auch eine Maschine nehmen kannst!"
24	1:29	Gewissensfrage an Bord der Nebukadnezar: Laut Tank gibt es zur Sicherheit von Zion – und damit der Menschheit – nur die Möglichkeit Morpheus ebenfalls zu töten „Du warst mehr als unser Kommandant, du warst uns ein Vater, du wirst uns fehlen." Neo stoppt die Aktion. „Morpheus glaubt an etwas und dafür war er bereit sein Leben zu opfern und ich verstehe ihn jetzt. – Warum (Trinity)? – Weil ich selbst an etwas glaube – Woran (Trinity)? – Dass ich ihm das Leben retten kann. Ich gehe in die Matrix." Trinity setzt durch, dass sie Neo begleitet, die beiden werden von Tank in die Matrix befördert. „Was braucht ihr, außer einem Wunder?", fragt er. „Waffen, jede Menge Waffen", antwortet Neo

25	1:35	Das Geständnis des Agent Smith: Agent Smith nimmt seinen Ohrstöpsel heraus – Zeichen des eigentlichen Verständnisses oder Verhörtaktik? – und gesteht Morpheus unter vier Augen die Beweggründe seines Tuns. „Ich hasse diesen Planeten, ich bin seiner überdrüssig, ich hasse seinen Geruch … Ich will endlich frei sein. Sobald Zion zerstört ist, werde ich hier nicht mehr gebraucht!" Morpheus geht nicht auf das Werben des Agenten ein.
26	1:37	Neo und Trinitys finaler Kampf: Neo betritt die Eingangshalle und muss beim Metalldetektor seinen Mantel öffnen – er ist schwer bewaffnet und eröffnet sofort das Feuer auf die Beamten. In der nachfolgenden Szene töten Trinity und Neo eine Unzahl von Beamten und kämpfen sich ihren Weg in die oberen Stockwerke frei.
27	1:41	Mensch gegen Maschine: Neo wird von einem Agenten auf dem Dach des Gebäudes fast getötet. Trinity rettet ihn, indem sie dem Agenten mit den Worten „Nur ein Agent" ins Gehirn schießt – auch in den Agenten gibt es offenbar ein „lebenswichtiges Zentrum", das ohne Konsequenzen für deren Weiterleben nicht zerstört werden darf. Trinity und Neo befreien Morpheus mit einem Helikopter, der bei der anschließenden Flucht abstürzt. Im letzten Moment kann Neo auch Trinity das Leben retten. Morpheus und Trinity entkommen im U-Bahnhof ihren Verfolgern. Neo bleibt allein zurück
28	1:49	Neos Endkampf: Agent Smith und Neo kämpfen im U-Bahnhof gegeneinander. Neo kann den Kampf zwischenzeitlich gewinnen und versucht einen anderen Ausgang zu erreichen, der ihm von Tank gemeldet wird. Er wird von den Agenten verfolgt. Das rettende Telefon klingelt, als Neo getötet wird. Trinity „reanimiert" Neo an Bord der von „Wächtern" heftig angegriffenen Nebukadnezar und beseelt Neo erneut mit Mut und Selbstvertrauen. Er erhebt sich wieder und ist in der Lage, auf ihn abgefeuerte Kugeln abzufangen. Neo tötet den Agenten Smith, die beiden anderen Agenten flüchten vor dem Auserwählten. Zurück an Bord der Nebukadnezar gesteht Trinity Neo ihre Liebe. Die Matrix erlöscht.
29	2:02	Neos Botschaft an die Welt: „Ich weiß, dass ihr irgendwo da draußen seid. Ich kann euch jetzt spüren. Ich weiß, dass ihr Angst habt, Angst vor uns, Angst vor Veränderungen. Wie die Zukunft wird, weiß ich nicht. Ich bin nicht hier, um euch zu sagen, wie die Sache ausgehen wird. Ich bin hier, um euch zu sagen, wie alles beginnen wird. Ich werde den Hörer auflegen und den Menschen zeigen, was sie nicht sehen sollen. Ich zeige ihnen eine Welt ohne euch, eine Welt ohne Gesetze, ohne Kontrollen ohne Grenzen. Eine Welt, in der alles möglich ist. Wie es dann weitergeht, das liegt ganz an euch."
30	2:03	Abspann

AG 1:
Recherchieren Sie die Bedeutung der Namen im Film Matrix.
Hilfsmittel:
Ein Filmprotokoll (M 1); entsprechende Software (Internetanschluss ...)

Arbeitsauftrag:
Ihre Aufgabe ist es, nach der Gruppenarbeit den anderen Teilnehmern/innen Auskunft über die im Film vorkommenden Namen und deren Bedeutung bzw. Hintergründe geben zu können.
Dazu haben Sie alle Möglichkeiten der Präsentation zur Verfügung, die im Rahmen des Unterrichts möglich sind (Folien, Tafel, PC, Videobeamer, ..).

Zeit: nach Vereinbarung

Notizen:

AG 2:
Recherchieren Sie die Bedeutung und Darstellung der Gewalt im Film Matrix.
Hilfsmittel:
Ein Filmprotokoll (M 1); Arbeitshilfen (M 8 –14); entsprechende Software der Schulen (Internetanschluss …)

Arbeitsauftrag:
Ihre Aufgabe ist es, nach der Gruppenarbeit den anderen Teilnehmern/innen Auskunft darüber geben zu können, wie Gewalt filmisch erzeugt wird und wie diese filmtechnischen Mittel auf den Betrachter wirken.
Zur Erarbeitung können Ihnen verschiedene Arbeitsblätter (M 8 – 14) dienen.
Dazu haben Sie alle Möglichkeiten der Präsentation zur Verfügung, die im Rahmen des Unterrichts möglich sind (Folien, Tafel, PC, Videobeamer, …).

Zeit: nach Vereinbarung

Notizen:

AG 3:

Recherchieren Sie die Bedeutung der Dinge und Farben im Film Matrix.

Hilfsmittel:

Ein Filmprotokoll (M 1); entsprechende Software (Internetanschluss …)

Arbeitsauftrag:

Ihre Aufgabe ist es, nach der Gruppenarbeit den anderen Teilnehmern/innen Auskunft über die verschiedenen Dinge (alles was nicht personal ist) und deren Bedeutungshintergrund im Film zu geben.

Dazu haben Sie alle Möglichkeiten der Präsentation zur Verfügung, die im Rahmen des Unterrichts möglich sind (Folien, Tafel, PC, Videobeamer, …).

Zeit: nach Vereinbarung

Notizen:

AG 4:
Recherchieren Sie die Zitate (v.a. biblische, evtl. auch filmische) im Film Matrix.
Hilfsmittel:
Ein Filmprotokoll (M 1); entsprechende Software (Internetanschluss …)

Arbeitsauftrag:
Ihre Aufgabe ist es, nach der Gruppenarbeit den anderen Teilnehmern/innen Auskunft über eine Auswahl der in „Matrix" verwendeten Zitate zu geben.
Dazu haben Sie alle Möglichkeiten der Präsentation zur Verfügung, die im Rahmen des Unterrichts möglich sind (Folien, Tafel, PC, Videobeamer, …).

Zeit: nach Vereinbarung

Notizen:

M 6

Auswertungsbogen für die Gruppenarbeit

	Inhalt	Methode	Transparenz	Ergebnisse	Inhalt	Methode	Transparenz	Ergebnisse	Inhalt	Methode	Transparenz	Ergebnisse	Inhalt	Methode	Transparenz	Ergebnisse
10 Punkte																
09 Punkte																
08 Punkte																
07 Punkte																
06 Punkte																
05 Punkte																
04 Punkte																
03 Punkte																
02 Punkte																
01 Punkt																
	AG 1 Namen				AG 2 Gewalt				AG 3 Dinge / Farben				AG 4 Zitate			

M 7

Die religiöse Dimensionen im Film

> 1. Sinn des Lebens
>
> 2. Wirklichkeit / Wahrheit
>
> 3. Held / Erlöser
>
> 4. Gott

Fragestellung:

Untersuchen Sie, wie in Ihrem Untersuchungsfeld (AG 1 bis 4) diese Dimensionen aufgenommen, thematisiert oder gegenüber gängigen Vorstellungen verändert werden.

Notizen:

M 8

Fragebogen zu „Matrix"

1. Haben Sie den Film „Matrix" gesehen?   O Ja   O Nein

2. Wenn ja, wo haben Sie ihn gesehen?   O Kino   O Video/DVD

3. Ordnen Sie „Matrix" in einer Skala von sehr gewalttätig (+5) bis nicht gewalttätig (-5) ein.

-5	-4	-3	-2	-1	0	+1	+2	+3	+4	+5

4. Nennen Sie bitte 3 Filme, die Sie als sehr gewalttätig einstufen und begründen Sie Ihre Wahl

Filmtitel	Begründung

5. Was empfinden Sie bei Gewaltdarstellungen in Filmen?

6. Welche Szene im Film Matrix erscheint ihnen am gewalttätigsten?

M 9

Analyse der Szene 5

Filmtechnische Mittel

Kameraeinstellung	Beschreibung	In Szene 5	Wirkung
	Weit Landschaften, ohne Einzelheiten erkennbar zu machen		
	Totale Einzelnes, für die Handlung wichtiges kann erkannt werden		
	Halbtotale Distanz bleibt gewahrt, Menschen von Kopf bis Fuß		

	Amerikanisch man sieht Menschen etwa vom Knie an aufwärts (z.B. Westernduell)		
	Nah Die Einstellung entspricht etwa dem Brustbild einer Person		
	Groß Zeigt den Kopf eines Menschen bis zum Hals		
	Detail Ein extrem kleiner Bildausschnitt z.B. eine Lippe bei einem Kuss		

M 10
Analyse der Szene 26

Filmtechnische Mittel

Kameraeinstellung	Beschreibung	In Szene 26	Wirkung
	Weit Landschaften, ohne Einzelheiten erkennbar zu machen		
	Totale Einzelnes, für die Handlung wichtiges kann erkannt werden		
	Halbtotale Distanz bleibt gewahrt, Menschen von Kopf bis Fuß		

	Amerikanisch man sieht Menschen etwa vom Knie an aufwärts (z.B. Westernduell)		
	Nah Die Einstellung entspricht etwa dem Brustbild einer Person		
	Groß Zeigt den Kopf eines Menschen bis zum Hals		
	Detail Ein extrem kleiner Bildausschnitt z.B. eine Lippe bei einem Kuss		

M 11
Analyse der Szenen 5 und 26

Töne / Geräusche / Musik

Ton
erscheint im Film als „On (the screen) Ton", d.h.: die Tonquelle ist gleichzeitig im Bild sichtbar (z.B. ein Nachrichtensprecher, ein Radio, etc.) oder als „Off (the screen) Ton", d.h.: die Tonquelle ist nichtsichtbar, wobei man zwischen Filmmusik (als Zutat der Regie) und anderen Tonquellen, die nur zeitweise sichtbar sind unterscheidet (z.B. das Klingeln eines Telefons)

Geräusche
dienen v.a. der Erzeugung von Spannung und der Verstärkung der Handlung (z.B. das Quietschen einer Tür zur Erhöhung der Spannung)

Musik
spricht v. a. die Gefühle an und dient deren Verstärkung. Beachten Sie ihren Einsatz genau.

Was wird in den beiden Szenen eingesetzt?

	On – Ton	Off – Ton	Geräusche	Musik
Szene 5 Einstellung1				
Einstellung2				
Einstellung3				
Einstellung4				
Einstellung5				

Szene 26				
Einstellung1				
Einstellung2				
Einstellung3				
Einstellung4				
Einstellung5				

M 12
Analyse der Szenen 5 und 26

Trick und Kamerageschwindigkeit

Normalerweise entspricht die Geschwindigkeit der Filmaufnahme exakt der Filmwiedergabe. Es kann aber auch „gedehnt" werden (Zeitlupe – mehr Aufnahmen in normaler Zeit) oder auch „gerafft" werden (weniger Aufnahmen in normaler Zeit sind zu sehen). Daneben gibt es noch Trickfilm als Oberbegriff für Manipulationen vor und in der Kamera bzw. im Labor. Heute wird v.a. mit Computersimulationen gearbeitet, die die Unterscheidung schwierig machen bzw. bewusst eine Unterscheidbarkeit aufheben wollen. Der Trick ist als solcher zuerst nicht erkennbar (z.B. verlängerte Flugzeiten in Kampfszenen).

Untersuchen Sie die beiden Szenen auf diese Mittel und beschreiben Sie deren Ziele und Wirkung

	Filmdehnen	Filmraffen	Trick / Computersimulation
Szene 5			
Einstellung1			
Einstellung2			
Einstellung3			
Einstellung4			
Einstellung5			

Szene 26			
Einstellung1			
Einstellung2			
Einstellung3			
Einstellung4			
Einstellung5			

M 13
Analyse der Szenen 5 und 26

Beleuchtung

Mit Licht können besondere Akzente gesetzt und verschiedene Wirkungen erzielt werden.
High – key – Stil bevorzugt helle Tonwerte und bringt weiche Zeichnungen hervor.

Low – key – Stil gebraucht große Schattenpartien, wobei die Gesichter der Darsteller normal ausgeleuchtet bleiben.

Die Wirkung ist sehr unterschiedlich.

	High – key – Stil	Low – key – Stil	Wirkung
Szene 5 Einstellung1			
Einstellung2			
Einstellung3			
Einstellung4			
Einstellung5			

Szene 26			
Einstellung1			
Einstellung2			
Einstellung3			
Einstellung4			
Einstellung5			

M 14
Analyse der Szenen 5 und 26

Mimik, Gestik der Schauspieler/innen und Requisite

Beobachten (möglichst ohne Ton!) Sie Mimik und Gestik der Schauspieler/innen und beschreiben sie die Wirkung, die von ihnen ausgeht.

Welche Requisiten tauchen auf, welche Funktion für die Handlung haben sie und welche Wirkung geht von ihnen aus?

	Mimik (Gesicht)	Gestik (Körpersprache)	Requisite
Szene 5			
Einstellung1			
Einstellung2			
Einstellung3			
Einstellung4			
Einstellung5			

Szene 26			
Einstellung1			
Einstellung2			
Einstellung3			
Einstellung4			
Einstellung5			

M 15

Stimmungsbarometer (Semantisches Profil)

Das Gesehene wirkt auf mich …

1.	ruhig	❑	❑	❑	❑	❑	❑	erregt
2.	langsam	❑	❑	❑	❑	❑	❑	schnell
3.	statisch	❑	❑	❑	❑	❑	❑	dynamisch
4.	müde	❑	❑	❑	❑	❑	❑	lebhaft
5.	stockend	❑	❑	❑	❑	❑	❑	fließend
6.	passiv	❑	❑	❑	❑	❑	❑	aktiv
7.	heiter	❑	❑	❑	❑	❑	❑	gedrückt
8.	warm	❑	❑	❑	❑	❑	❑	kalt
9.	weich	❑	❑	❑	❑	❑	❑	hart
10.	hell	❑	❑	❑	❑	❑	❑	dunkel
11.	angenehm	❑	❑	❑	❑	❑	❑	unangenehm
12.	ansprechend	❑	❑	❑	❑	❑	❑	abstoßend
13.	schön	❑	❑	❑	❑	❑	❑	häßlich
14.	menschlich	❑	❑	❑	❑	❑	❑	unmenschlich
15.	hoffnungsvoll	❑	❑	❑	❑	❑	❑	hoffnungslos
16.	leicht	❑	❑	❑	❑	❑	❑	schwer
17.	froh	❑	❑	❑	❑	❑	❑	traurig
18.	religiös	❑	❑	❑	❑	❑	❑	unreligiös
19.	farbig	❑	❑	❑	❑	❑	❑	grau
20.	fein	❑	❑	❑	❑	❑	❑	grob
21.	zusammenhängend	❑	❑	❑	❑	❑	❑	chaotisch
22.	klar	❑	❑	❑	❑	❑	❑	verschwommen
23.	lebensbejahend	❑	❑	❑	❑	❑	❑	lebensverneinend
24.	friedlich	❑	❑	❑	❑	❑	❑	aggressiv
25.	inhaltsvoll	❑	❑	❑	❑	❑	❑	inhaltsleer
26.	gut	❑	❑	❑	❑	❑	❑	schlecht

Mache ein Kreuz in die Nähe des Adjektivs, das deinem Gefühl eher entspricht!
Es muss nicht überall ein Kreuz sein.

© 1999 Bickelhaupt / Böhm / Buschmann

M 16

Matrix – Taufe des Erlösers Neo

Damit Du die Handlung besser verstehst, betrachte nochmals die Szene und versuche, die Aufgaben zu beantworten.

Gesprächs- und Entscheidungsszene:
1. Wie heißen die 3 wichtigen Personen?

2. Welche Kapsel würdest Du denn nehmen?
      ○ Rote Kapsel   ○ Blaue Kapsel

In der Befreiungsszene:
3. Was tut hier der Mensch und die Maschine? Welche Aufgaben haben sie jeweils?

Mensch	Maschine

4. Welche Bedeutung hat die Rutsche und danach das Abwasser?
Rutsche:

Abwasser:

In der Matrix:
5. Wie sieht die Zukunft aus?

6. Warum musste sich Neo verändern?

Anspielungen an das Neue Testament: Parallelen Jesus – Neo

- Geburt, als die Zeit erfüllt war (Gal 4,4f), Verheißung der Geburt (Jes. 7,14; 9,1-6; 11,1-10 / Orakelszene in „Matrix"), Jungfrauengeburt (Matth 1,24f), Taufe, / „Einweihung" Neos, Geburtskanal
- Namen bzw. Titel: „Immanuel/Gott mit uns" (Matth 1,23), „Menschensohn", „Erlöser" – Neo=Thomas Anderson: „ungläubiger" Thomas (Bin ich der Auserwählte?), Anderson=Menschensohn. Neo=Neu, Umkehr, Wandel, zugleich Anagramm: Neo-Eon-„One"= Der Eine/Auserwählte
- Die Jünger / Die Crew: Mk 1,16-20; 3,14 u.ö. (Berufung der 12), die Jünger glauben an Jesus (Joh 6,66-71), Jesus hat den Jüngern die Wahrheit offenbart (Joh 8,31f), zwei Brüder als Jünger (Matth 4,18ff) / Tank and Dozer.
- Johannes der Täufer / Morpheus: Matth 3,11-17 (Joh. d.T. erkennt in Jesus den Messias); Joh 1,29f; 34 / Morpheus weiß in der Orakelszene um den Erlöser Neo.
- Veränderung der Welt durch Vollmacht und Wunder (Lk 4,16-21) und das Tun des Willens Gottes (Mk 14,32-36) / Kampfkünste Neos
- Verrat des Jüngers Judas / Cypher: Mk 14,10f; Matth 26,15f, Lk 22,47f
- Vorhersage von Tod und Auferstehung: Mk 8,31ff; / Orakelszene
- Opfer (Matth 20,28)
- Ermordung/Tod und Auferstehung (Mk 15,20-41; 16,1-8)
- Ankündigung von Wiederkunft und Erneuerung der ganzen Welt (Matth 28,18; Act 1,8-12; Mt 25,31-46; Joh 16,16-23; Apc 21,1-6)
- Himmelfahrt (Mk 16,19f)

Wertorientierungen in Daily Soaps*

Durchschnittlich 6 bis 14 Millionen Zuschauer sehen sich täglich zwischen 17.30 Uhr und 20.15 Uhr die Schicksalsopern der vier deutschen Daily Soaps an. Rund ein Drittel der Soap-Fans surft sogar auf dem ‚audience flow‘, der Zuschauerwelle, von einer Serie zur nächsten. Von der sittsamen Familiensaga UNTER UNS (RTL) oder der giftigen Intrigensaga VERBOTENE LIEBE (ARD) über die alltagsnahe Sozialdramatik im MARIENHOF (ARD) bis zum trendsetzenden Lifestyle-Laufsteg von GUTE ZEITEN – SCHLECHTE ZEITEN (RTL). Jeden Werktag konsumiert das Publikum viele Stunden des immergleichen Strickmusters von Gut und Böse.

Alltägliche Geschichten, die in den Medien narrativ präsentiert werden, sind ‚in‘! Sendungen wie Daily Soaps, Daily Doku, Daily Talks oder das ‚Big Brother‘-Genre sowie ähnliche Produkte gehören zur Popkultur der Massenmedien wie Popmusik, Werbung, populäre Kunst oder popkulturelle Filme. Über einige popkulturelle Medien gibt es mittlerweile theologische Bearbeitungen und religionsdidaktische Aufarbeitungen. Die religionspädagogische Rezeption von Daily Soaps im Sinne von ‚Religion im Alltag‘ ist noch ein Desiderat. Einzelne medienpädagogische Arbeiten liegen inzwischen vor. Dieser Beitrag bildet somit eine Brücke zwischen Medienpädagogik und Religionspädagogik.[1]

Einen Schwerpunkt bildet in diesem Beitrag GUTE ZEITEN – SCHLECHTE ZEITEN. Diese RTL-Sendung hatte im Sommer 2004 ihr 12-jähriges Jubiläum mit der 3000. Folge. Zunächst frage ich nach der Genese und den Merkmalen. Danach analysiere ich die Themenfelder und zeige das Profil der Fan-Gemeinde auf. Im dritten Schritt frage ich: Welche Lebensformen, Werte, Anschauungen und Handlungsmuster werden transportiert? Abschließend zeige ich die didaktischen Konsequenzen für einen lebensweltorientierten Religionsunterricht auf.[2]

Entstehungsgeschichte und Merkmale

Woher stammen die Soaps? In den 30er und 40er Jahren des letzten Jahrhunderts entstanden in den USA Radiokurzgeschichten, erste Hörspiele (Radio Soap Opera), sowie erste Fortsetzungsgeschichten (Springfield Story). *Waschmittelwerbung* unterbrach diese Unterhaltung und gab ihr den Namen ‚Soap‘. Um 1952 gelangten die Soaps in das amerikanische Fernsehen. DENVER und DALLAS sind beispielsweise Ausstrahlungen amerikanischer Soap-Serien im deutschen Fernsehen. Sie zählen zum dynastischen Typus, welcher die familiäre Verbindung in den Mittelpunkt stellt. Deutsche Eigenproduktionen gehören eher zum dyadischen Typus: Beziehungen zwischen Einzelpersonen sind ihnen wesenseigen. Die ersten Drehbücher von GUTE ZEITEN – SCHLECHTE ZEITEN (The Restless Years) und VERBOTENE LIEBE (Sons and Daughters) orientierten sich noch an ihren australischen Vorlagen.[3]

* Erstveröffentlichung in: Medienimpulse. Beiträge zur Medienpädagogik (hg. v. Österreichischen Bundesministerium für Unterricht und kulturelle Angelegenheiten) 58/2006, 65-70.

1 Vgl. auch Manfred L. Pirner/Thomas Breuer (Hg.), Medien – Bildung – Religion, Zum Verhältnis von Medienpädagogik und Religionspädagogik in Theorie, Empirie und Praxis, München 2004.
2 Vgl. Uwe Böhm/Gerd Buschmann, Popmusik – Religion – Unterricht. Modelle und Materialien zur Didaktik von Popularkultur, Münster 2002, 2., überarbeitete und ergänzte Auflage, 11-26.
3 Udo Göttlich, Zur Entdeckung eines Genres, in: Daily Talks – Daily Soaps – Big Brother, Texte Nr. 3 (Sonderheft von medien praktisch), 2000, 33.

Die erste Sendung im deutschen Soap-Genre war ab 1985 einmal wöchentlich die LINDENSTRASSE. Die erste deutsche Daily Soap, die täglich gesendet wurde, war ab 1992 die heute noch erfolgreichste Soap GUTE ZEITEN – SCHLECHTE ZEITEN. Die Hauptzielgruppe bestand aus Hausfrauen, die hier den Ersatz für soziale Kontakte suchten. Hinzu kamen Jugendliche, die Soaps als Trendsetter sehen, bei denen man sich neue Trends abschauen kann.

Warum sind Soaps so erfolgreich? Sie bestehen aus einer Mischung zwischen Herz und Schmerz. Obwohl die Soap kein klassisches Drama ist, werden die Gefühle und die Charaktere ausführlich gezeigt. Gefühle werden vor- und ausgelebt, die Wesenszüge der Akteure bleiben relativ konstant. Die Handlung ist einfach und klar gestaltet, dass jeder jederzeit in den Handlungsablauf einsteigen kann, obwohl die genaueren Zusammenhänge und Beziehungsstrukturen sich erst durch die Rezeption mehrerer Folgen erschließen. Die Dialoge sind einfach strukturiert.

Wiederkehrende Elemente, Räume und Orte bieten dem Zuschauer die Möglichkeit zur Orientierung. Je öfters jemand die Soaps am Bildschirm verfolgt, desto eher wird er neugierig, wie es weitergehen wird, und zunehmend abhängig. Die Serien werden ein Teil seines Alltags(er)lebens.

Die Soap besteht aus zwei wichtigen Elementen: *Zopfdramaturgie* und *Cliffhänger*. In der Regel sind drei Handlungsstränge wie bei einem Haarzopf verknüpft und bilden auf der vertikalen Achse Überschneidungen der einzelnen Handlungsstränge. Inhaltlich bildet diese Dramaturgie ein Kontinuum, das sich einerseits weiterentwickelt, andererseits Bezug nimmt auf die bislang gezeigte Handlung in der aktuellen Folge und in den vorausgegangenen Folgen. Am Ende einer Folge steht der Cliffhänger, welcher ein Spannungsmoment auf der horizontalen Achse ist. Ein Problem oder Konflikt beschließt die jeweilige Folge und provoziert die Neugier auf den nächsten Tag. Der Cliffhänger unterstützt psychologisch bei den Rezipienten das Fortsetzungsprinzip.

Eine 25-minütige Folge besteht aus 13 bis 20 Szenen. Dazwischen kommen 5-minütige Werbeblöcke. Der formale Ablauf einer typischen Szene: Zunächst wird eine Außenansicht eines Hauses gezeigt, ein Bild, das oft eingeblendet und nie variiert wird. Die Aufnahme kündigt den Fortgang eines inhaltlich ununterbrochenen Handlungsstranges an; gemeint ist das Geschehen in einem bereits bekannten Raum im Inneren des Hauses sowie die Interaktion zwischen bestimmten Personen, die sich in diesem Raum bewegen. Nach Ansicht des Innenraumes, welcher meistens eine einfache Studiodekoration besitzt, folgen Nahaufnahmen der kommunizierenden Personen als Schuss und Gegenschuss der Kamera. In einer weiteren Halbtotalen werden beide Personen in Beziehung zueinander gezeigt; noch einige Male Schuss-Gegenschuss als filmtechnische Unterstützung der Kommunikation; dann Abgang einer Person in der Halbtotalen und Kameraschwenk zu Tür.

Diese Standardszenen sind günstig zu drehen und für die Amateurschauspieler leichter spielbar. Durch Castings gelangen begabte und den Charakteren entsprechende Personen ins Nachwuchsteam. Die Produktionskosten werden durch den Verkauf von gesendeten Werbeblöcken finanziert. Die Erzählzeit entspricht weitest gehend auch der Drehzeit, um die Lichttechnik kostengünstig zu halten. Außenaufnahmen kommen deshalb auch seltener vor.

In den ineinander verwobenen Endlosgeschichten gibt es keine Hauptrollen. Die Schauspieler entstammen in der Regel allen Alters- und Gesellschaftsschichten. Prominente Gäste treten manchmal in einer Folge auf, ebenso die Musik von neuen

Musikgruppen. Ein Soapstar kann auch zu einem Popstar werden. Die Fanartikel und Internetseiten unterstützen diese berufsbiografische Entwicklung einzelner Schauspieler.

Soaps sind *Trendsetter* im Bereich Mode, Musik, Sportarten und Hobbies. Die gezeigten Berufe sind mit Hauptschulabschluss meistens nicht erreichbar. Es gibt meistens keine Hauptschüler-Rollen. Erwachsene Akteure spielen oft Selbstständige oder übernehmen in der Firma eine Führungsrolle. Die Soap-Mitglieder gehen häufig mit Freunden aus, in Cafés, Bars oder elegante Restaurants. Neben bekannten deutschen Städten werden auch manchmal Kirchen oder Klöster gezeigt.

Zuschauerkreis und Themenfelder

Der Einfluss der Inszenierungsweise der deutschen Daily Soaps führt durch das ‚Kult-Marketing‘[4] zu einer Re- bzw. Neukombination bekannter Darstellungsmomente dieses Genres mit dem Ziel der *Zuschauermaximierung* in der Kernzielgruppe: Die Marketing- und Merchandising-Kampagnen greifen dabei nicht von ungefähr Trends der Jugendkultur auf und nutzen diese zu einer Gestaltung des Serienalltags. Der Verbindungspunkt der Soap Operas mit der Werbung, den Marketing- sowie Merchandising-Strategien und der Jugendkultur ergibt sich daraus, dass das Fernsehen mit seinen unterschiedlichen Genres einen Vermittler von Symbolwelten und den mit der Populärkultur verbundenen Kulten darstellt. Das Fernsehen und seine seriellen Alltagserzählungen fungieren als eine Art ‚Reader's Digest‘ von Moden, Stilen, Trends und Symbolen der Populärkultur. Jede dieser Soaps hat durch die Nutzung und Einbindung unterschiedlicher ‚Lifestyle-Symbole‘, angefangen von Musikstilen und Musikgruppen bis hin zu eigens geförderten Musikstars, ein eigenständiges Image bekommen.

Der Erfolg der deutschsprachigen Soaps begründet sich nicht zuletzt in dem breiten, alle Altersgruppen einschließenden Zuspruch, den sie in den letzten Jahren erfahren haben. Als Kernzielgruppe gelten jedoch die 14- bis 29-Jährigen. Bei GUTE ZEITEN – SCHLECHTE ZEITEN liegt der Marktanteil sowohl bei der Kernzielgruppe als auch bei den Mädchen und jungen Frauen über 30%. Den ‚Daily Serial Dramas‘ kommt gerade in der Medienbiografie von Kindern und Jugendlichen ein besonderer Stellenwert zu. In einer repräsentativen Befragung[5] unter 10 bis 16-Jährigen gaben immerhin 54% an, eine oder mehrere der täglich ausgestrahlten Vorabendserien anzusehen. Etwa dreimal so viele Mädchen wie Jungen bezeichnen sich selbst als ‚regelmäßige‘ Seherinnen. Fast die Hälfte der Befragten (46,5%) sieht sich die Serie GUTE ZEITEN – SCHLECHTE ZEITEN an.

Vor allem Mädchen im Alter von 12 bis 19 Jahren zählen bei Studien[6] zur Präferenz von Fernsehsendungen unter den ersten vier *Lieblingssendungen* drei Soap Operas auf: GUTE ZEITEN – SCHLECHTE ZEITEN, VERBOTENE LIEBE und UNTER UNS. Die 10- bis 16-jährigen Mädchen sehen tendenziell GUTE ZEITEN – SCHLECHTE ZEITEN.

---

4   Vgl. im Folgenden: Udo Göttich/Jörg-Uwe Nieland, Daily Soaps als Umfeld von Marken, Moden und Trends. Von Seifenopern zu Lifestyle-Inszenierungen, in: Michael Jäckel (Hg.), Die umworbene Gesellschaft, Opladen 1998, 179-208.

5   Ulrike Bischof/Horst Heidtmann, „Ich will es einfach nochmals erleben …", in: Daily Talks – Daily Soaps – Big Brother, Texte Nr. 3 (Sonderheft von medien praktisch), 2000, 55.

6   Vgl. Merle Machenbach, Daily Soaps – ein Genre für Mädchen, in: Daily Talks – Daily Soaps – Big Brother, Texte Nr. 3 (Sonderheft von medien praktisch), 2000, 49.

Bei Jungen sind eher aktionistische Sendungen wie AKTE X oder auch Comedy-Serien beliebt. KLAUS und RÖSER haben herausgefunden, dass die Vorlieben sich am geschlechtergebundenen Kommunikationsstil der Zielgruppe orientiert: Das weibliche Konzept ist durch Interaktion, Beziehung und Gemeinschaft beschrieben; das männliche Kommunikationskonzept definiert sich durch Aktion, Besonderheit und Sieg.[7] Auf Grund der emotionalen Erzählweise und der stark im Alltag der Rezipienten orientierten Geschichten können sich vor allem Mädchen mit den dargestellten Werten, Normen, Rollenbildern, Verhaltensweisen, Wünschen und Phantasien eher auseinandersetzen als Jungen. Für sie bieten diese Serien die Möglichkeit der Identitätsbildung und Subjektkonstituierung vor allem innerhalb der Peer-Group und gegenüber den Eltern.

Wie nehmen die Kinder und Jugendlichen die Daily Soaps wahr? Die Heranwachsenden gehen mit Medienangebote anders als ältere Bevölkerungsgruppen um. Die Rezeption von seriellen Endlos-Stories unterscheidet sich zudem von den Filmen mit abgeschlossenen Erzählungen und Sinneinheiten. Die Daily Soaps sind ein Genre, in denen es um unterschiedliche Spielarten der Verhandlung von Alltagsformationen geht, die auf eine bislang wenig bekannte Logik verweisen. Es dürfte sich hierbei weniger um Fragen der unmittelbaren Orientierung handeln, als vielmehr um den Sachverhalt, dass das Dargestellte in ein Verhältnis zum eigenen Erfahrungs- und Erlebnisraum gesetzt wird. Das Verstehen des Rezipienten beruht auf der Fähigkeit, das Wahrgenommene mit der eigenen Erfahrung, dem eigenen Wissen gesellschaftlicher oder kultureller Werte, Regeln oder Verhaltensweisen auf der Basis der gegenwärtigen Lebenssituation in Beziehung zu setzen. Die Jugendlichen ahmen dabei nicht die vorgelebten Problemlösungen unreflektiert nach, sondern überprüfen diese Konfliktlösungen vor dem Hintergrund des Lebens und ihrer Bedürfnisse mit eigenen Lösungsmöglichkeiten. Die Soap Opera bietet somit eine symbolische Bearbeitung ihrer derzeitigen Lebenssituation.[8]

Aufgrund des Genrewissens und der Themenkenntnis prüfen die Zuschauer, inwiefern die präsentierten (Lebens-)Stile in der Erzählung stimmig weitergeführt werden. Somit werden Optionen medial ausprobiert und zugleich geprüft, ob man die Spielregeln und Codes kennt. Auf diese Stelle zielen im Wesentlichen die Symbole der ‚Kult-Werbung‘. Dennoch dürfen diese Geschichten nicht nur als Träger für die Marketing-Kampagnen werden, sondern müssen den jugendlichen Zuschauern auch interessante Themen bieten. Fasst man Daily Soaps als Narrationen auf, in denen es um Verhandlung von Alltagsproblemen und alltäglichen Themen geht, so steht die Frage des Alltags und der Alltäglichkeit dieses Genres und dessen Dramatisierung im Kontext der Marketingstrategien im Vordergrund.

Welche Themenfelder bearbeiten die Soaps auf welche Weise? Soaps betreiben keine Gesellschaftsanalysen, sondern bearbeiten durch ihre narrative Struktur eher private und intime Themen. Dies schließt jedoch auch die Personalisierung, Intimisierung und Privatisierung gesellschaftlicher Probleme (z.B. Arbeitslosigkeit, AIDS) ein. Die Daily Soaps verwenden unterschiedliche soziale Beziehungsmuster: dynastischer Typ (z.B. DIE SCHWARZWALDKLINIK), gemeinschaftlicher Typ (z.B. LINDENSTRASSE) und dyadischer Typ (z.B. VERBOTENE LIEBE).

---

7   Vgl. Elisabeth Klaus/Jutta Röser, Fernsehen und Geschlechter. Geschlechtergebundene Kommunikationsstile in der Medienrezeption und -produktion, in: Gudrun Marci-Boehncke/Petra Werner/Ulla Wischmann (Hg.), BlickRichtung Frauen – Theorien und Methoden geschlechtsspezifischer Rezeptionsforschung, Weinheim 1996, 50.
8   Vgl. Machenbach, Daily Soaps, 51.

Im Folgenden betrachte ich die Themenfelder von GUTE ZEITEN – SCHLECHTE ZEITEN. GUTE ZEITEN – SCHLECHTE ZEITEN ist meistens ein dyadischer Typ, der Anteile eines gemeinschaftlichen Typs (z.B. Wohngemeinschaft) enthält. Die männlichen und weiblichen Rollen sind nahezu gleich häufig. Obwohl hauptsächlich Jugendliche und junge Erwachsene auftreten, finden sich auch Rollen mit über 40-Jährigen sowie Kinderrollen. Bei GUTE ZEITEN – SCHLECHTE ZEITEN war im Jubiläumsjahr nur ein Ehepaar verheiratet, ein Paar geschieden; die restlichen Hauptrollen bestanden primär aus Single-Rollen.

In GUTE ZEITEN – SCHLECHTE ZEITEN kommen zwei Drittel zwischenmenschliche Themen im Verhältnis zu einem Drittel nichtzwischenmenschliche Themen vor.[9] Das Thema ‚Familie' kommt fast bis zur Hälfte aller zwischenmenschlichen Themenarten vor. Daneben sind die Themen ‚romantische Beziehung' (32%) und ‚Freundschaft' (15%) auch wichtig. Bei den nichtzwischenmenschlichen Themenfeldern dominieren fast zu zwei Drittel ‚berufliche, geschäftliche, schulische Fragen'. Dies ist nicht überraschend: Heranwachsende beschäftigt selbstverständlich die Schule und der angestrebte Beruf. Die Schauspieler erwachsener Rollen leiten meistens ein Unternehmen oder übernehmen eine wichtige Leitungsfunktion in der Firma. Bei MARIENHOF stehen im Gegensatz hierzu eher Fragen der Person und Persönlichkeit im Vordergrund.

Sicherlich überschneiden sich die genannten Kategorien. Dieser Sachverhalt weist darauf hin, dass die Dialoge und Unterhaltungen Anschlusspunkte mit dem Geschehen in der Gruppe, Familie und Freundeskreis haben. Ein Beziehungsstreit z.B. ist immer auch zugleich Gegenstand in den Unterhaltungen der anderen oder von Freundinnen, die sich über ihre Probleme austauschen. Auf diese Art werden die Geschichten vorangetrieben. Da die Soaps kaum aktives Handeln, sondern Dialoge und Unterhaltungen mit meistens drei Personen zeigen, ist es zudem unerlässlich, dass die Ereignisse und Probleme aus unterschiedlicher Perspektive in der Sendung gespiegelt werden.

Durch die struktur- und inhaltsanalytische Zugangsweise wird deutlich, dass bei interpersonalen Themenfeldern mehr Akteurinnen in den Filmsequenzen auftreten. Die männlichen Darsteller besprechen dagegen eher nichtzwischenmenschliche Themenfelder. Somit transportieren Daily Soaps eher ein traditionelles Rollenbild.[10] Es besteht die Gefahr, dass vor allem die Mädchen das Rollenverhalten ihrer Protagonistinnen nicht kritisch genug reflektieren und daher die Tradierung von geschlechtsspezifischen Verhaltensmustern unterstützten.

Wie werden Konflikte gelöst? Die Soaps als Alltagsdramen enthalten Konflikte, die komplementär zu den Themenfeldern sind. Die Konfliktebenen liegen meistens im privat-intimen sowie im beruflichen, geschäftlichen oder schulischen Bereich, seltener im freundschaftlichen oder politischen, gesellschaftlichen oder sozialen Bereich. Inhaltlich geht es um die Geschlechterliebe. Bei GUTE ZEITEN – SCHLECHTE ZEITEN kommen Generationenkonflikte noch hinzu. Somit stehen zwei Drittel der Konfliktfelder in Verbindung mit interpersonalen Themen. Die Spannungen entstehen manchmal auch durch Intrigen und Erpressungen.

Die Inszenierung unterschiedlicher Lebensstile soll Anschluss- und Identifikationsmöglichkeiten der Rezipienten verschiedener jugendkultureller Stile und Szenen

9   Vgl. im Folgenden: Udo Göttlich, Zur Entdeckung eines Genres, in: Daily Talks – Daily Soaps –
    Big Brother, Texte Nr. 3 (Sonderheft von medien praktisch), 2000, 40ff.
10 Vgl. a.a.O., 41f.

bieten. Die Ebenen von Alltag und Erlebnis gehen eine neue Verbindung ein. Erst die Geschichten, die durch Marken, Symbole und Lifestyle-Muster mit ‚Kult‘-Charakter aufgeladen werden, transportieren Erlebniswerte, da sie ästhetische Optionen für Lebensstile gerade von Jugendlichen anbieten. Somit ist die Darstellung des Alltags und des Alltäglichen keine Banalität und keine ‚Entdramatisierung‘ des Dramatischen, sondern besteht in der Verschiebung der Wertigkeit von Ereignissen, die dramatisiert, d.h. als Handlungen vor einem Publikum aufgeführt werden und die sich zugleich mit der Wahrnehmung von Marken, Moden und Produkten überlagern und vermischen. Die Soaps sind spezifische, popkulturelle Angebote für die Behandlung alltagsrelevanter Frage- und Problemstellungen.

Eine qualitative Analyse der Zuschauerpost der Fan-Gemeinde von GUTE ZEITEN – SCHLECHTE ZEITEN ergab folgendes Ergebnis der Erwartungen und Wünsche der Rezipienten:

> „Eine Vertauschung von Serienwelt und Alltagswelt liegt jedenfalls nicht vor, sehr wohl aber bildet die Serienwelt ein Orientierungsangebot bei Problemen, dessen Bedeutung und Rolle insbesondere in schwierigen Lebenssituationen weiterer Aufmerksamkeit bedarf.“[11]

(Wert-)Vorstellungen und (Lebens-)Stile

Vor allem *Mädchen* zwischen 10 und 16 Jahren sind die hauptsächlichen Rezipienten dieser Fernseh-Geschichten über das anscheinende ‚Projekt des wahren Lebens‘. *Wie wirken die Inhalte, Werte, Vorstellungen, Handlungsmuster und dargebotenen Lebensstile auf die Zuschauerinnen?* Aus der Zuschauerpost[12] ist bekannt, dass häufig Bewunderung für die Darsteller angeführt wird. Beim Lesen fällt auf, dass die Schreibenden Kontakt bzw. Bindung zu den Darstellern suchen. Das Bedürfnis nach Kontakt wird ergänzt durch Anfragen aufgrund von Alltagssorgen und Problemen z. B. mit den Eltern. Die briefliche Korrespondenz, die Internet-Angebote, die Bücher und Hefte zur Sendung sind wichtige Unterstützungshilfen für die Heranwachsenden. Selbst 16- bis 18-jährige Mädchen gaben im Rahmen eines Unterrichtsprojektes[13] an, dass die Soaps für sie wie eine ‚Ersatzfamilie‘ sei. Dadurch, dass die Probleme berührt und angesprochen werden, wird klar, dass sie nicht alleine mit diesen Sorgen sind.

Welche Vorstellungen transportiert die TV-Ersatzfamilie? Die Familie der seriellen Erzählungen ist oft geprägt von aufgelösten Familienverbänden. Der Freundeskreis, mit dem man im Café spricht oder in einer Wohngemeinschaft lebt, ersetzt die traditionelle Familie. Postmodern ausgedrückt, zeigt z.B. GUTE ZEITEN – SCHLECHTE ZEITEN eine Patchwork-Familie. Die Mutter ist beruflich meistens tätig, oft in Büros oder sozialpflegerischen Bereichen, auf jeden Fall in abhängigen, untergeordneten Positionen. Karrierefrauen sind deshalb negativ besetzt (z.B. Alkoholprobleme). Der Vater erscheint als Autoritätsperson ebenso negativ; als Freund oder Kumpel wird er akzeptiert. Männer sind fast immer berufstätig, vor allem in verantwortungsvollen und machtvollen Berufen wie Manager oder Ärzte. Jüngere Väter übernehmen auch Erziehungsaufgaben ihrer

---

11 Udo Göttlich/Annika Neumann, Daily Soaps als Lebensmittel?, in: medien praktisch 4/2000, 37.
12 Vgl. auch Zitatbelege, a.a.O., 33ff.
13 Vgl. Wolfgang Schill/Kristina Spelly-Simons, „Man möchte einen Einblick in das Leben bekommen ...“, in: medien praktisch 1/2001, 32.

Kinder. Konflikte werden meistens von beiden Geschlechtern verbal ausgetragen, wobei Männer ehe zu körperlichem Einsatz neigen. Frauen sind im Allgemeinen ängstlicher, offenherziger und auch trauriger; Männer hingegen cooler, zynischer, gutmütiger und großzügiger. Die traditionelle Rollendefinition wird bestärkt: Der Mann steht über der Frau.

Wie sind die männlichen und weiblichen Jugendrollen definiert? Der typische Junge ist locker und natürlich, schlank und gepflegt, hat kurzes Haar und ist durchschnittlich und eher unerotisch gekleidet. Das typische Mädchen hat halblanges bis langes Haar, ein gepflegtes, nicht auffällig geschminktes Gesicht, eine natürliche Ausstrahlung und ist jugendlich, meistens sportlich und schlank. Die Darstellerinnen sind meistens jünger als die Darsteller und entsprechen eher dem gesellschaftlichen Schönheitsideal.

Eine Untersuchung des Instituts Jugend, Film und Fernsehen ermittelte bezogen auf die Daily Soaps drei Bilder von Jugendlichen:[14]

1. *Den pubertierenden Jugendtyp*: Er ist ichbezogen, sieht vorrangig seine Probleme. Dieser pubertierende Typ wird von jüngeren Darstellern gespielt. Als Junge erscheint er egozentrisch, als Mädchen eher gefühlsbetont agierend.

2. *Der auf Äußerlichkeiten fixierte Jugendtyp*: Diese Vertreter wollen trendy sein. Sie bekommen Komplexe, wenn sie nicht dem Schönheitsideal entsprechen. Menschen gegenüber, die nicht dem gesellschaftlichen Ideal entsprechen, verhalten sie sich herablassend. Sie sind älter und nicht mehr vorwiegend mit Pubertätsproblemen beschäftigt.

3. *Der selbstbewusste Jugendtyp*: Sie respektieren unterschiedliche Verhaltensweisen anderer und möchten, dass man ihre ebenso akzeptiert. Die Gefühle stehen im Vordergrund. Sie wollen Spaß im Leben und einen angenehmen Alltag erleben. Die Jungen überschreiten konventionelle Geschlechtergrenzen: z.B. zeigen sie Schwächen oder sprechen über Empfindungen. Die selbstbewussten Mädchen hingegen stellen ihre Wünsche in den Vordergrund und sehen sich weniger in einer sozialen Verantwortung. Dieser Jugendtyp durchbricht die traditionellen Rollendefinitionen.

Es ist unbestritten, dass die Daily Soaps Trendsetter im Bereich Mode, Freizeitaktivitäten und Lebensstile sind. Wobei es manchmal unklar ist, ob die Produzenten Trends aufgreifen und verstärken oder ob die Rezipienten die dargebotenen Trends erst massenweise adaptieren. Religiöse Element sind peripher: Es finden vereinzelt Hochzeiten oder Taufen, manchmal auch in einem Kirchengebäude statt. Bei Außenschauplätzen sind Kirchen (z.B. Kölner Dom) sichtbar oder Glockengeläut hörbar.

Die *religiöse* Dimension offenbart sich eher in dem Kultverständnis der Fan-Gemeinde und in der seriellen Narrativität. Die Daily Soaps unterbrechen bzw. durchbrechen den Alltag, bieten Sinnstiftungen an und transportieren Weltanschauungen. In manchen Fällen erzeugen sie sogar Abhängigkeit unter den Zuschauern und Zuschauerinnen. Es kann hier von einer funktionalen Religiosität in der Postmoderne gesprochen werden: Durch die dargebotenen Bilderwelten in den Massenmedien werden die Weltbilder durch die Rezipienten individuell konstruiert.

Aus *ethischer* Sicht steht das persönliche Problem und deren Bearbeitung aufgrund unterschiedlicher Werte im Vordergrund. Gesellschaftliche Konflikte werden subjektorientiert dargestellt und bearbeitet. Es gibt Phasen, bei denen eher eine unklare individualisierte Gesinnungsethik die Entscheidungsgrundlage bildet. Meistens kommt jedoch

---

14 Vgl. im Folgenden: Merle Machenbach, Daily Soaps – ein Genre für Mädchen, in: Daily Talks – Daily Soaps – Big Brother, Texte Nr. 3 (Sonderheft von medien praktisch), 2000, 47f.

eine Verantwortungsethik zum Tragen. Auch hier zeigt sich der Patchwork-Charakter der Daily Soaps.

Religionspädagogische Zugänge

Durch die emotionale Betroffenheit (vor allem der Mädchen) ist ein sensibler didaktischer Umgang mit diesem Medium im Religionsunterricht notwendig. Soap-Szenen sollten nicht aktuell sein, damit die Entmythologisierung der Darsteller gelingen kann. Ebenso müssen die Lehrenden prüfen, inwiefern sie dieses *Medium* als ‚wertvoll' erachten, um es im Unterricht produktiv und weniger instrumentalisiert einsetzen zu können. Sicherlich eignen sich zusammengeschnittene Szenen eher als zopfdramaturgische Darbietungen.

Ein *thematischer* Handlungsstrang kann wie jedes andere Medium (z.B. Karikatur, Bild, Foto, Werbung, Musik) eingesetzt werden, um das Thema offen einzuführen. Daily Soaps bieten viele Anknüpfungspunkte bei interpersonalen Themenfeldern (z.B. Beziehung, Gemeinschaft, Partnerschaft, Familie). Oftmals werden stereotype Vorstellungen in den Soaps angeboten. Ab der 8. Klassenstufe aufwärts können Szenenfolgen (ca. 15 bis 20 Minuten) betrachtet und thematisch entfaltet werden. Die dargebotenen ‚Beziehungskisten' offenbaren Vorstellungen und Stile sowie Werte und Normen, welche in (Kleingruppen-)Gesprächen herausgearbeitet werden. Die angebotenen Lösungen sollten mit eigenen Lösungskonzepten verglichen und antizipiert werden. Das Ziel ist dann, Rollen und Lebensvorstellungen nachzuspüren und auf ‚lebenswert' zu prüfen bzw. mit eigenen Werten zu vergleichen. Ebenso kann ein Beziehungskonflikt thematisch im Religionsunterricht anhand vieler Soap-Szenen entschlüsselt und der Umgang mit diesem geklärt werden.

Methodisch bieten sich neben den Gesprächsformen auch *Schreibformen* an, die vertiefend wirken. Die Schülergruppe schreibt eine eigene Soap-Szenenfolge, entwickelt ein Storyboard und verfilmt diese. Ebenso können die Schülerinnen und Schüler ein fiktives Tagebuch eines Darstellers oder einer Darstellerin aufgrund einer gesehenen Szene ausarbeiten.

Bewährt hat sich als Einstieg in das Thema ‚Daily Soaps' eine *Schreibübung* an der Tafel: In der Mitte der Tafel ist ‚Daily Soap' angeschrieben. Die Schüler schreiben wie bei einem ‚Brainstorming' alles, was sie sagen wollen, an die Tafel. Die Schüler kommen nach einander an die Tafel. Es wird dabei nichts gesprochen. Ein Beitrag oder eine Frage kann Bezug nehmen auf einen anderen Schülerbeitrag.

Gerne übernehmen die Schülerinnen und Schüler auch *Recherche-Arbeiten* und surfen im Internet, um an Informationen zu gelangen. Ebenso sind Hefte von Soap-Serien geeignet, um die Themen und Inhalte offen zu legen.

Im Jubiläumsjahr von GUTE ZEITEN – SCHLECHTE ZEITEN war das Thema ‚Taufe' sowie Umgang mit Tod und Sterben ein Anknüpfungspunkt für *religiöse Vorstellungen* in der Gesellschaft. Zusammen mit ekklesiologischen Informationen können die oberflächlichen Ansichten ausgelotet werden. Zugleich bietet ein Vergleich mit der Liturgie, die Schülerinnen und Schüler selbst schon bei einer Tauffeier erlebt haben, wesentliche Korrekturen zu säkularisierten Formen an.

Daily Soaps nehmen den Suchprozess Heranwachsender ernst. Sie bieten Lösungskonzepte an. Die Jugendlichen reflektieren die Angebote aufgrund ihren Alltagserfahrungen. Diese müssen im Religionsunterricht ernst genommen werden. Vor allem für jüngere Mädchen werden die Soaps zum funktional-religiösen Erlebnis. Auch hier bietet die sensible, aber aufklärende Behandlung im Religionsunterricht eine Chance zur *mündigen Religiosität*.

Religion im Alltag ist dann mehr, als wenn wir nur UNTER UNS im MARIENHOF sind, über VERBOTENE LIEBE sprechen und GUTE ZEITEN – SCHLECHTE ZEITEN erleben!

Das Messias-Motiv in „Der Herr der Ringe"*

Was steckt hinter dem wieder aktuell gewordenen Werk „Der Herr der Ringe"? Was ist es, das Menschen der Postmoderne wieder neu für ein altes Werk begeistert? Ist es die Sehnsucht nach einer Fantasy-Welt, in der das Gute über das Böse triumphiert und in die man deshalb gern aus der harten Realität flüchtet?

Dieser Beitrag vertritt die These, dass John Ronald Reuel Tolkien in seinem Werk auf anthropologische Grundfragen Antworten gibt. In diesen Antworten kann sich jeder Mensch wieder finden. Am Beispiel des Messiasmotivs wird deutlich, dass die Lösungen in Tolkiens Werk auf diese Grundfragen des Menschseins religiös bzw. spezifisch christlich geprägt sind und deshalb ihren Ausdruck in biblischen Motiven erfahren. Leitend ist hierbei der Gedanke, dass Tolkien, geprägt durch seinen christlichen Hintergrund, in seinem Werk implizit die christliche Botschaft spiegelte. In diesem Sinne ist dieser Beitrag ein Impuls für die theologisch interessierte Leserschaft. Er beleuchtet Tolkiens religiösen Hintergrund und vergleicht ihn mit den biblischen Motiven. Dadurch wird die religiöse Dimension des Werks religionspädagogisch für den Religionsunterricht, die kirchliche Jugendarbeit oder den Konfirmandenunterricht fruchtbar gemacht.

1. Tolkien und die Religion

Nicht nur viele Leser, auch Tolkien selbst sah den *Herr der Ringe* als zutiefst religiöses Werk. In einem Brief an einen befreundeten Pater schreibt Tolkien:

> „Der Herr der Ringe ist natürlich ein von Grund auf religiöses und katholisches Werk; unbewusst zuerst, aber bewusst im Rückblick. Deshalb auch habe ich so gut wie nichts hineingebracht, oder vielmehr alles weggelassen, was auf irgendetwas wie ‚Religion' hinweisen könnte, auf Kulte oder Bräuche in der imaginären Welt. Denn das religiöse Element ist in die Geschichte und ihre Symbolik eingelassen."[1]

Zwei wichtige Aspekte lassen sich aus dieser Aussage Tolkiens schließen. Der erste zeigt wie eng die religiös geprägte Biografie Tolkiens mit seinem Werk zusammenhängt. Als strenggläubiger Christ floss seine religiöse Prägung unbewusst in sein Werk ein und erst im Rückblick konnte er selbst den religiösen Gehalt seines Werkes erkennen. Der zweite Aspekt, die geradezu paradoxe Aussage, dass das Werk von Grund auf religiös ist, ohne dabei selbst Religion explizit zum Thema zu machen, spricht eine Grundvoraussetzung seines Werks an: Für Tolkien war Mittelerde nicht nur eine Fantasiewelt, sondern der Versuch der Rekonstruktion einer vergangenen Welt[2]. In *Der Herr der Ringe* ist deshalb kaum von Religion die Rede, weil Mittelerde eine heidnische, vorchristliche Welt darstellt.[3]

In seiner Biografie (M 1) wird die christliche Prägung ebenfalls sichtbar.

---

* Dieser Beitrag wurde zusammen mit Andrea Hartmann konzipiert.
1 Carpenter, Briefe, 228.
2 Vgl. Shippey, Tolkien, 17.
3 Siehe M 3

Tom Shippey, ein bekannter Tolkien-Kenner, versucht in seinem Buch *J.R.R. Tolkien. Autor des Jahrhunderts* die fortdauernde Wirkung von Tolkiens Werk zu erklären:

> „Ich behaupte, dass diese Wirkung nicht nur vom Reiz des Ungewöhnlichen aus-
> geht […], sondern von einer todernsten Antwort auf die großen Fragen zu Be-
> ginn des neuen Jahrhunderts, sowie sie jetzt am Ende des Jahrhunderts zu über-
> blicken sind: die Frage nach dem Ursprung und der Natur des Bösen (eine ewige
> Frage, die sich aber zu Tolkiens Lebzeiten in furchtbarer Weise neu stellte); nach
> der menschlichen Existenz in Mittelerde, ohne die Stärkung durch eine göttli-
> che Offenbarung; nach der kulturellen Relativität; und nach dem Verfall und den
> Kontinuitäten von Sprache.“[4]

In Shippeys Augen gibt Tolkien also Antworten auf die großen Fragen des Menschseins
im 20. Jahrhundert, augenscheinlich ist, dass zwei dieser Fragen religiös geprägt sind,
die Frage nach dem Ursprung und der Natur des Bösen (M 2) und die Frage nach der
menschlichen Existenz ohne eine göttliche Offenbarung (M 3).

2. Der Messias aus theologischer Sicht[5]

Da in diesem Rahmen nicht die gesamte Entwicklung des Messiasbegriffs und der messianischen Bewegungen beleuchtet werden kann, beschränkt sich die Arbeit auf die
für die Interpretation des Messiasmotivs in *Der Herr der Ringe* wichtigen Aspekte des
Messiasbildes.

2.1 Der Messias im Alten Testament und im frühen Judentum

Der Begriff Messias leitet sich ab von dem hebräischen Wort masiᵃh (= Gesalbter).
Die alttestamentliche Verwendung dieses Begriffes steht im Zusammenhang mit der
Königssalbung, folglich bezeichnet dieser Titel meist den König. Den Hintergrund bil-
det die Einsetzung eines Königs durch ein Salbungsritual: Der König wird durch einen
Vertreter des Volkes oder einen Propheten im Auftrag JHWHs mit Öl gesalbt.

Theologisch gesehen, nimmt der Gesalbte eine besondere Stellung ein: „Er ist Gottes
Sohn, von ihm gezeugt (Ps 2, 7; 110, 3), Gott ist sein Vater (Ps 89, 27), er sitzt zur
rechten Gottes (Ps 110, 1) als sein höchster irdischer Repräsentant. Der Machtbereich
Gottes ist sein polit[isches] Wirkungsfeld.“[6] Mit dem Titel Messias sind drei wesentli-
che theologische Aussagen verbunden: die Gottessohnschaft, die Weltherrschaft und
die Verheißung einer ewigen Dynastie des Königshauses Davids. Der Messias wird zum
Träger religiöser Heilserwartungen, deren Hoffnung „die Erneuerung des Reiches in
Frieden und Gerechtigkeit und die Befreiung der Gesellschaft von aller Feindschaft und
Bedrückung“[7] ist.

Neben diesen an das davidische Königtum gebundenen Erwartungen bilden
sich auch Entwürfe heraus, in deren Zentrum eine charismatische, von der konkre-

---

4   Shippey, Tolkien, 11.
5   Vgl. RGG, Bd. 5, 1143-1162.
6   A.a.O., 1145.
7   Ebd..

ten Königsherrschaft gelöste Rettergestalt steht (z.B. Jes 11, 1-9) bzw. eine endzeitliche Priesterfigur (Sach 6, 9-16).

Im antiken Judentum werden diese Vorstellungen aufgegriffen und in vielfacher Weise ausgestaltet. „Gemeinsam ist ihnen die Hoffnung auf eine charismatische endzeitliche […] Befreiergestalt, die in den meisten Fällen aus dem Hause David stammend erhofft wird."[8] Meist bilden sich diese Messiaserwartungen an konkreten historischen Situationen und sind daher eng verknüpft mit politischen Zielen. Ein Beispiel hierfür ist der sich formierenden Widerstand gegen die römische Fremdherrschaft (1.-2. Jh. n. Chr.), der sich häufig mit messianischen Erwartungen verbindet.

2.2 Der Messias im Neuen Testament

Im frühen Christentum vollzieht sich ein Umbruch in der Geschichte des Messianismus. Eine konkrete historische Gestalt, nämlich Jesus aus Nazareth, wird als der erwartete Messias identifiziert, „was vielleicht punktuell schon zu seinen Lebzeiten, umfassend jedenfalls gleich nach seinem Tod geschah."[9] Dies zeigt sich auch daran, dass der ins griechische übertragene Messiasbegriff Christós die häufigste verwendete Bezeichnung Jesu im Neuen Testament ist.

Die an Jesus herangetragenen politisch-messianischen Vorstellungen seiner Zeit werden in der vorösterlichen Zeit aufgegriffen, erfahren aber ein neues Verständnis des Messiastitels, nämlich des *gekreuzigten Messias*. Ein weiterer Aspekt ergänzt die Deutung Jesu im Sinn des *prophetischen Messianismus*, „dessen Aufgabe die Ankündigung des endzeitlichen Kommen Gottes war."[10]

In der nachösterlichen Entwicklung, „[entsteht] eine neue Gestalt des Messianismus, nämlich der *soteriologische Messianismus* […]."[11] Vor allem bei Paulus wird das Sterben Jesu am Kreuz für uns/für unsere Sünden (1. Kor 15, 3f; Röm 3, 24-26) zum zentralen Punkt für den heilvollen (erlösenden) Umbruch, den das Auftreten des Messias mit sich bringen soll.

> „Der Messias ist die erlösungsbringende, symbolisch vermittelte, leibhaft vorgestellte Erlösungsgestalt, der „sotér", „Retter", der die Menschheitsgeschichte finalisierend als Heilsgeschichte deuten lässt (als Gottes Geschichte mit den Menschen prozesshaft von einem Zustand der Erlösungsbedürftigkeit zu einem Zustand der Erlöstheit)."[12]

Zentral wird im Christentum also der Rettungs- bzw. Erlösungsgedanke, aber auch der Gedanke eines *herrschenden Messias* bleibt erhalten (vgl. Offenbarung: Christus wird als König wiederkehren.).

---

8 A.a.O., 1146.
9 A.a.O., 1150.
10 A.a.O., 1151.
11 A.a.O., 1151.
12 Sedmak, Das Messianische, 403.

3. Das Messiasmotiv in *Der Herr der Ringe*

Für Tolkien als Christ (M 1) war Jesus Christus der Messias und sämtliche Motive sind daher hauptsächlich christlich geprägt, deshalb kann auch von einem Christusmotiv gesprochen werden.

3.1 Frodo – Ein Vorläufer des Messias?

Sucht man in *Der Herr der Ringe* nach einer Messias- oder Christusgestalt (M 4), denkt man in der Regel zuallererst an den Hobbit Frodo Beutlin, den Protagonisten des Buches.[13] Frodo ist es, der die schwierige Aufgabe übernimmt, den Einen Ring von Sauron nach Mordor zu bringen, um ihn dort zu zerstören. Zu seiner Unterstützung werden ihm neun Gefährten zu Seite gestellt („der Bund der Neun Gefährten"[14]), die eine Art Jüngerkreis darstellen. Frodo ist zwar als Ringträger die zentrale Figur der Gemeinschaft, aber er führt die Gruppe nicht an, es ist Gandalf und später Aragorn, der die Gruppe leitet, und so vollzieht sich schon in diesem Detail ein Bruch zur Gestalt Jesu Christi, der der Lehrer und Meister seiner Jünger war.

Der größte Bruch aber, den das Messiasmotiv in Frodo erfährt, ist der am Ende des Buches, als Frodo vor der Erfüllung seiner Aufgabe steht. Er hat nun die Möglichkeit, das Böse in Gestalt Saurons zu überwinden, Mittelerde für immer von ihm zu erlösen und so zu einer wahren Messiasgestalt zu werden, doch er erliegt im letzten Augenblick der Versuchung des Ringes:

> „Das Licht flammte wieder auf, und da, am Rande der Spalte, der Schicksalskluft, stand Frodo, aufrecht, straff, wie versteinert.
>
> »Chef!«, rief Sam.
>
> Da rührte sich Frodo und sprach mit einer Stimme, die klarer und mächtiger war, als Sam sie je gehört hatte, und sie übertönte das Pochen und Brodeln des Schicksalsbergs und hallte von den Wänden wider.
>
> »Ich bin gekommen« , sagte er. »Doch jetzt ziehe ich vor, nicht zu tun, wozu ich gekommen bin. Ich will diese Tat nicht tun. Der Ring ist mein.«[15]

Der Ring wird dennoch vernichtet: Gollum stürzt mit dem Ring in die Schicksalsklüfte, nachdem er ihn Frodo entrissen hat. Frodo aber ist gescheitert. Und nach anfänglichem Jubel gerät seine Tat in Vergessenheit.

Trotz seines Scheiterns im entscheidenden Moment ist festzuhalten, dass Frodo eine Rettergestalt bleibt. Bei dem Versuch den Ring zu zerstören, riskiert er sein Leben für das seiner Freunde und durch sein Handeln setzt er die Ereignisse in Gang, die letztlich zum Fall Saurons und damit zu einem „heilvollen Umbruch" in der Geschichte Mittelerdes führen. Was ihn aber von einer Messiasgestalt unterscheidet, ist, dass nicht er es ist, der die Erlösungstat vollbringt. In Tolkiens Vorstellung kann Frodo diese Tat auch nicht vollbringen, denn die eigentliche Erlösungstat steht in der Welt Mittelerdes ja noch aus.

---

13 Vgl. im Folgenden v. a.: Shippey, Tolkien, 233-239.
14 Tolkien, Herr der Ringe, 302.
15 A.a.O., 995.

Frodo gehört zu jenem Typus des „tugendhaften Heiden", der es erlaubt, auch in einer vorchristlichen Welt, an das Gute zu glauben und auf Rettung zu hoffen. In diesem Sinne ist er selbst keine wirkliche Messiasgestalt, wohl aber ein Vorläufer des eigentlichen Messias, dessen Ankunft Frodos Tat schnell vergessen lassen wird.

3.2 Aragorn – Ein messianischer König

Während Frodo durch seine Rettungstat Bezüge zu einem *soteriologischen* Messiasbild zeigt, ist Aragorn eine Gestalt die auf das altestamentliche *herrscherartige* Messiasbild und auf die *königsbezogene* Vorstellung des Christus verweist:

Die zeigt sich schon an der Parallelität des Abstammungsgedankens: In jüdisch-christlicher Tradition kommt der Messias aus dem Hause Davids (Jes 11, 1; Mt 1, 6ff.) und die Messiaserwartung ist eng verknüpft mit der Wiederherstellung des davidischen Königtums (Am 9, 11). Auch in Mittelerde gibt es eine solche Erwartung unter den Menschen, die die Wiederherstellung des zerfallenen Königreichs von Arnor und die Wiederbesteigung des verwaisten Königthrons von Gondor durch den Erben Isildurs, des letzten Königs beider Königreiche, erhofft. Aragorn, der zuerst als einfacher Waldläufer vorgestellt wird, entpuppt sich im Verlauf der Geschichte als Isildurs Erbe („Es war Aragorn, Arathorns Sohn, der neunundreißigste Erbe, der in ungebrochener Linie von Isildur abstammte […]"[16]).

Aragorn übernimmt nach Gandalfs vermeintlichem Tod in Moria die Führung der Gefährten und widersteht der Versuchung, den Ring an sich zu nehmen, stattdessen lässt er Frodo ziehen. Zusammen mit dem wiederkehrenden Gandalf organisiert er den Krieg der Menschen gegen Sauron, er ist eine der führenden Gestalten im Kampf um Helms Klamm, befreit die Hauptstadt des Königreichs Gondors, Minas Tirith, von der Belagerung durch Saurons Truppen und zieht dann als Heerführer der Menschen in die alles entscheidende Schlacht gegen Sauron.

Mit dem Fall Saurons ist ein „heilvoller Umbruch" in der Geschichte Mittelerdes vollzogen, das Reich Saurons wird durch Aragorns Reich abgelöst. Aragorn baut die Königreiche von Arnor und Gondor wieder auf und erfüllt die Erwartung der Rückkehr des Königs. Somit nimmt er die Rolle eines politisch verstandenen messianischen Königs ein. Darüber hinaus könnte man in ihm auch den wiederkehrenden Christus sehen, der in der letzten Schlacht (Off 20,7-10) den Teufel für alle Ewigkeit besiegt.

Eine für den Handlungsverlauf bedeutsame und doch sehr kurze Episode ist Aragorns Ritt auf den „Pfaden der Toten"[17]. Aragorn hat die Macht über die Toten, die dort hausen, und sie folgen ihm in die Schlacht, um ihren einstmals gebrochenen Eid Isildur gegenüber zu erfüllen. Jedoch wird diese Schlacht nur in einer Rückblende erzählt. Warum also geht Tolkien den Weg über die „Pfade der Toten"? Ist es nur die Erklärung, wie Aragorn der Sieg über Korsaren von Umbar gelingen kann? Sicherlich ist es für den Handlungsverlauf wichtig, dass er nach diesem Sieg mit genügend Truppen Minas Tirith zu Hilfe eilen kann, um die Belagerer zu zerstreuen. Ein viel größeres Gewicht dürfte aber auf der Darstellung Aragorns in dieser Szene liegen. Wahrlich königlich und ohne Furcht betritt er das Totenreich: „Damit schritt er voran, und so gebieterisch war sein

---

16 Tolkien, Silmarillion, 408.
17 Vgl. a.a.O., 829-833.

Wille in dieser Stunde, dass alle Dúncdain […] ihm folgten."[18] Aragorn beweist hier zum ersten Mal seine Macht.

Und ein weiteres Mal zeigt sich, dass er Macht über den Tod hat. Als Éowyn, die Jungfrau von Rohan und der Hobbit Merry in der Schlacht von Minas Tirith durch die Nazgûl verwundet werden, fallen sie in einen lebensbedrohlichen Dämmerzustand: Sie

> „litten an einer Krankheit, die sich nicht heilen ließ; und man nannte sie den Schwarzen Schatten, denn sie kam von den Nazgûl. Und wer von ihr befallen war, versank langsam immer tiefer in einen Traum, wurde dann von Stille und tödlicher Kälte umfangen und starb. […] bald dämmerten sie nur noch dahin, und als die Sonne sich nach Westen zuwandte, kroch ein grauer Schatten über ihre Gesichter."[19]

Auch Faramir, der Sohn des Statthalters von Minas Tirith leidet nach einer Verwundung unter diesem „Schwarzen Schatten" und liegt im Sterben. In diesem hoffnungslosen Moment erinnert sich eine Krankenpflegerin an eine alte Geschichte über die Könige von Gondor:

> „»Ach, wenn es doch noch Könige gäbe in Gondor, wie es sie einst gegeben haben soll! Denn in einer alten Geschichte heißt es: *Die Hände des Königs sind Hände eines Heilers.* Und daran konnte man immer erkennen, wer der rechtmäßige König war.«"[20]

Und tatsächlich, Aragorn gelingt das Unglaubliche, er ruft zunächst Faramir und später auch Éowyn und Merry ins Leben zurück:

> „Nun kniete Aragorn neben Faramir und hatte eine Hand auf seine Stirn gelegt. Und wer zusah, spürte, dass ein schwerer Kampf tobte. Aragorns Gesicht wurde grau vor Erschöpfung, und wieder und wieder rief er Faramir beim Namen, aber jedes Mal hörten sie ihn leiser, als hätte er selbst sich von ihnen entfernt und streifte nun suchend durch ein dunkles Tal, nach einem Verirrten suchend. […]"

Plötzlich regte sich Faramir und öffnete die Augen. Er sah Aragorn über sich gebeugt, und ein Licht ging in seinen Augen auf, wie wenn er einen alten Freund wieder erkannte. Leise sagte er:

> „»Herr, Ihr habt mich gerufen. Ich komme. Was befiehlt der König?« »Irre nicht länger in den Schatten umher, sondern erwache!«, sagte Aragorn. »Du bist müde. Ruhe eine Weile, nimm etwas zu dir und sei bereit, wenn ich wiederkehre.«"[21]

Bei Éowyn und Merry läuft die Heilung ähnlich ab: Zuerst berührt Aragorn die Stirn, dann ruft er sie beim Namen und fordert sie auf aufzuwachen. Aragorn weist sich durch diese Taten als rechtmäßiger König von Gondor aus. Diese Taten verweisen aber auch auf das Heilswirken Jesu: So zeigen sich in diesen Szenen Parallelen zur Auferweckung der Tochter des Jairus (Mk 5, 38-42 par. Mt 9, 23-26; Lk 8, 51-56). Das Mädchen liegt

---

18 A.a.O., 830.
19 A.a.O., 907
20 A.a.O., 908
21 A.a.O., 912-13

auf seinem Bett und Jesus sagt, dass sie nicht tot sei, sondern schlafe (Mt 9, 24; Lk 8, 52), auch Faramir, Éowyn und Merry liegen in einem todesähnlichen Schlaf. In beiden Fällen vollzieht sich die Heilung durch eine Berührung (Jesus ergreift die Hand des Mädchens, Aragorn legt seine Hand auf die Stirn der Kranken), das Ansprechen des Kranken („Talita" bei Jesus, Aragorn ruft alle drei bei ihrem Namen) und die Aufforderung aufzu-stehen bzw. aufzuwachen. In Faramirs Fall befiehlt Aragorn, dass er etwas essen soll, wie es Jesus den Eltern des Mädchens aufträgt.

Aragorn wird in diesen Szenen zum Attribut des Herrschens noch das für Könige eher ungewöhnliche Attribut des Heilwirkens zugeschrieben. Denkt man an die herr-schaftsbezogene Vorstellung Christi aus der Offenbarung, so trägt die Christusgestalt ebenfalls beide Attribute; denn der herrschende Christus ist ja der wiederkehrende Christus der Evangelien. Als dieser kann er zurecht sagen, dass er „die Schlüssel des Todes und der Hölle" besitzt. (vgl. Off 1, 18). Auch auf Aragorn trifft dies zu, er hat den Schlüssel, die Toten im Berg zur Schlacht zu rufen, sie nach der Erfüllung von ihrem Eid zu entbinden und ihnen so endlich die letzte Ruhe zu schenken und er besitzt die Heilkraft, Menschen aus dem sicheren Tod zu retten.

All diese Verweise lassen vermuten, dass Aragorn eine Messiasgestalt und zumin-dest in Ansätzen vergleichbar mit dem wiederkehrenden Christus ist, der Sieger über das Böse ist und eine neue Heilszeit für die Menschen heraufbrechen lässt, wie das psalmar-tige[22] Lied, das die Adler nach gewonnener Schlacht nach Minas Tirith tragen, gut zum Ausdruck bringt: [23]

Singt nun, ihr Menschen des Turms von Arnor,
Denn Saurons Reich ist für immer dahin
Und der Dunkle Turm liegt in Trümmern.

Singet und frohlocket, ihr Männer des Wachturms,
Denn nicht vergebens habt ihr gewacht.
Das Schwarze Tor ist zerbrochen,
Und euer König hat es durchschritten,
Und er ist siegreich.

Singet und seid froh, all ihr Kinder des Westens,
Denn euer König kehrt wieder
Und wird unter euch weilen
Zeit eures Lebens.

Und ein weißer Baum wird wieder blühen,
An hohe Stelle pflanzt ihn der König,
Und gesegnet sein wird die Stadt.

Singet nun alle!

---

22 Vgl. Shippey, Tolkien, 261-262.
23 Tolkien, Herr der Ringe, 1015.

Aragorns Sieg über Sauron wird aufgegriffen und den Menschen von Minas Tirith eine Heilszeit in der Gegenwart ihres Königs versprochen. Doch Aragorns Reich ist nicht von ewiger Dauer, seine Aufgabe ist es nur „die Anfänge zu steuern und zu bewahren, was zu bewahren ist."[24] Er selbst spricht von seinem Ende:

> „»Aber ich sterbe einmal«, sagte Aragorn, »denn ich bin ein Mensch, und obwohl ich so wie ich bin, als einer von der unvermischten Rasse des Westens ein längeres Leben haben werde als andere Menschen, ist dies doch nur eine kurze Frist; und wenn die Kinder, die jetzt im Schoß ihrer Mütter sind, geboren sind und alt werden, werde auch ich alt. Und wer soll dann Gondor regieren [...]?«"[25]

Aragorns Herrschaft als König führt zwar ein neues Zeitalter herauf, aber er wird nicht auf ewig unter seinem Volk weilen und auch das Böse ist nicht endgültig besiegt, noch sind Leid, Trauer, Schmerz und Tod aus der Welt gegangen. Die Veränderung der Welt ist noch nicht vollzogen und die Worte der Johannesoffenbarung (Off 21, 3-4) bleiben Zukunftsvision:

> „Siehe da die Hütte Gottes bei den Menschen! Und er wird bei ihnen wohnen, und sie werden sein Volk sein, und er selbst, Gott mit ihnen, wird ihr Gott sein; und Gott wird abwischen alle Tränen von ihren Augen, und der Tod wird nicht mehr sein, noch Leid noch Geschrei, noch Schmerz wird mehr sein; denn das erste ist vergangen."

Auch in Aragorns Gestalt bleibt die endgültige Erlösung der Welt offen, die Spannung zwischen dem „Schon-Jetzt" und „Noch-Nicht" des Gottesreiches erhalten.

3.3 Gandalf – Die Christusgestalt?

Die deutlichsten Parallelen zur Christusgestalt weist Gandalf auf. Schon in *Der Herr der Ringe* selbst zeigen sich deutliche Bezüge zur Passionsgeschichte (Tod und Auferstehung Jesu), mit dem zusätzlichen Wissen aus Tolkiens vollständiger Mythologie lassen sich aber noch weitere Ähnlichkeiten feststellen:

Zuerst ist hierbei die Frage der Herkunft Gandalfs zu klären. Wer ist Gandalf? Obwohl er einer der Protagonisten ist, bleiben doch viele Fragen zu seiner Person offen. Man weiß nur, dass er ein Zauberer ist und zu einem Orden von Zauberern gehört, deren Oberhaupt Saruman, der Weiße ist. Woher diese Zauberer kamen und wie sie zu ihrer Macht und Weisheit gelangten, bleibt im Buch offen. In Tolkiens *Nachrichten aus Mittelerde* wird diese Frage beantwortet:

> „Sie waren Sendboten der Herren des Westens, der Valar, die noch immer Rat suchten für ihre Herrschaft über Mittelerde und die, als der Schatten Saurons sich zum ersten Mal wieder zu regen begann, zu diesem Mittel griffen, um ihm Widerstand zu leisten. Denn mit der Zustimmung Erus sandten sie Angehörige ihres eigenen hohen Ordens aus, doch in menschlicher Gestalt, leibhaftig und nicht als Täuschung, doch unterworfen den Ängsten, Schmerzen und Mühen der Erde, die Hunger und Durst erleiden und getötet werden konnten. [...] sie ka-

---

24 A.a.O., 1023.
25 Ebd.

men in schwacher und bescheidener Gestalt mit dem Auftrag, den Menschen und Elben zu raten, sie vom Guten zu überzeugen und zu versuchen, alle jene in Liebe und gegenseitigem Verständnis zu einen, die Sauron, sollte er wiederkehren, zu beherrschen und zu verderben trachten würden."[26]

Was Tolkien hier beschreibt ist eine Menschwerdung von Gottwesen. Die Valar und die unter ihnen stehenden Maiar sind übernatürliche Wesen, man könnte sagen „Halbgötter", die unter einem Gott stehen[27]. Eru, was übersetzt „der Eine" oder „Er, welcher einzig da ist" ist der transzendente Gott in Tolkiens Mythologie, der jenseits seiner geschaffenen Welt Arda ist.[28] Auch hier zeigen sich Versuche einer mythischen Vermittlung, die den monotheistischen Gedanken eines einzig existierenden Gottes mit dem Götterpantheon der heidnisch-vorchristlichen Welt zu verbinden suchen.

Gandalf, als einer der Maiar, die als Zauberer nach Mittelerde kamen, vollzieht also eine Menschwerdung: aus dem Westen, der Heimat der Valar, den Unsterblichen Landen (Valinor), kommt er nach Mittelerde, eine auffällige Parallele zu Jesu Menschwerdung, seinem Weg aus dem Himmel auf die Erde.

Auch das Auftreten Gandalfs zeigt Ähnlichkeiten mit dem Auftreten Jesu. Er ist ganzer Mensch „in schwacher und bescheidener Gestalt", die Macht, die er hätte, übt er nicht über die Menschen und Elben aus, sondern versucht sie, durch seine Worte vom Guten zu überzeugen und sie durch seinen Rat „in Liebe und gegenseitigem Verständnis zu einen". Jesus von Nazareth trat ebenfalls nicht als der politische Messias auf, den die Menschen seiner Zeit erwarteten, sondern trat in seiner Predigt für die Liebe zwischen den Menschen ein (vgl. das höchste Gebot: Mk 12, 31; das Gebot von der Feindesliebe: Mt 5, 44).

Und tatsächlich gelingt es Gandalf, acht völlig verschiedene Gestalten in der Gemeinschaft des Ringes zu einen, obwohl viele Konflikte vorhanden sind (z.B. Aragorn-Boromir: Konkurrenten um die Herrschaft in Gondor, Legolas-Gimli: alte Feindschaft zwischen Elben und Zwergen). Er wird schnell zum Führer der Gemeinschaft, vergleichbar mit Jesus und seinen Jüngern.

In den Tiefen Morias[29] durchleidet Gandalf letztlich einen Prozess der vergleichbar mir Jesu Tod und Auferstehung ist: Auf der Brücke von Khazad-dûm kommt es zu einer Begegnung mit einem Balrog (Sindarin: „Dämon der Macht"), einem Feuergeist[30], ausgestattet mit einer Feuerpeitsche. Gandalf versperrt ihm den Weg, um seinen Gefährten die Flucht zu ermöglichen, dabei wirkt er angesichts des in Flammen gehüllten und doch Schatten verbreitenden Unwesens, wie eine „kleine Gestalt vor der dunklen Wolke, ganz allein, grau, gebeugt wie ein verhutzelter Baum, vor dem ein Sturm losbricht."[31] Diese Worte könnte man auch als bildhafte Beschreibung der Gestalt Jesu am Kreuz verwenden, die vor der heraufziehenden Dunkelheit (vgl. Mk 15, 33 par Mt 27, 45; Lk 23, 44) am Kreuz hängt. Sowohl Gandalf als auch Jesus sind in ihrem Todeskampf auf sich allein gestellt, die Gefährten können nicht eingreifen („Dies ist kein Feind für einen von euch!"[32]) und auch die Frauen, die Jesus nachgefolgt sind, stehen hilflos abseits

---

26 Tolkien, Nahrichten aus Mittelerde, 506.
27 Vgl. Shippey, Tolkien, 227.
28 Vgl. Foster, Mittelerdelexikon, 241.
29 Vgl. Tolkien, Herr der Ringe, 355-359.
30 Vgl. Foster, Mittelerdelexikon, 87.
31 Tolkien, Herr der Ringe, 358.
32 A.a.O., 357.

des Kreuzes (Mt 27, 55). Beide stehen sie zwischen Himmel und Erde (Gandalf auf der Brücke, die über einen Abgrund führt, und Jesus, der an einem Kreuz hängt) und beide kämpfen sie gegen das Böse bzw. den Tod. Während in den Evangelien aber schlicht beschrieben wird, dass Jesus stirbt und in sein Grab gelegt wird, und die Evangelien erst wieder mit den Auferstehungserzählungen einsetzen, führt Tolkien den Kampf weiter aus:

Gandalf bringt die Brücke von Khazad-dûm zum Einsturz und das Balrog stürzt in die Tiefe, er scheint also als Sieger aus diesem Kampf hervorzugehen, „aber noch im Fallen schwang es [das Balrog] die Peitsche, und die Riemen prasselten und wickelten sich dem Zauberer um die Knie und zerrten ihn zum Rand."[33] Gandalf stürzt mit dem Balrog in die Tiefe, der Sieg über dieses Unwesen scheint nur mit dem eigenen Tod möglich zu sein. Die Filmversion von Peter Jackson setzt diese Szene bildhaft um: Das Balrog erscheint in seiner Gestaltung parallel zu Teufelsvorstellungen als gefallener Engel mit Hörnern (im Buch nicht erwähnt) und Flügeln (im Buch beschrieben). Verstärkt wird eine symbolische Lesart durch eine kleine Veränderung zur Buchvorlage, die Peitsche wickelt sich im Buch um Gandalfs Knie, im Film wickelt sie sich nur um einen Fuß. Eine wie gesagt kleine, aber wir wagen zu behaupten bewusst gewählte Umgestaltung in Anlehnung an das in der Kirchentradition oftmals messianisch/christologisch gedeutete Wort an die Schlange in Gen 3, 15[34]: „Und ich will Feindschaft setzen zwischen dir und dem Weibe und zwischen deinem Nachkommen und ihrem Nachkommen; der soll dir den Kopf zertreten und du wirst ihn in die Ferse stechen." Auf Christus hin gedeutet, hieße das, dass er den Tod auf sich nehmen muss, um ihn und damit die Macht des Teufels (der Schlange) zu brechen. Auch wenn diese Auslegungstradition historisch-kritisch betrachtet nicht zu halten ist, dürfte die Vorstellung einer messianischen Deutung Tolkien und den Filmemachern durchaus vertraut gewesen sein.

Und tatsächlich zeigt der weitere Verlauf der Geschichte, dass die Überwindung des Bösen, hier in Gestalt des Balrog, nur durch den Tod Gandalfs gelingt. In einer Rückblende wird der Fortgang des Kampfes nach dem Sturz in den Abgrund erzählt:

„»Lange bin ich gestürzt, und es stürzte mit mir. Sein Feuer war um mich und sengte mich. Dann fielen wir ins tiefe Wasser, und alles war dunkel. Kalt war es wie der Tod, dass mir fast das Herz stehen blieb.«

»Tief ist der Abgrund [...] und niemand hat ihn je ausgemessen«, sagte Gimli.

»Doch hat er einen Grund«, sagte Gandalf, »jenseits allen Lichts und Wissens, und dort kam ich schließlich an, auf dem tiefsten Grund des Gesteins. Es war noch immer bei mir. Sein Feuer war erstickt, doch nun war es ein schleimiges Untier, stärker als eine Würgeschlange.

Dort, tief unter der belebten Erde, wo die Zeit nicht gezählt wird, kämpften wir miteinander. Immer wieder umklammerte es mich und immer wieder hieb ich auf es ein, bis es schließlich in dunkle Stollen entfloh [...]. In der Tiefe, weit unter den tiefsten Schächten der Zwerge, nagen Wesen an der Welt, die keinen Namen haben. Selbst Sauron kennt sie nicht. Sie sind älter als er. Nun bin ich dort gewesen; doch ein Bericht von dort würde das Licht des Tages verdunkeln. Meine einzige Hoffnung in dieser verzweifelten Lage war das Unwesen, und ihm

---

33 A.a.O., 358.
34 Vgl. Lachmann, Elementare Bibeltexte, 40.

blieb ich auf den Fersen. So brachte es mich wieder in die geheimen Gänge von Khazad-dûm, die es nur allzu gut kannte. Immer weiter hinauf kamen wir, bis an die Endlose Treppe.« [...]

Vom tiefsten Verlies führt sie zum höchsten Gipfel hinauf [...].

Grell schien die Sonne dort oben, doch darunter lag alles unter Wolken. Es sprang hinaus, und als ich ihm nachsetzte, loderte es von neuem in Flammen auf. [...] Eine mächtige Wolke von Rauch, Dampf und Qualm stieg um uns auf. Eis regnete herab. ich warf das Unding nieder und stürzte es von dem hohen Sims herab, und die Flanke des Berges, wo es unten aufschlug, wurde zertrümmert. Dann wurde mir schwarz vor Augen, und ich irrte umher, fern von aller Zeit und aller Besinnung, auf Wegen, von denen ich nicht sprechen will.«[35]

Was bei Jesus nicht beschrieben wird, nämlich der Kampf mit und die Überwindung des Bösen, findet bei Tolkien seine Ausgestaltung. Von den tiefsten Tiefen der Unterwelt bis hinauf zu den höchsten Höhen, dem Himmel nahe, ringt Gandalf mit dem Balrog, das bezeichnenderweise mit einer Schlange verglichen wird, und schließlich wirft er es nieder. Er selbst aber stirbt. Das Balrog ist überwunden, Gandalf aber hat mit seinem Tod dafür bezahlt.

Doch auch für Gandalf gibt es eine Art „Auferstehung":

„Nackt wurde ich wieder zurückgesandt – für eine kurze Zeit noch, bis meine Aufgabe erfüllt ist. Und nackt lag ich auf dem Berggipfel. [...] Ich war allein, vergessen, und kein Weg führte von diesem steinernen Horn der Welt herab. Dort lag ich und starrte zum Himmel hinauf, wo die Sterne vorüberkreisten, und jeder Tag war ein Lebensalter auf Erden. Schwach drang das Rumoren aus allen Landen an mein Ohr: das Wachsen und Vergehen, die Lieder und Klagen, und das lange, immerwährende Ächzen des überlasteten Gesteins. Und so fand mich endlich Gwaihir, der Windfürst, wieder; und er hob mich auf und trug mich davon.

»Schon wieder muss ich dir zu Last fallen, mein Freund in der Not«, sagte ich.

»Eine Last warst du mir beim letzten Mal«, antwortete er, »doch nicht jetzt. Leicht wie eine Schwanenfeder liegst du in meinen Klauen. Die Sonne scheint durch dich hindurch. Ich glaube du brauchst mich gar nicht mehr: Ließe ich dich fallen, so trüge dich der Wind.«

»Bitte lass mich nicht fallen!« keuchte ich, denn ich spürte wieder Leben in mir. »Trage mich nach Lothlórien!«

»So lautet auch der Auftrag der Frau Galadriel, die mich ausgesandt hat, nach dir zu suchen«, sagte er."[36]

Hier macht Gandalf deutlich, dass er nur noch *für eine kurze Zeit* in Mittelerde bleiben wird, ähnlich wie Jesus nach der Auferstehung die Himmelfahrt erwartet, steht für Gandalf die Rückkehr nach Valinor bevor.

---

35 Tolkien, Herr der Ringe, 530-31.
36 A.a.O., 531.

Eine weitere Parallele zu den Auferstehungserzählungen der Evangelien ist Gandalfs verwandelter Körper. Gwaihir spricht davon, dass er *leicht wie eine Schwanenfeder* ist und dass *die Sonne durch ihn hindurchscheint*. Nachdem er nackt auf dem Berg lag, wird er in Lothórien „in Weiß gekleidet"[37], aus Gandalf dem Grauen wird Gandalf der Weiße.

Er begegnet Aragorn, Legolas und Gimli im Fangorn[38] und sie halten ihn zunächst für einen alten Bettler, da er „ganz in schmutzig graue Lumpen"[39] gekleidet ist, unter denen er seine weiße Kleidung verborgen hält. Sie erkennen ihn nicht einmal an seiner Grußformel „Grüß euch, Freunde"[40], greifen ihn sogar an, weil sie ihn für Saruman und damit für einen Feind halten. Erst als er sich ihnen zu erkennen gibt, merken sie, dass Gandalf vor ihnen steht, aber sie spüren auch, dass es nicht mehr der Gandalf ist, den sie kannten:

> „Alle drei starrte sie ihn an. Sein Haar war weiß wie Schnee im Sonnenschein und weiß schimmerte sein Gewand; die Augen unter den dichten Brauen waren scharf und stechend wie Sonnenstrahlen; und Macht lag in seiner Hand. Schwankend zwischen Staunen, Freude und Furcht standen die Gefährten vor ihm und fanden keine Worte."[41]

Sie hören seine Stimme, die ganz die ihres alten Führers und Freundes ist, und dennoch haben sie miterlebt, wie er sie ohne ein Wort entwaffnet hat. Der Gandalf, der zu ihnen zurückgekehrt ist, ist verwandelt, er ist nicht mehr nur ein einfacher Zauberer, er scheint mit einer größeren Macht ausgestattet worden zu sein: „Als Gandalf der Weiße, […], konnte keine Waffe ihm etwas anhaben, und seine Macht über das Unsichtbare war weit größer als zuvor."[42] So gelingt es ihm später, Théoden, den König der Rohirrim, von Sarumans Einfluss zu befreien[43] und als weißer Reiter die Nazgûl vor Minas Tirith in die Flucht zu schlagen[44].

Dieser Aspekt der äußerlichen Verwandlung und die Begegnung mit den Gefährten erinnert in vielerlei Weise an Aspekte der Auferstehungserzählungen der Evangelien. Auch Jesu Körper ist nach der Auferstehung verwandelt, so kann er verschiedene Gestalt annehmen (Mk 16, 12), durch verschlossene Türen gehen (Joh 20, 19) und verschwindet plötzlich wieder (Lk 24, 31); aber er ist auch leibhaftig anwesend, er isst mit den Jüngern (Lk 24, 43) und sie können ihn berühren (Mt 28, 9; Lk, 24, 39). Die Motive des Erkennens und Nichterkennens tauchen ebenfalls in den Evangelien auf: Die Emmausjünger erkennen Jesus erst, als er das Brot bricht (Lk 24, 30f.); Maria von Magdala hält ihn zunächst für den Gärtner und erkennt ihn erst, als er ihren Namen ausspricht (Joh 20, 15f.); manchen offenbart er sich und sie erkennen ihn sofort (Mt 28, 9+17; Mk 16, 14; Joh 20, 19f.). Jesus leitet die Begegnung mit den Jüngern mit der Grußformel „Friede sei mit euch" (Lk 24, 26; Joh 20, 19) ein, in Mt 28, 9 aber spricht er die Frauen mit dem einfachen „Seid gegrüßt" an, das dem Gruß Gandalfs an seine Gefährten sehr nahe kommt. Als Folge der Begegnung mit dem Auferstandenen oder der

---

37 Ebd.
38 Vgl. a.a.O., 519-523.
39 A.a.O., 520.
40 A.a.O., 521.
41 A.a.O., 523.
42 Foster, Mittelerdelexikon, 289.
43 Vgl. Tolkien, Herr der Ringe, 541-548.
44 Vgl. a.a.O., 864-866.

Nachricht seiner Auferstehung überfällt sie Furcht, Freude und Verwunderung (Mt 28, 8; Lk 24, 37 + 41), wie die Gefährten *zwischen Staunen, Freude und Furcht schwanken*.

Und noch eine weitere Parallele zwischen Gandalfs Rückkehr ins Leben und Jesu Auferstehung lässt sich erkennen, neben Gwaihir, dem Adler, ist Galadriel die erste, die Gandalf nach seinem Tod trifft, wie in den Auferstehungserzählungen ist also eine Frau die erste Zeugin seiner Rückkehr (vgl. Mt 28, 1ff; Mk 16, 9; 24,1ff; Joh 20, 11-18).

Gandalf übernimmt im weiteren Verlauf die Planung des Widerstands der Menschen gegen Sauron, zum eigentlichen Anführer der Menschen aber wird Aragorn. Und so bleibt für Gandalf nichts mehr zu tun, nachdem Sauron besiegt ist und er überlässt das Schicksal der Menschen ihrem neuen König Aragorn: „Mein Zeitalter war das Dritte. Ich war Saurons Feind und meine Arbeit ist getan. Bald werde ich gehen. Die Bürde liegt nun auf dir und deinem Haus."[45] Und wie er es angekündigt hat, verlässt er Mittelerde und kehrt zusammen mit den anderen Ringträgern zurück nach Valinor. Gandalfs Weg führt also zurück an seinen Ausgangspunkt, wie am Ende der Jesusgeschichte die Rückkehr Jesu zu seinem Vater steht, Christi Himmelfahrt (vgl. Mk 16, 19f.; Lk 24, 50-53; Apg 1, 1-14).

Obwohl Gandalfs Geschichte weitestgehend analog zur Geschichte Jesu ist, fehlt auch ihr der entscheidende Gedanke der Erlösung über den weltlichen Rahmen hinaus, auch Gandalf ist kein *soteriologischer Messias*. Deutlich wird das an einer Aussage Gandalfs, in der er beschreibt, was ein Sturz Saurons für Folgen hätte:

> „Ein großes Übel wäre damit aus der Welt. Andere Übel mögen dafür kommen; denn Sauron ist selbst nur ein Diener oder Sendbote. Doch unsere Sache ist es nicht, die Welt durch alle Zeiten zu steuern, sondern in den Jahren, auf die wir beschränkt sind, zu tun, was wir können, um das Übel auf den uns bekannten Feldern auszujäten, damit jene, die nach uns kommen, einen guten Boden vorfinden. Was sie dann für Wetter haben werden, können wir nicht bestimmen."[46]

Nur *ein Übel* ist mit Sauron aus der Welt verschwunden, nicht das Übel. Mittelerde ist keine erlöste Welt und Gandalf damit auch nicht der Erlöser.

4. Das Problem der Erlösung

Alle drei Gestalten, die man als Träger des Messiasmotivs in Toliens *Der Herr der Ringe* sehen könnte, erfüllen einen Aspekt der christlichen Messiastradition nicht, nämlich den der endgültigen Erlösung. Es gibt zwei Gründe für diesen Bruch im Messiasmotiv, zum ersten den schon erwähnten Gesichtspunkt, dass Mittelerde eine vorchristliche Welt spiegelt, in der es eine christlich gedacht Erlösung noch gar nicht geben kann, zum zweiten aber auch die Frage, inwieweit in einem Jahrhundert wie dem 20. überhaupt von Erlösung gesprochen werden kann. „Eine direkte Vermittlung des Messianischen, eine naive Darstellung des Traums von heiler Welt [ist] in unserem Jahrhundert nicht mehr möglich"[47], nicht nach zwei Weltkriegen und Auschwitz. So sehr Tolkien als Christ an eine Erlösung der Welt durch Christus glaubte, war er doch von den Erfahrungen seiner Zeit geprägt, „dass das Gute nur unter großen Opfern ab und zu einen Sieg erringt, von

45 A.a.O., 1023.
46 A.a.O., 927.
47 Sedmak, Das Messianische, 432.

dem sich das Böse fast nach Belieben erholt."[48] Was hier für Mittelerde ausgesagt wird, zeigte auch das 20. Jahrhundert. Dieser Pessimismus Tolkiens spiegelt den Pessimismus vieler Autoren des 20. Jahrhunderts, die ihre Verantwortung darin sahen, „in eine Welt der Unerlöstheit die Möglichkeit von Erlösung hineinzurufen, in einer Welt der zahllosen Messiasse die Unmöglichkeit der Rettung zu künden."[49]

Tolkiens Figuren zeigen, dass sie die Ansätze eines Messias-Mythos in sich tragen, sie aber nicht die eigentlichen Träger der Erlösung sind. Vieles in Mittelerde sieht seiner endgültigen Niederlage entgegen und am Ende des Buches herrscht nicht die Freude über den Sieg gegen Sauron, sondern die leise Trauer über das Schwinden so vieler Dinge: „Denn zwar ist manches gerettet worden, doch vieles muss nun vergehen."[50]

Es gibt nur wenige Andeutungen auf „eine Hoffung auf Erlösung, ein Unsterblichkeitsversprechen".[51] Und nur „die weisesten Gestalten Mittelerdes (Gandalf, Aragorn, Bombadil) haben eine Vorstellung von einer künftigen Auferstehung, einem Leben nach dem Tode, aber davon wird nicht geredet"[52] und diese Vorstellung wird von den meisten Bewohnern Mittelerdes nicht geteilt. Wenn überhaupt liegt diese Hoffnung noch in einer weit entfernten Zukunft, einer Zukunft, in der die Welt geheilt und verändert wird, einer Zukunft die auf eine Messiasgestalt hofft und in Tolkiens konkreter Biografie, eine Gegenwart, die auf die Wiederkehr Christi wartet.

Und dennoch gibt es in Tolkiens Werk dieses Aufblitzen der Möglichkeit von Erlösung schon im Jetzt, diese Augenblicke nennt Tolkien „Momente der Eukatastrophe"[53], die gute Katastrophe oder die Wendung zum Guten. Dies sind Momente wie Gandalfs Rückkehr von den Toten und seine Begegnung mit den Gefährten im Wald von Fangorn, das Auftauchen der Adler in der Schlacht vor dem Morannon sowie Sams und Frodos Erwachen auf den Feldern von Cormallen, als sie sich schon tot wähnten. Diese Momente der Eukatastrophe sind es, die dem Erlösungsgedanken am nächsten kommen. Tolkien selbst schreibt in einem Aufsatz zum Thema Märchen über die Eukatastrophe:

> „In ihrem märchenhaften – oder sekundärweltlichen – Rahmen ist sie eine plötzliche oder wunderbare Gnade. *Mit ihrer Wiederholung ist niemals zu rechnen.* Sie verleugnet nicht das Dasein der Dyskatastrophe, des Leids und Misslingens, denn deren Möglichkeit ist die Voraussetzung für die Freude der Erlösung; sie verleugnet (*dem Augenschein zum Trotz,* wenn man so will) die endgültige, allumfassende Niederlage, und insofern ist sie *Evangelium,* gute Botschaft, und gewährt einen kurzen Schimmer der Freude, der *Freude hinter den Mauern der Welt,* durchdringend wie das Leid."[54]

Tolkiens Botschaft also lautet, es gibt allen Erfahrungen zum Trotz Momente, in denen die Freude der Erlösung in unserer Welt aufleuchtet, diese Momente gilt es zu erkennen und zu nutzen.

---

48 Shippey, Tolkien, 197.
49 Sedmak, Das Messianische, 432.
50 Tolkien, Herr der Ringe, 1023.
51 Shippey, Tolkien, 228.
52 A.a.O., 229.
53 Vgl. a.a.O., 258-264.
54 Zit. nach Shippey, Tolkien, 263 (Hervorhebungen durch den Autor).

5.   Religionspädagogische Herausforderungen

Als zutiefst religiöses Werk eröffnet *Der Herr der Ringe* auch Möglichkeiten zu einer Behandlung im RU. Eine Kompetenz, die die Heranwachsenden aus religionspädagogischer Sicht heute haben sollten, ist, dass sie Motive aus Bibel und christlicher Tradition zum Beispiel in Musik, darstellender Kunst, Film, Literatur oder populärer Kultur entdecken können. Was hier zum Ausdruck kommt, ist eine verstärkte Bemühung der Religionspädagogik „um die Wahrnehmung von Religion in jugendkulturellen Zusammenhängen"[55]. Hintergrund ist die Erkenntnis, dass zwischen dem kirchlichen Christentum samt seinen (religions-)pädagogischen Angeboten und der postmodernen Jugendkultur eine Fremdheit eingetreten ist[56], d.h. Jugendliche halten vielfach Kirche und alles, was mit dieser Institution zusammenhängt, für veraltet, aber vor allem ist das kirchliche Christentum ihnen und ihrer Lebenswelt fremd geworden.

Wo also finden sich in der Lebenswelt heutiger Jugendlicher noch Bezüge zu Religion, an denen die Religionspädagogik sie abholen kann? Religiöse Bezüge gibt es z.B. in Rock- und Popmusik, in Videoclips, in Filmen, in Serien, in Computerspielen und in Werbung, also in den Medien, die uns umgeben. Meist sind sie nicht direkt religiös, sondern spielen mit religiösen Motiven, dennoch sprechen sie elementare Fragen und Bedürfnisse der Menschen an und bieten eine umfassende Selbst- und Weltdeutung an.[57]

In diesen Bereich gehört auch *Der Herr der Ringe*. In ihm werden Grundfragen des (realen) Lebens (Frage nach dem Bösen, nach dem Wohin des Lebens, nach Erlösung) und Grundwerte (Freundschaft, Treue, Verantwortung) thematisiert. Besonders im Umgang mit der Frage der Erlösung bieten sich Anknüpfungspunkte in den kirchlich-pädagogischen Handlungsfeldern an: „Hoffnung über den Tod hinaus – christliche Auferstehungshoffnung" bleibt auch in der (Post-)Moderne ein wesentlicher Themenbereich. In diesem Bereich kann man sich mit dem Messiasmotiv in *Der Herr der Ringe* auseinandersetzen. Die Spannung zwischen der noch ausbleibenden Erlösung, der endgültigen Veränderung der Welt und den aufblitzenden Momenten der Freude in der Eukatastrophe unter der die Figuren Mittelerdes stehen, kann die dialektische Spannung zwischen dem „Schon-Jetzt" des Reiches Gottes in den Evangelien und dem „Noch-Nicht" der Vollendung des Gottesreiches verdeutlichen, unter dem wir als Christen heute leben. Die Träger des Messiasmotivs Frodo, Aragorn und Gandalf können als Figuren betrachtet werden, in denen sich die Messiashoffnung spiegelt und die in Mittelerde vorausweisen auf einen, der die Welt dauerhaft erlösen wird, und im Jetzt zurückweisen auf einen, der die Welt durch seinen Tod am Kreuz erlöst hat: Jesus Christus.

Auch können die Gefahren einer nur auf eine rein zukünftige Hoffnung fixierten Existenz thematisiert werden. Was wäre passiert, wenn Frodo sich gedacht hätte, es wird schon irgendwann einer kommen, der alles richten wird? Tolkien betont zwar, dass die eigentliche Veränderung der Welt noch aussteht, dennoch fordert er von seinen Figuren, Verantwortung im Jetzt zu übernehmen, ihren Teil im Kampf gegen das Böse beizutragen, die Welt schon jetzt zu einem besseren Ort zu machen, auch wenn sie nicht wissen, was die Zukunft bringt.

Was wäre passiert, wenn Jesus im Garten Gethsemane beschlossen hätte, sich nicht ans Kreuz schlagen zu lassen? Wie hätte sich der Lauf der Welt verändert? Die Auswirkungen der christlichen Botschaft können deutlich gemacht werden.

---

55 Schweitzer, Jugendkultur und Religionspädagogik, 165.
56 Vgl. a.a.O., 169f.
57 Vgl. Rupp, Religion im Alltag, 111-117.

„Doch unsere Sache ist es nicht, die Welt durch alle Zeiten zusteuern, sondern in den Jahren auf die wir beschränkt sind, zu tun, was wir können, um das Übel auf den uns bekannten Feldern auszujäten, damit jene, die nach uns kommen, einen guten Boden vorfinden. Was sie dann für Wetter haben werden, können wir nicht bestimmen."[58]

Tolkien entlässt den Leser in eine Welt, die der Erfahrung nach unerlösbar scheint, mit der Verantwortung in der ihm gegebenen Zeit, das Seine zu tun, um dem Bösen zu wehren, dies aber mit dem Wissen, das ein anderer entscheidet, wie die Zukunft aussehen wird. Tolkien flüchtet also vor den Problemen seiner Zeit weder in eine phantastische Zweitwelt, noch in eine rein auf die Wiederkehr Christi ausgerichtete Haltung, sondern setzt sich mit den Fragen seiner Zeit auseinander, zeigt in seinen Gestalten die Möglichkeit der Rettung auf und macht doch auch deutlich, dass die wahre Erlösung der Welt noch aussteht. Trotzdem ermahnt er zum nachhaltigen Handeln in der Zeit. In diesem Sinne ist Tolkiens Herr der Ringe ein zutiefst religiöses Werk.

6. Literaturauswahl

Verwendete Quellen

Tolkien, J.R.R.: Der Herr der Ringe. Übersetzt von Wolfgang Krege. Stuttgart: Klett-Cotta 2002[10]

Tolkien, J.R.R.: Nachrichten aus Mittelerde. Übersetzt von Hans J. Schütz. Stuttgart: Klett-Cotta, 2004[14]

Tolkien, J.R.R.: Das Silmarillion. Übersetzt von Wolfgang Krege. Stuttgart: Klett-Cotta 2003[14]

Sekundäre Literatur

Betz, Hand Dieter u.a. (Hg.): RGG. Bd. 1: A-B. Tübingen 1998[4], S. 1703-1711

Betz, Hand Dieter u.a. (Hg.): RGG. Bd. 5: L-M. Tübingen 2002[4], S. 1143-1162

Carpenter, Humphrey (Hg.): J.R.R. Tolkien. Briefe. Stuttgart 2002[3]

Foster, Robert: Das grosse Mittelerdelexikon. Ein alphapetischer Führer zur Fantasy-Welt von J.R.R. Tolkien. Bergisch Gladbach 2002

Krause, Gerhard/Müller, Gerhard (Hg.): TRE. Bd. 7: Böhmische Brüder-Chinesische Religionen. Berlin 191, S. 8-17

Lachmann, Rainer: Teufel. In: Lachmann, Rainer u.a. (Hg.): Theologische Schlüsselbegriffe. Biblisch – systematisch – didaktisch. Göttingen 1999, S. 374-380

Reents, Christine: II. Urgeschichte. Risse in Gottes Schöpfung und ein Funke Hoffnung. In: Lachmann, Rainer u.a. (Hg.): Elementare Bibeltexte. Exegetisch – systematisch – didaktisch. Göttingen 2001, S. 27-49

Rupp, Hartmut: Religion im Alltag. In: Glaube und Lernen. 15. Jg., 2000, S. 106-118

Schweitzer, Friedrich: Jugendkultur und Religionspädagogik. In: Biehl, Peter/Wegenast, Klaus (Hg.): Religionspädagogik und Kultur. Beiträge zu einer religionspädagogischen Theorie kulturell vermittelter Praxis in Kirche und Gesellschaft. Neukirchen-Vlyn 2000

Sedmak, Clemens: Das Messianische. In: Schmidinger, Heinrich (Hg.):Die Bibel in der deutschprachigen Literatur des 20. Jahrhunderts. Bd. 1: Formen und Motive. Mainz 1999, S. 403-432

Shippey, Tom: J.R.R. Tolkien. Autor des Jahrhunderts. Stuttgart 2002

---

58 Tolkien, Herr der Ringe, 927.

Internetadresse

www.net-lexikon.de/J.-R.-R.-Tolkien.html, Stand 25. 02. 04

7.   Materialien

M 1   J.R.R Tolkiens Biografie
M 2   Die Frage nach dem Ursprung und der Natur des Bösen
M 3   Die Frage nach der menschlichen Existenz zwischen Heidentum und Christentum
M 4   Kurze Inhaltsangabe

M 1
J.R.R Tolkiens Biografie

J.R.R. Tolkien wird 1892 in Bloemfontein (Südafrika) als Sohn englischer Eltern geboren. Nach dem Tod des Vaters 1896 zieht die Familie in einen Vorort von Birmingham.

Seine Mutter, die im Jahre 1900 gegen den Willen ihrer Eltern und Schwiegereltern zum katholischen Glauben konvertiert, erzieht ihn unterdessen in ihrem Glauben. Diese weltanschauliche Grundprägung sollte sich durch Tolkiens gesamtes Leben ziehen und auch weitreichende Auswirkungen auf sein Werk haben.

1904, Tolkien ist gerade 12 Jahre alt, stirbt überraschend seine Mutter und er wird zum Vollwaisen. Die Auseinandersetzung mit dem Tod seiner Mutter führt zu einer noch stärkeren emotionalen Bindung an die katholische Kirche und zu einer pessimistischen Grundhaltung, der Vorstellung, „dass diese Welt eine unwiderruflich gefallen sei, in der jeder Sieg nur vorübergehend das Dunkel erhellen kann." Dieser Pessimismus spiegelt sich in seinem späteren Werk.

Nach dem Tod seiner Mutter wird ein befreundeter Priester zu seinem Vormund. In der Schule zeigt sich unterdessen Tolkiens Vorliebe für Sprachen und er beginnt, sich mit dem Altenglischen und seiner Literatur auseinander zu setzen. Diese beiden Zweige bleiben sein Leben lang die Hauptzweige seiner Arbeit und aus ihnen entspringt die Mythologie Mittelerdes.

Tolkien studiert von 1911 bis 1915 in Oxford und heiratet 1916 seine Jugendliebe Edith Pratt, mit der er insgesamt vier Kinder hat. Er wird kurz nach seiner Hochzeit zum Militärdienst eingezogen. Zwei seiner besten Freunde fallen im 1. Weltkrieg. Dieser Verlust und „die unmittelbare Erfahrung der Grausamkeiten des Stellungskrieges [...] [lassen] den Einbruch des Bösen in eine friedvolle Welt zu einem Grundthema seines Lebens und seiner Literatur werden".

Noch im Schützengraben beginnt er mit den ersten Notizen für seine Mythologie, an der er sein gesamtes Leben arbeitet und doch nicht vollendet, die aber postum von seinem Sohn Christopher überarbeitet und als *Silmarillion* herausgegeben wird.

Nach Ende des Krieges arbeitet Tolkien zunächst mit am *New English Dictionary*, wird dann 1920 Professor für englische Sprache in Leeds und erhält schließlich den Lehrstuhl für Angelsächsisch und später den für Anglistik in Oxford. Neben seiner akademischen Laufbahn schreibt er immer wieder Gedichte, die seiner Mythologie entspringen. Ebenfalls auf seine Mythologie zurückzuführen ist die 1930 begonnene Geschichte *The Hobbit*, die 1937 veröffentlicht wird. Auf Wunsch des Verlages beginnt Tolkien mit einer Nachfolgeerzählung. Das Schreiben an diesem Projekt wird immer wieder durch andere Aufgaben unterbrochen und so zieht sich die Arbeit auch über die Jahre des 2. Weltkriegs hinaus. Erst 1957 wird *The Lord of the Rings* schließlich veröffentlicht.

Sein weiteres Leben arbeitet Tolkien an der Vervollständigung und Ausarbeitung des *Silmarillion*, das er aber bis zu seinem Lebensende nicht fertigstellt. Zwei Jahre nach seiner Frau stirbt Tolkien 1973 im Alter von 81 Jahren. Der Biograf Tom Shippey kommt in seinem Buch „J.R.R. Tolkien. Autor des Jahrhunderts" (Stuttgart 2002) zu dem Resümee: „Sein Leben lang blieb er ein gläubiger Christ und Katholik."(S.13)

Informationen und Zitate entnommen aus: www.net-lexikon.de/J.-R.-R.-Tolkien.html vom 25.2.2004

M 2
Die Frage nach dem Ursprung und der Natur des Bösen

Tom Shippey (Shippey, Tom: J.R.R. Tolkien. Autor des Jahrhunderts. Stuttgart 2002) bezeichnet die Frage nach dem Ursprung und der Natur des Bösen als eine „ewige Frage" und damit als eine Grundfrage der menschlichen Existenz. Warum aber stellte sie sich zu Tolkiens Lebzeiten in furchtbarer weise neu? Das Erlebnis der technifizierten, Millionen von Leben zerstörenden Kriege im 20. Jahrhundert ließ die Frage nach der Natur des Bösen eine hohe Brisanz gewinnen. Auch angesichts von Diktatoren wie Hitler und Stalin stellte sich die Frage nach dem Bösen im Menschen ganz neu. Denn alte Erklärungsmuster gaben den meisten keine befriedigenden Antworten mehr. Tolkien war einer aus einer Gruppe von „traumatisierten Autoren" (Shippey, S. 33), die die Schrecken des 20. Jahrhunderts am eigenen Leib erlebt hatten. „Ihre im einzelnen verschiedenen, aber verwandten Erfahrungen hinterließen bei ihnen allen ein grundsätzliches Problem. Sie waren zutiefst überzeugt, etwas unabänderlich Bösem begegnet zu sein." (Shippey, S. 34) Und jeder von ihnen reagierte mit eigenen Vorstellungen und Theorien vom Bösen.

Auch Tolkien versuchte, mit dieser Problematik umzugehen, und er strebte in seiner Vorstellung vom Bösen nach einem Ausgleich zwischen zwei unterschiedlichen Auffassungen des Bösen. Die eine war ihm als Glaubensatz bekannt, die andere war geprägt von den Erfahrungen seiner Zeit.

Inhaltlich geht die erste Auffassung davon aus, dass es das Böse nicht gibt, sondern alles was in unseren Augen als Böse erscheint, nur die Abwesenheit des Guten ist. „Das Böse ist nur ein Abwesendes, ein Schatten des Guten." (Shippey, S. 181) Religionsphilosophisch kommt dem Bösen kein eigenes Sein zu. Sein hat nur das absolut Gute. (Vgl. RGG, Bd. 1, S. 1706) Dogmatisch redet Luther von einem „Mangel an Sein" und Karl Barth spricht dem Bösen jegliches Wesen ab und bezeichnet es als Unwesen. Das Böse selbst kann nichts schaffen, sondern nur Missgestaltungen hervorbringen. Es realisiert sich letztlich erst in der Sünde des Menschen, durch die es auch in die Welt kam. (Vgl. RGG, Bd. 1, S. 1708) Und so kann man sagen, dass der Mensch durch das Böse selbst die Teilhabe am Sein verliert.

Neben dieser Auffassung der Nichtexistenz des Bösen gibt es eine andere Auffassung des Bösen im europäischen Denken, die aus der allgemeinen Lebenserfahrung heraus erwächst:

> „Sie besagt, dass das Böse, wie immer man es philosophisch leugnen oder wegerklären mag, dennoch existiert und nicht nur etwas Abwesendes ist; ferner, dass man ihm entgegentreten und es bekämpfen muss, nicht mit allen Mitteln zwar, doch mit allen tugendhaften; und mehr noch, dass es pflichtvergessen sei, dies nicht zu tun und etwa zu glauben, der Allmächtige werde eines Tages alle Übel wieder gutmachen." (Shippey, S. 182)

Die Gefahr dieser Auffassung besteht darin, dass sie in eine dualistische Vorstellung eines Kampfes des Guten gegen das Böse führen kann, im theologischen Sinne ein Kampf Gottes mit dem Teufel als seiner Gegnergestalt. Eine solche Gleichrangigkeit zwischen Gott und Teufel als gleich starke Mächte kann es aber nach christlichem Verständnis nicht geben (vgl. Lachmann, Rainer: Teufel. In: Lachmann, Rainer u.a. (Hg.): Theologische Schlüsselbegriffe. Biblisch – systematisch – didaktisch. Göttingen 1999, S.

377), denn „die Überzeugung von dem kompromisslosen Gegensatz zwischen Gott und dem Bösen widerspricht der Vorstellung von der schlechthin souveränen Macht Gottes." (TRE, Bd. 7, S. 13)

Tolkien war als gläubiger Katholik geprägt von der christlichen Lehre, sah aber auch, dass sie der Erfahrung des Bösen in seiner Zeit nicht wirklich gerecht wurde. Dies führte in seinem Leben zu einem tiefbegründeten Konflikt zwischen beiden Auffassungen, „zwischen dem Bösen als Abwesendem („der Schatten") und als wirkender Kraft („die Dunkle Macht")." (Shippey, S. 182) Diese Spannung versuchte er, in seinem Werk aufzulösen: In der Gestalt wie Sauron, der eigentlich der alles überschattende böse Gegenspieler der Gefährten ist und doch nie wirklich Gestalt annimmt, sondern nur als alles überblickendes Auge anwesend ist; in den Ringgeistern, die einst Menschen waren, aber durch das Böse verführt zu Schatten ihrer selbst wurden; am deutlichsten aber im Ring, bei dem bis zum Ende nicht klar wird, ob er nun einen Eigenwillen hat oder nur die inneren Wünsche seiner Träger nach Macht verstärkt.

M 3
Die Frage nach der menschlichen Existenz zwischen Heidentum und Christentum

Tolkien war katholischer Christ und Professor für angelsächsische und englische Sprache sowie Literatur, d.h. er musste sich in seinem Beruf mit Schriften auseinandersetzen, die aus einer heidnischen Welt stammten und ein heidnisches Heldentum zum Thema hatten. Die Frage, die sich dabei für Tolkien stellte, war, wie er als Christ mit diesen vorchristlichen Heidenfiguren umgehen sollte, die als sehr tugendhafte Menschen dargestellt wurden und nie etwas vom Evangelium gehört hatten und es somit auch nicht ablehnen konnten: „Muss man unbedingt glauben, dass alle, die vor der Ankunft Christi oder in der Zeit zwischen seiner Ankunft und der Verkündigung des Evangeliums lebten, unwiderruflich verdammt sind?"

Tolkien gab in *Der Herr der Ringe* keine Antwort auf diese Frage, dennoch zeichnete er, ähnlich den mittelalterlichen Autoren, die er studierte, „eine heidnische oder vorchristliche Welt mit lebhafter Sympathie." Es war der Versuch einer Vermittlung zwischen zwei Welten, der heidnischen Welt und der Welt nach Christi Geburt, „der [...] versöhnte Widerspruch ist der des ‚tugendhaften Heiden': Soll er wegen des ererbten Heidentums verdammt oder wegen seiner persönlichen Tugendhaftigkeit erlöst werden?" Betrachtet man die Gestalten näher, auf die sich der Typus des „tugendhaften Heiden" bezieht, kann man feststellen, dass sie mehr sind als tugendhafte Gestalten, sie verweisen als Träger des Messiasmotivs in einer Welt ohne göttliche Offenbarung, auf den, der die göttliche Offenbarung in der Welt sein wird: Jesus Christus.

Zitate entnommen aus: Shippey, Tom: J.R.R. Tolkien. Autor des Jahrhunderts. Stuttgart 2002, S. 225-233

Der Ring des bösen Sauron, der mit ihm die ganze Welt Mittelerde unter seine Herrschaft zwingen könnte, gelangt in die Hände des Hobbit Frodo Beutlin. Um zu verhindern, dass der Ring wieder in Saurons Besitz kommt, bricht Frodo aus seiner Heimat, dem Auenland, auf. Verfolgt von Neun Ringgeistern, den Nazgûl, die Saurons Diener sind und den Auftrag haben, den Ring zu ihm zurückzubringen, erreicht Frodo schließlich das Haus von Elrond dem Elben in Bruchtal. Dort wird in einem Rat aller freien Völker Mittelerdes (Elben, Zwerge und Menschen) beschlossen, dass der Ring zerstört werden muss. Der einzige Ort an dem dies geschehen kann, ist der Ort an dem er geschmiedet wurde, die Schicksalsklüfte des Berges Orodruin, der sich inmitten von Mordor, dem Land Saurons erhebt. Frodo übernimmt diese schwierige Aufgabe. Auf seiner gefährlichen Mission begleiten in drei weitere Hobbits (sein Gärtner Sam und seine zwei Freunde Merry und Pippin), der Zauberer Gandalf, zwei Menschen (Boromir, Sohn des Statthalters von Gondor, und Aragorn, ein Waldläufer aus dem Norden), der Zwerg Gimli und der Elb Legolas.

Auf ihrer Reise durchqueren die Gefährten Moria, das tief unter dem Nebelgebirge liegt, dort verlieren sie Gandalf, der im Kampf mit einem Balrog, einem Feuerdämon aus alter Zeit, in einen Abgrund stürzt. Durch Gandalfs Tat gelingt den restlichen Gefährten die Flucht und sie kommen in das Reich der Elbin Galadriel. Von dort aus reisen sie weiter und Frodo entscheidet sich, den Weg nach Mordor von nun an allein zu gehen, aus Angst, dass der Ring Macht über seine Gefährten gewinnen könnte. So macht er sich nur mit Sam, seinem treuesten Begleiter auf, ihnen schließt sich die Kreatur Gollum an, die den Weg nach Mordor kennt und zu ihrem Führer wird. Der Ring war einmal in Gollums Besitz und seither begehrt er ihn.

Während Frodo auf dem Weg nach Mordor ist, stößt Gandalf überraschend wieder zu den restlichen Gefährten und hilft ihnen im Krieg gegen Sauron, der nun über sie hereinbricht, zuerst in Rohan und dann in Gondor. Der Waldläufer Aragorn erweist sich hierbei als tapferer Führer der Menschen und als Erbe des Throns von Gondor. In zwei großen Schlachten gelingt es den Menschen, unter Aragorns Führung Sauron aufzuhalten.

Frodo gelingt es unterdessen nach Mordor zu gelangen, doch der Ring gewinnt immer mehr Macht über ihn und so ist er nicht mehr in der Lage, ihn zu vernichten. Am Rande der Schicksalsklüfte beschließt er, ihn zu behalten. Aber Gollum entreißt ihm den Ring und fällt mit ihm in die Klüfte. So wird der Ring zerstört und Saurons Macht schwindet.

Mittelerde ist gerettet und Frodo kehrt ins Auenland zurück. Doch die Aufgabe hat ihn so viel Kraft gekostet, dass er nie wieder der Alte wird und letztlich verlässt er Mittelerde zusammen mit Gandalf und den Elben Elrond und Galadriel in Richtung der Unsterblichen Lande.

Werbung und Religion(spädagogik)

Wiederkehr von Engel und Teufel in den Massenmedien*

1. Die Religion (in) der Popkultur postmoderner Massenmedien und eine lebenswelt-orientierte Religionspädagogik

1.1 Massenmediale Religion

Die moderne, nur scheinbar säkularisierte Gesellschaft hat die Transzendenz längstens wieder entdeckt; sie bewegt sich auf den „Spuren der Engel"[1] und hegt in ihrer postmodernen[2] Perspektive eine „(un)heimliche Sehnsucht nach Religiösem"[3]. Religiöses wird längst nicht mehr nur durch religiöse Institutionen vermittelt. Das Religiöse hat sich gewandelt, begegnet nicht mehr nur in den dafür vorgesehenen Orten wie Kirchen oder Sekten und hat sich zu weiten Teilen in die Massenmedien verlagert, insbesondere auch in die heiligen Produkte und Geschäfte der Werbung in Form von „Kult-Marketing"[4]. Hier erhalten säkulare Inhalte sakrale Formen, hier entsteht anstelle und mit heiligen Schein irdischer Glanz, hier entsteht Religion ohne Dogma, aber mit Bindung, hier erscheint Religiöses ohne Religion, hier wird die Welt sakral und das Sein wird in Schein verwandelt; „Religion ist nicht zerstört, sie ist in unserer Alltagswelt zerstreut … Hinter der feinen Verteilung von Religiösem steht ein verbreitetes – nicht unbedingt eine tiefes – Bedürfnis nach dem, wofür Religion steht: Erhebung über den Alltag und Sehnsucht nach der Erfahrung einer Mächtigkeit oder einer Macht, die schützt, ordnet und stärkt."[5] Die Rückkehr der Engel verwundert also nicht! Gleichwohl ist die Sehnsucht nach Religiösem keineswegs immer schon Religion; denn nicht alles, was zur Sinn- und Kontingenzbewältigung beiträgt (funktionales Religionsverständnis), ist schon Religion. Religion meint eine das Ganze des Lebens umfassende Gesamtdeutung, die auf eine zentrale transzendente Macht verweist. Der fehlende Verweis auf eine transzendente Macht unterscheidet die Religion der Massenmedien und der Werbung von der klassischen Religion, wenngleich sie deren Funktion übernommen hat: Lebensorientierung und Sinnstiftung, Alltagstranszendierung und Gemeinschaftsstiftung.

Weil jede menschliche Kommunikation an mediale Träger gebunden ist, partizipiert auch die religiöse Kommunikation an der revolutionären Wirkung des massenmedialen Zeitalters. Die theologischen und religionspädagogisch immer noch über-

---

* Erschienen als Reihe in: Medienimpulse. Beiträge zur Medienpädagogik (hg. v. Österreichischen Bundesministerium für Unterricht und kulturelle Angelegenheiten) 37/2001, 38/2001, 39/2002 und 40/2002.

1 Peter L. Berger, Auf den Spuren der Engel. Die moderne Gesellschaft und die Wiederentdeckung der Transzendenz, Frankfurt/M. 1970.
2 Vgl. Gerd Buschmann, Postmoderne als Herausforderung. Christentum in der Erlebnis- und Optionsgesellschaft, in: Deutsches Pfarrerblatt 101/2001 (Heft 1), 19-23.
3 Michael Nüchtern, Die (un)heimliche Sehnsucht nach Religiösem, Stuttgart 1998.
4 Norbert Bolz & David Bosshart, Kult-Marketing: Die Neuen Götter des Marktes, Düsseldorf ²1995 / kritisch: Karl-Heinz Bieritz, Kult-Marketing: Eine neue Religion und ihre Götter, EZW-Texte 149, Berlin 1999, 1-14.
5 Nüchtern, Sehnsucht, 8.

wiegenden Vorbehalte gegenüber den Massenmedien („mehr Risiken als Chancen"[6]) müssen konstruktiv überdacht werden. „Religion zeigt sich … nicht nur in sakralen Gegenständen, Bildern und Texten, sondern immer eingebunden in die allgemein kulturellen Lebensformen; sie erscheint also auch in den Alltagsmedien der Information, Unterhaltung und Werbung. Die theologische Entgegensetzung von ‚Wort' und ‚Bild' ist kommunikationstheoretisch wie didaktisch gegenstandslos."[7]

1.2 Lebenswelt-orientierte Religionspädagogik

Theologie und Religionspädagogik wenden sich wieder der Kultur[8] und Lebenswelt[9] zu; sie beziehen dabei bewusst auch die Popkultur[10] ein, u.a. in Form einer sich popkulturell öffnenden Symboldidaktik[11] und entwickeln eine Didaktik der religiösen Kommunikation[12].

Bei den modernen Massenmedien handelt es sich primär um Bildwelten; sie spiegeln unser optisches Zeitalter, mit dem eine Wort-Theologie noch immer ihre Probleme hat. „Die audiovisuellen Medien durchbrechen zur Zeit die Dominanz von Sprache und Schrift, die Kommunikationsformen, die in den letzten Jahrhunderten den höchsten Stellenwert innehatten."[13] Deshalb setzt ein massenmedial- und lebenswelt-orientierter Religionsunterricht nicht nur Lernbereitschaft bei den SchülerInnen voraus, sondern besonders auch bei den Unterrichtenden; gilt es doch zunächst, Wahrnehmen und Sehen erneut zu lernen. Das soll hier exemplarisch und begrenzt auf den Bereich der Print-Werbung am Beispiel von Engel- und Teufel-Motiven geschehen.

Wenn sich nachweisen lässt, dass die populäre Massenkultur vielfältig von religiösen Mythen und Symbolen geprägt und durchsetzt ist (F. J. Röll), und wenn angesichts des Jahrtausendwechsels „Bibel und christliche Motive angesagt waren wie lange nicht mehr"[14], – dann bietet die popkulturelle Lebenswelt incl. der Massenmedien eine ide-

6 Georg Betz, Art. Massenmedien, in: G. Bitter & G. Miller (Hg.), Handbuch religionspädagogischer Grundbegriffe, 1, München 1986, 249-253: 253.
7 Eckart Gottwald, Art. Mediendidaktik, in: Norbert Mette & Folkert Rickers (Hg.), Lexikon der Religionspädagogik, Bd. 2, Neukirchen-Vluyn 2001, 1307-1310: 1309.
8 Vgl. u.a. Michael Moxter, Kultur als Lebenswelt, Tübingen 2000 / Peter Biehl & Klaus Wegenast (Hg.), Religionspädagogik und Kultur. Beiträge zu einer religionspädagogischen Theorie kulturell vermittelter Praxis in Kirche und Gesellschaft, Neukirchen-Vluyn 2000.
9 Wolf-Eckart Failing & Hans-Günter Heimbrock, Gelebte Religion wahrnehmen. Lebenswelt – Alltagskultur – Religionspraxis, Stuttgart 1998 / Henning Luther, Religion und Alltag. Bausteine zu einer Praktischen Theologie des Subjekts, Stuttgart 1992.
10 Vgl. u.a. Horst Albrecht, Die Religion der Massenmedien, Stuttgart 1993 / Hans-Martin Gutmann, Der Herr der Heerscharen, die Prinzessin der Herzen und der König der Löwen: Religion lehren zwischen Kirche, Schule und populärer Kultur, Gütersloh 1998, ²2000, vgl. dazu die Rezension von Gerd Buschmann in: Theologische Literaturzeitung 124/1999, 564-567.
11 Peter Biehl, Festsymbole. Zum Beispiel: Ostern. Kreative Wahrnehmung als Ort der Symboldidaktik, Neukirchen-Vluyn 1999, vgl. dazu die Rezension von Gerd Buschmann in: Praktische Theologie 35/2000, Heft 4, 305-307.
12 Eckart Gottwald, Didaktik der religiösen Kommunikation. Die Vermittlung von Religion in Lebenswelt und Unterricht, Neukirchen-Vluyn 2000.
13 Franz Josef Röll, Mythen und Symbole in populären Medien. Der wahrnehmungsorientierte Ansatz in der Medienpädagogik, Frankfurt/M. 1998, 27. – Vgl. dazu die Rezension von Gerd Buschmann in: International Journal of Practical Theology 4/2000 (Heft 1), 155-157.
14 Katja Plüm, Trend. Im Zeichen des Kreuzes, in: Stern Nr. 45, 1999.

ale gemeinsame Schnittmenge für einen lebenswelt-orientierten Religionsunterricht[15], in den SchülerInnen ihr aktuelles und Lehrende ihr traditionelles Wissen gemeinsam einbringen und voneinander lernen können. Lebenswelt meint „die sich als Sinnzusammenhang konstituierende Welt des Subjekts"[16], in der die Alltagswelt eine entscheidende Rolle spielt. Eine Lebenswelt-orientierte Religionspädagogik hat besonders die Alltagsreligiosität (kritisch) in den Blick zu nehmen, die in der alltäglichen Lebenswelt die Funktion von Sinnstiftung und Bewältigung übernimmt. Ihr wachsen insbesondere drei Aufgaben zu:

1. *Wahrnehmen:* die Förderung der *Wahrnehmungs- und Sprachfähigkeit* aller beteiligten Subjekte in Bezug auf Phänomene impliziter und expliziter Religiosität. Dabei geht es auch um religionskundliche und theologische Wissensvermittlung; denn die Theologie bringt eine spezifische Kompetenz in die medienpädagogische Auseinandersetzung mit.

2. *Verstehen:* das Bemühen um *Verstehen* und das Sich-Einlassen auf die massenmediale ästhetische Erfahrung als Elemente (religiöser) Welt- und Sinndeutung. „Die populären Medien … müssen als ‚Metaphern' der Weltaneignung und Selbstfindung ‚gelesen' werden, sie enthalten wichtiges Material für Identitätsbildung und Sinnorientierung. Deshalb finden sie zu Recht im Religionsunterricht Verwendung."[17] Dabei geht es also auch um die Reflexion persönlicher Glaubens- und Lebensfragen.

3. *Handeln:* die Entwicklung einer *kritischen Urteils- und Handlungsfähigkeit* im Sinne des befreienden Evangeliums als Ausbildung einer *freiheitsstiftenden kommunikativen Praxis* zu solidarischem Widerstand gegen alle entfremdenden Negativitäten, die Leben behindern.[18] Dabei geht es also auch um die Handlungs- und Interaktionsfähigkeit innerhalb der eigenen Konfession wie des ökumenischen und interreligiösen Dialogs.[19]

In der Auseinandersetzung mit den „Mythen des Alltags" (Roland Barthes) beteiligt sich die Religionspädagogik an der „Arbeit am Mythos" (Hans Blumenberg), nimmt mythische Erzählformen der biblischen Tradition gleichermaßen auf wie deren mythenkritische Intentionen und vermittelt dadurch auch eine „Einsicht in die Ambivalenz neuzeitlicher Rationalität und ihrer Folgen"[20] sowie hinsichtlich der Werbung die kritische Entmythisierung von Gebrauchsgegenständen und deren kultische Überhöhung.

---

15 Gerd Buschmann, Unterwegs zu einer lebenswelt-orientierten Religionspädagogik – oder: Was aus religiösen Elementen in Musik-Videos zu lernen wäre, in: Uwe Böhm & Gerd Buschmann, Popmusik – Religion – Unterricht. Modelle und Materialien zur Didaktik von Popularkultur, Münster 2000, 11-26.

16 Thomas Henke, Art. Lebenswelt, in: Norbert Mette & Folkert Rickers (Hg.), Lexikon der Religionspädagogik, Bd. 2, Neukirchen-Vluyn 2001, 1175-1177: 1175.

17 Gottwald, Art. Mediendidaktik, 1309.

18 Vgl. Henke, Lebenswelt, 1177.

19 Vgl. hierzu: Uwe Böhm, Ökumenische Didaktik. Ökumenisches Lernen und konfessionelle Kooperation im Religionsunterricht deutschsprachiger Staaten, Göttingen 2001.

20 Ekkehard Starke, Art. Mythos, in: Norbert Mette & Folkert Rickers (Hg.), Lexikon der Religionspädagogik, Bd. 2, Neukirchen-Vluyn 2001, 1380-1386: 1383.

2. Religion in der Werbung und Werbung als Religion

2.1 „Die Geburt der Werbung aus dem Geist der Religion"[21] – oder: Der grundsätzlich religiöse Charakter der Werbung

Religionslehrkräfte erleben es tagtäglich im Klassenzimmer und auf dem Schulhof: Die Markenartikelideologie ist „für viele junge Menschen zu einer Art von Ersatzreligion geworden."[22] Ob Nike oder Adidas, ob Levis oder Diesel, ob Scout-Ranzen oder 4You-Daypack: (diese) Marke muss sein – und hier wird konfessionell gesprochen. Marken(be)kenntnis tritt an die Stelle von Warenkenntnis. Werbung ist längst zu einer sozialen Institution geworden, die Selbstinszenierung, Selbstverwirklichung und Selbstvertrauen durch den inneren Halt, den Markenartikel versprechen, geben soll. Sozialer Druck lastet auf vielen Kindern (und Eltern); eine allein erziehende Sozialhilfeempfängerin klagte erfolgreich vor dem Bundessozialgericht um einen höheren Zuschuss für einen Marken-Schulranzen, damit ihr Kind in der Klasse nicht ausgegrenzt werde. Man kann diese Entwicklung ideologie- und kulturkritisch verteufeln[23]: Markenfetischisten haben ein schwaches Selbstwertgefühl, Werbung verdrängt Selbstbestimmung durch Fremdbestimmung, Werbung fördert die 7 Todsünden (sinnliche Begierde, Trägheit, Habgier, Völlerei, Zorn, Stolz und Neid), man mag die „Explosion des Egoismus" bedauern, man mag der rein materialistischen Sofort-Konsum-Befriedigung entrüstet entgegnen und auch Goethe bemühen („So taml' ich von Begierde zu Genuss, und im Genuss verschmacht' ich nach Begierde.") – Faktum ist: Werbung (und Popkultur) funktioniert (Hans-Martin Gutmann) und damit gilt es, sich religionspädagogisch auseinanderzusetzen.

Die Werbung ist heute womöglich *die* bestimmende Macht des geistig-ideologischen gesellschaftlichen Überbaus. Werbung übernimmt das Erbe der Religion im 20. Jhdt, sie ist das „Opium des Volks, aber als Himmel auf Erden."[24] Sie avanciert zum Religionssubstitut in einer zunehmend entgöttlichten Welt. Sie ist eine Form postmoderner Religionspraxis. „Vielleicht begegnet uns Heutigen in einer Konsumgesellschaft Religion nirgends so vielgestaltig, so sublim und zugleich auch so massiv wie ausgerechnet in der Warenwerbung."[25] Sie kommt religiös daher, säkularisiert aber zugleich ein zweites Mal nach der Aufklärung die Religion: „Gerade als zweite Negation der Religion ist die Werbung auch neuerliche … Restitution der Religion, wenn auch auf niedrigerer Ebene."[26] Wie die Werbung das Erbe der Religion angetreten hat, so hat die Marke die Erbschaft der Götter angetreten; denn analog zum 1. Gebot ist „das Ziel der Markentechnik … die Sicherung einer Monopolstellung in der Psyche der Verbraucher."[27] Die Marke wird zum weltlichen Gott. Der Werbung eignet mithin ein „eigentümlicher

---

21 Oskar Cöster, Ad' Age – Der Himmel auf Erden. Eine Theodizee der Werbung, Hamburg 1990, Kap. 3, 35-69.

22 Ulrich Eicke, Die Medienkinder, in: Thomas Klie (Hg.), … der Werbung glauben? Mythenmarketing im Zeitalter der Ästhetisierung, Loccum 1995, 4-12: 4.

23 Vgl. a.a.O.

24 Oskar Cöster, Werbung – Frohe Botschaft. Vorbereitende Bemerkungen zu einer Theorie der kommunikativen Omnipotenz, in: Thomas Klie (Hg.), … der Werbung glauben? Mythenmarketing im Zeitalter der Ästhetisierung, Loccum 1995, 14-25.

25 Horst Albrecht, Die Religion der Massenmedien, Stuttgart 1993, 42-62: 62.

26 A.a.O., 19.

27 Hans Domizlaff, Die Gewinnung des öffentlichen Vertrauens. Ein Lehrbuch der Markentechnik, (Nachdruck) Hamburg 1992, 75f.

Doppelcharakter ..., einerseits als *Zweite Säkularisierung* die Tendenzen der Aufklärung zu verlängern und andererseits als *Remythisierung* der entzauberten Welt den aufklärerischen Impuls in sein utopisches Gegenteil zu verkehren."[28]

Werbung, so sehr sie den Zeitgeist reflektiert, bildet unsere Lebenswelten nicht nur ab, sie gestaltet sie auch in ganz wesentlichem Maße; sie bietet nicht nur Identifikationsangebote (consumo ergo sum), sondern tritt auch hinsichtlich der Sinnstiftungs- und Werte-Vermittlung neben oder an die Stelle von Religion, „Freiheit"[29] z.B. wird zu einer Art Alltagsreligion des modernen Menschen (wie auch Sicherheit, sorgenfreies Leben[30], Abenteuer etc.). Neben diesen klassischen „Werten" der Werbung entwickelt sie sich in jüngster Zeit selbst hin zu einer Art „moralischer Unternehmung"[31], die ernsthaft Werte formuliert und vertritt (vgl. in den 90er Jahren die Benetton-Werbung und die Shell-Werbung im Kontext der Bohrinsel Brend Spar).

2.2 Wahrnehmen – analysieren – kritisieren

Religiöse und mythische (Bild-)Motive in der Werbung begegnen verstärkt seit ca. Mitte der 90er Jahre. „Die zunehmende Rezeption religiöser Elemente in der Werbung ist ... ein Indiz dafür, dass sich die Problemperspektive des modernen Subjekts von der instrumentellen auf die normative Ebene verlagert hat. Denn die Konsumwerbung im ‚Advertising Age' (Cöster) beantwortet kaum mehr die Fragen nach Gebrauchswert und primärem Nutzen, sondern inszeniert religiös-kultische Antworten auf latente existentielle Fragen wie die nach der eigenen Identität und persönlicher Lebensgestaltung."[32] Im Rahmen der Ästhetisierung des Alltagslebens überwiegt der Ausdruckswert den Gebrauchswert. Es kommt darauf an, die religiösen Elemente und die mit ihnen verbundenen Fragen und Antworten in der Werbung zu erkennen, zu analysieren und sie pädagogisch zu handhaben.[33] Es bestehen zwei Gefahren im theologischen Umgang mit Werbung: die nur affirmative, flach-„kulturprotestantische" Betrachtung und Verwendung[34] und die nur Ideologie-kritische, Konsum-, Kommerz- und Kapitalismusfeindliche Interpretation[35].

Eine religionspädagogisch verantwortliche Zugangsweise wird hingegen eine kulturfunktionale bzw. kulturhermeneutische Sicht mit einer kulturkritischen Aufgabe konstruktiv verbinden. Eine unkritische Funktionalisierung, rein affirmative und didaktisch

---

28 Cöster, Werbung – Frohe Botschaft, 24.

29 Vgl. dazu Bernhard Dressler, Wie frei möchten Sie sein? Eine Unterrichtsstunde zum Thema *Freiheit*, in: Thomas Klie (Hg.), ... der Werbung glauben? Mythenmarketing im Zeitalter der Ästhetisierung, Loccum 1995, 48-50.

30 Vgl. Christiane Pätz, Vom Sorgen und Ent-Sorgen. Eine Unterrichtsstunde zu Mt 6,25-34 und dem „Fels in der Brandung", in: Thomas Klie (Hg.), ... der Werbung glauben? Mythenmarketing im Zeitalter der Ästhetisierung, Loccum 1995, 52-59.

31 Jo Reichertz, „Wir kümmern uns um mehr als Autos". Werbung als moralische Unternehmung, in: Soziale Welt 46/1996 (Heft 4), 469-490.

32 Thomas Klie, Religionsunterricht in der Berufsschule: Verheissung vergegenwärtigen. Eine didaktisch-theologische Grundlegung, Leipzig 2000, 204f.

33 Manfred L. Pirner, „Möge die Macht der Medien mit dir sein ..." Religiöse Aspekte und die Herausforderungen für Bildung und Erziehung, in: Medien und Erziehung 44/2000 (Heft 6), 343-347 / Franz Josef Röll, Mythische Bildmotive in der Werbung. Erkennen, analysieren, pädagogisch handhaben, in: Medien und Erziehung 45/2001 (Heft 1), 30-36.

34 Z.B. Norbert Bolz & David Bosshart, Kult-Marketing: Die Neuen Götter des Marktes, Düsseldorf ²1995.

35 Z.B. Franz Segbers, Eine Ewigkeit für ein Parfüm, in: Junge Kirche 58/1997 (Heft 4), 200-208.

verzweckte Zugriffsweise auf religiöse Motive in der Werbung ist ebenso problematisch wie eine nur religions- und ideologiekritische, oft denunziatorische Ablehnung im Sinne des Herausstellens des Fetischcharakters der Ware (K. Marx).[36] Bislang geschieht die praktisch-theologische Auseinandersetzung mit dem Thema Werbung ganz überwiegend in ideologie[37]-, symbol[38]- oder kulturkritischer[39] Hinsicht. Einseitig ideologiekritische „Lernziele wie die Entlarvung der ‚geheimen Verführer' …, die im RU der 70er mit entsprechend aufklärerischer Verve propagiert wurden, müssen heute differenziert werden. … Für den Trendsetter von heute ist der Konsum Ausdruck von lebensweltlicher Orientierung geworden."[40] Die religionspädagogische Werbeanalyse wird also nicht nur in befreiungstheologischem Sinne ein dezidiert emanzipatorisches Interesse vertreten, sondern auch Verständnis anbahnen für die Bedürfnisse, die sich in popkulturellen Lebenswelten artikulieren. Nicht nur die ideologie- und religionskritische Frage, wer denn in der Werbung als Gott verehrt wird, sondern auch die Tatsache des bleibenden menschlichen Bedürfnisses nach Verehrung eines ‚Gottes' sind religionspädagogisch gleichgewichtig zu thematisieren. Niemand, – und insbesondere die Religionspädagogik –, sollte sich vorschnell über menschliche Sehnsüchte (unserer Schüler) erhaben fühlen! Es gilt, „Lernchancen zur kompetenten Auseinandersetzung mit Wahrheitskonkurrenzen zu eröffnen."[41]

In mindestens fünffacher Weise finden religiöse Motive in der Werbung Verwendung[42]:
1. Werbung zitiert ohne Absicht einer heiligen Gesamtinszenierung religiöse Begriffe, Formeln oder Bilder oder spielt auf sie an mit ironischer Brechung und dem dadurch entstehenden Witz. Durch den ironischen Tabubruch der Verwendung von heiligen Formeln in profanem Kontext entsteht nicht nur ein Aufmerksamkeit erzeugender Gag, sondern das Produkt vermag auch mit quasi göttlicher Sprache und Autorität zu sprechen („Du sollst begehren deines Nächsten Marktanteil" / „Und fahre mich in Versuchung").
2. Zu den religiösen Begriffen tritt eine kultische Präsentation hinzu, so dass eine Aura des Außergewöhnlichen und Überirdischen entsteht („Renault Clio – made in paradise" / Otto Kern Jeans). Jegliche Ironie liegt dieser Inszenierung fern. Religiöses dient der Steigerung des Produktes und seiner Verbindung mit einer Aura des Besonderen und Erhabenen.
3. Religiöses kommt weniger über traditionelle religiöse Begriffe ins Spiel als vielmehr über die Form der Präsentation und die damit verbundene Teilhabe am Überirdischen. Die religiöse Inszenierung verheißt die Offenbarung des ganz anderen und das Gefühl des Auserwähltseins (Sixtinische Kapelle). Das beworbene Produkt

---

36 Mit etwas einseitiger Betonung dieser letzteren Tendenz leider wieder unlängst: Ulrich Kuhnke, Art. Werbung, in: Norbert Mette & Folkert Rickers (Hg.), Lexikon der Religionspädagogik, Bd. 2, Neukirchen-Vluyn 2001, 2209-2213.

37 Z.B. Dietrich Zilleßen, Verheißung in Werbeanzeigen. Zur Frage von Mythos, Religion und Gesellschaft, in: Der Evangelische Erzieher 31/1979, 131-141.

38 Z.B. Yorick Spiegel, Glaube wie er leibt und lebt. Teil 1: Die Macht der Bilder, München 1984, 78ff.

39 Horst Albrecht, Die Religion der Massenmedien, Stuttgart 1993, 42-62.

40 Thomas Klie, Von des Gerstensafts göttlicher Geburt – Weihnachten *light*. Eine Unterrichtsskizze, in: Thomas Klie (Hg.), … der Werbung glauben? Mythenmarketing im Zeitalter der Ästhetisierung, Loccum 1995, 44-47: 44.

41 Klie, Verheißung, 206.

42 Vgl. Nüchtern, Sehnsucht, 52-55, der die Skandalisierung nicht nennt.

wird überhöht und mit dem Schein des Heiligen versehen, indem es remythisiert wird.

4. Religion findet sich nicht mehr in der Werbung, sondern Werbung wird zur Religion bzw. zum Religionsersatz: Sinnsprüche und Lebenswahrheiten drücken die Produktphilosophie aus und sollen Sinnbotschaften und Verheißungen erfüllten Lebens mit dem Produkt koppeln („Glaube, find your world" / „Wir glauben an die neue Generation" / „Vertrauen ist der Anfang von allem").

5. Die Skandalisierung von Werbung und die damit verbundene Brechung von Tabus, die in den 90er Jahren vor allem in der viel diskutierten Benetton-Campagne kulminierte (vgl. aber auch die barbusigen Abendmahlszenen bei Otto Kern u.a.).

2.3 Funktionen von Religion in der Werbung – Werbewirkung

Warum begegnen in der allgegenwärtigen Werbung, der sich niemand entziehen kann, auffallend viele mythische und religiöse Bildmotive?

2.3.1 Aktivierung polymythischer Relikte zu Orientierung und Sinnstiftung

Zunächst ist festzustellen, dass zeitgenössische Werbung keineswegs nur christliche Motive und Symbole verwendet; daneben treten zunehmend andere hochreligiöse, z.B. hinduistische und buddhistische Symbole, animistische und naturreligiöse, transreligiöse (z.B. Mandala, Adoranten-Haltung), schamanistische und matriachalische (z.B. Schlange) Symbole. Denn der in die Krise geratene (patriarchalisch-)christliche Monomythos erodiert und erreicht in den pluralistisch-postmodernen, multikulturellen westlichen Gesellschaften nicht mehr die gesamte Breite der Konsumentenschaft. „Die heutigen Medien greifen auf nahezu alle mythologischen Wurzeln zurück und entwerfen zudem neue, gesellschaftsbezogene Mythen … Die Mediengesellschaft bietet ein breites Angebot mythogener Stoffe, aus denen die Einzelnen oder die Peer-groups Teile ihrer Identitätsfragmente zusammenstellen … Spielfilme, Videoclips und insbesondere Werbung treten an die Stelle früherer Orte der ‚Sinnstiftung' (Kirche, Staat, Familie) … Es hat den Anschein, als ob der Medienkultur die Funktion einer subtextuellen Ersatzreligion zukommt"[43], die das Bedürfnis des Menschen nach Orientierung (durch Vorbilder) und seinen Bedarf an Mythen befriedigt. „Gesucht werden neue (und in diesem Falle: alte) Werte, Rituale und Mythen, welche Verbindlichkeiten, Hoffnungen, Befürchtungen und auch Ängsten Gestalt(en) geben und damit die unübersichtlich gewordene Lebenspraxis in eine sinnstiftende Transzendenz einordnen."[44] Medien und Werbung machen (Sinn-)Angebote – und treten damit auch in Konkurrenz zu Kirche. Die mythische Dimension der (Massen-)Kultur beruht auf „dem ständigen Bedürfnis des Menschen …, Chaos abzuwehren und Ordnung zu etablieren."[45]

---

43 Röll, Bildmotive, 30.
44 Jo Reichertz, Religiöse (Vor)Bilder in der Werbung – Zu Anzeigen von Benetton, Kern und Diesel, in: Medien praktisch 18/1994 (Heft 2), 18-23: 23.
45 Pirner, Macht, 344.

2.3.2 Re- und Dekonstruktion christlicher Symbole als „added value" und Aufmerksamkeit erzielende witzige Ironie

Christliche Symbolik bietet weiterhin ein breites Bildreservoir für die Werbung, – allen voran das Paradies (Renault Clio, Bacardi Rum etc.) incl. Verführung und Schlange (HB-Werbung: „Offen für Verführer") und die Erschaffung Adams (Sixtinische Kapelle: Ford Focus, Drum-Tabak, Samson-Tabak u.v.a.). Zum einen werden damit grundlegende und klassische kulturelle Werte unserer Tradition mit dem beworbenen Produkt in Verbindung gebracht, andererseits wird provozierend auf Kosten der Tradition oftmals eine witzige Pointe durch Brechung und Dekonstruktion erzielt (z.B. durch die Skriptopposition, dass Nonnen erotisch konnotiert werden)[46]. Es geht hier oft um den Tabubruch, um das Erzielen von Reizen mittels der Kopplung sich eigentlich ausschließender Bild- und Gefühlsebenen, z.B. Nonne und Lippenstift, Maria und Slip, Priester und Laptop etc. Wie auch in der übrigen populären Kultur haben die religiösen Symbole aus der jüdisch-christlichen Tradition einen neuen Ort gefunden und sie werden dort angespielt, verbraucht und wieder neu zusammengesetzt; Werbung spielt und bastelt mit ihnen.[47]

„Added value" – das Trend- und Aura-Motiv
Werbung will Produkte und Marken emotional konditionieren, mit der Markensymbolik sollen Gefühle verschmelzen (Marlboro: „Freiheit und Abenteuer"). Werbung reichert Produkte und Marken mit langlebigen und intensiven Gefühlen an, veredelt sie, lässt sie wertvoller erscheinen, verleiht ihnen einen psychologischen Mehrwert, die Werbesymbolik soll ein bestimmtes Lebensgefühl vermitteln.
    Religion ist derzeit trendy. Der postmoderne Mensch geht mit ihr unverkrampft und bricolageartig um; er nutzt religiöse Motive als buntes und kitschiges Ornament, religiöse Symbole werden als ästhetische Accessoires genutzt. Dahinter zeigt sich die diffuse Sehnsucht nach einer (durchaus kitschig-) ‚heilen' und heiligen Welt und der Wunsch, dem Alltag eine Dimension des Außeralltäglichen zu verleihen.[48] Zugleich soll die besondere Aura der religiösen Symbole auf das Produkt oder seine Nutzer übertragen werden. „Das Produkt soll gleichsam eine Portion vom Heiligenschein des Religiösen abbekommen und dadurch aufgewertet werden"[49]: Die Verbindung z.B. „von Michelangelos Erschaffung des Adams aus der Sixtinischen Kapelle und dem neuen Ford Focus stilisiert das Auto zu einer göttlichen Schöpfung, die mit Gottes genialem Schöpfergeist erfüllt ist."[50] Wird aber das Produkt mit der Aura des Göttlichen und Heiligen umgeben, so wird mit dem Produkt auch die Verheißung erfüllten Lebens verbunden; Kaufen wird zu einem religiösen Akt, z.B. wird so das Herren-Parfüm „Eternity" mit der tiefen Sehnsucht nach ewiger Liebe verbunden. Dinge der Welt umgeben sich mit religiöser Wertigkeit und religiösem Schein; Unheiliges scheint heilig – scheinheilig. Design und Schein werden wichtiger als Sein und Konsum wird zur Konfession. Weil der

---

46 Vgl. Thomas Bickelhaupt & Gerd Buschmann, Religion in der Werbung: Verzückung und Ekstase – Kontinuität und Diskontinuität religiöser Symbolik im Vergleich einer Kraftstoff-Werbung des 20. Jhdts mit G.L. Berninis „Verzückung der Hl. Theresa von Avila" (17. Jhdt), in: Das Münster. Zeitschrift für christliche Kunst und Kunstwissenschaft 53/2000 (Heft 2), 162-170.
47 Hans-Martin Gutmann, Art. Populäre Kultur, in: Norbert Mette & Folkert Rickers (Hg.), Lexikon der Religionspädagogik, Bd. 2, Neukirchen-Vluyn 2001, 1534-1538.
48 Vgl. Pirner, Heilige Höschen, 94.
49 Pirner, Heilige Höschen, 95.
50 Hartmut Rupp, Religion im Alltag, in: Glaube und Lernen 15/2000, 106-118: 116.

Gebrauchswert des Produkts in der Werbung zurücktritt[51], kann jedes Produkt mit sakraler Weihe umgeben werden. So kommt es zur Wiederverzauberung in eine sakrale Säkularität; die Kultisierung des Produkts erhebt es in den Stand eines Sakraments mit der Zusage der Verwandlung in ein neues Sein bzw. einen neuen Schein. Werbung spricht insofern elementare menschliche Fragen und Bedürfnisse an und bietet umfassende Selbst- und Weltdeutungen; sie erscheint als medium salutis und wird zur Ersatzreligion. Werbungen für „Markenprodukte erfüllen dabei drei wesentliche religiöse Funktionen: Sie schaffen *Zugehörigkeit* zur Gemeinde derer, die das Produkt nutzen oder sich leisten können; sie schaffen *Erhebung*, weil sich das Produkt mit der Aura des Außeralltäglichen umgibt; und sie stehen für *Werte*, die mit dem Produkt assoziiert werden … ."[52] Der Grund für die (un)heimliche Sehnsucht nach Religiösem ist offenbar: „Das verunsicherte und entwertete Ich der Risikogesellschaft erscheint als vergewisserungsbedürftig. Die kulturelle Bedingung dafür, dass Waren mit Lebenswahrheiten und -werten verbunden werden, ist ein sich vielfach als bedroht erlebendes Ich."[53]

Provokation – das Effekt- und Humor-Motiv
Mischungen aus religiöser (christlicher) Tradition und Modernität, aus Symbolen von Unschuld und sexuell verstandener Sünde in erotischer Akzentuierung, die Skriptopposition von keusch und sündig, von heilig und profan, von alt und jung etc. soll nicht nur verführen, sondern auch provozieren und damit Aufmerksamkeit erzielen: das wichtigste Ziel aller Werbung.

Das Erscheinen religiöser Symbole und Figuren in einem ungewöhnlichen, vor allem spannungsreich-gegensätzlichen Kontext irritiert, eignet sich als Blickfang, provoziert und erzeugt nicht selten eine witzige Pointe: Es darf geschmunzelt werden. Werbung ist meist spielerisch, assoziativ, lustvoll und heiter. Damit kann der Reiz des Verbotenen verknüpft sein und werbestrategisch ausgenutzt werden; in der provokativen Verbindung von Religion und Erotik auch der Wunsch nach einer Wiederverzauberung des Erotischen.[54]

2.4 Religionspädagogik – Symboldidaktik – Werbung

Religionspädagogik muss sich aus allgemein medienpädagogischem, aber auch aus ursächlich religionspädagogischem Interesse der massenmedialen Popularkultur stellen. Dazu nötigt nicht nur die explizite Aufnahme religiöser Symbol(komplex)e, sondern auch die implizite symbolische Verarbeitung menschlicher Grundfragen (wie Angst, Leid, Sinn und Glück, Identität etc.) in den Massenmedien.[55] Eine lebenswelt-orientierte Religionspädagogik wird schon allein deshalb unbedingtes Interesse an Werbung entwickeln, weil sie aktueller Spiegel des Zeitgeists ist: „So ist die Symbolwelt der Werbung immer auch ein Spiegelbild jener psychischen Befindlichkeit, in der sich die

---

51 Walter Benjamin, Illuminationen. Ausgewählte Schriften I, suhrkamp TB 345, Frankfurt 1977, 175.
52 Nüchtern, Sehnsucht, 57.
53 Nüchtern, Sehnsucht, 65.
54 Vgl. Pirner, Heilige Höschen, 94ff.
55 Vgl. Manfred L. Pirner, Symbolische Kommunikation gibt zu lernen. Aspekte einer medienpädagogisch relevanten religionspädagogischen Symboldidaktik, in: Jürgen Belgrad & Horst Niesyto (Hg.), Symbol – Verstehen und Produktion in pädagogischen Kontexten, Hohengehren 2001, 86-93.

Menschen eines Landes, einer Region oder eines ganz bestimmten Sozialsegmentes gerade befinden."[56] Aus Werbung kann die Religionspädagogik viel über die für sie relevante Lebenswelt erfahren. Im Rahmen der zunehmenden theologischen und religionspädagogischen Wahrnehmung von Popkulturen, Lebenswelten (Jugendlicher) und Medien[57] erfährt Religion in der Werbung[58] verstärkte Aufmerksamkeit. Neben dem Bedürfnis praktizierender Religionslehrer/innen nach anschaulichen und lebensnahen Unterrichtsmaterialien[59] sind dafür auch folgende Entwicklungen von Bedeutung: eine neue Wahrnehmung von (Pop)Kultur durch die Theologie, eine neu formulierte, auf kreative Wahrnehmung zielende und sich auch für massenmediale Symbole öffnende Symboldidaktik, eine semiotische Revision der Religionspädagogik[60], eine (auch schulisch und religionspädagogisch) an Bedeutung gewinnende Medienpädagogik[61] und

---

56 Harald Jeschke, Die Werbung und ihre Symbolsprache, in: Jugend und Kirche 22/1988/89 (Heft 2), 26-29: 29.

57 Vgl. u.a. Matthias Wörther, Vom Reichtum der Medien. Theologische Überlegungen – Praktische Folgerungen, Würzburg 1993.

58 Vgl. Andreas Mertin & Hartmut Futterlieb, Werbung als Thema des Religionsunterrichts, Göttingen 2001 / vgl. außerdem u.a. Thomas Klie (Hg.), Spiegelflächen. Phänomenologie – Religionspädagogik – Werbung, Münster 1999 (vgl. dazu die Rezension von Gerd Buschmann in: International Journal of Practical Theology 4/2000, Heft 2, 311-313) / Manfred L. Pirner, Die Sehnsucht nach mehr wachhalten. Die Dialektik der Werbung als religionspädagogische Herausforderung, in: Schulfach Religion 16/1997, 97-117 / Thomas Bickelhaupt & Gerd Buschmann, Verzückung als Motiv. Die Aktualisierung kultureller Tradition in der Werbung, in: Religion heute 43/Sept. 2000, 158-163 / Uwe Böhm & Gerd Buschmann, Das Exodus-Motiv in der Werbung, in: Katechetische Blätter 126/2001, 19-22 / Julia Halbach, Religiöse Elemente in der Werbung, in: EZW-Texte 149, Berlin 1999, 15-40 (Ev. Zentralstelle für Weltanschauungsfragen) / Horst Albrecht, Die Religion der Massenmedien, Stuttgart 1993, 42-62 / Katechetische Blätter 120/1995 (Heft 4: Schwerpunktthema: Verführung durch Werbung?) / Holger Tremel (Hg.), Das Paradies im Angebot. Religiöse Elemente in der Werbung, Frankfurt/M. 1986 / Eckhard Gottwald, Jesus, die Jeans und das Gottesreich. Religion in der Werbung, Konsumreligion und Transzendenz, in: Der Evangelische Erzieher 46/1994 (Heft 5), 423-432 / Sven Howoldt & Wilhelm Schwendemann, Werbung – Religion – Ethik. Kritische Anmerkungen und didaktische Anregungen, in: Medien praktisch 21/1997 (Heft 4), 51-54 / Dietrich Zilleßen, Verheißungen in Werbeanzeigen. Zur Frage von Mythos, Religion und Gesellschaft, in: Der Evangelische Erzieher 31/1979 (Heft 2), 131-141 / Dietrich Zilleßen, Der Traum vom Glück. Überlegungen zur religiösen Symbolik am Beispiel alltäglicher Werbeanzeigen, in: ders., Emanzipation und Religion – Elemente einer Theorie und Praxis der Religionspädagogik, Frankfurt/M. 1982, 82-98.

59 U.a. Andreas Mertin & Anne Gidion & Karin Wendt, Dem Mythos verpflichtet … ? Mythen in Alltag, Werbung und Kunst. Ein Unterrichtsvorschlag für 10.-13. Schuljahr, in: Forum Religion (Heft 1) 1993, 3-12 / Thomas Klie (Hg.), … der Werbung glauben? Mythenmarketing im Zeitalter der Ästhetisierung, Loccum 1995 / Rainer Denecke, Die Religion der Bilder. Religiöse Motive in der Werbung, in: Arbeitshilfe für den evangelischen Religionsunterricht an Gymnasien Heft 50 / 1992 / Johannes Gawert & Reinhard Middel, Werbung ohne Tabu? Pro und Contra zur Benetton-Werbung, Frankfurt/M. 1994 / Andreas Mertin, Alle Werbung ist (nur) ein Gleichnis. Alte und neue religiöse Erzählungen aus der Warenwelt. Zur Arbeit mit Werbung im Religionsunterricht, in: Schönberger Hefte 26/1996 (Heft 1), 23-32 / Norbert Weidinger, Autokult – Stärkekult – Götzenkult? Unterrichtsskizze für 8./ 9. Klasse Realschule, in: ru. Ökumenische Zeitschrift für den Religionsunterricht 23/1993 (Heft 2), 60-64.

60 Michael Meyer-Blanck, Vom Symbol zum Zeichen. Symboldidaktik und Semiotik, Hannover 1995 / Bernhard Dressler & Michael Meyer-Blanck (Hg.), Religion zeigen. Religionspädagogik und Semiotik, Münster 1998 (vgl. dazu die Rezension von Gerd Buschmann in: International Journal of Practical Theology 4/2000, Heft 1, 152-154).

61 Vgl. u.a. Manfred L. Pirner, Religion als medial konstruierte Wirklichkeit? Anmerkungen zum Verhältnis von Medienerfahrungen und religiöser Bildung aus einer konstruktivistischen Perspektive, in: Zeitschrift für Pädagogik und Theologie. Der Evangelische Erzieher 51/1999, 280-288 (Heft 3).

eine Wiederentdeckung von Ästhetik und Kunst durch die Theologie.[62] Massenmediale Inszenierungen wie exemplarisch die Werbung, die stets zwischen Kontinuität und Diskontinuität bzw. Aktualität[63] oszilliert, können nicht nur als Religionsäquivalente[64] entdeckt werden, sondern können auch oft ungeahnte Wiederentdeckung, Re-Lektüre und Re-Inszenierung[65] christlichen Traditionsguts ermöglichen, – gerade weil sie kontinuierlich unser kulturelles Erbe aktualisieren und verfremden. Zur Wiederentdeckung bedarf es allerdings zunächst der sensiblen und tiefgründigen Wahrnehmung, die Kenntnisse unserer religiösen Bildkultur voraussetzen.

Damit ergibt sich für die Religionspädagogik im Hinblick auf Massenmedien und Werbung die Doppel-Aufgabe von Kulturhermeneutik und Kulturkritik. „Es geht um nichts weniger als eine Kulturhermeneutik, d.h. es geht darum, ein Verständnis für die Tiefenstrukturen und die elementaren ‚Funktionsmechanismen' einer Kultur anzubahnen, zu dem als ein zentraler Teil auch das Verständnis der kulturellen Bedeutung der Medien gehört. Und es geht um Kulturkritik im Sinne einer Auseinandersetzung zwischen kulturfunktionalen Argumenten und solchen aus der vielfältigen und weitverzweigten kulturkritischen Tradition. Hier wird auch die kultur- und ideologiekritische Strömung der Medienforschung weiterhin ihre Berechtigung haben."[66] Zum einen also gilt es, nicht nur die religiöse Symbolik in Werbung (vor dem Hintergrund christlicher Ikonographie) wahrnehmen, entdecken und lesen zu lernen und zu lehren (Religion *in* Werbung), sondern auch die grundsätzlich religionsäquivalente Durchprägung von Werbung zu erfassen und zu vermitteln (Werbung *als* Religion); denn jede Kultur, – auch die Postmoderne –, bedarf religiöser und mythosähnlicher Grundmuster, die „den Grundbedürfnissen der in dieser Kultur lebenden Individuen entgegenkommen."[67] Zum anderen bedarf Religion *in* der Werbung und Werbung *als* Religion der kulturkritischen Begleitung aus konfessionell christlicher Perspektive. Beides kann durch eine massenmedial geöffnete Symboldidaktik neueren Typs gelingen, die Symbole der Lebenswelt (z.B. der Werbung) mit Symbolen der christlichen Tradition in ein kritisch-produktives Gespräch und Spiel bringt.

Im Kontext religiöser Sprache, die immer symbolische Sprache ist (Paul Tillich), weil sie Hinweischarakter besitzt, öffnet sich die jüngere Symboldidaktik auch den massenmedialen Symbolen, denn gerade der Religionspädagogik muss es um die Vermittlung der zunehmend auseinander getretenen christlich-kirchlichen und alltäglichen Lebenswelt zu tun sein, im Sinne einer korrelativen, wechselseitigen Erschließung von religiöser Tradition und (post)moderner Lebenswelt, von Individuum und Gesellschaft. Massenwirksame Medien thematisieren oftmals drängende gesellschaftliche Lebensprobleme. Gleichwohl ist die Einschränkung zu beachten: „Was populärkulturelle Inszenierungen zu dem macht, was sie sind: dass sie funktionieren, dass sie hier und jetzt

---

62 Vgl. u.a. Albrecht Grözinger, Praktische Theologie als Kunst der Wahrnehmung, Gütersloh 1995 / Jürgen Heumann & Wolfgang Erich Müller, Auf der Suche nach Wirklichkeit. Von der (Un-) Möglichkeit einer theologischen Interpretation der Kunst, Frankfurt/M. 1996.

63 Halbach, Werbung, 19.

64 Bernhard Dressler / Dietrich Zilleßen, Editorial zum Themenheft 3 „Multimedia", in: Zeitschrift für Pädagogik und Theologie. Der Evangelische Erzieher 51/1999, 213f.

65 Vgl. Thomas Klie, Auf der Oberfläche tanzen! Oszillationen, Reinszenierungen, in: Zeitschrift für Pädagogik und Theologie. Der Evangelische Erzieher 51/1999 (Heft 3), 309-320.

66 Pirner, Macht, 346.

67 Pirner, Macht, 346.

das Lebensgefühl der Leute erreichen, ist im schulischen Unterricht nicht zu schaffen."[68] Es kann hier nur um die Begleitung der Rezeption von Popkultur gehen: „Weil immer mehr SchülerInnen dem kirchlichen Lebensvollzug der christlichen Religion fremd gegenüberstehen, müssen im symboldidaktischen Unterricht zur populären Kultur *beide* pädagogischen Haltungen gleichberechtigt vorkommen: Das *Entdecken* und das *Zeigen*. Wer beispielsweise christologische dogmatische Entscheidungen und die neutestamentliche Passionsgeschichte nicht kennt, wird den Erlösermythos im Kinofilm *Matrix* (1999) nicht entdecken (er/sie wird übrigens in diesem Film auch die Erzählvorlage des Platon'schen Höhlengleichnisses nicht entdecken, wenn kein Schimmer aufleuchtet, worum es sich da handelt). Deshalb ist symboldidaktischer Unterricht zur populären Kultur verhältnismäßig aufwändig: Es muss in der Regel immer auch gezeigt werden, was entdeckt werden soll; und beides muss in einer guten Gestalt miteinander vermittelt werden, so dass der Unterricht nicht langweilig wird (wieso – das hatten wir doch gestern schon!)."[69] Symbole haben Wirklichkeits-erschließende Wirkung. Peter Biehl unterscheidet vor allem in seinem phänomenologisch-ästhetischen Ansatz drei Symbolebenen:[70]

1. Lebensweltliche Symbole: Biehl spricht von Phänomenen.
2. Religiöse Symbole: Hier handelt es sich nach Biehl um Symbole, die Sehnsucht zum Ausdruck bringen, die durch nichts Endliches zu stillen ist.
3. Christliche Symbole: Für Biehl sind dies eher Symbolkomplexe, da verschiedene Symbole zu Symbolhandlungen und Ritualen verschmelzen.

Die Symboldidaktik hat nach Biehl „die Aufgabe, die lebensgeschichtliche Verankerung eines Symbols wahrzunehmen, es in seiner religiösen Dimension zu erschließen und das in seinem anthropologischen wie religiösen Sinn erschlossene Symbol zu deuten."[71] Durch diesen didaktischen Ansatz finden im Unterricht Gesprächsanlässe statt, die die Wahrnehmung fördern und die religiös-christliche Spurensuche inszenieren.

War für Biehl der didaktische Leitsatz „Symbole geben zu lernen" in seinen früheren Büchern zur Symboldidaktik grundlegend, so vollzieht er in der Auseinandersetzung mit der Semiotik (Umberto Ecco) einen Paradigmenwechsel: „Symbolische Kommunikation gibt zu lernen"[72]. Die Rezipienten erschließen die Symbole im wechselseitigen kommunikativen Prozess und bearbeiten durch subjektive Wahrnehmung das Dargebotene. Die Frage nach der Wahrheit wird durch die „Wahrnehmung der Spuren Gottes"[73] nicht suspendiert. Im Gegenteil, durch die Kommunikation über die symbolische Handlung nehmen die Beteiligten das Unsichtbare im Sichtbaren, das Unfassbare im Fassbaren wahr.

Die Schülerinnen und Schüler sowie die Lehrerinnen und Lehrer nehmen am Prozess des „Wahrnehmens, Deutens und Verstehens, Handelns und Gestaltens"[74] teil. Für die unterrichtliche Konkretion ergeben sich somit vier Ziele in Anlehnung an die neuere Symboldidaktik nach Biehl:

a) Wahrnehmen einzelner Phänomene, Symbole und Symbol-Ebenen in den Medien
b) Kommunikation über die subjektive Wahrnehmung

---

68 Gutmann, Hans-Martin, Populäre Kultur im Religionsunterricht, in: Biehl, Peter & Wegenast, Klaus, Religionspädagogik und Kultur. Beiträge zu einer religionspädagogischen Theorie kulturell vermittelter Praxis in Kirche und Gesellschaft, Neukirchen-Vluyn 2000, 179-200: 197.
69 A.a.O., 199.
70 Vgl. Biehl, Peter, Festsymbole, Neukirchen-Vluyn 1999, 95ff.
71 A.a.O., 99.
72 A.a.O., 15.
73 A.a.O. 75ff.
74 A.a.O., 105.

c) Entdecken der religiösen Dimension

d) Herausarbeiten der biblisch-christlichen Dimension

Werbung und andere populäre Medien können, vermittelt über Symbole und Mythen, thematisieren, was Menschen „unbedingt angeht" (Paul Tillich) oder sie unbedingt angehen soll. Im Sinne Bonhoeffers wäre dabei zwischen Letztem und Vorletztem ideologiekritisch zu unterscheiden.

Eine medienpädagogisch relevante religionspädagogische Symboldidaktik wäre mindestens noch in vier Richtungen weiterzuentwickeln:[75]

1. eine stärkere empirische Absicherung jenseits der rein hermeneutischen Inhaltsanalysen, vor allem im Hinblick auf quantitative und qualitative Medienwirkungs- und -rezeptionsforschung,

2. eine Erweiterung um Mythen- und Ritualdidaktik,

3. einer Klärung des Verhältnisses von Symbolen und Medien,

4. der stärkeren Beschäftigung mit außeralltäglichen, besonderen Erfahrungen, die Distanz zum Alltag ermöglichen und Menschen „unbedingt angehen". Das wird nicht nur Fantasy-, Horror- und Science Fiction-Erzählungen umfassen, sondern auch den gesamten Bereich von Alltags-Transzendenz durch Werbe-Verheißungen.

3 Engel und Teufel in Vergangenheit und Gegenwart – Hintergründe für das neu erwachte Interesse in der postmodernen Popularkultur

3.1 Engel in Bibel, Kirchengeschichte und Dogmatik

Zu Engeln befragt nennen SchülerInnen die Begriffe *Flügel, Heiligenschein, lange, blonde Locken, kindlich, weiß, Himmel* sowie *Weihnachten, Bibel, Kirche, Gott* und *Erzengel*. Als Eigenschaftswörter begegnen u.a. *lieb, rein, friedvoll, sanft, einfach gut* und *schön*. Seltener werden die Aufgaben und Funktionen von Engeln als Boten Gottes benannt, am ehesten noch die Helferfunktion (Schutzengel) und die Ankündigung des Guten. Engel bringen den Menschen Liebe, Güte und Schutz. SchülerInnen teilen in der Regel das volksreligiöse Klischee vom Engel als geflügeltem Wesen, während die Bibel bewusst Aussagen über das Aussehen oder die Identität der Engel (Ri 13,18) vermeidet und ihre Darstellung rein funktional bestimmt. Engel Gottes in der Bibel unterscheiden sich offensichtlich nicht vom Menschen; sie essen und trinken und können handgreiflich werden (Vgl. Gen 18,1-22; 19,10; 32,23-33). Engel Gottes bedeuten die persönliche Zuwendung Gottes zu (einem) Menschen in Rettung und Bewahrung. „Nach biblischem Zeugnis existieren die Engel allein in ihrem Dienst für Gott und nicht ‚an sich'."[76]

Religionsgeschichtlich[77] sind den Göttern dienende Wesen seit früher Zeit bekannt; der Iran kann als Heimat von Engels- und Dämonenvorstellungen angesehen werden. In

---

75 In Anlehnung an: Manfred L. Pirner, Symbolische Kommunikation gibt zu lernen. Aspekte einer medienpädagogisch relevanten religionspädagogischen Symboldidaktik, in: Jürgen Belgrad & Horst Niesyto (Hg.), Symbol – Verstehen und Produktion in pädagogischen Kontexten, Hohengehren 2001, 86-93: 91.

76 Dieter Heidtmann, Art. Engel, in: Norbert Mette & Folkert Rickers (Hg.), Lexikon der Religionspädagogik, Bd. 1, Neukirchen-Vluyn 2001, 403-406: 405.

77 Vgl. Ulrich Mann, Art. Engel I. Religionsgeschichtlich, in: TRE 9 (1982), 580-583.

der gesamten Religionsgeschichte wird die Funktion der auftretenden Wesen darin gesehen, zwischen Menschen und höheren Mächten zu vermitteln, den höheren Mächten zu dienen und als Vorbilder in Anbetung und Lobpreis zu fungieren.

Engel sind nicht marginal, sondern fest und zentral in der christlichen Überlieferung verankert, – insofern ist ihre derzeitige Renaissance biblisch durchaus berechtigt. „In der Bibel spielen an zahlreichen Stellen diese ungreifbaren Boten Gottes eine entscheidende Rolle, indem sie als Verkündigende oder Beschützende, als Begleitende oder Führende, als Kämpfer oder Strafende, als Fürsprecher oder Ankläger begegnen … an ganz entscheidenden Stellen …: bei der Vertreibung aus dem Paradies (Gen 3,24); in den Abrahams-Geschichten (Gen 16; 19; 22); sodann als Offenbarer des Gottesnamens bei der Berufung Moses (Ex 3,2); bei der Berufung Jesajas (Jes 6,1-7); als Verkündigungsengel und als Warner im Umfeld der Geburt Jesu (Mt 1,20 u. 24; 2,13 u. 19; Lk 1,11-35; 2,9); vor der Gefangennahme Jesu in Gethsemane (Lk 22,43) und dann vor allem im Umfeld der Auferweckung Jesu (Mk 16; Mt 28; Lk 24; Joh 20) sowie bei der Himmelfahrt Jesu (Act 1,10f.).“[78]

Der hebräische[79] Begriff *mal'ak* kann mit „Bote", „Gesandter", „Melder" übersetzt werden. Mit „Bote Gottes" kann der himmlische wie auch der menschliche Bote gemeint sein, vom Propheten (vgl. Berufungsgeschichten) über Naturmächte wie Wind und Flammen – bis hin zu einem mit Jahwes Ich verwechselbaren Sprecher. Durch Jahwe kann die gesamte Schöpfung zu Boten werden; das „Wesen", das Aussehen ist unbedeutend (also auch die Flügel: die Flügel werden kunstgeschichtlich um so wichtiger, je mehr man sich von biblischer Tradition entfernt[80]), nur die Funktion, die Botschaft ist wichtig: Schutz- (z.B. Ps 91,11f), Geleit-(z.B. Gen 24,7) oder Boten- und Deutefunktion für die Menschen. Gott teilt sich im Boten/Engel mit. Das ist wesentlich für die Aufnahme von Engeln in die Werbung. Der Engel bringt die (göttliche) Botschaft von der Rettung in eine (menschliche) Notsituation hinein, z.B. Gen 16 (Ankündigung der Schwangerschaft), Ex 3 (Befreiung aus Unterdrückung). Diese Aura wird in der Werbung auf das Produkt übertragen; denn der Engel bringt mit dem Produkt die „Rettung" für den Konsumenten. Der Schutzengel signalisiert die grundsätzliche Fürsorge Gottes für alles Gefährdete; diese Rolle übernimmt in der Werbung das Produkt. Als Wesen des Hofstaats Gottes demonstrieren Engel die Macht Gottes und loben ihn: Heilig, heilig, heilig ist der Herr Zebaoth (Jes. 6,3), – auch das geht in der Werbung auf das Produkt über.

Das neutestamentliche[81] *angelos* ist ein Deuteengel (Lk 1,28-38 u.ö.); wo immer sich Großes ereignet, treten bei Lukas Engel auf (1,11.26; 2,9; 22,43). Der Deuteengel weist die Menschen auf das hin, was sie von sich aus nicht verstehen oder wissen können – die Werbung nimmt diese Funktion bereitwillig auf! Mit dem Erscheinen der Engel wird die Präsenz Gottes im Alltag Jesu deutlich. Der Engel schenkt Erkenntnis von Gottes Beistand. Gottes Zuwendung zum Menschen durch seine Engel wird durch die zweifache Versuchung in der Wüste (Mt 4,11) und im Garten Gethsemane (Lk 22,43) illustriert. Die Engel am leeren Grab verkünden die frohe Botschaft von Jesu Auferstehung

---

78 Wilfried Härle, Dogmatik, Berlin / New York 1995, 297f.

79 Vgl. Horst Seebaß, Art. Engel II. Altes Testament, in: TRE 9 (1982), 583-586 / Karl Erich Grözinger, Art. Engel III. Judentum, in: TRE 9 (1982), 586-596.

80 Die Putten der Renaissance und die Trompeten blasenden molligen Kinder des Barock prägten einen neuen „Typ" des Engels, der unabhängig von Situationen und Geschichten der Bibel ein Eigenleben entwickelte. In der Folge wurden sie dekoratives Element.

81 Vgl. Otto Böcher, Art. Engel IV. Neues Testament, in: TRE 9 (1982), 596-599

(Mk 16,1-8; Mt 28,1-10; Lk 24,1-12). Die Werbung will ebenfalls entscheidende „frohe Botschaften" vermitteln!

Die Kirchengeschichte[82] (schon bei Augustin) verwahrt sich insgesamt gegen eine allzu große Verselbständigung der Lehre von den Engeln, denen keine Anbetung zusteht (vgl. Apc 22,9) und ist bemüht, die Engel auf die Ebene der Geschöpflichkeit zu rücken. Die reformatorische Rechtfertigungslehre kann nicht dulden, dass menschliche Hoffnungen sich an andere Nothelfer wenden, denn an Gott und Christus allein (vgl. Luthers „Sermon von den Engeln", Coburger Michaelispredigt 1530, WA 32,111ff), wenngleich für Luther, – anders als für Calvin –, die Existenz von Engel selbstverständlich war. In der Aufklärungs- und liberalen Theologie wird auf Engelglaube angesichts der Naturwissenschaften weitgehend verzichtet (vgl. Schleiermacher, Glaubenslehre §§ 36-49).

Angesichts der „Tatsache, dass Engel heute wieder – auch im evangelischen Bereich – an Beachtung und Bedeutung für den Glauben gewinnen"[83], wird protestantische Dogmatik im Gefolge K. Barths (KD III/3, § 51) das dynamisch-funktionale Engelverständnis eines Dionysios Areopagita gegen ein metaphysisch-ontologisches Engelverständnis eines Thomas von Aquin betonen: nicht das Aussehen, das Sein, das Wesen, sondern die Funktion, die Aufgabe, Auftrag und Wirkung von Engeln sind entscheidend. Das Wesen der Engel wird durch ihr Wirken bestimmt, – Spekulationen über ihr Wesen und Sein jenseits des Auftrags sind müßig. Es gibt „in der Bibel keinerlei Ansatzpunkt für eine *Lehre* von den Engeln: weder in Form einer *Wesens*beschreibung"[84] noch ihres *Ursprungs*. „Es gibt *keinen* Grund zu der Annahme, unter der Vielzahl der Geschöpfe Gottes gebe es eine Art von Geschöpfen, die als ‚Engel' zu bezeichnen seien."[85] Das Wesen der Engel ist Botenschaft und Helfertum.[86] „*Engel sind* (nur) *Gottes gute Boten.*"[87] „Die Frage ‚Gibt es Engel?' ist zwar verständlich, führt das Denken aber in eine falsche Richtung"[88]; denn Engel gehen ganz in ihrem Auftrag auf. Engel vermitteln, – als Geschöpfe, nicht als Schöpfer –, Gottes Welterhaltungswillen. Engel dienen Gott, beten ihn an, loben ihn, kommen zu den Menschen und wirken in die irdische Geschichte hinein. Als Mittler kommt den Engeln das Amt des Boten zu, wodurch sich Gott den Menschen offenbart. Engel spiegeln den Abglanz der göttlichen Herrlichkeit wider und machen Gottes Gnade den Menschen erfahrbar. Wo in menschlicher Alltagswirklichkeit das Transzendente aufscheint, da sind „Spuren der Engel"[89] zu finden. Das eigentliche Ziel der Engel ist es, den Blick der Menschen auf Gott zu richten. So kann die biblische Funktion der Engel im Wesentlichen mit drei Funktionen umschrieben werden: Verkündigungsengel, Schutzengel und wehrende Engel.[90]

An die Stelle Gottes tritt heute die Werbung: statt Gott dienen die Engel heute der Werbung, nicht Gott, sondern das Produkt „offenbart" sich den Menschen und die Engel

82 Georges Tavard, Art. Engel V. Kirchengeschichtlich, in: TRE 9 (1982), 599-609.
83 Wilfried Härle, Dogmatik, Berlin / New York 1995, 296.
84 Härle, Dogmatik, 298.
85 Härle, Dogmatik, 489.
86 Ulrich Mann, Art. Engel VI. Dogmatisch, in: TRE 9 (1982), 609-612: 611f.
87 Härle, Dogmatik, 298.
88 Härle, Dogmatik, 299.
89 Peter L. Berger, Auf den Spuren der Engel. Die moderne Gesellschaft und die Wiederentdeckung der Transzendenz, Frankfurt/M. 1970.
90 Vgl. Krautter, Adelheit & Schmidt-Lange, Elke (Hg.) im Auftrag der religionspädagogischen Projektentwicklung in Baden-Württemberg (RPE), Arbeitshilfe Religion Grundschule, 4. Schuljahr / 1. Halbband, Stuttgart 1999, 195-240.

spiegeln den Abglanz der „Herrlichkeit" der Marken ... Und die Marken und Produkte nehmen, vermittelt über die Engel-Werbung, auch die Rolle des Schutzengels ein, an den Luther in seinem Abend- und Morgensegen noch ganz persönlich glauben konnte: „Dein heiliger Engel sei mit mir, dass der böse Feind keine Macht an mir finde." Die „guten Mächte" heute, von denen wir uns „wunderbar geborgen" (D. Bonhoeffer) umgeben fühlen, – das sind die Marken und Produkte!

Dämonen und Teufel sind nach christlicher Auffassung den Engeln nicht gleichgewichtig; Gott und Teufel sind nicht im Sinne eines Dualismus gleichrangig, sondern Jesus Christus hat die Mächte des Bösen überwunden. „Es gibt *nicht* zwei Arten von Boten Gottes (gute und böse)"[91]; die Wirkweisen des Bösen hat Gott nicht gewollt, aber zugelassen. Wenn man ein ontologisches Engelverständnis ablehnt und den Engel nur in seiner Funktion begreift, dann kann es böse oder gefallene Engel nicht geben; „denn wenn Engel ihren Auftrag vergessen, verleugnen oder verkehren würden, dann würden sie sich damit nicht in Teufel verwandeln, sondern ihre Seinsweise als Engel verlieren."[92] Die Rede vom Teufel hat im christlichen Glauben nur insofern eine Berechtigung, als sie den Machtcharakter (vgl. Röm 7,19f), die Eigendynamik und die Verstellungskunst des Bösen veranschaulicht. Teufel als spezielle species der Schöpfung gibt es ebenso wenig wie Engel.

3.2 Engel in den schönen Künsten des 20. Jahrhunderts

Schon die Engel in der bildenden Kunst des 20. Jhdts erlebten eine Art Renaissance. Die Künstler Marc Chagall (1887-1985), Paul Klee (1879-1940) und Ernst Barlach (1870-1938) haben eine Vielzahl von Werken geschaffen, in denen sie Engel thematisierten:

Bei Chagall gehört der Engel häufig in einen biblischen Zusammenhang, Klee stellt ihn öfters „autonom", d.h. ohne dazugehörende Geschichte dar. Dabei ist gerade diesen, sich aus allen biblischen Zusammenhängen entnommenen Engeln Klees wieder das Schwebende, sich jeglichen Wesensdefinitionen Entziehende zu eigen. In der Zeit von 1913 bis zu seinem Tod 1940 sind eine Vielzahl von Zeichnungen und farbigen Arbeiten zum Thema Engel entstanden. In den frühen kolorierten Arbeiten nach Federzeichnungen von 1913 sind noch griechisch-antike Liebesboten zu erkennen. Später brechen bei Klee andere Erfahrungen durch, die schon an den Titeln kenntlich sind: „Engel, noch tastend", „Wachsamer Engel", „Vergesslicher Engel", „Engel übervoll", „Engel, noch weiblich", „Todesengel". Eines seiner bekanntesten Werke ist das Aquarell „Angelus Novus" von 1920. Klee lebte in dem Bewusstsein, dass unsere Wirklichkeit eine hintergründige Dimension hat, bei ihm erscheinen Engel als Chiffren einer eigenen inneren Welt, z.B. als Todesengel.

Chagall hat die Engel in seiner frühen Schaffenszeit weniger als Boten Gottes denn als Liebesboten gemalt. Erst durch den Auftrag, Radierungen zur Bibel zu schaffen, wird der Engel Repräsentant des Schöpfers. Von seinen Bildern seien „Abraham und die drei Engel", „Im Anfang schuf Gott" und „Aufsteigender Engel" erwähnt. „Für Marc Chagall, Paul Klee u.a. sind die Engel Boten einer anderen, sehnsüchtig erwarteten Welt"[93] und Einbruch des Überwirklichen.

91 Härle, Dogmatik, 297.
92 Härle, Dogmatik, 489.
93 Dieter Heidtmann, Art. Engel, in: Norbert Mette & Folkert Rickers (Hg.), Lexikon der Religionspädagogik, Bd. 1, Neukirchen-Vluyn 2001, 403-406: 403.

Barlachs Engel sind mit ehrfürchtigem Ernst und einer Strenge gestaltet, die schon fast wieder archaisch wirken. Es scheint, als ob sie etwas von ihrem Wesen wiedergeben, das im Laufe der Jahrhunderte schon fast verloren war. Seine Plastiken sollten sich unmittelbar erschließen durch belebte Formen und durch Einfühlung in Gestik und Mimik. Bekannt ist u.a. die Plastik das „Gefallenenehrenmal" von 1927. Barlach gestaltete den Engel für den Güstrower Dom zum Angedenken an die Gefallenen des Ersten Weltkrieges.

Auch in einer großen Zahl von Messen der Komponisten Haydn und Beethoven, Mozart, Schubert, Bruckner u.a. sind Engel immer wieder Thema. Exemplarisch sei auf J.S. Bachs Kantate zum Michaelistag (1726) verwiesen: „Es erhub sich ein Streit". Hier beschwört Bach die Engel: „Bleibt, ihr Engel, bleibt bei mir!" Das Bekenntnis Bachs ist als deutliche Absage an den Rationalismus der Aufklärungszeit zu lesen, deren Entzauberung der Welt auch die Engel nicht verschonte.

3.3 Das neu erwachte Interesse an Engeln und Teufeln in der Popularkultur

Entgegen dem Zurücktreten der Engel im kirchlichen Bereich sind im Rahmen des seit Jahren zunehmenden Gebrauchs religiöser Symbole in säkularer populärer Kultur[94] Engel „wieder unter uns: Engel, Teufel und all die anderen Wesen, die in früheren Epochen den Raum zwischen Erde und Himmel bevölkerten."[95] Sie erleben nicht nur in der Werbung, sondern in der gesamten populären Kultur des Westens eine spürbare Renaissance. „Der Spiegel"[96] widmete den Engeln unter der Überschrift „Der große Rauschangriff" (auf die rationale Welt) fünf Seiten. Der Buchmarkt profitiert seit Jahren von der Sehnsucht nach Himmlischem bzw. Überirdischem: „Wenn die Engel kochen", „Engel – die unsichtbaren Helfer der Menschen", „50 Engel für das Jahr", „Erzengel – lichtvolle Helfer", in esoterischen Buchläden scheinen die Engel die größten Schwingen zu haben. Das allmähliche Verschwinden der Transzendenz aus unserer Alltagswelt hat gerade bei kirchenfern lebenden Menschen die Sehnsucht nach ihr nicht beseitigen können. Das Bedürfnis, wieder einen Zugang zur verlorenen Transzendenz, zum Kontakt mit dem Göttlichen zu finden, drückt sich in der Symbolkraft der Engel als Gegenwart des Göttlichen und ihrer Brückenfunktion zwischen göttlicher und menschlicher Welt aus. Gerade in der scheinbaren Trivialität (der Werbung) zeigen sich Zeichen der Transzendenz.[97]

Die „Engelwelle" im letzten Jahrzehnt des 20. Jhdts in Ausstellungen, Publikationen, Ramschläden und teuren Einrichtungshäusern und auf allen denkbaren Gebrauchsgegenständen von Bettwäsche bis Telefonkarte ist Zeugin „eines Dranges nach dem geheimnisvollen und einer vom Transzendenten erfüllten Welt"[98] sowie dem Bedürfnis nach Schutz(engel), Geborgenheit und Sicherheit in einer zunehmend ungeborgenen Welt. „Sie sind also eher Hilfsausdrücke von Erfahrungen und Wünschen, des

---

94 Vgl. Frank Matthias Kammel, Das Paradies im Schlussverkauf – Zwischen Trivialisierung und Orientierungssuche: Religiöse Motive in der gegenwärtigen Alltagskultur, in: Medien und Erziehung 44/2000 (Heft 6), 348-355.

95 Josef Lederle, Von Engeln und Teufeln. Religiöse Bilderwelten in aktuellen Kinoproduktionen, in: Medien und Erziehung 45/2001 (Heft 1), 24-29: 24.

96 Heft 52, 1997, 174-178.

97 Vgl. Berger, Spuren, 134.

98 Kammel, Paradies, 348.

Wunderbaren, des nicht rational Erklärbaren."[99] Auch der Lady-Diana-Kult[100], gefeiert als engelsgleiche Königin, passt mit seiner weltweiten Verhimmelung der Prinzessin in diese Zeit. Die Sehnsucht nach Überschreitung der Wahrnehmungsgrenzen wächst, erkennbar auch am Boom der Mystery-Serien wie „Akte X". Eine vielfältige Rede von den Engeln kann man auch in der Sterbeforschung entdecken. Menschen berichten über Erfahrungen aus dem Grenzbereich zwischen Leben und Tod und spiegeln das existentielle Bedürfnis des Menschen nach Begleitschutz durch das Leben und vor allem durch das Sterben.

Die Renaissance der Engel hat auch mit der entstehenden virtuellen Cyberwelt zu tun, die endlich den Geist vom Körper befreit und damit den Engeln nahe kommt.[101] „An die Seite religiöser Transzendenzvorstellungen treten die virtuellen Welten. Der vom Internet kreierte Raum des Cyberspace gerät zur Sphäre des Göttlichen … Mit der Loslösung von der Körperbindung entspricht das Internet einer christlichen Ursehnsucht, nämlich der Loslösung vom Tod"[102], in der sich die körperlose Gnosis erfüllt: endlich (wieder)entstehen die vom Körper befreiten Lichtwesen Engel bzw. Luzifer.

„Mit singulärer Kühnheit, ja Unverfrorenheit, lässt die zeitgenössische Werbung oft Ur- und Frühformen der Kultur ‚wiederauferstehen‘, die dem logisch-empirischen Denken offen ins Gesicht schlagen … Je archaischer die Bildmotive der Werbung … desto effektvoller die erhoffte Wirkung."[103] Hier wird die Anfälligkeit des Bewusstseins für Archaisches und die Rückfälligkeit in primitive Wunscherfüllungen besonders deutlich, die Metamorphosen zwischen Gott, Mensch und Tier vielfältig entstehen lassen, vom Tiermenschen bis zu Satan.

Religionsgeschichtlich ist Satan keineswegs alt; der gnostische Dualismus mit dem Glauben an antagonistische Urprinzipien ist wohl jünger als das Bekenntnis zum Prinzip originärer Einheit, das Goethes Mephisto noch kennt: „Ich bin ein Teil des Teils, der anfangs alles war, / Ein Teil der Finsternis, die sich das Licht gebar." (Faust, 1. Akt, 3. Szene). Auch im Alten Testament ist Jahwe eine gut-böse Einheit. Entsprechend findet sich vom Satan als autonomes Wesen im AT noch keine Spur, überhaupt begegnet er nur in Sach 3,1; Hiob 1,6; Chron 21,1. Die Schlange im Garten Eden ist erst sekundär als Satan ideologisierend gedeutet worden. Erst zu Zeiten des Neuen Testaments wird das Diabolische zum selbständigen Urprinzip erhoben und das Göttliche dualisiert, das Böse spaltet sich ab, es „ist das Resultat einer psychohistorisch bedingten Zuspitzung der Auseinandersetzung zwischen den Licht- und Schattenseiten der Gottheit."[104] So kann in diesem Spaltungsprozess der gestürzte Gott als Dämon weiterleben und die Hässlichkeit des gestürzten Engels symbolisiert seine moralische Verwerflichkeit, die allmählich angereichert und ausgestattet wird „mit negativen Zügen, die fremden Gottheiten und feindlichen Kulturen zugeschrieben werden. Das bedeutet, dass nicht

---

99 Kammel, Paradies, 348.

100 Vgl. Thomas Bickelhaupt & Gerd Buschmann, Moderne Heilige und Märtyrerin in der Postmoderne. Lady Diana – Klassische Bildkonvention, religiöse Symbolik und Opfermythen im Dienst der Popkultur, in: Medien praktisch 23/1999 (Heft 90), 43-48 / Michael Nüchtern, Die (un)heimliche Sehnsucht nach Religiösem, Stuttgart 1998, 11-47.

101 Vgl. Klaus Bartels, Wenn Engel reisen. Zur Genealogie des Cybertrips, in: Kunsthochschule Köln (Hg.), Lab. Jahrbuch für Künste und Apparate, Köln 1997.

102 Joan Kristin Bleicher, Virtualisierung der Transzendenz. Die Präsentation der Religionen im Internet, in: Medien und Erziehung 44/2000 (Heft 6), 356-360: 357.

103 Hartmut Heuermann, Medien und Mythen. Die Bedeutung regressiver Tendenzen in der westlichen Medienkultur, München 1994, 269. – Heuermann analysiert exemplarisch eine Tiermensch-Werbung des Likörhersteller Grand Marnier von 1990 (269ff / Abb. 6).

104 Heuermann, Medien, 275.

nur das eigene ‚Fremde' in die Satansfigur hineinprojiziert wird, sondern auch das fremde ‚Fremde'. Die Ausdifferenzierung des Satansbildes entspricht der Ausdifferenzierung des Feindbildes."[105] Deshalb konnten Aufklärung und Säkularisierung Satan nicht entmachten: „Nicht in erster Linie die Kirche ‚verwaltet' heute das diabolische Erbe, sondern die Kulturindustrie … Satan hat offensichtlich das Feld seiner Aktivitäten verlagert. Sein Imperium ist zunehmend die Welt der Medien."[106] Und so wie die Werbung die Religion neuerlich ins Spiel bringt und beim überkommenen Sinnmonopolisten Religion Anleihen macht und zum Religionssubstitut wird, zugleich aber damit die Religion abermals säkularisiert, indem sie deren Tiefe verflacht und trivialisiert[107], so bedeutet die Mediatisierung Satans zwar einerseits dessen Auferstehung und die Wiederkehr des Verdrängten (S. Freud), aber andererseits dessen Zähmung und Domestizierung, weil der Satanismus in den Medien im Bereich des Spielerischen, des Kokettierens und des programmierten Nervenkitzels verbleibt.

Werbung und Popkultur nehmen weitgehend das klassische ikonographische christliche Repertoire der Teufels- und Engeldarstellungen auf: Der Teufel in schwarzer oder blauer Körperfarbe begegnet menschen- oder tiergestaltig oder auch als Mischwesen.[108] Seit dem 12. Jhdt treten häufig Teufel mit Hörnern auf, in den Beispielen der Werbung Inbegriff des Teuflischen. – Engel werden entsprechend dem frühen dogmatischen Verständnis auch in der christlichen Ikonographie zunächst in ihrer Funktion, nicht in ihrem Wesen dargestellt. Deshalb haben die ersten Engel der bildenden Kunst keine Flügel und sind zumeist männlich.[109] Erst ab dem 4. Jhdt entsteht der geflügelte Typ. Das Menschliche der Engel wird immer wieder neu betont: das karolingische Mittelalter greift auch den ungeflügelten Typus wieder auf, Armutsbewegung und Romanik betonen die menschlichen Züge, die Gotik bringt den (nackten) Kinderengel in Anlehnung an antike Putten, in der Renaissance nehmen die Engel an menschlichen Affekten Anteil (Giotto: Beweinung Christi), im Barock begegnen die Engel als Gefährten des Menschen (Rembrandt: Vision Daniels / Bernini: Hl. Theresa[110] – Engel als Amor). In Werbeanzeigen begegnen ganz überwiegend geflügelte Engel weiblichen Geschlechts, daneben auch Kinderengel und der Schutzengel-Typ, nach Mt 18,10 hat jedes Kind, nach Act 12,15 jeder Mensch einen Schutzengel. Während in der christlichen Ikonographie die Engel die Menschen nicht nur vor äußeren Gefahren, sondern auch vor geistigen schützen, als Fürsprecher vor Gott, als Grabwächter und als Seelenbegleiter in den Himmel fungieren, reduziert die Werbung den Schutzengel-Typ ganz auf den ersten Aspekt: das beworbene Produkt schützt vor äußerlichen Gefahren (ADAC-Luftrettung, Continental Winter-Reifen etc.).

---

105 Heuermann, Medien, 279.

106 Heuermann, Medien, 281.

107 Lutz Korn, Werbung und Religion. Eine Unterrichtsreihe für die Teilzeit-Berufsschule, in: Thomas Klie (Hg.), … der Werbung glauben? Mythenmarketing im Zeitalter der Ästhetisierung, Loccum 1995, 82-90: 83.

108 Vgl. Beat Brenk, Art. Teufel, in: Engelbert Kirschbaum u.a. (Hg.), Lexikon der christlichen Ikonographie, Freiburg 1972 (Sonderausgabe 1994), Bd. 4, 295-300.

109 Vgl. Art. Engel, in: Engelbert Kirschbaum u.a. (Hg.), Lexikon der christlichen Ikonographie, Freiburg 1968, (Sonderausgabe 1994), Bd. 1, 626-642.

110 Vgl. dazu: Thomas Bickelhaupt & Gerd Buschmann, Religion in der Werbung: Verzückung und Ekstase. Kontinuität und Diskontinuität religiöser Symbolik im Vergleich einer Kraftstoff-Werbung des 20. Jhdts mit G.L. Berninis „Verzückung der Hl. Theresa von Avila" (17. Jhdt), in: Das Münster. Zeitschrift für christliche Kunst und Kunstwissenschaft 53/2000 (Heft 2), 162-170.

3.3.1 Kinofilme

Der Engel-Renaissance vor allem im Mainstreamkino korrespondieren offenbar die christlich-satanischen Motive in Filmen des Horrorgenres.

Engel (Angelos, Bote) erscheinen religionsgeschichtlich stets als Wesen der Vermittlung zwischen Himmel und Erde, Gottheit und Menschheit, deshalb können sie fliegen. Ihr Wieder-Auftauchen signalisiert und symbolisiert ein ungestilltes Bedürfnis nach einer kommunikativen Brücke zu Gott, der klare Botschaften gibt, und nach Transzendenz menschlicher Unzugänglichkeit, – insbesondere in den unbeheimateten Zeiten der alles verflüssigenden Postmoderne[111], in der übergreifende Sinnsysteme fast jeden Kredit verloren haben und sich alles in Transformation und Optionenvielfalt aufzulösen erscheint und alles Absolute verabschiedet wird. Engel lassen hoffen, dass gute Mächte über der Menschheit walten. „Die Wiederkehr der (Schutz-)Engel in ihren unterschiedlichsten Konfigurationen deutet auf der Ebene kollektiver Bilderwelten auf eine Infantilisierung der westlichen Gesellschaften hin.“[112]

Zugleich aber sind die wieder erstandenen Engel Bestandteil der Postmoderne selbst; auch sie werden dekonstruiert, verflüssigt, transformiert, verfremdet, karikiert und umgekehrt: „Das Motiv des Engels auf Abwegen, der den Geschmack des Irdischen nicht mehr missen will, ist ein alter Topos“[113], solche Engel fallen heftig aus der Rolle, büßen jede Erhabenheit ein und stürzen mit ihrer ganzen Existenz in die unzulängliche Endlichkeit: Menschwerdung. „Auf ihre Weise reflektieren solche mythologischen Grenzgänger den postmodernen Abschied vom olympischen Erzählprinzip.“[114] (vgl. die Filme: Nora Ephron: „Michael“, USA 1996 / Kevin Smith: „Dogma“, USA 1999). Schon in Wim Wenders „Himmel über Berlin“ (BRD 1986/87 / „City of Angel“, USA 1998) war der Engel Daniel aus Liebe zu einer Trapezkünstlerin Mensch geworden.

Vielfältig aber begegnet im Kino (des Horrorgenres) auch das Reich der Dämonen, des Teufels, Satans, Luzifers – insbesondere im Vorfeld der Endzeitstimmung des Millenniums[115]. Dafür sprechen u.a. Gregory Hoblits „Dämon“ („Fallen“), USA 1998 / David Finchers „Seven“, USA 1995 / Peter Hyams, „End of Days“, USA 1998/99 / Rupert Wainwrights „Stigmata“ (USA 1999) und Taylor Hackfords „Im Auftrag des Teufels“ (The Devil's Advocate“) USA 1997.[116] „Diese filmische Bearbeitung des Abgründigen erfreut sich bei Jugendlichen außerordentlich großer Beliebtheit.“[117] Ursache dafür scheint nicht nur die Faszination des Bösen zu sein, sondern zum einen auch das Bedürfnis, das Böse klar dem Guten gegenüber gestellt (und letztlich siegen) zu sehen, zum anderen die innere Attraktivität der Anfragen des Teufels, die viele Menschen (und insbesondere Jugendliche) teilen: Ist Versuchung und Verführung nicht angenehm? Ist Macht nicht verführerisch und bereitet (mehr) Genuß (als Moral)? Ist das (nahe liegende) Böse nicht

---

111 Vgl. Gerd Buschmann, Postmoderne als Herausforderung. Christentum in der Erlebnis- und Optionsgesellschaft, in: Deutsches Pfarrerblatt 101/2001 (Heft 1), 19-23.

112 Lederle, Engel, 29.

113 A.a.O., 25.

114 A.a.O., 26.

115 Vgl. exemplarisch für Musik-Videos den Clip zu Joachim Witt / Peter Heppner „Die Flut“ (1998, CD Bayreuth Eins), Analyse in: Uwe Böhm & Gerd Buschmann, Popmusik – Religion – Unterricht. Modelle und Materialien zur Didaktik von Populärkultur, Münster 2000, 75-102.

116 Vgl. die didaktische Aufbereitung des Films: Andreas Mertin, Das Böse: Ein altes, stets neues Problem – filmisch betrachtet, in: Inge Kirsner & Michael Wermke (Hg.), Religion im Kino. Religionspädagogisches Arbeiten mit Filmen, Göttingen 2000, 151-161.

117 A.a.O., 151.

aufregender als das (ferne) Gute? Außerdem können stellvertretend durch Identifikation mit dem Protagonisten des Horrorfilms eigene Ängste realisiert und überwunden; Horrorfilme beginnen meistens mit dem Einblick des Rezipienten in die Alltagswelt des Protagonisten, die seiner eigenen gleicht. Das im Horrorfilm Dargestellte muss so realistisch wie möglich wirken, so dass es wahr sein und die Welt des Rezipienten ebenso betreffen könnte. Die fiktionale Welt muss mit der Welt des Rezipienten deckungsgleich sein, nur dann „kann das Aufeinandertreffen von Realem und Imaginärem nachvollziehbar und daher grauenerregend wirken"[118]. In den Horrorfilmen werden die im Rezipienten vorhandenen Ängste aufgegriffen und in psychisch ertragbarer Auseinandersetzung mit dem Angstmachenden bearbeitet. Mehr als ein Drittel aller Jugendlichen in Deutschland schauen gerne (in Cliquen!) Horrorfilme;[119] das erklärt sich nicht nur über die Faszination des Bösen, den Nervenkitzel und die „special effects" der Filme, es muss etwas mit Darstellung, Einordnung und Bewältigung von Angst, Bösem und Grauen zu tun haben. Schließlich kehrt in der medialen Satanskult(ur), in Filmen wie „Der Exorzist" (1971) und „The Unholy" (1987)[120] das Verdrängte wieder (S. Freud).

3.3.2 Mode

Mode als Antizipation ist ein Seismograph gesellschaftlicher Veränderungen und Religion in der Mode ist sexy und trendy. Modeschöpfer entdecken die Faszination von Madonnen, Engels- und Heiligenmotiven sowie Kruzifixen. Engelsmotive begegnen auf T-Shirts und Krawatten oder als „Angels. Jeans Wear" oder in schwarz/weiß- bzw. Engel/Teufel-Dualismus als „Forbidden Lingerie"[121] Religion wird zum spielerischen, wertfreien Ornament, Religion und (Un-)Heiliges soll nichts anderes als Lust evozieren, indem Keusches und Heiliges mit „Sündigem" verbunden wird. In der Mode rebelliert die Ästhetik gegen die Moral. Die Sommerkollektion 1997 „Angels" von „Comme des Garcons" entstellte die weiblichen Standardmaße und deren Normsilhouette durch verschobene und „verrückte" Po- und Busenpolster auf groteske Weise: „Engel, gibt's die? In der Mode zum Glück, und sie stehen wie die Mannequins den real existierenden Menschlein näher als die Standardmenschen dröger Moral. Die Mode liebt Dich – auf ihre Art. Sie stellt Entstellungen. Vielleicht wird sie deshalb von den Aposteln der Moral so gehaßt."[122]

3.3.3 Jugendkulturen

Der Teufel als fluoreszierender Sensemann begegnete uns in einer Poster-LP-Beilage einer Heavy-Metal-Band schon Ende der 80er Jahre. Die Vanitas-Thematik, Bilder von Tod und Memento mori, die schon immer in der christlichen Ikonographie Anlass

118 Hans D. Baumann, Horror. Die Lust am Grauen, Weinheim/Basel, 1989, 103.
119 Vgl. Waldemar Vogelgesang, Jugendliche Videocliquen. Action- und Horrorvideos als Kristallisationspunkte einer neuen Fankultur, Opladen, 1991.
120 Vgl. dazu Heuermann, Medien, 282-290.
121 „Viva Maria"-Unterwäsche der Firma Nastrovje Potsdam aus Villingen/Schwenningen der Berliner Designerin Simona Franze, vgl. Kammel, Paradies, 353 und Manfred L. Pirner, Heilige Höschen. Religion und Erotik in der Populärkultur. „Viva Maria" – Mode und ihre Vermarktung, in: Religion heute 42/Juni 2000, 92-97.
122 Barbara Vinken, Kann denn Mode Sünde sein? In avantgardistischen Kollektionen rebelliert die Ästhetik gegen die Moral, in: Evangelische Kommentare 1998 (Heft 7), 385-387: 387.

zu Teufelsdarstellungen gaben, begegnen variiert längst nicht mehr nur in der Death-Metal, Gruftie- oder Gothic-Szene. Hier scheint es auch um den Spaß am Umgang mit Dingen zu gehen, „die bei den meisten Menschen ein unbehagliches Gefühl hervorrufen. Während die Gothics Skelette, Totenschädel oder kleine Altäre mit Sepulkral-Utensilien als Mittel einer privaten Todesreligion verwenden, die aber keine tröstende, das Individuum entlastende Funktion hat, werden jene mit den Todessymbolen verzierten Spiegel, Leuchter, Aschenbecher … meist als trendiger Zimmerschmuck gebraucht, um bestimmte Atmosphären zu schaffen, die Ausdruck von diffusen Befindlichkeiten sind."[123] „Jugendkulturen in Deutschland am Ende des 20. Jahrhunderts"[124] sind nicht wenig von Untergangs- und Endzeitstimmungen geprägt, Apokalyptik hat Konjunktur, – nicht nur in der Popmusik[125]. Dabei werden in den Jugendstilen (pseudo-)ästhetisierende Dimensionen zentral: „Die kultigen stolzen, pechschwarz gekleideten Gothics, Independent oder Edel-Grufties mit weiß gekälkten Gesichtern, mit draculamäßig angeschliffenen Eckzähnen … eingehüllt in flatternd-wehende, selbstgenähte Umhänge, Mönchskutten … eine poetische Stilisierung bringt ‚schöne' Todesengel nach romantischen Idealen des 19. Jahrhunderts hervor. … Die Grufties … machen mit ihren zuweilen apokalyptischen Vorstellungen und Bildern auf die dekadenten und desolaten Seiten der Welt aufmerksam und wehren sich symbolisch und zeichenhaft gegen die soziale Verdrängung des Todes … ."[126] Deshalb dominiert hier an abgeschiedenen Orten Stille, Tod, Düsternis, Dunkles, Geheimnisvolles und Verbotenes.

3.3.4 Popmusik

Auch Musiker der Rock und Pop-Szene singen vielfältig von Engeln, so z.B. Konstantin Wecker in „*Schutzengel*", Abba in „*We Believe in Angels*" oder Marius-Müller Westernhagen in „*Engel*". Die Kelly Family erlangte mit ihrem Hit „*I Wish I Were an Angel*" weltweiten Erfolg. Die Gruppe U2 singt in „*If God Will Send His Angels*" (1997) von Gottes Engeln, die man auf der Welt gut gebrauchen könnte. Die Engel werden als Helfer Gottes für die schlechte Welt, in der so viel Leid und Elend herrscht, angesehen. Sting singt in „*When The Angels Fall*" (1991) von Engeln, die uns beim Schlafen und Träumen vom Himmel aus zusehen. Die Bitte des Sängers lautet: Man soll die Engel „herunter" holen.

Neben diesen religiösen Engeln begegnen Engel gehäuft im Kontext der Liebesthematik. In dem Liebeslied „*I'm Your Angel*" von Celine Dion und R. Kelly (1998) sind sich Frau und Mann gegenseitig Engel. Robbie Williams „*Angel*" (1997) oder Toto mit „*Angel Don't Cry*" (1984) haben die Frau, besungen als Engel, zum Thema.

Wie in der Werbung so auch in der Popmusik: „Erfahrungen, Wünsche, Sehnsüchte von Jugendlichen … suchen sich ihre Sprache in den Symbolen der Religion, und zwar vornehmlich der jüdisch-christlichen Symboltradition."[127]

---

123 Kammel, Paradies, 352.
124 Wilfried Ferchhoff, Jugendkulturen in Deutschland am Ende des 20. Jahrhunderts, in: Wolfgang Kabus (Hg.), Popularmusik, Jugendkultur und Kirche, Reihe C: Musik-Kirche-Kultur 2, Frankfurt/M. u.a. 2000, 137-186.
125 Vgl. exemplarisch: Uwe Böhm & Gerd Buschmann, Popmusik – Religion – Unterricht. Modelle und Materialien zur Didaktik von Popularmusik, Münster 2000, 75-102: Sintflut und Arche als massenmediale apokalyptische Symbole in der populären Kultur zur Jahrtausendwende.
126 Ferchhoff, Jugendkulturen, 158.
127 Hans-Martin Gutmann, Der Herr der Heerscharen, die Prinzessin der herzen und der König der Löwen. Religion lehren zwischen Kirche, Schule und populärer Kultur, Gütersloh 1998, 66.

4. Religionsdidaktische Impulse

4.1 Von der Notwendigkeit, mit Kindern und Jugendlichen über Engel und Teufel zu sprechen

Die Rede über die Engel kann im Hinblick auf die Arbeit mit Kindern gerade deshalb eine Bereicherung sein, weil sie über unsere Vorstellungen hinaus reicht. Das Bewusstsein der Erwachsenen, alles rational erklären zu wollen, teilen Kinder noch nicht; sie sind zwar – je nach Entwicklungsstand – auf der Suche nach Gewissheit, können jedoch Wesen wie die Engel in ihrer Welt auf- und annehmen.

Vor allem erleben Kinder „imaginäre Begleiter" als Schutzengel.[128] Kinder sprechen mit ihnen, obwohl diese Begleiter unsichtbar sind. Bruno Bettelheim plädiert für die Anerkennung der kindlichen Wahrnehmung: „Das kleine Kind braucht den Glauben an die Magie, und es braucht sein magisches Denken (wie zum Beispiel den Glauben an seinen Schutzengel oder an eine gute Fee), um seine Angst zu binden und seine Hoffnungen auf kommende Freuden (wie Santa Claus und Osterhasen) immer wieder neu zu entfachen und sich zu erhalten. Nur dann kann es mit der Realität fertigwerden."[129]

Aber auch das Gespräch über Teufel und das/den Böse/Bösen ist entwicklungspsychologisch wichtig, wenn das Kind mit dieser Realität rechnet. Anton A. Bucher erinnert sich an einen Jungen in der Nachbarschaft, „der im Alter von fünf Jahren damit begann, sehr häufig vom Teufel zu reden. Die Eltern, aufgeschlossene und praktizierende Katholiken, untersagten ihm dies aufs Strengste; denn den Teufel gäbe es nicht, nur Gott, der immer lieb sei. In der Folge begann der Junge wieder einzunässen. Auf den Rat, das Kind vom Teufel einfach sprechen und manchmal – imaginär – gegen ihn kämpfen zu lassen, verschwand das Symptom nach kurzer Zeit."[130]

Eine Auseinandersetzung mit den Engeln und Teufeln in Popkultur und Werbung, die den SchülerInnen de facto am häufigsten begegnen, findet in Unterrichtsentwürfen auch der Sekundarstufe I und II kaum statt; nach wie vor wird der Zugang vor allem über biblische Geschichten, Kunstbild-Bildbetrachtungen (Chagall) sowie Gedichten und Erzählungen gesucht. Gerade im Jugendalter beginnt die kritische Phase, die den kindlichen Glauben überwinden möchte. Hier können die symbolischen Darstellungen zur zweiten Naivität weiterführen. Kindheitserfahrungen werden durch die Aufklärungs- und Reflexionsphase in biografisch-weiterführender Weise relevant und notwendig.[131]

4.2 Unterrichtsmodelle zu ausgewählten Werbeplakaten

Im Folgenden werden zu sechs ausgewählten Werbeplakaten Unterrichtsmodelle für den Religionsunterricht der Sekundarstufe skizziert. Bei einigen Plakaten finden sich Anregungen für die Grundschule. Die didaktisch-methodische Umsetzung interpretiert die Werbung. Die Interpretationsebenen sind

---

128 Vgl. Anton A. Bucher, „Wenn wir immer tiefer graben … kommt vielleicht die Hölle". Plädoyer für die Erste Naivität, in: KatBl 114 (1989), 654-662: 659. Die 3 1/2-jährige Tochter von Anton A. Bucher hatte einen „Zini" als „imaginären Begleiter", für den beim Essen ein Teller auf dem Tisch stand. (Vgl. a.a.O. 662).
129 Bruno Bettelheim, Ein Leben für Kinder, Frankfurt 1986, 388.
130 Bucher, Hölle, 657.
131 Vgl. Paul Ricoeur, Interpretation, Frankfurt 1974, bes. 506.

a) das Bild,
b) der Text,
c) das Zusammenspiel von Bild und Text und
d) die religiösen Elemente.

Die Unterrichtsmodelle können einzeln übernommen werden. Möchte man jedoch die Thematik Engel und Teufel in heutiger Wahrnehmung thematisieren, eignet sich die Abfolge dieser fünf Unterrichtsmodelle, da sie methodisch unterschiedliche Zugänge bieten.

I. Kind als Engel (Bild 1)

Die Schülerinnen und Schüler betrachten das Stella-Werbeplakat in der Vorweihnachtszeit. Folgende Fragen werden im Klassenverband beantwortet:
- Was erinnert an die Weihnachtszeit? Engel, Sterne, Schnee. Das Bild wirkt märchenhaft. Die Musical-Angebote entstammen teilweise Märchenwelten (Cats, Phantom der Oper, die Schöne und das Biest, Tanz der Vampire).
- Warum ist ein märchenhaftes Musical in der Adventszeit ein Erlebnis für Erwachsene? Sie fliehen der Realität des Alltags. Sie sind eher Kopfmenschen und benötigen das Gefühlserleben, welches Kindern noch zu eigen ist.
- Warum ist die Geschenkidee – Karte für ein Musical – himmlisch? „Eine himmlische Geschenkidee" assoziiert biblisch-christliche Begriffe: Himmel, Geschenk. Gottes Sohn ist das Geschenk an die Menschen. In Christus offenbart sich die Gnade Gottes. Dies ist wie ein Geheimnis (Engelkind hält Finger vor den Mund), ein Geheimnis der Befreiung aus dem alltäglichen Rhythmus.

Im letzten Gedanken tritt der Unterschied zwischen der Stella-Botschaft und der christlichen Weihnachtsbotschaft hervor. Für die Grundschule eignet sich diese Werbung insofern, dass Kinder einen unmittelbareren Zugang zu Märchen und der unsichtbaren Wirklichkeit haben als Erwachsene und von daher auch empfänglicher als die aufgeklärten Erwachsenen sind, für die Weihnachtsbotschaft „Friede auf Erden und den Menschen ein Wohlgefallen" (Lk 2,14b).

II. Frau als Engel (Bild 2 und 3)

Die Engelfrau von Reifen-Wagner und von Möbel Krügel ist dieselbe. Die Darstellung der Frau, der Text und somit auch der Kontext unterscheiden sich und führen zu einer anderen religiösen Aussage. Es bietet sich ein Vergleich in Einzel- oder Partnerarbeit an.

Die Unterschiede können in tabellarischer Form fixiert werden:

Engel-Werbung	Reifen-Wagner	Möbel Krügel
Bild	Farbiger Großausschnitt des Engels mit Wolkenmeer	Fokkusierung auf Brustausschnitt mit Farbfilter
Text	Nüchterne serifenlose Schrift sowohl oben wie unten; seitliche Datumsangabe	Headline in Schreibschrift und individuelle Buchstaben in Großschreibung unter dem Firmenlogo
Zusammenspiel von Bild und Text	Was ist an der Reifenfirma himmlisch? Nur das Engelsymbol und die Metapher „Himmlische Preise"; Reifen-Wagner bildet den Boden (Fundament, bodenständig) → Bild unterstützt emotional den Text	Zu Weihnachten werden Wünsche erfüllt, z.B. neue Möbel; diese Möbel stehen dann daheim, wo Weihnachten gefeiert wird; der Engel erfüllt die Wünsche (auch erotische?) → Text interpretiert das Bild
Religiöse Elemente	Himmel, Engel	Weihnachten, Wünsche, Erfüllung, ein Zuhause haben, Engel

Die Möbelwerbung verwendet mehr biblisch-christliche Elemente als die Reifenfirma. Der Farbfilter lässt das Engelbild als eine Aufnahme aus einem alten amerikanischen Weihnachts-Familien-Film erscheinen. Weihnachten – Zeit der Erfüllung und der Harmonie in der Familie?!

III. Mann als Engel (Bild 4)

Diese Zigaretten-Werbung eignet sich für eine assoziative Schreibaufgabe: Das Plakat wird gezeigt; einzelne schreiben ihre Gedanken, Beobachtungen und Assoziationen an die Tafel. Während der gesamten Zeit darf nicht geredet werden; alles, was geäußert werden will, muss an die Tafel geschrieben werden.

Ein möglicher Anschrieb könnte wie folgt aussehen:

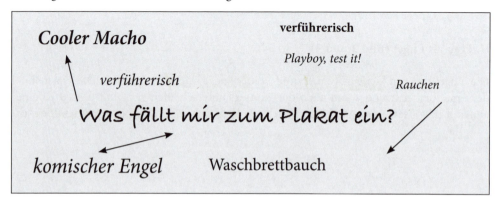

Ein Gespräch über Mann-Frau-Ideal (Geschlechterwahrnehmung) oder über Sucht und Sehnsüchte (Drogen) bietet sich bei diesen Assoziationen an.

IV. Mann als Teufel (Bild 5)

Spürten die Jugendlichen in der Test-Werbung eine männliche „Bosheit", so offenbart das Aquavit-Plakat den Teufel im Mann. Das Malteser-Kreuz bewahrt den Bösen vor einem Angriff. Seit C.G. Jung gehört der Schatten, das Böse, zum Menschsein hinzu. Das In-sich-destruktiv-Seiende zu akzeptieren, ist die bessere Therapie und Überwindung, als „in jeder Situation eiskalt" zu seinem Schatten zu sein. In der Werbung meint „in jeder Situation eiskalt" nun nicht den eigenen Schatten, sondern das Gegenüber, wenn es mir gefährlich entgegen tritt (Perspektive des Betrachters).

Dieses Plakat eignet sich eher für die Sekundarstufe II. Die Erschließung sollte in Gruppen zu vier Personen geschehen, damit die einzelnen Beobachtungen gefunden werden („Acht Augen sehen mehr als zwei!"). Die Aufgabe ist, eine Person(engruppe) in Beziehung zu dem Text „IN JEDER SITUATION EISKALT" zu betrachten und daraufhin eine Personenbeschreibung abzugeben. Mögliche Arbeitsgruppen sind:
– Mann und Teufelsschatten
– Frau an der Säule
– Gesprächspaar im Hintergrund
– Spieler mit Queue und Getränk

V. Mann als Engel und Teufel (Bild 6)

Hat das Himmlische einen teuflischen Schatten? Die Werbung und die Reisefirma rechnet (!) damit. Eine Diskussion über Himmel und Hölle, Engel und Teufel sowie über die Verbindung von beiden schließt sich an die Betrachtung des Plakats automatisch an. Einige Impulse sollen hier genügen: Der Nimbus des Engels suggeriert Heiligkeit (der jährliche, wohlverdiente Urlaub ist vielen heilig) und die Flügel weisen auf das Abheben z.B. mit einem Flugzeug. Zugleich erleben viele Reisende auch die schlechten Seiten eines Urlaubs (teuer, Diebstahl, von Baumaßnahmen bis Sextourismus). Der Teufel steckt eben auch in himmlischen Zeiten und Preisen im Detail. Der nackte Teufel weist „teuflisch gut" auf erotische Chancen, denn „Neckermann macht's möglich". Überraschend ist, dass die Ankündigung für den Winter-Prospekt gilt und nicht für den heißen, verführerischen Sommer. Aber auch im Winter tut ein warmes Feuer gut und viele fliehen in exotische Länder.

Bild 1

Bild 2

Bild 3

Die EG-Gesundheitsminister: Rauchen gefährdet die Gesundheit. Der Rauch einer Zigarette dieser Marke enthält 0,9 mg Nikotin und 12 mg Kondensat (Teer). (Durchschnittswerte nach ISO.)

Bild 4

Bild 5

170

Bild 6

Mit der Bibel werbend auf dem Weg*

Es ist kaum zu glauben, aber Werbe-Anzeigen bieten vielfältige Zugangsmöglichkeiten zur biblischen Botschaft.[1] Denn: Massenmediale Inszenierungen wie exemplarisch die Werbung, die stets zwischen Kontinuität und Diskontinuität bzw. Aktualität[2] oszilliert, können nicht nur als Religionsäquivalente entdeckt werden, sondern können auch oft ungeahnte Wiederentdeckung und Re-Inszenierung[3] christlichen Traditionsguts ermöglichen, – gerade weil sie kontinuierlich unser christlich-kulturelles Erbe aktualisieren und verfremden. Zur Wiederentdeckung bedarf es allerdings zunächst der sensiblen und tiefgründigen Wahrnehmung. Dies möchte dieser Beitrag leisten.

1. Exodus und Weg in der biblisch-christlichen Tradition

Der Exodus im Alten Testament ist eine fundamentale Weg-Geschichte – nicht nur für die Juden. Die Befreiung aus der Sklaverei in Ägypten und der Auszug (Exodus) ins gelobte Land bilden das Grundbekenntnis Israels und die zentrale Erfahrung alttestamentlichen Glaubens: Jahwe, der Gott Israels, hat sein Volk aus Ägypten herausgeführt (vgl. Ex 20,2; Dtn 5,6; Lev 19,36; Num 24,8; Dtn 6,12). Diese Glaubenserfahrung spiegelt sich in Ex 1-15, als „Lobgesang des Mose" in Ex 15,1-11 und in kurzer Form im sog. Mirjamlied Ex 15,21 („Lasst uns dem Herrn singen, denn er hat eine herrliche Tat getan; Ross und Mann hat er ins Meer gestürzt") wieder. Dabei korrespondiert dem „Auszug" aus Ägypten die Verheißung auf den „Einzug" in das kanaanäische Kulturland, so dass Auszug, Wüstenwanderung und Einzug im Pentateuch einen Gesamtzusammenhang ergeben. Der Gedanke der Erwählung und Zuwendung Jahwes zum Volk Israel und seine Sonderstellung sind für den jüdischen Glauben konstitutiv.

Bei Jer, Ez und DtJes wird das Exodusmotiv in veränderter historischer Situation „zu einem Ausdrucksmittel neuer Hoffnung für die nach Babylon Deportierten, die nunmehr ‚ihrem' Exodus entgegensehen."[4] Besonders DtJes begreift die Heimkehr aus der babylonischen Gefangenschaft als zweiten Exodus und als Parallele zum Auszug aus Ägypten. Das Gedenken an die wunderbare Errettung am Schilfmeer (Ex 14,15-18) und die Befreiung aus Ägypten wird im Judentum nicht als Vergangenheit gesehen, sondern als ständig gegenwärtige, befreiende Wirklichkeit.

Im Exodus hat Israel seine Befreiung erfahren, deshalb nennt Israel seinen Gott „unseren Befreier ... vom Anfang her" (Jes 63,16). Diese Befreiung war ein politischer Vorgang, ein reales und sichtbares Eingreifen in die Verhältnisse. Durch die Befreiung aus Ägypten ist den Israeliten klar geworden: Hier hat der wahre und lebendige Gott

---

* Erstveröffentlichung in: Deutsche Bibelgesellschaft / Katholisches Bibelwerk (Hg.): Zugänge zur Bibel. Das ökumenische Werkbuch, Stuttgart 2002, 159-161.

1 Vgl. das große Angebot der Beispiele zu „Religion und Werbung" in: www.glauben-und-kaufen.de.

2 Julia Halbach, Religiöse Elemente in der Werbung, in: EZW-Texte 149 (Ev. Zentralstelle für Weltanschauungsfragen), Berlin 1999, 15-40: 19.

3 Vgl. Thomas Klie, Auf der Oberfläche tanzen! Oszillationen, Reinszenierungen, in: Zeitschrift für Pädagogik und Theologie. Der Evangelische Erzieher 51/1999 (Heft 3), 309-320.

4 Siegfried Herrmann, Art. „Exodusmotiv I. Altes Testament", in: Theologische Realenzyklopädie 10 (1982), 732-747: 735.

ein Stück von seiner Weltherrschaft gezeigt. Freilich nur ein Stück. Vieles ist beim Alten geblieben. Vieles läuft in dieser Welt weiterhin so, wie es dem Wesen Gottes nicht entspricht. Aber eines Tages wird er seine Herrschaft ganz antreten. Die Befreiung aus Ägypten ist nur ein Vorgeschmack.

Im Neuen Testament wird das Exodus-Motiv eher spiritualisiert und ist von geringer Bedeutung.[5] Der Weg-Charakter bleibt jedoch auch im Neuen Testament durch die Christus-Bezeichnung „Ich bin der Weg" (Joh 14,6) erhalten. Die ersten Christen wurden dann auch zunächst „Leute des neuen Weges" (Apg 9,2) genannt. Das Exodus-Motiv der Befreiung aus aller Unterdrückung und Hinführung ins gelobte Land wurde von den Spirituals („Let my people go") wieder aufgenommen. Die Exodus-Tradition hat über die Theologie der Hoffnung (Ernst Bloch / Jürgen Moltmann) und über die Theologien der Befreiung erhebliche Relevanz in neuerer Zeit erhalten.[6]

2. Werbung greift den Weg-Charakter und den biblischen Exodus auf

Der Exodus Israels findet sich nicht nur in alten Befreiungsliedern, sondern auch in neueren Werbe-Anzeigen. Einstiegsmöglichkeiten und Vergleichsebenen gibt es viele, für die die biblisches „Sehen" in alltäglichen Dingen gelernt haben. Die zahlreichen, hier nur exemplarisch dokumentierten Motive der Werbekampagne zeigen unter der Überschrift „Believe" (Abb. 1 und 2) jeweils einen Vertreter einer Religion bzw. Weltanschauung, der einen „4 You"-Rucksack trägt. Der buddhistische Mönch (Abb. 1) repräsentiert Harmonie und Ausgeglichenheit. Der altertümlich stilisierte Mose (Abb. 2) mit einem modernen „4 You"-Daypack auf dem Rücken vermag die Spaltung der Wassermassen zu gebieten, die hier übermächtig dargestellt sind. In dieser Werbung steckt Dynamik und Energie. Die Schrifttypen und –arten unterscheiden sich entsprechend dem Duktus der Darstellung. Der Mönch kommt nach Hause, Mose bricht auf. Bei Mose erscheint ein Weg ins helle Licht des Himmels: die Befreiung, der Exodus. Und nur – so die Werbebotschaft – der 4 You-Daypack-tragende Mose ist dazu fähig!

Die Werbekampagne „Wir machen den Weg frei" der Volks- und Raiffeisenbanken läuft mit immer neuen Weg-Motiven seit 1988 (Abb. 3 und 4). Der schnurgerade, hindernisfreie Weg der Werbung der Volksbank unterscheidet sich gegenüber den verschlungenen Wegen von Labyrinth (Mat. 1) und Irrgarten (Mat. 2). Er suggeriert, dass mit Hilfe dieser Bank auch scheinbar aussichtslose Ziele mühelos zu erreichen seien. Hier kann die kritische Befragung der Wegvorstellung einsetzen. Die große Tiefenwirkung der Bilder erzeugt beim Betrachter eine Art Sogwirkung: Es gibt keine Hindernisse oder sie werden mühelos überwunden. Vor allem das Motiv des einmaligen Wasserstraßenkreuzes in Minden/W. zeigt dies (Abb. 3): Der Mittellandkanal wird über die Weser geführt. Der weite Horizont zeigt den unendlichen Handlungsraum der stets aktiven Menschen auf, die ihre hohen Ziele (mit Hilfe der Bank) mühelos erreichen. Der aktive, sportliche Mensch ergreift gut gelaunt die Initiative, erlebt unter dem stets blauen Himmel al-

---

5 H.-W. Kuhn, Art. „Exodusmotiv III. Neues Testament", in: Theologische Realenzyklopädie 10 (1982), 741-745: 744.

6 Vgl. u.a. Folkert Rickers, Biblische Begründung für Befreiung in Theologie und Religionspädagogik. Das Beispiel Exodus, in: Theologia Practica 14/1979, 182-194 / H.-J. Kraus, Das Thema „Exodus", in: Evangelische Theologie 31/1971, 608-623 / G. Sauter, „Exodus" und „Befreiung" als theologische Metaphern, in: Evangelische Theologie 38/1978, 538-559.

len Freiraum für sein Leben und meistert es. Sehnsucht in die weite Welt treibt die Floß-Fahrenden voran (Abb. 4).[7]

3. Wege suchen – Bibel finden

Wege zur biblischen Botschaft gibt es viele. Hier werden drei unterschiedliche Zugänge (meditativ, tänzerisch und lebensweltorientiert) vorgestellt. Dabei können die biblischen Ursprünge aufgezeigt werden.

a) *meditativ*: Um den Weg-Charakter, den Aufbruch und Exodus zu erleben, sind Medien wie Labyrinth (Mat. 1)[8] und Irrgarten (Mat. 2) bei Gemeinde- und Jugendabenden einsetzbar. Das Labyrinth zeigt den einen Weg auf, der jedoch durch irritierende Windungen zur Mitte hin und wieder von der Mitte weg führt. Mit dem Finger ist das Chartres-Labyrinth (in DIN A4-Größe kopiert) ohne Schwierigkeiten zu „durchwandern". Das Ziel ist die Mitte. Bei dem Irrgarten hingegen gibt es Irrwege, Umwege und Sackgassen. Den richtigen Weg ins Zentrum zu finden, bereitet manchem und mancher Probleme.

b) *tänzerisch*: Der dreistimmige Rap-Kanon zu einem Wort aus den Sprüchen Salamos (Mat. 3) als einfacher Sprechkanon mit Schnipsen und Klatschen kann ebenso als konzentrischer Kreistanz in drei Gruppen durchgeführt werden. Die äußerste Kreisgruppe ist die größte, die innerste somit die kleinste Gruppe. Jede Kreisgruppe geht hinter einander in die entgegengesetzte Richtung als die benachbarte Kreisgruppe. Bei jedem Zeilenanfang wird dann während des Tanzes die Richtung gewechselt und die Gruppe läuft wieder zurück. Dadurch bewegen sich die Gruppen in gegensätzliche Richtungen, während sie den Kanon singen. Der Tanz empfiehlt sich jedoch erst, wenn die Beteiligten den Kanon schon auswendig und sicher sprechen können.

c) *lebensweltorientiert*: Vor allem für Jugendliche ist es spannend, die Weg-Symbolik im Alltag zu entdecken. Dies geschieht durch folgende Wahrnehmungsaufgabe: Die Jugendlichen sollen weitere Anzeigen mit dem Motiv des Exodus, des Aufbruchs und des (freigemachten) Weges sammeln. Sie sollen die Werbe-Anzeigen mitbringen. Gemeinsam werden die Einzelmotive, auch das Thema bzw. Gesamtmotiv der Bilder betrachtet und interpretiert. Dabei kann ein historischer Bezug abgeleitet werden. Der kulturell-historische Hintergrund des Motivs wird durch Bezüge zu biblischen Zeichen, Texten und Bildern, die dasselbe Motiv verarbeiten, hergestellt.

Bei allen drei dargestellten Weg- und Exodus-Umsetzungen in der Gemeinde, Jugendarbeit und Schule sollten immer die Unterschiede und Gemeinsamkeiten zur biblischen Botschaft herausgearbeitet werden: Führen die Weg-Symbole schnurgerade auf das Ziel zu? Oder gibt es auch verschlungene, widerständige Wege; Wege, auf denen der Mensch nicht aktiv-tatkräftig, sondern gebrochen-ohnmächtig ist (z.B. auch die Emmaus-Geschichte als Trauerweg), Wege, die nicht ins helle Licht führen. Sind es Wege in der Gemeinschaft? Gerade bei der Werbung ist zu fragen: Wofür werben, was ver-

---

7 Weitere Beispiele, Analysen und exegetische Aspekte zu Werbung, Weg und Exodus in: Thomas Bickelhaupt/Uwe Böhm/Gerd Buschmann: Das Exodus- und Weg-Symbol in der Werbung; in: Loccumer Pelikan 2/2001, 67-71und Uwe Böhm/Gerd Buschmann: Das Exodus-Motiv in der Werbung; in: Katechetische Blätter 1/2001, 19-22.

8 Vgl. die unterschiedlichen Zugänge in Gernot Candolini: Labyrinthe. Ein Praxisbuch, Augsburg 1999.

sprechen, worauf zielen diese Anzeigen, worauf zielt die biblische Tradition? Was bedeutet Glaube ("Believe") in den Anzeigen und in der Bibel? Wie gestalten sich Ursprung, Verlauf und Ziel biblischer Exodus-Tradition im Vergleich zur Werbung mit dem Exodus-Motiv bzw. zum Labyrinth?

Bibeltexte und die im Anhang aufgeführten Materialien können in Korrelation gesetzt werden. Letztlich können Jugendliche und Erwachsene ihren eigenen Lebensweg mit Hilfe der Werbe-Anzeigen kritisch deuten: Welches Ziel verfolgen sie selbst in ihrem Leben („Weg der Gerechtigkeit")? Lohnt sich dieses Ziel? Wer gibt die Kraft zum Überwinden der Hindernisse und Irrwege (z.B. im Irrgarten)? Welchen Glauben („Believe") bedarf es dazu?

4. Materialien

Mat. 1: Labyrinth in Chartres (12. Jahrhundert)

Mat. 2: Rechteckiger Irrgarten von Giovanni Fontana (Venedig, ca. 1395-1455)

(Material 1 und 2 aus: Hermann Kern: Labyrinthe, München 1987, 3. Auflage)

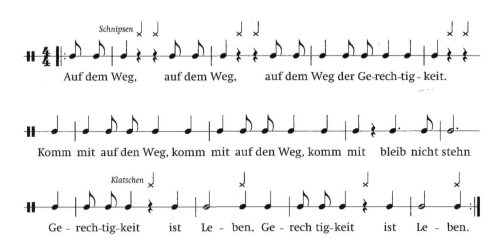

Mat. 3: Rap-Kanon nach Sprüche 12, 28 (Arr. Uwe Böhm)

Abb. 1: Buddhistischer Mönch

Abb. 2: Mose

Abb. 3: Mittellandkanal bei Minden/W.

Abb. 4: Floßfahrer

(Abbildungen entnommen aus: www.glauben-und-kaufen.de)

Kultur des Körpers und der Bewegung

Tanz und Bewegung im Religionsunterricht*

In der Schule werden Inhalte be-sprochen, be-handelt und be-dacht. Nur Fehler und Verbrechen werden be-gangen. „Gehen" scheint negativ in unserem Sprachgebrauch verankert zu sein. Der Mensch muss erst wieder den Umgang mit den Dingen, die uns „nach-gehen", neu lernen. Sinn und Ziel von Tanz und Bewegung im Religionsunterricht ist das Lernen, sich in Bewegung zu setzen und unter Menschen zu gehen. Übrigens: Über das Substantiv „Sinn" kommt man auf das Verb „sinnen", welches etymologisch[1] eine Ursprungsbedeutung von „gehen, reisen" hat. Dies heißt ergänzend, dass sich der Sinn über die Bewegung erschließt. Der lernende Mensch tanzt, um über das Tanzen den Sinn zu erschließen.

Die Hinführung in die Thematik bzw. Problematik erfolgt durch fünf Thesen, die neugierig auf den systematischen und abschließenden praktischen Teil machen darf. Der Schwerpunkt liegt auf der Primarstufe. Im systematischen Teil wird zwischen der Thematik Tanz und der Konzeption „Bewegter Religionsunterricht" unterschieden. Jedoch zielen beide auf sinnhaftes Lernen durch und über Körpererfahrung.

1.   Tanz und Bewegung – Thesen

1.1 Wer tanzt, macht sich verletzlich

Wenn der Lehrer vor und mit der Klasse tanzt, muss ein Vertrauensverhältnis vorhanden sein oder aufgebaut werden. Beim Tanzen zeigt man Gefühle und eine für den Unterricht außergewöhnliche Körperlichkeit. Jedoch kommt es im Unterricht selten zu einer unvermittelten Selbstdarstellung, sondern öfters zu einer vermittelten Darstellung mit einer vorgegebenen Abfolge.

1.2 Tanz und Bewegung sind gemeinschaftsstiftend

Der Beziehungsaspekt menschlichen Lebens wird gefördert und gefordert. Die Nähe Gottes lässt sich erfahrbar machen: Jesus isst, feiert und heilt die Außenseiter. Der Tanzende ist Teil einer Gruppe von Angenommenen und Annehmenden.
Dabei gelten bei Tänzen in der Gesamtgruppe folgende Merkmale:
– Die Anzahl der Tänzer muss nicht aufgehen.
– Das Geschlecht ist nicht entscheidend.
– Die Gleichheit der Unterschiede ist zu berücksichtigen.
– Es fördert die Gemeinschaft.

---

*   Dieser Beitrag wurde zusammen mit Julia Freund, Bettina Kraft und Corinna Sprenger konzipiert.
1   Duden: Das Herkunftswörterbuch. Etymologie der deutschen Sprache, Mannheim 1989, 675.

- Etwas Gemeinsames wird entfaltet und erfahren.
- Es kann eine Bewegung aufeinander zu entstehen.

Wenn alles wirkliche Leben Begegnung ist (Martin Buber) und jede Begegnung eine Form hat (Gestalttheorie), dann gehört Tanz elementar zur Bildung des Menschen und der Gemeinschaft.

1.3 Zugang zum Wort durch Tanz und Bewegung

Der Text im Lied erzählt und verkündet z.B. „Dein Wort ist meines Fußes Leuchte und ein Licht auf meinem Weg." (Ps. 119, 105). Die Umsetzung des Wortes könnte so aussehen, dass alle Kinder sich mit einer Kerze in der Hand prozessionsartig in Bewegung setzen. Somit wäre das Wort in die Tat umgesetzt, also „verleiblicht" worden.

Das „Verleiblichen", besonders von biblischen Texten, birgt eine Chance und zugleich eine Gefahr. Einerseits kann der Text zeigen, wovon er spricht, und die schriftlich fixierte Bewegung wird in aktive Bewegung umgewandelt. Andererseits können dabei Bilder entstehen, die so nicht im Text sind, also den Text verfremden.

1.4 Tanz und Bewegung ist Kunst des Hörens

Auf die Musik, den Text und die anderen Teilnehmer muss gehört werden. Zur Bewegung kommt der akustische Sinn hinzu. Im Vollzug der Bewegung soll sich der Teilnehmer öffnen und für das Numinose sensibilisiert werden.

1.5 Verlangsamung im Tanz und in der Bewegung

Beim Bewegen spielt die Erlebnisverarbeitung eine wichtige Rolle. Der Raum soll bewusst mit einer bestimmten Zeitgestaltung durchschritten werden. Für die Bewegung auf den anderen zu soll sich Zeit genommen werden. Die Fortsetzung dieser Bewegung ist die Bewegung Gottes auf mich zu.

2. Tanz in Geschichte und Gesellschaft

2.1 Historische Skizzen

Tanz war ursprünglich ein Medium zur Verehrung und Beschwörung des Göttlichen. Ende der (Alt-)Steinzeit (ab ca. 40.000 v. Chr.) lassen sich Höhlenmalereien mit Tanzszenen im Pyrenäengebiet nachweisen. In der Antike (ca. 2500 v. Chr. bis ca. 500 n. Chr.) besitzt der Tanz auch die Funktion, ein harmonisches Weltgefüge zu konstruieren. Im Tanz sah man die Gefahr der unkontrollierten Ekstase. In der Tempelliturgie hatte der Tanz seine transzendierende Funktion behalten.

Im Mittelalter (ca. 500 n. Chr. bis 1500 n. Chr.) tanzte vor allem die männliche Oberschicht, um seinen Körper in den Zustand der Selbstbeherrschung zu bekommen. Die Unterschicht hingegen bewegte sich in einen Rauschzustand. Vor allem Maien-Tänze waren beliebt. Es entwickelten sich vielfältige Gesellschaftstänze schichtspezifisch in der Renaissance (ca. 14. bis 16. Jahrhundert). Die Tänze wurden dadurch, dass mehrere sich bewegen zunehmend strukturierter: Vortanz (z.B. Bassadanza) und Nachtanz (z.B. Saltarello). Louis XIV. („Sonnenkönig") gründete die erste Tanzakademie (1661). Das Ballet wurde im Absolutismus (ca. 17./18. Jahrhundert) kodifiziert und vom Tanz unterschieden.

Im Zeitalter der Industrialisierung (spätes 18. bis Anfang 20. Jahrhundert) entstanden viele neue Tänze durch die Arbeiterklasse. Die Tanzenden hatten eine engere und freizügigere Haltung. Die Namensgebung geschah aufgrund sichtbarer Kennzeichen (z.B. „Dreher", „Schleifer"). Der Walzer und die Polka entstanden.

Nach dem ersten Weltkrieg war die Begeisterung für den Jazz und geistesgeschichtlich für die Folgen der Kulturrevolution groß. Freie und individuelle Bewegungen wurden getanzt. Nach dem zweiten Weltkrieg war der Wiederaufbau wichtiger als der Tanz. Als in Deutschland 1963 die sozial-liberale Demokratie regierte, gewannen die Popmusik und später der Disco-Tanz an Bedeutung.

2.2 Tanzformen heutiger Kinder und Jugendlicher

Bei Kindergeburtstagen und im Sportunterricht finden Tanzformen statt. Oft singen und bewegen sie sich zu Hörspielkassetten. Jugendliche gehen in Discos oder Tanzschulen. Bei Popkonzerten und Partys finden Tanzbewegungen zufällig statt. Dabei ist der Musikstil für die Bewegungsart entscheidend: Bei Hip-Hop finden andere Arten der Bewegung statt als bei Rock'n'Roll.

Jugendliche vermischen auch gerne unterschiedliche Stile wie z.B. Streetdance, Jazzdance oder Breakdance: Exemplarisch stelle ich zwei Formen gegenüber:

Streetdance	Breakdance
– Synchrontanz	– einzelne Tänzer
– auch Frauen	– meistens Männer
– Show / Vorführung	– Contest / Wettbewerb
– tänzerische, gestenreiche, slapstickartige, sportliche Bewegungen	– Akrobatik

Jugendliche „kopieren" gerne ihre Stars und Idole. Sie erhalten durch Tanzen Aufmerksamkeit. Zugleich kompensiert der Tanz auch den Bewegungsmangel und führt zu Stressausgleich. Tanz verarbeitet Erfahrung und ist gemeinschaftsbildend. Das Kind lebt dadurch seinen Bewegungsdrang aus.

2.3 Tanz im Christentum

Die momentane Aufmerksamkeit, die dem Tanz gewidmet wird, findet keine Parallele in der Geschichte des europäischen Christentums. Außerhalb Europas hat der Tanz im Christentum eine ganz andere Entwicklung genommen. In Afrika, Australien, Indien oder Lateinamerika z. B. existieren völlig andere Kulturen, Kulte und Mentalitäten. Dort sieht man den Tanz als Verbindung des Menschen mit dem Göttlichen.[2]

---

2 Vgl. Richter-Frey (1998), 192.

J. Sudbrack konnte nachweisen, dass es innerhalb der auf Abraham beruhenden Religionen keine offizielle durchgängige oder legitimierte Tradition des religiösen Tanzes gibt. Die Kirche hatte eine eindeutig negative Einstellung zum Tanz. Jedoch wird in der Literatur versucht, diese negative Haltung durch geeignete Bibelstellen oder liturgische Tänze des lateinischen Mittelalters zu widerlegen. Meist dienen der tanzende König David oder die tanzende Mirjam als Belege. Aber auch Augustinus wird mit seiner Äußerung „Mensch, lerne tanzen, damit die Engel im Himmel etwas mit dir anfangen können"[3] zur Rechtfertigung einer positiven Einstellung der Kirche zum Tanz aufgeführt. Seit jeher ist die Kirche der Meinung gewesen, dass beim Tanz der Teufel anwesend sei. Dies hat die Menschen aber trotzdem nie zurückgeschreckt. Für sie war der Tanz eine Art Befreiung, sie fanden in ihm Kraft und schöpften darin neuen Lebensmut.

So bilden ekstatische Nonnen, eine „Sekte der Tänzer", oder ekstatische Ekzesse bei der Wallfahrt zur „Schönen Madonna von Regensburg" die Randgruppe dieser Zeit.[4] Innerhalb dieser Enklaven sind wertvolle Gedanken und Texte zum Tanz entstanden, wie das Tanzlied der Quäker „Lord of the Dance", die chassidischen Geschichten von Martin Buber oder auch die Texte von Jalaluddin Maulana Rumi.[5]

Es ist bedauerlich, dass durch die negative Haltung der Kirche gegenüber dem Tanz „eine wichtige Lebensquelle der Frömmigkeitserfahrung zugeschüttet wurde"[6]. Dass der Tanz eine so bedeutende Rolle im Leben der Menschen spielt, zeigt sich in der momentan sehr intensiven Beschäftigung mit dem Tanz und dessen Ausdrucksformen. Es wird allerdings beklagt, dass durch die Intellektualisierung und Technisierung unserer Gesellschaft das Gespür für die „körperliche Lebendigkeit als Lebensmitte in der Urerfahrung des Tanzes"[7] verloren gegangen zu sein scheint.

Abschließend ist zu sagen, dass es bis heute Kritik aus kirchlichen Kreisen gegenüber dem Tanz gibt und dass die meisten der schönen älteren Tanztexte im Christentum, aber auch ein Tanz einer Teresa von Avila oder einer Hildegard von Bingen nur als spirituelle Bilder und Allegorien für die geistige Freude verstanden werden.

Jedoch ist die Bedeutung des Tanzes ernst zu nehmen, damit wieder ein neuer Bezug zur Leibfreundlichkeit sowie zum liturgischen und kontemplativen Tanz entstehen kann. Man sollte die positiven Eigenschaften des Tanzes würdigen und in der Kirche einen Umdenkprozess einleiten, der den Menschen „ganzheitlich vor Gott stehen und tanzen lässt"[8].

Die Reserviertheit gegenüber dem Tanz innerhalb des europäischen Christentums kommt vermutlich von der Angst, sich an Mächte zu verlieren, die man willentlich nicht beherrschen kann, wenn man sich der Musik, dem Rhythmus oder dem Gefühl des Sich-selbst-Auslieferns hingibt, das beim Tanz entsteht.[9]

---

3   Richter-Frey (1998), 193.
4   Vgl. Richter-Frey (1998), 193.
5   Vgl. Richter-Frey (1998), 193.
6   Richter-Frey (1998), 194.
7   Richter-Frey (1998), 194.
8   Richter-Frey (1998), 194.
9   Vgl. Richter-Frey (1998), 195.

3. Durch Tanz zum bewegten Religionsunterricht

3.1 Verankerung im Bildungsplan

In den Leitgedanken zum Kompetenzerwerb für die evangelische Religionslehre in der baden-württembergischen Grundschule wird festgehalten, dass „der evangelische Religionsunterricht die Kinder anleitet, sich unter anderem mit Gebärden, Farben und Klängen, mit Bildern und Worten auszudrücken und mit anderen zu verständigen. Neben dem messbaren Lernen fördert er die Entwicklung der Persönlichkeit der Kinder. Die Pflege von Beziehungs- und Kommunikationsfähigkeit stellt eine besondere Herausforderung für den Religionsunterricht dar. […] Zum Religionsunterricht gehören Singen, Musizieren, Tanzen, Bilder gestalten und interpretieren."[10]

Der evangelische Religionsunterricht fördert die ästhetische Kompetenz. Damit ist die Fähigkeit gemeint, Wirklichkeit, insbesondere Bildende Kunst, Musik und Literatur sensibel wahrzunehmen, sie auf Motive und Visionen hin zu befragen und selbst kreativ tätig zu werden.[11]

3.2 Definition des „Bewegten Religionsunterrichts"

Der „Bewegte Religionsunterricht" soll bewegt und bewegend sein, indem Inhalte des Religionsunterrichtes durch Wahrnehmungs- und Bewegungsspiele erlebnishaft angeboten werden. Diese Erlebnisse werden in einem anschließenden Unterrichtsgespräch reflektiert und bewertet, wodurch sie in persönliche, soziale, kirchliche und religiöse Zusammenhänge gestellt werden.[12]

Im bewegten Religionsunterricht gibt es eine Verschmelzung der theologischen und der anthropologischen Komponente.

Theologisch betrachtet, soll die Botschaft der liebenden Zuwendung Gottes zu den Menschen den Religionsunterricht wie einen roten Faden durchziehen. Im Zentrum steht dabei die Menschwerdung Gottes. Gott bewegt sich auf den Menschen zu. Durch die Schöpfung, die menschlichen Erfahrungen mit Gott in der Geschichte und durch den Umgang Jesu mit den Menschen wird die Sinnlichkeit des Menschen angesprochen. Dabei trennt die biblische Verkündigung nicht zwischen Leib, Seele und Geist, denn der christliche Glaube soll die Ganzheit des Menschen nicht spalten.

Die anthropologische Komponente besagt, dass sich Kinder immer und überall bewegen, auch dann wenn sie es nicht sollen. Sie nehmen ihre Umwelt als Bewegungswelt wahr, auch wenn diese ursprünglich nicht dazu gedacht ist.[13] Für Kinder ist ihr Körper die „Hauptbühne"[14], auf der jede Aktion oder Bewegung stattfindet. Sie drücken ihre Emotionen durch sichtbare Körpersignale aus. Deshalb können sich Kinder besonders in Bewegungsspielen auf Gott zu bewegen, denn Gott und die ganze Welt finden darin einen Platz.

Der bewegte Religionsunterricht will die Empfindungswelt der Kinder ernst nehmen und ihnen Optionen für leibliche Erlebnisse anbieten. Den Kindern wird somit

---

10 Bildungsplan (2004), 24.
11 Vgl. Bildungsplan (2004), 23.
12 Vgl. Buck (2001), 9.
13 Vgl. Buck (2001), 10.
14 Buck (2001), 10.

die Möglichkeit gegeben ihre Bewegungskompetenz in den Unterricht einzubringen. Dadurch entsteht ein Raum, in dem die Kinder eine Ahnung von der Zuwendung Gottes bekommen können. Es ist jedoch nicht möglich eine Aussage darüber zu machen, ob die Kinder dadurch glauben lernen können und Gott als Freund ansehen, dem man vertrauen kann. Kinder finden oft unmittelbarer und unkonventioneller zum Glauben als Erwachsene.

3.3 Lerntheoretischer Hintergrund

Kinder lernen durch Sinnesleistungen, sie haben einen inneren Trieb, die Umwelt durch ihre Sinne zu erforschen und zu entdecken. Sie bauen Lager und Höhlen, wodurch sie ihre Körperumgrenzung erleben, sie schaukeln und drehen sich, um ihren Gleichgewichtssinn anzuregen uvm.

Dieser ersten kindlichen Entwicklungsphase hat Jean Piaget den Begriff der Sensomotorik zugeordnet. In dieser Phase besitzt das Kind eine sensomotorische Intelligenz, die dafür verantwortlich ist, dass Kinder im handelnden Spiel ihrer kognitiven und sprachlichen Intelligenz weit voraus sind.

Diese Wechselbeziehung von Wahrnehmung und Bewegungsreaktion nennt *Victor von Weizsäcker* den „Gestaltkreis". Damit ist gemeint, dass der Mensch allein durch seine Sinnestätigkeit in der Lage ist, Kontakt zu seiner Umwelt aufzunehmen und wieder aktiv zu werden. Die Bewegungsaktion wird begleitet von Sinneswahrnehmung und wird durch sie korrigiert und ergänzt. Schließlich stellt sich die Bewegungsreaktion wieder darauf ein.[15] Es handelt sich also um einen Kreisprozess.

Werner Radik nennt diese unmittelbaren Sinnes- und Bewegungserlebnisse in seinem „Kommunikationstheoretischen Lernmodell" die erste Informationsstufe. Auf dieser Stufe werden alle lebensnotwendigen Grundfähigkeiten ausgebildet, wie Urvertrauen, Geborgenheitsgefühl, räumliche Ordnungen, logische Abfolgen verstehen oder gestalten uvm.

Nach Radik gibt es drei solcher Informationsstufen: das sinnlich unmittelbare Erleben, die Sprache und die Schrift. Viele Wissenschaftler sehen diese Stufen in einem hierarchischen Prozess. Radik hingegen ist der Meinung, dass alle drei Informationsstufen im schulischen Lernen miteinander im Austausch stehen sollten.[16] Damit stehen Sinnes- und Bewegungserlebnisse dem Lernen durch Schrift und Sprache gleichwertig gegenüber. Dieses Konzept von Radik eignet sich besonders für den bewegten Religionsunterricht, denn Kindern stehen heute nicht mehr so viele Sinneserfahrungen wie früher zur Verfügung. Außerdem fördert das Lernen auf allen drei Informationsstufen das Gehirn viel mehr als nur auf zwei oder einer der Stufen. Die Folgen der Nutzung aller drei Stufen sind zum Beispiel die differenziertere Assoziation, die einfachere Erfassung des Lerninhaltes, das Erkennen breiterer Zusammenhänge, die erweiterte Transferleistung, sowie eine bessere Auseinandersetzung mit dem Inhalt und schließlich wird Gelerntes einfacher gespeichert und ist im Langzeitgedächtnis abrufbar.

Gerade im Religionsunterricht soll das Kind ganzheitlich angesprochen werden. Da der bewegte Religionsunterricht Glaubens- und Lebenshilfe für die Kinder sein will, muss er also auch die körperlich-sinnhafte Existenzweise der Kinder ernst nehmen.[17]

---

15 Vgl. Buck (2001), 12.
16 Vgl. Buck (2001), 13.
17 Vgl. Buck (2001), 14.

Im bewegten Religionsunterricht wird auf die Formulierung konkreter Lernziele verzichtet. Vielmehr soll durch die Kommunikation das Lernen in einem relativ offenen Prozess stattfinden. Der Unterrichtsprozess soll also aus Wechselbeziehungen, Rückwirkungen, schöpferischen Entwicklungen und emotionalen sensomotorischen Vorgängen usw. bestehen. Ein so genannter „kybernetischer Prozess"[18] bezieht aus den Verknüpfungen sein Leben.

Das Modell des bewegten Religionsunterrichts fordert von den Lehrern einen neuen Denkansatz. Diese Form des Unterrichts lässt sich nicht völlig planen und auch dessen Ergebnisse können nur im Gesamtverbund bewertet und verwertet werden. Der Lehrer hat hier nur die Möglichkeit, einen Schwerpunkt innerhalb des vorgegebenen Unterrichtsinhalts zu setzen. Den Kindern soll ein Raum geboten werden, in dem sie Gott kennen lernen können. Wie sich das Unterrichtsgeschehen dabei entwickelt ist nicht planbar und vorherzusehen.

3.4 Bewegter Religionsunterricht im Verhältnis zu verschiedenen religionspädagogischen Konzeptionen

Im bewegten Religionsunterricht geht es vor allem um die liebende Zuwendung Gottes zum Menschen, die besonders durch die Menschwerdung Gottes in Jesus von Nazareth begreifbar wird.[19] Buck spricht hier sowohl von einer Linie von „oben nach unten" als auch von einer Linie von „unten nach oben", die den bewegten Religionsunterricht prägen.[20]

Mit der Linie von „unten nach oben" meint Buck die Kinder in ihrer Ganzheitlichkeit, die nach Lebensantworten suchen. In dieser Art des Unterrichts dürfen sie Gott Fragen stellen, ihm böse sein, ihn anklagen usw. und haben damit die Möglichkeit, aktiv nach Spuren Gottes in ihrem Leben zu suchen. Der bewegte Religionsunterricht setzt sich das Ziel, die Kinder in ihrer Ganzheitlichkeit, also mit Leib, Seele und Geist ernst zu nehmen. Wichtig ist dabei, dass man immer davon ausgeht, dass Gott auf Seiten der Kinder steht und man ihnen dies auch vermittelt.

Der Lehrer übernimmt in dieser Unterrichtsform eine andere Rolle. Er ist nicht mehr der Belehrende, dem sich die Kinder unterordnen müssen. Vielmehr muss sich der Lehrer auf die kindliche Lebensform einlassen und auch seine eigene Weltsicht in Frage stellen können. Der Lehrer übernimmt die Rolle eines Vermittlers zwischen Gott und den Kindern und hat die Aufgabe, diese Kommunikation immer wieder auf neue Weise entstehen zu lassen.[21]

Allgemein lässt sich sagen, dass alle religionspädagogischen Konzeptionen mit dem bewegten Religionsunterricht vereinbar sind, die anerkennen, dass Gott den Menschen anspricht bzw. der Mensch nach Gott sucht, ihn ansprechen will und von ihm angesprochen werden möchte.[22]

Damit wäre der bewegte Religionsunterricht in den Formen der Evangelischen Unterweisung nicht praktizierbar, da sie dem Kind die Botschaft Gottes als Anspruch gegenüberstellt und dabei nicht auf die Belange des Kindes eingeht.

---

18 Buck (2001), 14.
19 Vgl. Buck (2001), 16.
20 Vgl. Buck (2001), 16.
21 Vgl. Buck (2001), 16.
22 Vgl. Buck (2001), 17.

Auch dem Konzept des Hermeneutischen Religionsunterrichts nach Stallmann steht der bewegte Religionsunterricht kritisch gegenüber. Denn in diesem Konzept steht das kognitive Verstehen und Kennenlernen von christlichen Traditionen und Texten im Vordergrund, ohne dem Glaube des Kindes eine Bedeutung zu schenken. Das kognitive Verstehen ist in der hermeneutischen Konzeption bedeutsamer als der sensomotorische Verstehensprozess. Aber genau dieser sensomotorische Verstehensprozess ist das Ziel des bewegten Religionsunterrichts. Man gesteht den Kindern je nach Entwicklungsstand und Persönlichkeit zu, ob sie z. B Geschichten als real einschätzen oder sie als eine Wahrheitsbotschaft einer fiktiven Wirklichkeit sehen. Der Lehrer betont dabei weder die eine noch die andere Möglichkeit und es entsteht eine „unmittelbare Kommunikation zwischen Unterrichtsinhalt und Kind […], ohne kritische Filter durch eine textliche Interpretation vorzuschalten".[23] Der Lehrer baut auf Überraschungen auf, die durch den spontanen Umgang der Kinder mit dem Inhalt entstehen können. [24]

Dieser spontane Umgang mit dem Inhalt wird nicht durch das Einbringen von Ergebnissen der historisch-kritischen Forschung unterbrochen, jedoch bedeutet das nicht, dass der Inhalt, zum Beispiel einer biblischen Geschichte, auf fundamentalistische Art als „objektivierbare historische Tatsache"[25] gesehen werden darf. Damit so etwas nicht passiert, sind Phasen der kritischen Reflexion, meist in einem Gespräch, nötig.[26]

Zusammenfassend ist zu sagen: „Da der bewegte Religionsunterricht die Menschwerdung Gottes und die leibliche Existenz des Menschen ernst nimmt, ist die Bearbeitung der Inhalte durch Wahrnehmungs- und Bewegungsspiele mehr als nur Methode, sondern die methodische Art des Unterrichts ist unmittelbar durch dessen inhaltliche Konzeption bedingt".[27]

3.5 Erlebnis und Erfahrung im bewegten Religionsunterricht

3.5.1 Das Verhältnis von Erlebnis und Erfahrung

Im täglichen Sprachgebrauch unterscheidet man zwischen Erlebnis und Erfahrung. Erfahrung bildet sich nach mehreren Erlebnissen, die eine gemeinsame Spur hinterlassen haben. Diese Spur wiederum führt zu einer generalisierenden, übergeordneten Deutung, die man „Erfahrung" nennt. Erlebnisse prägen unsere Erfahrung und diese wiederum bestimmt unser Wertesystem, unsere Haltung gegenüber uns selbst, unserer Umwelt, unseren Mitmenschen und gegenüber Gott. Unsere Lebenstüchtigkeit ist von der Qualität unserer Erfahrung abhängig.

Es ist erwiesen, dass durch sinnliche Erlebnisse nachhaltiger gelernt wird, da sich das Erlebnis in die Persönlichkeit eingräbt und im Langzeitgedächtnis haften bleibt. Dort wird das Erlebnis dann integriert, bewertet und wandelt sich zu Erfahrung um, die dann Teil unserer Persönlichkeit wird.[28] Erfahrungen sind subjektiv wahrgenommene und individuell reflektierte Erlebnisse. Zur „Aktion" gehört im erlebnispädagogischen Ansatz immer auch die „Reflektion".

---

23 Buck (2001), 17.
24 Vgl. Buck (2001), 17.
25 Buck (2001), 17.
26 Vgl. Buck (2001), 17.
27 Buck (2001), 18.
28 Vgl. Buck (2001), 22.

3.5.2 Erfahrung und Erlebnis in Bezug auf den Glauben

Es hängt von einer Vielzahl von Erlebnissen ab, ob wir religiösen Dimensionen zustimmen oder eine innere Abwehrhaltung gegen sie haben. Dabei sind es Grunderfahrungen, die genau diese religiöse Haltung prägen. Diese Grunderfahrungen beziehen sich auch auf frühe Erlebnisse mit den ersten Bezugspersonen, aber auch auf alle anderen Menschen, die unser Leben wesentlich beeinflussen oder beeinflusst haben.[29]

Erfahrungen sind aber veränderbar. So können bisherige Erfahrungen durch neue Erlebnisse modifiziert werden. Es ist also durchaus möglich an Gott zu glauben, ihm zu vertrauen, ohne diese positiven Erlebnisse mit den ersten Bezugspersonen gehabt zu haben. Aber auch genau das Gegenteil kann eintreten und man verliert seinen Glauben durch bestimmte Erlebnisse.

Auf Erfahrungen kann man also nicht einfach zurückgreifen wie auf Akten, die immer gleich bleiben.[30]

> „Erinnerungen verändern sich nicht nur mit der Zeit, sondern sie werden auch von der Situation zum Zeitpunkt der Erinnerung stark beeinflusst. Wir rekonstruieren also unsere Vergangenheit stets im Lichte der inzwischen gemachten Erfahrungen".[31]

3.5.3 Erlebnis und Erfahrung beim Tanz

Beim Tanzen wird der Mensch dazu angeleitet, im Blick auf die allgemeine Erfahrung eine neue Erfahrung zu machen, die keiner Alltagserfahrung entspricht, weil der Tanz sich allem Alltäglichen entzieht.[32] Der Tanz verleitet zu einem besseren Selbst- und Weltverhältnis und gleichzeitig stößt er einen Erfahrungsprozess mit Gott, dem Menschen und der Welt an. Solche Erfahrungen sind aber weder machbar noch planbar.[33] Vielmehr liegt es in der Freiheit des Schülers und in dessen Unverfügbarkeit des Glaubens. Wenn jedoch eine solche Erfahrung eintritt, betrifft sie den ganzen Menschen. Sie umfasst dessen affektive, kognitive und pragmatische Dimensionen.[34]

Durch den Tanz werden die unterschiedlichsten Modalitäten der Erfahrung angesprochen, z.B. Wahrnehmung, Erinnerung, Mitteilung, Fantasie und Vorstellung.[35] Es findet eine Vereinigung von kreativen, meditativen und kontemplativen Elementen statt, als auch Kommunikation, Auseinandersetzung, Handlungsorientierung und Gestaltung. Der Tanz macht es möglich, den Menschen auf einen neuen Weg zu bringen, ihn in Bewegung zu setzen und Orientierungshilfe zu geben, damit er Gott anders und neu erfahren kann. Der Tanz mobilisiert und stabilisiert gleichzeitig den Tanzenden.[36]

---

29 Vgl. Buck (2001), 23.
30 Vgl. Buck (2001), 24.
31 Richard Ofshe (amerikanischer Soziologe) in: Buck (2001), 24.
32 Vgl. Richter-Frey (1998), 281.
33 Vgl. Richter-Frey (1998), 281.
34 Vgl. Richter-Frey (1998), 281.
35 Vgl. Schmitt (1983), 12.
36 Vgl. Richter-Frey (1998), 281.

Gemeinsames Tanzen ermöglicht auch immer einen Erfahrungsaustausch. Das „gemeinsame Erleben kann trotz individueller Unterschiede [eine] Gruppenintensität aufbauen und das Wir- Gefühl stärken".[37]

Erfahrung und Erlebnis sind voneinander abhängig, denn bevor überhaupt Erfahrungen entstehen, muss zuerst ein Erlebnis stattfinden. Mit Erleben ist hier gemeint: hineingeraten, mittendrin sein, hineinvermengt sein, darunter gemischt sein.[38] Im bewegten Religionsunterricht geht es also um „die sensomotorische Wirklichkeitsaufnahme und um Sensibilisierung".[39]

Erlebnisfähigkeit besitzt nicht jeder Mensch, sie kann aber gebildet werden. Wer sie hat, kann Gott, die Welt und Lebenszusammenhänge auf vielfältige Weise verstehen und deuten.[40] „Wenn wir uns sinnlichem Erleben öffnen, begegnen wir unseren Emotionen. Die Welt erscheint uns nicht als objektive, gefühlsneutrale Wirklichkeit, sondern wir erleben sie als von uns stimmungsmäßig gefärbte, gewertete und gedeutete Wirklichkeit."[41] So eröffnen sich uns völlig neue kreative Ausdrucksmöglichkeiten.

3.5.4 Konsequenzen für den bewegten Religionsunterricht

Das Erlebnis nimmt im bewegten Religionsunterricht mehrere Bedeutungen an. Zum einen stellt es einen direkten Kontakt zum Unterrichtsinhalt her und durch die Kontaktaufnahme zum Inhalt über das Erlebnis wird den Kindern die Möglichkeit zur subjektiven Deutung gegeben. Zum anderen werden bei den Kindern durch die jeweiligen Unterrichtserlebnisse Erinnerungen an frühere, ähnliche Erlebnisse abgerufen, wodurch Verbindungen zu den Lebenserfahrungen der Kinder hergestellt werden. So können die Kinder ihre bisherigen Erfahrungen mit dem gegenwärtigen Unterrichtserlebnis in Beziehung setzen, den Unterrichtsinhalt in ihre Erfahrungen einordnen und diese unter Umständen neu bewerten.[42]

Im bewegten Religionsunterricht werden immer wieder geplante Erlebnisse angeboten, die für viele Kinder neu sind und zu Schlüsselerlebnissen werden können.[43]

4. Tanz im Religionsunterricht

4.1 Methodisches Vorgehen

Im Religionsunterricht geht es weniger darum, vorgegebene Choreographien einzustudieren, sondern vielmehr um die eigene Gestaltung innerer Bilder.[44] Sie sollen in Bewegung umgesetzt und gestaltet werden oder es wird eine Form, wie das Symbol Kreuz, vorgegeben und ist dann mit den eigenen inneren Bildern und Bewegungen in Beziehung zu setzen. Denn so werden sie erst für den Einzelnen bedeutsam.[45]

---

37 Buck (2001), 21.
38 Vgl. Buck (2001), 21.
39 Buck (2001), 21.
40 Vgl. Buck (2001), 22.
41 Buck (2001), 22.
42 Vgl. Buck (2001), 24.
43 Vgl. Buck (2001), 24.
44 Vgl. Richter-Frey (1998), 256.
45 Vgl. Richter-Frey (1998), 256.

Der Tanz im religiösen Bereich enthält immer persönliche Komponenten, wie eine Stimmung, ein Gefühl oder ein Thema. Dabei stellt man nicht nur etwas dar, sondern drückt vor allem etwas aus und kann dadurch mit dem persönlichen Glaubensvollzug in Berührung kommen.[46]

Bei der Vorgehensweise muss immer berücksichtigt werden, wie alt die Schüler sind, welches Geschlecht sie haben, die Zusammensetzung der Klasse, ihre Tanzvorerfahrung, den Anlass und das Ziel des Tanzes.

Während des Prozesses ist festzustellen, dass jede Klasse einen eigenen Weg hat, um Tanz zu gestalten.[47] Lehrer orientieren sich bei der Gestaltung meist am „pädagogischen Dreischritt"[48], also der Beschäftigung mit dem Thema, dem Umgang mit dem Thema und der Ausdrucksform des Themas durch die eigene Person.

Wichtig ist, dass der Lehrer bereits vor den Schülern Erfahrungen im Umgang mit Körper und Bewegung gesammelt hat. Er muss zunächst seine eigene Bewegungs-fähigkeiten und Grenzen erfahren, denn Vorraussetzung für die Vermittlung ist auch, dass der Lehrer auf musikalische Impulse reagieren und aus Klangfolgen rhythmische Bewegungsmuster entwickeln kann.

Der Lehrer hat im Vorfeld zu entscheiden, ob sich das Thema überhaupt in Bewegung umsetzen lässt, damit die Klasse nicht als Experimentierfeld dient. Um den Erarbeitungsprozess beim Tanz begleiten zu können, muss der Lehrer Phantasie, Wissen um den Tanz und konstruktives Denkvermögen besitzen.[49] Auch müssen die Rahmenbedingungen der Schule, wie der 45-Minuten-Takt, die räumlichen Gegeben-heiten usw. berücksichtigt werden. Allgemein hat der Unterricht mit einbezogenem Tanz bestimmte aufeinander folgende Komponenten, wie die Vorbereitungsphase, einige Impulse, die Improvisation, die Gestaltung, die Weiterverarbeitung und den Abschluss.

Die *Vorbereitungsphase* dient der Körperwahrnehmung, der Beseitigung von Störungen seitens der Schüler und der Lehrer, aber auch der Gestaltung des Klassen-zimmers, denn es geht darum, dass die Schüler gemeinsam Platz schaffen sollen. Die Tische und Stühle sollten so weit wie möglich an die Außenwände geschoben werden, zum Beispiel in Hufeisenform, damit in der Mitte des Zimmers ein genügend großer Bewegungsraum zur Verfügung steht. Bei einer zu großen Kinderzahl, in einem zu klei-nen Raum ist der bewegte Religionsunterricht nicht möglich; man kann dann nur einzel-ne Elemente herausgreifen.[50]

Die Übungen zur Körperwahrnehmung dienen oft auch zur Förderung der Konzentration. Da jeder Mensch seinen Körper anders spürt, ist es von Vorteil einzelne Körperteile zu benennen, sowie Zustände wie warm oder kalt, Spannung und Druck zu nennen. So wird die Konzentration auf die Detailwahrnehmung noch mehr unterstützt.[51] Am sinnvollsten ist es, diese Übungen im ruhigen Stehen oder Sitzen auszuüben, denn Bewegung würde hier nur unnötig ablenken.

Als *Impuls* kann ein Lied, Gebet, Symbol oder Bild dienen. Es wird solange gesun-gen, bis die Schüler mindestens den Refrain auswendig können.[52] Wenn man nicht zum Gesang, sondern zu mitgebrachter fertiger Musik tanzen möchte, sollte man die-

---

46 Vgl. Richter-Frey (1998), 257.
47 Vgl. Richter-Frey (1998), 257.
48 Richter-Frey (1998), 257.
49 Vgl. Richter-Frey (1998), 257.
50 Vgl. Buck (2001), 49.
51 Vgl. Richter-Frey (1998), 258.
52 Vgl. Richter-Frey (1998), 258.

se auf ihre Eignung für den Tanz im Voraus testen. Besonders geeignet dafür sind klar strukturierte Tanzsätze aus der Renaissance, ethnische Folkloremusik mit gleichbleibendem, deutlich hörbarem Grundmetrum oder kurze Sätze aus symbolischer Musik ohne Tempoveränderung.[53]

Während der *Improvisation* sollen die Einzelnen oder die Gruppe während des Singens nach geeigneten Gebärden oder Bewegungen suchen.[54] Meist sucht jeder erst für sich nach geeigneten Bewegungen und stellt sie anschließend der Gruppe vor. Dann wird entschieden, ob die Bewegung übernommen wird oder nicht. Bei der Bewegungsgestaltung ist darauf zu achten, dass man sich immer am schwächsten Kind orientiert.[55]

Wichtig ist, dass das Einüben eines Tanzes nicht über das Schritte-Zählen eingeübt werden sollte, denn dadurch stört man die natürliche Einheit von Singen und Bewegen bzw. von Hören und Bewegen.[56] Das Zählen reisst das Kind aus seinem mitschwingenden organischen Bewegungsfluss heraus.

Für die *Gestaltung* ist die vorherige Phase der Improvisation sehr wichtig. Denn in der Gestaltung werden die gefundenen Bewegungen zu einem Ablauf zusammengefügt und mehrfach wiederholt.[57] Zur Gestaltung können natürlich auch Tücher, Bänder, Kerzen usw. integriert werden.[58]

Darauf kann eine *Weiterverarbeitung* verbal, schriftlich oder malerisch folgen.

Zum *Abschluss* kann der Tanz nochmals wiederholt werden oder man macht einen Sitzkreis, in dem sich jeder nochmals zur Stunde äußern kann.[59]

4.2 Die verschiedenen Arten des Tanzes

4.2.1 Die Improvisation

Die Improvisation ist das Grundelement aller Varianten des Tanzes im Religionsunterricht. Dabei geht es um „das Ausprobieren, das Gestalten, das Erfühlen und Erspüren von Bewegungen und das Harmonisieren von innerer und äußerer Bewegung."[60] Es handelt sich um einen schöpferischen Prozess, der vorübergehend die „Ich-Grenzen"[61] öffnet und das Wahrnehmungssystem für Neues erweitert.[62] Das schließt auch die Begegnung mit Gott ein. Unbewusstes und Bewusstes können im leibhaften Ausdruck und der körperlichen Haltung eine Möglichkeit finden sich zu äußern, was mit Worten nicht fassbar oder erkennbar ist. Das Zentrum ist dabei die Suche nach der Wahrheit und der Wahrhaftigkeit.[63]

---

53 Vgl. Buck (2001), 41.
54 Vgl. Richter-Frey (1998), 258.
55 Vgl. Buck (2001), 40.
56 Vgl. Buck (2001), 40.
57 Vgl. Richter-Frey (1998), 258.
58 Vgl. Buck (2001), 41.
59 Vgl. Richter-Frey (1998), 258.
60 Richter-Frey (1998), 259.
61 Richter-Frey (1998), 259.
62 Vgl. Richter-Frey (1998), 259.
63 Vgl. Richter-Frey (1998), 259.

Die Kongruenz, die zwischen Inhalt und Haltung existiert, ist Voraussetzung für diese Art von Tanz, denn ein Verstellen oder Verstecken bewirkt letzten Endes eine Entfremdung und schränkt so das Bewegungsvermögen ein.

Improvisation sollte zu Beginn immer eine individuelle Auseinandersetzung mit einem bestimmten Impuls sein (individuelle Improvisation) und kann später auf die Gruppe erweitert werden (Gruppenimprovisation). Einige Themen sind sogar nur mit mehreren Personen möglich.[64]

Die individuelle Improvisation sowie die Gruppenimprovisation können zu einer Art Gebet werden, denn durch die Berührung mit dem Boden vermittelt die Improvisation Gelassenheit und Ruhe und durch das rhythmische Ein- und Ausatmen „wird der Mensch transparent für die Gegenwart Gottes im Hier und Jetzt"[65]. Vor Gott zu tanzen, heißt also, sein wahres Ich offenzulegen und kundzutun. Dabei kann es durchaus zu einer neuen Selbsterfahrung vor Gott kommen.

4.2.2 Die Reigentänze

Bei Reigentänzen handelt es sich in der Regel um Kreis- oder Halbkreistänze, die entweder aus vorgegebenen Bewegungsmustern bestehen oder die durch einzelne Schrittelemente aus der Improvisation aneinandergereiht werden und so zu einem selbstgestalteten Reigen werden.[66] Damit enthalten beide Arten gebundene vorgegebene Formen, die wiederholbar sind. Der Reigen wird oft auch mit einem vorformulierten Gebet verglichen. Der gemeinschaftsbildende Aspekt und dessen meditatives Element bilden den Schwerpunkt dieser Tanzart. Das entstehende Gemeinschaftsgefühl entwickelt sich durch die Tanzhaltung. Man ist miteinander verbunden, indem man sich an der Hand fasst, wodurch sowohl das Gefühl von Halt als auch das Gefühl des Aufeinander-Angewiesenseins, Miteinander-Unterwegsseins und das Gefühl des gegenseitigen Begleitens entsteht.[67]

Beim Tanzen selbst ist es wichtig, darauf zu achten, dass die Schritte in der Länge angepasst werden und es sollten klare Grenzen geben, die es ermöglichen, sich auf die Bewegung einzulassen. Hier kann das Einhalten von Regeln, Einordnung, Zuordnung oder auch der Sinn für Ordnung vertieft werden.[68]

Wie bereits erwähnt, ist der Reigentanz ein Kreis- oder Halbkreistanz, bei dem zwangsläufig eine Mitte entsteht. Diese Mitte dient zur Orientierung und kann auch als „Orientierung an Jesus, auf Gott hin"[69] gedeutet werden. Wichtig ist, dass jeder Tänzer den gleichen Abstand zur Kreismitte hat, denn es ist von großer Bedeutung, dass in der hier existierenden Gemeinschaftsbeziehung jeder als gleichwertig und gleichwichtig gesehen wird.[70] Durch die feste Form des Kreises entsteht beim Tänzer das Gefühl von Sicherheit und Geborgenheit. Hinzu kommt die Förderung der Konzentration und der Sammlung durch die gleichmäßigen Bewegungen.[71]

---

64 z. B. „Führen und Geführt-Werden"; vgl. Richter-Frey (1998), 260.
65 Richter-Frey (1998), 260.
66 Vgl. Richter-Frey (1998), 262.
67 Vgl. Richter-Frey (1998), 263.
68 Vgl. Richter-Frey (1998), 263.
69 Richter-Frey (1998), 262.
70 Vgl. Richter-Frey (1998), 263.
71 Auch Grundprinzip jeder Meditation Vgl. Richter-Frey (1998), 263.

Die sich ständig wiederholenden „Ornamente der Tänze"[72], erinnern stark an Mandalas[73]. Dabei prägen sich diese Ornamente durch das ständige Wiederholen ein und der Tänzer kann sich ganz dem Bewegungsfluss überlassen, ohne „denken" zu müssen.[74]

Musik hat beim Reigentanz eine sehr wichtige Rolle, denn der vorgegebene Rhythmus der Musik führt nicht nur zu einer Harmonisierung der Schritte, sondern auch zu einer harmonischen Grundstimmung innerhalb der Gruppe.[75]

Der Lehrer hat hier die Aufgabe, durch sein tänzerisches Können und sein Wissen um die Ausdrucksfähigkeit, den Schülern hilfestellende Impulse zu geben und den stattfindenden Prozess zu leiten und zu koordinieren.[76] Es macht keinen Sinn wenn der Lehrer versucht, den Tanz oder dessen Inhalt zu vermitteln. Vielmehr soll er wie die Schüler an dem Prozess teilnehmen.[77]

4.2.3 Der religiöse Ausdruckstanz

Der Religiöse Ausdruckstanz wird nach Richter-Frey in drei Bereiche aufgeteilt. Dabei unterscheidet man zwischen dem mimischen Tanz, dem symbolischen Tanz und dem psychodramatischen Tanz.[78]

Der *Mimische Tanz* ist eng verwandt mit der Pantomime, wobei als Themen meist ein Satz, eine Perikope oder ein Lied ausgewählt wird, das den Ablauf der Bewegungen bestimmt. Der Mimische Tanz eignet sich sowohl für bibelfeste Menschen, die aber ungeübte Tänzer sind, als auch für geübte Tänzer, die dafür aber Bibel unkundig sind. Denn durch die Bewegung lässt sich eine Geschichte gut einprägen und damit entsteht auch die nötige Nähe zum Text, die für die Bearbeitung wichtig ist.[79]

Sinn dieser Tanzart ist es, seine Persönlichkeit in die aus der Geschichte ausgewählten Person einzubringen und ihr Ausdruck zu verleihen. Durch die Sicherheit der Vorgabe wird die mimische Umsetzung erleichtert und die Hemmschwelle sich zu bewegen, wird vom Darsteller leicht überwunden.[80]

Beim *Symbolischen Tanz* werden das Geschehen und das damit verbundene Gefühlsbewusstsein abstrahiert und in markante und ausdrucksvolle Gesten umgesetzt.[81]

Der *Psychodramatische Tanz* stellt die persönliche Betroffenheit und die Verankerung in der eigenen Biographie in den Vordergrund und steht damit in enger Verwandtschaft zum Bibliodrama[82] und dem reinen Ausdruckstanz.[83]

---

72 Richter-Frey (1998), 263.
73 Mandala steht für Kreis und wird (v.a. im Buddhismus und Hinduismus) als Meditationsobjekt verwendet. Es besteht meist aus abstrakten Formen und Ornamenten. Die Kreisformen waren auch in der mittelalterlichen christlichen Mystik bedeutsam (z.B. Labyrinth von Chartres).
74 Vgl. Richter-Frey (1998), 263.
75 Vgl. Richter-Frey (1998), 264.
76 Vgl. Richter-Frey (1998), 264.
77 Vgl. Richter-Frey (1998), 264.
78 Vgl. Richter-Frey (1998), 265.
79 Vgl. Richter-Frey (1998), 265.
80 Vgl. Richter-Frey (1998), 265.
81 Vgl. Richter-Frey (1998), 265.
82 Unter Bibliodrama versteht man eine kreativ-darstellende Zugangsweise zu biblischen Texten, oft als Theater oder Rollenspiel.
83 Vgl. Richter-Frey (1998), 266.

Der *Biblische Ausdruckstanz* bildet eine Sonderform, da er je nach Schwerpunktsetzung einem anderen Bereich zugeordnet werden kann. Als Themen dienen, wie der Name schon sagt, biblische Geschichten oder Psalmen. Der Tänzer setzt sich also mit einer Perikope, einer Geschichte oder einem Satz auseinander und identifiziert sich mit der Person, dem Gegenstand oder dem Gefühl und setzt es wiederum in Bewegung um. Durch diese „leibliche Identifikation und die spielerische Bewegung"[84] entsteht eine innere Berührung und Berührtheit mit dem Thema und durch die Darstellung im Hier und Jetzt aktualisiert sich die biblische Geschichte.[85] So ist es möglich, Heilsereignisse in die Gegenwart zu holen und deren heilendes Potential zu entfalten.[86]

Bei allen Varianten des religiösen Ausdruckstanzes sollten drei Deutungsebenen zur Sprache oder zur Bewegung kommen. Diese Deutungsebenen bilden sich aus der Ebene der persönlichen Deutung[87], der Ebene der symbolischen Deutung[88] und der Ebene der spirituellen oder religiösen Deutung[89].

5. Auswirkungen des bewegten Religionsunterrichts auf die Klassengemeinschaft

Musizieren in der Gruppe setzt die Bereitschaft voraus, „sich einzuordnen, auf den anderen zu hören und tolerant zu sein".[90]

Da im bewegten Religionsunterricht der Schwerpunkt in der Bewegung liegt, sind die sprachlich schwächeren Schüler den sprachlich geübten Schülern nicht mehr so unterlegen, wie es im rein sprachlichen oder schriftsprachlichen Unterricht der Fall ist.[91] Aber auch für die leistungsstärkeren Kinder bringt der bewegte Religionsunterricht Vorteile. Denn im sprachzentrierten Unterricht leiden sie oft darunter, dass für die schwächeren Kinder die Inhalte mehrmals wiederholt werden müssen.

Durch die Wahrnehmungs- und Bewegungserlebnisse können sich die Kinder einer Klasse neu begegnen. Denn die Wertigkeit und die unterschiedlichen Leistungsfähigkeiten der Kinder spielen hier keine dominante Rolle. Vielmehr kommt es darauf an, sich angemessen, d.h. sich der gemeinsamen Aufgabe nützend zu verhalten.[92]

Nachteil dieser Unterrichtsart ist jedoch die Zensurengebung, die für den Lehrer dadurch deutlich erschwert wird.[93]

Diese Form des Unterrichts eignet sich besonders gut für integrativen Unterricht, z. B. bei der Integration von behinderten und nicht behinderten Kindern, Klassen mit Kindern, die geringe Deutschkenntnisse haben oder für den konfessionell-kooperativen Unterricht.[94]

---

84 Richter-Frey (1998), 266.
85 Vgl. Richter-Frey (1998), 266 .
86 Vgl. Richter-Frey (1998), 266.
87 Beispiel: „Ich erfahre mich als Moses, als Gefahr, …". Richter-Frey (1998), 266.
88 Beispiel: „Es kann die Stellung Moses in der gesellschaftlichen Situation herausgearbeitet werden." Richter-Frey (1998), 266.
89 Vgl. das Beispiel: „Die Erfahrung der Befreiung durch Gott" in Richter-Frey (1998), 266.
90 Schmitt (1983), 12.
91 Vgl. Buck (2001), 48.
92 Vgl. Schmitt (1983), 12.
93 Vgl. Buck (2001), 48.
94 Vgl. Buck (2001), 48.

Der bewegte Religionsunterricht kann aber nicht nur das Verhältnis der Schüler untereinander verändern, sondern auch das Verhältnis zwischen Schüler und Lehrer. Denn auf der Spielebene, die bei dieser Unterrichtsform entsteht, kommt der Lehrer der Lebenswirklichkeit der Kinder häufig näher als es sonst der Fall ist und es kann ein gegenseitiges Vertrauen entstehen.[95]

6. Die Verantwortung des Lehrers im bewegten Religionsunterricht

Durch die Bewegung können sich die Kinder für die unterschiedlichsten Emotionen und Atmosphären öffnen, wodurch sie gleichzeitig auch verwundbarer werden. Der Lehrer trägt hier ein besonders hohes Maß an Verantwortung, die Persönlichkeit der Kinder zu respektieren, und er muss darauf achten, dass er die Kinder nicht emotional beeinflusst.[96]

Die Grenzen werden in dem Moment überschritten, in dem die Kinder nicht mehr frei entscheiden dürfen, ob sie ein Erlebnis zulassen wollen, wie sie es bewerten wollen, ob sie Glaubensinhalte annehmen oder ablehnen wollen oder ob sie bezüglich ihrer Mitschüler und Lehrer Distanz oder Nähe halten möchten.[97]

Abschließend möchten wir den systematischen Teil mit einem Zitat von Alexandra Richter-Frey, die in wenigen Sätzen den Sinn des Tanzes im Religionsunterricht erfasst hat:

> „Wer tanzt, begreift, dass Gott als letzter Grund für uns nicht mit Worten zu erfassen ist, sondern sich in gläubiger Hingabe entfaltet. Wer tanzt, begreift, dass der Mensch über seinen Körper als Teil der Schöpfung Gottes Zugang zu diesem Schöpfer finden kann. Wer tanzt, begreift, dass es sich dabei nicht ausschließlich um intellektuelle Vorgänge handelt, sondern um ein Erfahrungslernen, das zu gutem und gelingendem Leben beitragen lässt."[98]

7. Praktische Beispiele

7.1 Sich bewegen zu gesprochenen Gebeten

– beim Gebet sind die Hände frei
– erfassen der tieferen Bedeutung der einzelnen Sätze
– schlichte Gesten, die nicht ablenken, sondern vertiefen

W. Schneider wollte lernbehinderten Kindern liturgische Texte beibringen. Lösung: durch Bewegung konnte sie mit den Kindern den Inhalt der Texte Satz für Satz erarbeiten. Beispiel: „Vaterunser" (**M1**)

---

95 Vgl. Buck (2001), 49.
96 Vgl. Buck (2001), 50.
97 Vgl. Buck (2001), 50.
98 Richter-Frey (1998), 283.

7.2 Kreistänze

Ein Kreis hat eine Mitte: „Wo zwei oder drei in meinem Namen versammelt sind, da bin ich mitten unter ihnen." (Mt. 18, 20) Indem man zur Kreismitte geht, geht man zu Jesus. Dabei kann die Mitte selbst gestaltet werden. (Blumen, Kerze, Altar ...)
Sichtweisen und Bewertungen der Kreisform von Siegfried Macht:
- Abbild der Vollkommenheit, „göttliche Raumfigur"
- Trugschluss, Kepler wies den Lauf der Planeten auf elliptischen Bahnen nach. Bisher strenge Kreise
- Behütetheit des paradiesischen Gartens und gleichzeitig die Enge des Eingezäunten
- Homogenität sich Verstehender, aber auch ein mangelnder Blick über die Schulter
- Flucht vor der Wirklichkeit unzentrierter Erfahrungen
- Ein in Bewegung geratener Kreis wird zum Rad, zum Zeichen von Werden und Vergehen
- Abbild der natürlichen Zyklen und der sich darin offenbarenden Schöpfungsordnung
Beispiel: „Viele kleine Leute" (**M2**)

7.3 Tänze mit Lichtern und Tüchern

Während des Tanzes sind die Tänzer ein lebendiges Bild für ihre offenen Augen und für die eventuellen Zuschauer. Dieses Bild wird durch den Einsatz von Materialien, wie Tücher oder Kerzen verstärkt. Der Tanz geschieht im Augenblick und im nächsten ist er vorbei. Mit Materialien kann das Bild so gestaltet werden, dass es sich besser einprägt und anschließend das Thema noch vertieft werden kann. (z.B. mit Tüchern kann noch weiter gestaltet werden)
Beispiel: „Tragt in die Welt nun ein Licht" (**M3**)

8. Literatur

Buck, E.: Bewegter Religionsunterricht. Göttingen 2001
Burgauner, Chr. (Hg.): Tanzen weltweit in Kurs und Gruppe, als Sport und Kunst, München 1995
Galendoli, G.: Tanz. Kult – Rhythmus – Kunst, Braunschweig 1986
Hubert, A.: Das Phänomen Tanz. Gesellschaftstheoretische Bestimmung des Wesens von Tanz, Ahrensburg 1993
Karoß, S./Welzin, L. (Hg.): Tanz – Politik – Identität, Münster 2001
Kreutz, M.: Mut zu Bewegung und Tanz in Gemeinde und Gottesdienst. Heft 89. Frankfurt 2000
Macht, S.: Mit Liedern tanzen. Der Liedtanz als Medium der Religionspädagogik. Ästhetik-Theologie-Liturgik Bd. 11, Münster 2000
Richter- Frey, A.: Der Tanz in der religiösen Erziehung. Frankfurt a. M. 1998
Schmitt, R.: Musik und Spiel in Religionsunterricht und Jugendarbeit. Stuttgart 1983
Schneider, W.: Tanzend beten – betend tanzen. Beispiele für Gottesdienst in Gemeinde und Gruppe. Freiburg 1996

9. Materialien

M 1

Gebet mit Bewegungen: Vaterunser

Vater unser im Himmel Arme erheben sich langsam seitwärts gestreckt bis zur V-Form *Geheiligt werde dein Name* Handflächen legen sich in Gebetshaltung aneinander und sinken bis auf Halshöhe ab *Dein Reich komme* Beide Hände machen eine einladende Bewegung: schwingen tief vor-hoch-zurück zum Körper in einer kleinen Kreisbewegung *Dein Wille geschehe* Kleine Verbeugung mit geneigtem Kopf *Wie im Himmel* Arme in einer Kreisbewegung über den Kopf führen. Der Körper streckt sich mit nach oben *So auf Erden* Arme seitlich in die Tiefe führen leicht in die Knie gehen *Unser tägliches Brot gib uns heute* Beide Hände bittend und eine Schale formend vorstrecken *Und vergib und unsere Schuld* Mit den Händen ein Kreuz vor dem Gesicht formen	*Wie auch wir vergeben unsern Schuldigern* Arme hängen neben dem Körper mit den Handflächen nach vorne *Und führe uns nicht in Versuchung* Der linke Arm wird rechts vor dem Körper gehalten, greift nach etwas. Die rechte Hand ergreift die linke und zieht sie zurück *Sondern erlöse uns von dem Bösen* Die Hände zu zwei Fäusten ballen und etwa auf Brusthöhe überkreuzen. Auf die Silbe „lö" bei „erlöse" Hände und Arme schwungvoll öffnen *Denn dein* Arme hängen locker am Körper herunter *Ist das Reich und die Kraft und die Herrlichkeit* Arme seitlich am Körper langsam zur V-Formerheben *In Ewigkeit* Arme am Körper hinunter bis auf Schulterhöhe *Amen* Die Arme auf Brusthöhe wieder in die Gebetshaltung führen.

Kreistanz: Viele kleine Leute

Ausgangsstellung: Kreis ohne anfassen

Viele kleine Leute (K)

Vie-le klei-ne Leu-te an vie-len klei-nen
Or-ten, die vie-le klei-ne Schrit-te tun,
kön-nen das Ge-sicht der Welt ver-än-dern,
kön-nen nur zu-sam-men das Le-ben be-stehn.
Got-tes Se-gen soll sie be-glei-ten,
wenn sie ih-re We-ge gehn.

T (nach einem afrikanischen Sprichwort) und Kanon für 3 Stimmen:
Bernd Schlaudt Rechte beim Autor

Viele kleine Leute
Etwas gebückt mit der flachen Hand
„kleine Leute" andeuten

An vielen kleinen Orten
Mehrmals auf andere zeigen

Die viele kleine Schritte tun
Auf der Stelle treten und Schritte imitieren

Können das Gesicht
Nach „Gesicht" kommt eine kleine
Pause, hier hochspringen und gleichzeitig klatschen

Der Welt
In der Pause nach „Welt" ebenfalls
springen und klatschen

Verändern
Auf die Silbe „...dern" ebenfalls springen und klatschen

*Können nur zusammen das Leben
besteh'n*
An den Händen fassen und nach rechts
im Kreis gehen

Gottes Segen soll sie begleiten
Die Arme schnell nach oben nehmen
und dann langsam nach unten führen

Wenn sie ihre Wege geh'n
Wieder an den Händen fassen und im
Kreis gehen

Tanzlied mit Lichtern: Tragt in die Welt nun ein Licht

Ausgangsstellung: Im Kreis stehend mit einem Teelicht in der Hand. Die Handflächen sind über Kreuz gelegt.

Tragt in die Welt nun ein Licht

1. Tragt in die Welt nun ein Licht, sagt al-len: Fürch-tet euch nicht! Gott hat euch lieb, Groß und Klein! Seht auf des Lich-tes Schein.

2. Tragt zu den Alten ein Licht, / sagt ihnen: Fürchtet euch nicht! / Gott hat euch lieb, Groß und Klein! / Seht auf des Lichtes Schein!

3. Tragt zu den Kranken ein Licht, / sagt ihnen: Fürchtet euch nicht! / Gott hat euch lieb, Groß und Klein! / Seht auf des Lichtes Schein!

4. Tragt zu den Kindern ein Licht, / sagt ihnen: Fürchtet euch nicht! / Gott hat euch lieb, Groß und Klein! / Seht auf des Lichtes Schein!

T und M: Wolfgang Longardt
Rechte: Verlag Ernst Kaufmann, Lahr

Tragt in die Welt nun ein Licht
Vier langsame Schritte auf der Kreislinie nach rechts. Das Teelicht wird auf Brusthöhe getragen.

Sagt allen: Fürchtet euch nicht
Vier Schritte um sich selbst drehen.

Gott hat euch lieb, Groß und Klein
Vier Schritte in die Mitte dabei die Arme nach oben führen

Seht auf des Lichtes Schein
Vier Schritte zurück zur Kreislinie, dabei zunächst die Arme oben lassen erst am Schluss wieder herunternehmen und auf Brusthöhe tragen

Entspannung im Alltag*

1. Klärungen zum Phänomen

Die Entspannung im Alltag ist ein Grundbedürfnis des Menschen. Auch Kinder brauchen die Möglichkeit zur Entspannung, um erneut konzentriert lernen zu können. Deshalb sind Entspannungsübungen sinnvolle Hilfen zur Verbesserung und Intensivierung von Unterricht.

Stilleübungen im Religionsunterricht helfen zur Konzentration der inneren Kräfte sowie zur Hinwendung zur eigenen Mitte bzw. zu Gott als dem Schöpfer allen Seins. Eine positive innere Haltung verhilft zu einem wohltuenden inneren Zustand.

Insbesondere die Meditation (lat. „meditation" / „meditari" = über etwas nachdenken / etwas überdenken) bedeutet im religiösen Sprachgebrauch: versenkende Betrachtung, tiefes Nachdenken. Der Meditierende kann loslassen und gerät in einen Zustand tiefer Entspannung und Ruhe. Man kann auch sagen: Der Meditierende sammelt den Geist ein. Meditation ist ein Zustand der Entspannung mit erhöhter Wahrnehmungsfähigkeit.

Zur Verwirklichung dieses Ziels sollen verschiedene Techniken dienen, im Prinzip körperliche Entspannung in Verbindung mit geistiger bzw. geistlicher Konzentration, beides angestrebt durch bestimmte Haltungs- und Atemtechniken. Im Religionsunterricht können religionspädagogisch nur meditative Elemente eingesetzt werden.

2. Entspannungsübungen mit Musik im Religionsunterricht

2.1 Bezug zum Bildungsplan der Realschule in Baden-Württemberg[1]

Katholische Religionslehre	Evangelische Religionslehre
Übergreifende Kompetenzen	
Religiöse Kompetenz:	**Religiöse Kompetenz:**
Schülerinnen und Schüler entwickeln die Fähigkeit, religiöse Ausdrucksformen (Stille – Meditation – Gebet – Gottesdienst) einzuüben.	→ Sie setzt sich zusammen aus den acht anderen Kompetenzen.
Personale Kompetenz:	**Personale Kompetenz:**
Schülerinnen und Schüler werden darin unterstützt, ihre Lebensgeschichte und ihre eigenen Begabungen und Grenzen anzunehmen und Vertrauen in ihr eigenes Leben zu gewinnen.	Fähigkeit, sich selbst, andere Personen und Situationen einfühlsam wahrzunehmen, persönliche Entscheidungen zu reflektieren und Vorhaben zu klären.

---

*   Dieser Beitrag ist in Zusammenarbeit mit Julia Freund entstanden.
1   Vgl. im Folgenden: Bildungsplan Realschule; in: www.bildung-staerkt-menschen.de.

	Ästhetische Kompetenz: Als Fähigkeit, Wirklichkeit, insbesondere Bildende Kunst, Musik und Literatur sensibel wahrzunehmen, auf Motive hin zu befragen und selbst tätig zu werden.

Kompetenzen und Inhalte/Themenfelder
Anhand der Inhalte / Themenfelder sollen
verschiedene Kompetenzen (innerhalb sieben Dimensionen) erreicht werden

Klasse 6

Dimension:	*Dimension:*
Mensch sein – Mensch werden *Die Frage nach Gott* - Die Schülerinnen und Schüler wissen, dass sich Menschen in allen Lebenssituationen im Gebet an Gott wenden können. - S. kennen Formen, in denen Christen ihren Glauben an Gott zum Ausdruck bringen (Gebet, Gesten, Gottesdienst) - S. sind in der Lage, kleinere religiöse Feiern mit Gebet, Lied und Stille mitzugestalten.	*Mensch* ➔ Selbstwertgefühl erlangen, sich als von Gott geliebtes Geschöpf annehmen, respektvollen Umgang miteinander lernen. *Gott* - Die Schülerinnen und Schüler verfügen über Möglichkeiten, Erfahrungen auf unterschiedliche Weise vor Gott zu bringen (zum Beispiel Lied, Gebet, Stille, Tanz).
Inhalt:	*Themenfeld:*
Still werden – Beten (wird den einzelnen Unterrichtseinheiten zugeordnet) - Freude und Trauer vor Gott bringen - Still werden – Schweigen vor Gott	*Erfahrungen mit Gott / Psalmen* - Menschen wenden sich an Gott in Grunderfahrungen und Grenzsituationen des Lebens.

Klasse 8

Dimension:	*Dimension:*
Mensch sein – Mensch werden - Die Schülerinnen und Schüler wissen, dass jeder Mensch Stärken und Schwächen hat und immer zur Weiterentwicklung fähig ist. - S. können frohe und traurige Grundsituationen ihres Lebens wahrnehmen und kreativ ausdrücken.	*Mensch* ➔ Selbstwertgefühl erlangen, sich als von Gott geliebtes Geschöpf annehmen, respektvollen Umgang miteinander lernen. *Bibel* - Die Schülerinnen und Schüler können sich mit biblischen Geschichten auf vielfältige Weise auseinandersetzen (zum Beispiel durch kreatives Schreiben und Malen, Rollenspiele, …).
Inhalt:	*Themenfeld:*
Aufbruch in die Selbständigkeit – Gott begleitet mich - Meine Stärken und Schwächen – Gott nimmt mich auch mit meiner dunklen Seite an.	*Träume und Sehnsüchte* - eigene und biblische Zukunftsvisionen und -hoffnungen

Klasse 10	
Dimension:	*Dimension:*
Mensch sein – Mensch werden – Die Schülerinnen und Schüler können Hoffnungen und Sehnsüchte ihres Lebens wahrnehmen und ausdrücken. – S. können sich über eigene Begabungen und Stärken, aber auch Grenzen und Schwächen austauschen – … *Die Frage nach Gott* – Sie Schülerinnen und Schüler können kleine religiöse Feiern mit Gebet, Lied und Stille mitgestalten.	*Mensch* → Selbstwertgefühl erlangen, sich als von Gott geliebtes Geschöpf annehmen, respektvollen Umgang miteinander lernen. – Die Schülerinnen und Schüler sind in der Lage, Situationen der Freude und des Leides, der Angst und der Hoffnung wahrzunehmen und ihnen auf unterschiedliche Weise Ausdruck zu geben. *Gott* – Die Schülerinnen und Schüler kennen christlich-spirituelle und symbolische Formen, in denen Menschen ihren Glauben an Gott zum Ausdruck bringen. – Sie sind in der Lage, kleine religiöse Feiern (zum Beispiel Gebet, Andacht, Meditation, Stilleübung) mitzugestalten.
Inhalte: *Menschen suchen Gottes Spuren* – Stille – Gebet – Meditation	

2.2 Bedeutung – Sinn – Zweck

Die zunehmende Ruhelosigkeit ist ein Kennzeichen unserer „modernen" Gesellschaft. Ruhe ist aber die Voraussetzung, um tiefergehende, auch religiöse Erfahrungen zu machen sowie eine selbstsicher Persönlichkeit entwickeln zu können.

Auch in unseren Schulen mit der Fülle zu vermittelnden Inhalte ist es wichtig, Schüler und Lehrer immer wieder zur Ruhe kommen zu lassen. Bereits Maria Montessori hat die meditative Neigung des Kindes erkannt und in ihr reformpädagogisches Gesamtwerk miteinbezogen.

Entspannungsübungen im (Religions-)Unterricht helfen in zweifacher Weise:
a) Förderung der Konzentration einer Klasse (z.B. nach oder vor einer Klassenarbeit)
b) vertieften Umgang mit der Wirklichkeit (wie er in der Meditation und im Gebet zum Ausdruck kommt)

Entspannungsübungen können in allen Jahrgangsstufen, auch bereits im Kindergarten durchgeführt werden, es empfiehlt sich, so früh wie möglich damit zu beginnen.

Schon ein 3- bis 5-minütiges Verharren in solch einer Ruhephase führt gewöhnlich zu einem für die Schüler sehr angenehmen Gefühl des Entspanntseins und fördert die Konzentrationsfähigkeit. Durch einzelne Hinweise der Lehrperson kann die Richtung des Stillwerdens gelenkt werden.

Entspannungsübungen haben auch eine zweifache Wirkungsebene:

Natürliche Wirkungen: Tiefe, Sammlung, Abbau von Spannungen, Aktivierung der tiefer liegenden Kräfte, körperliche und seelische Erneuerung, Befreiung, Fröhlichkeit, Gelassenheit, Erhöhung der Belastungsgrenze, große Nähe zu Menschen und Dingen.

Religiöse Wirkungen: Erfahrung des Wesentlichen, Erfahrung dessen, was uns unbedingt angeht, Begegnung mit dem Urgrund des Lebens – mit Gott.

Einfache Entspannungsübungen ermöglichen diese Fülle von Wirkungen nicht in voller Intensität, dennoch sind deutlich positive Auswirkungen zu spüren. Es gilt für die Lehrenden, sensibel mit diesem persönlichen Bereich des Menschseins umzugehen, Freiheit zuzulassen und die meditativen Elemente als Angebote den Schülern vorzustellen.

2.3 Die Bedeutung des Musikeinsatzes

Worte können durch den Einsatz von Musik unterstützt werden. Musik spricht dabei stärker die Empfindung, Wahrnehmung, Fantasie und Ausdruckskraft des Menschen an. Musik sollte nicht zum Selbstzweck, sondern nur dem vertieften Verständnis der jeweils religiösen Thematik dienen. Sie ist eher Hilfsmittel (gilt allerdings nicht für alle Übungen!). Musik dient vor allem dazu, die nötige Konzentration vorzubereiten und zu erhalten. Meditation mit Musik stellt eine besondere Form der Besinnung dar.

Unterscheidung zwischen „aktiver" und „passiver" Meditation:

Grundformen objektgebundener Meditation	*Schwerpunkt beim Einsatz von Musik*	*Mögliche Kombinationen*
„Aktive" Meditation →	Musik machen →	Freie Kontemplation Texte Symbole Bilder
„Passive" Meditation →	Musik hören →	Malen und Zeichen Modellieren Bewegung

In der Praxis des Religionsunterrichts ist die passive Meditation wesentlich einfacher umzusetzen, da man die Musik auf CD oder Kassette mitbringen kann. Für die aktive Meditation benötigt man eine Vielzahl verschiedener Instrumente, die die Schüler selbst spielen. Deshalb sollten sie über die Klangeigenschaften verschiedener Instrumente Bescheid wissen, bevor eine Übung durchgeführt wird.

Wir werden im Wesentlichen auf die passive Meditation eingehen.

Da mit der passiven Meditation keine körperlichen Aktivitäten verbunden sind (Musik machen), können sich Körper und Geist völlig auf religiöse Sachverhalte konzentrieren und dabei entspannen.

In der Praxis des meditativen Musikhörens werden stets folgende drei Stufen durchlaufen:

1.) Eindringen in die Musik, Abkehr von störenden Umweltgeräuschen (Tiefenentspannung)

2.) Verweilen in der Musik, Verdrängung störender Gedanken, geistige und körperliche Konzentration (Körper und Geist fühlen sich in „Einklang" mit der Musik bzw. den Klängen)

3.) Sich-Öffnen für transzendentale Bezüge (es entstehen Bilder, man spürt ein Bedürfnis nach Bewegung, empfindet sich als zeitlos in unendlichem Raum und konzentriert sich auf Neues)

Die Empfindungen beim Durchleben dieser drei Stufen sind von Person zu Person verschieden und können nicht verallgemeinert werden. Für die Meditation im Religionsunterricht ist wichtig, dass bei zunehmender Übung auch die dritte Stufe erreicht wird, da eine bewusste Konzentration auf religiöse Sachverhalte erst dort möglich ist. Dies wird erleichtert, wenn dem Schüler eine bestimmte Thematik zur Verfügung gestellt wird, auf die er sich konzentrieren kann.

In Verbindung mit meditativem Musikhören bietet sich die Möglichkeit des Malens, Zeichnens, Modellierens und Bewegens an, außerdem können Texte, Fantasiegeschichten, Bilder oder Symbole verwendet werden um die Meditation zu vertiefen und zu lenken.

2.4 Kriterien zur Auswahl geeigneter Musik

In der Regel muss man bei der Auswahl geeigneter Musik zur Meditation folgende Aspekte berücksichtigen, um die gewünschte Wirkung zu erreichen:

1.) Instrumentalmusik ist besser geeignet als Vokalmusik, da ein verständlicher Text allzu leicht vom Objekt der Meditation ablenkt.

2.) Primär melodisch oder klanglich orientierte Musik ist besser geeignet als rhythmisch prägnante Musik.

3.) Musik mit kontinuierlichem und wenig differenziertem Verlauf ist besser geeignet als solche mit deutlichen Gliederungen und spürbaren Entwicklungen.

4.) Unbekannte Musik ist besser geeignet als bekannte.

5.) Leise Musik ist besser geeignet als laute.

6.) Langsame Musik ist besser geeignet als schnelle.

Beispiele für geeignete Musik:
Klassische Musik:
– Bach: Air
– Händel: Feuerwerksmusik, Wassermusik
– Schubert: Forellenquintett
– Edvard Grieg: Suite No. 1
– Smetana: Die Moldau
„Naturmusik" / Natureindrücke:
– Sanctuary (Aschmore / Willow) by Celtic Waters
– Die Gesänge der Buckelwale
– Adiemus
Filmmusik (da häufig ohne Text):
– Die fabelhafte Welt der Amélie von Yann Thiersen
– Good bye Lenin

2.5 Konkrete Beispiele für Entspannungsübungen mit Musik

2.5.1 Imaginationsübung

Das Imaginieren, das bewusste Träumen ist eine Methode, die jedem Menschen zu Eigen ist. Sie lebt davon, dass Menschen ihren Vorstellungen freien Lauf lassen und die inneren Bilder kommen lassen, die vom Willen und vom Verstand nicht zu beeinflussen sind.

Zielsetzung:
- Mit gelenkten Bildern wird der Geist beruhigt, um innere Ruhe, Konzentration und Ausgeglichenheit zu fördern. Probleme und andere ablenkende Gedanken werden in den Hintergrund gestellt.
- Ein Prozess der Persönlichkeitsentfaltung kann stattfinden. Z.B. Baummeditation „Ich bin ein Baum" → Arbeit am „inneren Baum" – Auseinandersetzung mit eigenen Wünschen und Ängsten, Anregung für die Arbeit an der eigenen Person; Stärkung des Selbstwertgefühls.
- Fachliche Themen werden durch Fantasiereisen bereichert und gewinnen eine persönliche Dimension. Z.B. „Ein Leben mit Martin Luther".

Grundsätzliche Überlegungen zur Übungsanleitung:
- Durchführung am besten im Liegen oder im Sitzen mit aufgelegtem Kopf
- Zu Beginn der Entspannung werden die Auflagenflächen wahrgenommen: Füße, Beine, Gesäß, Rücken, Schultern
- Die Augen werden geschlossen
- Der Atem wird wahrgenommen
- Die Übung wird ruhig, in langsamem Tempo und mit Pausen gesprochen

Methodische Schritte:
1.) Einleitung und Entspannung, folgende Punkte sollten thematisiert werden:
- Körperhaltung
- Schließen der Augen
- Sicherheit und Wohlbefinden
- Atem
- Ruhe und Entspannung
- Hören und sich vorstellen
2.) Durchführung (Eigentliche Fantasieübung):
- Unterscheidung zwischen freier und gelenkter Form
- einen gemeinsamen Rahmen schaffen
- Erfahrungen anregen
- dann Raum geben für eigene Erlebnisse
3.) Zurückholen:
- „Rückkehrformulierungen": Z.B. „Ich nehme Abschied von …"
4.) Auswertung:
- Erfahrungen austauschen:
  → verbal, durch kreatives Schreiben, Malen, Gestalten in Wachs und Ton
  → Verklanglichung der Erlebnisse

Der Einsatz von Musik:
Die Musik steht bei dieser Art der Entspannungsübung im Hintergrund. Sie dient dazu, die Konzentration zu fördern und zu erleichtern. Sie unterstützt die Wirkung der Fantasiereise / Imaginationsübung.
– Sie sollte sehr leise gespielt werden.
– Sie sollte ruhig sein.

Hinweis:
Im Unterricht kann für eine kurze Entspannungsübung auch nur die „Einstiegsübung" (siehe unter 3.) verwendet werden. Dabei steht dann die Musik mehr im Vordergrund.

2.5.2 Musikimagination

Bei dieser Form der Entspannungsübung steht die Musik mehr im Vordergrund. Die Musik ist nicht nur Hilfsmittel, sondern sie ist das Objekt der Meditation.

Zielsetzung:
Sich aufgrund eines musikalischen Ereignisses zu einem inneren Bild anleiten lassen; die eigenen Vorstellungen bildnerisch umsetzen. Völliges Einlassen auf die Musik und dabei tiefes Entspannen. Sehr individuelle Übung, keine Vorgaben, jeder ist frei in dem, was er dabei empfindet, erfährt, fühlt.

Anweisungen:
– Höre dir die Musik genau an. Achte dabei auf die Bilder, die in dir aufsteigen!
– Lass die Musik die Bilder verändern. Halte kein Bild fest, sondern lass alles kommen und gehen.
– Lass deinen Gedanken, Gefühlen und Empfindungen freien Lauf, lass dich voll auf die Musik ein.
– Wenn die Musik endet, nimm einen Stift und male mit den Farben, die du magst, das, was du gesehen, gefühlt und gehört hast. Du musst deine Gedanken, Gefühle, Empfindungen aber auch nicht für alle preisgeben. Du kannst selbst entscheiden, ob du die anderen teilhaben lässt oder lieber noch ein wenig dem nachsinnst, was du erlebt hast.

Zurückholen: Z.B. „Nimm nun Abschied von den Bildern und kehre langsam zurück in diesen Raum."

Auswertung:
Jede/r legt ihr/sein Bild in die Mitte. Die anderen sagen, welche Stimmungen und Assoziationen die Bilder in ihnen wecken.
    Man muss nicht immer eine Auswertung anschließen, wenn die Übung nur zur Entspannung dienen soll, genügt es, noch kurz zu verweilen und dann wieder zum Unterricht überzugehen.

Musikauswahl:
→ entsprechend den oben genannten Auswahlkriterien (siehe 2.4)

2.5.3 Malen zur Musik

Bei dieser Entspannungsübung können die Eindrücke, Bilder und Gefühle, die die Musik hervorruft, direkt ausgedrückt werden. Musik hören und Malen laufen parallel. Wie in der vorherigen Übung vorgeschlagen, kann die Malphase auch im Anschluss an das Musikhören stattfinden.

Zielsetzung:
Ähnlich wie bei der Musikimagination sollen sich die beteiligten Personen durch ein musikalisches Ereignis zu inneren Bildern anleiten lassen. Diese inneren Bilder können/ sollen sogleich ausgedrückt werden. Dazu gibt es verschiedene Möglichkeiten:

Durchführung:
- Musik einblenden
- Anweisung geben (siehe Musikimagination + kleiner Zusatz → Bilder, die die Musik hervorruft, durch gemalte Bilder ausdrücken)

→ *Mandalas:*
- Das Wort „Mandala" bedeutet soviel wie Kreis, Zentrum oder Geheimnis.
- Als Meditationsbild enthält ein Mandala meist die geometrischen Grundformen (Kreis, Dreieck, Quadrat) und steht als Symbol für den Weg in die eigene Mitte.
- Mandalas zu malen und zu betrachten, schenkt dem Menschen Ruhe, Konzentration und neue Kraft.
- Die Auswahl der Farben und Formen spiegelt das Innere des Menschen wider.
Hinweis: Den beteiligten Personen sollten mehrere Mandalas zur Auswahl gegeben werden, sie sollen sich jenes aussuchen, das am besten zu ihrem Inneren passt, das sie am meisten anspricht.

→ *Freies Malen:*
Es gibt keine Vorgaben, Einschränkungen wie beim Mandala. Alles kommt vom Menschen selbst, muss selbst entworfen werden. Die Bilder können im wahrsten Sinne des Wortes zum Takt der Musik gemalt werden.
Hinweis: Es sollten große Papierbögen ausgeteilt werden und geeignete Stifte zur Verfügung gestellt werden.

3. Konkretion einer Entspannungsübung

Imaginationsübung – Baummeditation

Zielsetzung:
Identitätsfindung. Seine Einmaligkeit erkennen, seine Stärken und Schwächen erkennen, seinen Standpunkt finden. Sich über seine eigene Person bewusst werden.

Diese Methode lässt sich bei Themen wie „Meine Fähigkeiten und Stärken" oder „Sinn des Lebens" anwenden.

Einstiegsübung:

Ich bin ganz ruhig, all meine Gedanken lösen sich von dem, was mich bisher beschäftigt hat, und allmählich kehrt Frieden in mich ein.

Ich nehme die Musik wahr, die im Hintergrund spielt. Alle anderen Geräusche meiner Umwelt verklingen nach und nach.

Ich bin ganz ruhig, und diese Ruhe hüllt mich ein wie ein schützender Mantel.

Die Dinge meiner Umgebung rücken ganz weit weg von mir.

Ich spüre wie mein linker Arm langsam schwer und immer schwerer wird.

Ich habe den Eindruck, große Gewichte ziehen ihn nach unten. Mein linker Arm ist unendlich schwer.

Die Schwere breitet sich in meinen rechten Arm aus. Ganz gelöst und entspannt ist mein rechter Arm, als wenn er gar nicht zu mir gehörte.

Ich bin ganz ruhig. Die Schwere dringt in beide Beine ein, die vollkommen gelöst und schlaff sind.

Selbst wenn ich es wollte, könnte ich weder meine Arme noch meine Beine hochheben, so schwer ist alles geworden.

Ich achte auf meinen Atem. Er kommt und geht. Ich lasse ihn in alle meine Gliedmaßen fließen.

Mein Atem wärmt meine Arme. Mein Atem gibt mir ein wohliges Gefühl im Bauch. Mein Atem wärmt meine Beine.

Ich bin ganz ruhig und ganz bei mir.

Imaginationsübung (Baummeditation)

Ich stelle mir nun vor, ich wäre draußen in der Natur. – Ich suche mir langsam, aber bestimmt einen Baum, der zu mir passt – meinen Baum.

Vielleicht in einem Garten, in einem Wald oder auf einer Wiese, vielleicht aber auch mitten in der Stadt.

Mit gespannter Neugier begegne ich meinem Baum. – Vielleicht ist er groß oder eher klein, dick oder dünn.

Vielleicht steht er alleine oder mit anderen Bäumen zusammen.

Vielleicht kann er sich frei entfalten oder er wird an manchen Stellen eingeengt.

Ich betrachte ihn, seine Krone, seinen Stamm, seine Blätter. Hat mein Baum Wurzeln? Vielleicht keine? Reichen sie tief hinab?

Ich erkenne unterschiedliche Formen und Farben an meinem Baum und ich sehe, wie das Licht mit ihm spielt.

Nun spüre ich in ihn hinein, begebe mich in seine Gestalt.

Ich fühle den Stamm, die Äste, vielleicht bewegen sie sich im Wind. Vielleicht empfinde ich Weite und Freiheit.

Ich stehe fest, nichts kann mich umwerfen.

Vielleicht kommt meine Kraft aus dem Boden, aus den Wurzeln. Sie sind tief unten im Boden und geben mir Halt.

Ich werde gut versorgt, mit Wasser, mit Sonnenlicht, mit Nahrung und allem, was ich brauche.

Ich spüre die Wärme der Sonne und spüre den Wind.

Ich fühle mich rundum wohl und genieße noch einige Augenblicke die Sicherheit, die Stärke.

Zurückholen:
Ich stelle mich nun darauf ein, dass ich bald Abschied nehmen muss von meinem Baum.
  Ich präge mir meinen Baum noch mal genau ein und nehme ihn in Gedanken mit.
  Dann kehre ich wieder zurück, hierher in diesen Raum.
  Ich spüre wieder den Boden unter mir, nehme andere Geräusche als die Musik war.
  Langsam öffne ich die Augen und kehre in die Wirklichkeit zurück.
  Wenn du möchtest, darfst du deinen Baum nun malen.

Auswertung:
Seinen eigenen Baum malen

Musik:
– Sanctuary (Aschmore / Willow) by Celtic Waters; Lieder 3+4 / 6+7 / 7+8
– Die fabelhafte Welt der Amélie (Yann Thiersen); Lieder 16-19, sehr leise gespielt
→ Es eignet sich jegliche Musik, die den oben genannten Kriterien zur Musikauswahl entspricht (siehe 2.4).

4. Fantasiereise

Eine Fantasiereise ist eine Stilleübung, bei der durch die sprachliche Führung einer anleitenden Person die Aufmerksamkeit der Teilnehmer von der „Außenwelt" auf die „Innenwelt" gelenkt wird. Sie entstammt der Humanistischen Psychologie und verwendet Formen des Autogenen Trainings und der Progressiven Muskelentspannung. Dadurch werden die eigene Person, der eigene Körper, die Körperfunktionen (Atmen), die Körperempfindungen (Fühlen der Schwere) oder die Körperspannung bewusst wahrgenommen und erlebt. Fantasiereisen können im Unterricht zu Entspannung, zur inneren Ruhe führen und Persönlichkeitsentwicklung fördern.

4.1 Pädagogische Chancen und Risiken

Die Fantasiereise als Entspannungsübung wirkt gegen Angst und Stress. Es entsteht ein Gefühl des Getragenwerdens. Zugleich fördert sie die Konzentration und das Lernen. Es handelt sich hierbei um einen ganzheitlichen Ansatz, der einen Beitrag zur seelischen Gesundheit liefert. Auch Kinder und Jugendliche haben das Bedürfnis nach Ruhe in hektischer Zeit.
  Fantasiereisen als meditative Übungen basieren auf einer christlichen Tradition: Meditation ist Geschenk Gottes und führt zum Schöpfer.
  Pädagogisch betrachtet, führt es nicht zu überprüfbarem Wissen und kann auch manipulativ sein. Der Lehrende muss deshalb darauf achten, dass er sich nicht therapeutisch überfordert. Problematisch sind Fantasiereisen, die in der Darbietung nach unten (z.B. in einem imaginierten Fahrstuhl) gehen. Hier könnten Kindheitserfahrungen aus der Tiefe der Seele aufbrechen.
  Fantasiereise muss auch zusagen. Das bedeutet, dass Kinder und Jugendliche die Freiheit der Meditationswahl haben müssen. Fantasiereise als Meditation führt zum Gespräch mit Gott (Gebetsschulung). Als Pädagoge muss ich mir die Frage kritisch stellen: Was kann ich der Gruppe und mir zumuten?

4.2 Die Phasen einer Fantasiereise im Unterricht

I. Einstimmung

Die Schüler müssen sich in angenehmer Atmosphäre (Atmosphäre des Vertrauens) wohlfühlen. Fantasiereise kurz erklären (Was passiert? Wie lange sie dauert? Was man tun muss?), denn Ungewohntes kann befremden und verunsichern.

II. Vorbereitungsphase

Hier führt der Sprecher die Entspannungsanleitung durch.
Möglicher Text:
„Setze dich nun bequem hin … Bereite dich darauf vor, deine Augen zu schließen … Schließe deine Augen … Mache es dir noch ein bisschen bequemer. Du spürst, wie deine Füße den Boden berühren. … Achte auf deinen Atem. Du atmest ruhig und gleichmäßig. Du atmest aus und ein. … Bei jedem Ausatmen sagst du innerlich ein Entspannungswort, etwa Ruhe, entspannen oder loslassen … Du atmest aus und ein, aus und ein."

III. Imaginationsphase

Jetzt beginnt die eigentliche Fantasiereise, die Loslösung von der Alltagssituation und die Hinwendung zur Vorstellungswelt, die durch die Reise z.B. an einen angenehmen Ort (Ferien, Wiese, Traum, Ort der Fantasie usw.) angeregt wird.

IV. Rückkehrphase

Die Rückführung vom Fantasieort in die Alltagswelt geschieht meist in der umgekehrten Reihenfolge bis zur Ankunft im Klassenzimmer und dem Öffnen der Augen mit Recken und Strecken der Arme und Reiben der Hände.
Möglicher Text:
„Bereite dich darauf vor, von deinem schönen Ort Abschied zu nehmen. Du gehst von deinem schönen Ort weg … zurück in unsere Zeit … in diese Stadt … in deine Schule … dein Klassenzimmer, auf deinen Stuhl. Du spürst, wie du dasitzt, du spürst deinen Körper, deine Beine, deine Arme, du spürst deinen Atem … Du reckst dich und streckst dich. Du reibst deine Hände, öffnest deine Augen … Du fühlst dich erfrischt und ausgeruht, als wärst du gerade aufgewacht. Du bist wieder hier mit deinen Gedanken."

V. Gestaltungsphase

Hier bieten sich neben der Aussprache, bei der es keine Bewertung oder Deutung geben darf, alle möglichen Formen (malen, aufschreiben, mit Material gestalten usw.) an. Die Schüler erhalten die Möglichkeit, ihre Gefühle, Gedanken oder Erlebnisse festzuhalten. Es darf kein Leistungsdruck aufkommen.

4.3 Allgemeine Anmerkungen zur Durchführung

Der gesprochene Text kann auch in Ich-Form sein. Dies geht tiefer, ist jedoch auch unter Umständen manipulativer. Wichtig ist, ein gut durchgelüfteter, störungsfreier Raum, evtl. etwas abgedunkelt. Die Durchführung in liegender Form (Isomatten, Decken) ist entspannender, jedoch auch ungewohnter für Jugendliche. Ein Schild vor die Tür „Bitte nicht stören!" bewahrt vor Unterbrechungen, die bei der Durchführung vermieden werden sollten.

Vor der Fantasiereise sollten menschliche Grundbedürfnisse befriedigt werden (Nase putzen usw.). Gemeinsam überlegt die Gruppe, warum man bei einer Fantasiereise still sein soll und welchen nutzen dies bietet (z.B. Konzentrationssteigerung vor einer Stresssituation).

Bei ungeübten Klassen sollte die gewohnte Sitzordnung beibehalten werden. Die Schüler folgen freiwillig und vertrauensvoll der sprachlichen Führung des Lehrers; Spannungen zwischen Schüler und Lehrer verhindert die sinnvolle Fantasiereise. Wenn sich jemand nicht wohl fühlt, kann er jederzeit aussteigen. Er darf jedoch die anderen nicht stören oder behindern.

Der Lehrende spricht ruhig und langsam (evtl. zur Musik). Übertreibung wirken störend. Inhaltlich sollte Interpretationsspielraum vorhanden sein und keine Konflikte oder Probleme in der Fantasiereise provoziert werden (positiver Handlungsablauf).

5. Literatur

Brunner, Reinhard (1991): Hörst du die Stille? Hinführung zur Meditation mit Kindern, München

Faust-Siehl, Gabriele u.a. (1992): Mit Kindern Stille entdecken, Frankfurt, 3. Aufl.

Grethlein, Christian (2000): Methodischer Grundkurs für den Religionsunterricht, Leipzig

Henrici, Peter/Wild, Peter (1991): Entdeckung der Stille, Übungen zur gegenständlichen Meditation, München

Hintersberger, Schw. Benedikta (1993): Mit Jugendlichen meditieren, München, 5. Aufl.

Krowatschek, Dieter (1995): Entspannung in der Schule. Anleitung zur Durchführung von Entspannungsverfahren in den Klassen 1-6, Dortmund

Maschwitz, Gerda und Rüdiger (1998): Phantasiereisen zum Sinn des Lebens. Anregungen für Kinder, Jugendliche und Erwachsene, München

Maschwitz, Gerda und Rüdiger (1995): Gemeinsam die Stille entdecken. Übungen für Kinder und Erwachsene, München

Maschwitz, Gerda und Rüdiger (1993): Stille – Übungen mit Kindern. Ein Praxisbuch, München.

Rendle, Ludwig (2000): Ganzheitliche Methoden im Unterricht. Ein Praxisbuch, München, Neuauflage

Schlotterbeck, Gerd (1997): Einführung verschiedener Meditationsformen im Unterricht mit Erwachsenen, Stuttgart

Schmitt, Rainer (1983): Musik und Spiel im Religionsunterricht und Jugendarbeit. Praktische Anleitungen, Beispiele und Modelle, Stuttgart

Teml, Hubert (1989): Zielbewusst üben – erfolgreich lernen, Lerntechniken und Entspannungsübungen für Schüler, Linz

Teml, Hubert (1991): Entspannt lernen, Stressabbau, Lernförderung und ganzheitliche Erziehung, Linz

Teml, Helga u. Hubert (1991): Komm mit zum Regenbogen, Fantasiereisen für Kinder und Jugendliche, Entspannung, Lernförderung, Persönlichkeitsentwicklung, Linz

Wilmes-Mielenhausen, Brigitte (1998): Zeig mir, wo die Stille wohnt. Eltern und Kinder entdecken Wege der Entspannung, Freiburg

Sport und Wellness*

1. Körper – Kampf – Kult

Die Fußballweltmeisterschaft 2010 ist vorbei. Die Europameisterschaft 2012 steht vor der Tür. Und die Doping-Skandale zeigen, dass die Leistung des Körpers ein ständiger, strategischer Kampf im kommerziellen Wettbewerb ist. Abgesehen von den Bekenntnissen der Gedopten, bleibt die Unklarheit im Blick auf die bisher nicht bekannten Fälle.

Doch neben diesen Highlights der Sportgeschichte finden kleine sportliche Wettkämpfe täglich bzw. wöchentlich in den Wohn- und Trainingsräumen statt: Morgendliche Körperübungen gehören ebenso zum Trainingsprogramm wie der Kraftraum im Fitness-Studio. Wer (beim anderen Geschlecht) ankommen möchte, muss seinen Körper asketisch „bilden". Das Fitnessfieber, das vor einigen Jahren in der Yuppieschicht grassierte, breitet sich mit rasender Geschwindigkeit in der gesamten Bevölkerung aus. In einem Studio zu trainieren, wird zur gesellschaftlichen Normalität. Und damit geraten auch hartnäckige Abstinente unter einen Rechtfertigungsdruck: „Was, du treibst keinen Sport? Ist dir dein Körper nicht wichtig?"

Sport für den Körper und Religion für die Seele: Wo bleibt da der Geist? Er steckt in beidem, wagen wir zu behaupten und möchten diese Behauptung im Folgenden ausführen.

Hat sich nicht der Ausdauersportler, der beim Sporttreiben scheinbare und auch echte Grenzen überschritten (Konditionszuwachs!), schon gefühlt, als schwebte er, als löste er sich gleichsam aus seinem Körper, als schwänge sich seine Seele auf. Das klappt leider nicht jedes Mal und sowieso erst ab 10 km Dauerlauf. Manchmal kommt es „nur" zu guten Einfällen. Und selbst wenn diese ausbleiben, wird die Lunge gelüftet und der Kopf frei. Schon deswegen lohnt sich die körperliche Betätigung, abgesehen von der guten gesundheitlichen Wirkung auf den Körper.

Was hier mit schwülstigen Worten und im Konjunktiv beschrieben wurde, ist bei Langstrecklern als „Runner's High" bekannt. Ein Bekannter kennt das Phänomen vom Radfahren. Mit „Ich fange an zu jodeln", umschreibt er es. Schwimmer und Taucher spüren aufgrund der physikalischen Eigenschaften des Wassers so etwas wie eine Vorstufe zur Schwerelosigkeit. Nicht umsonst haben sich diese genannten gängigsten Ausdauersportarten mittlerweile zu einer relativ populär werdenden Wettkampfform, dem Triathlon, gemausert. Daniel Unger, Triathlet, berichtet nach seinem WM Sieg im September 2007 in Hamburg: „Es kam mir vor, als ob ich fliegen würde."[1]

Sicherlich ist es für unseren Körper und für unsere Gesundheit unabdingbar, sich zu bewegen und die Muskeln zu fördern. Gerade Bandscheibengeschädigte, die viel sitzen (müssen), wissen um ein not-wendiges Muskelkorsett. Es hat sich, im Vergleich zu früheren Jahren, ein Paradigmenwechsel vollzogen. In den Siebzigern und Achtzigern war gesunde Lebensweise gleichbedeutend mit einer natürlichen Lebensweise: Der nicht rauchende Vegetarier galt als Inkarnation des gesunden Lebens. Ob der Bizeps schlaff aus dem Ärmel hing, spielte keine Rolle. Hauptsache, man war schadstofffrei und umweltbewusst! Und Sport fand, wenn überhaupt, im Verein statt, wobei das Bierchen danach in geselliger Runde denselben Stellenwert wie die körperliche Aktion hatte. Mit der fort-

---

* Zusammen mit meiner Frau Beate geschrieben.
1 Stuttgarter Zeitung vom 04.09.2007.

schreitenden Technisierung und ästhetischen Ausdifferenzierung der Lebenswelten hat sich diese Auffassung aber langsam gewandelt.

> „Wo jeder Korkenzieher unter Designaspekten konzipiert wird, kann sich auch der Körper dieser Verhübschungstendenz nicht widersetzen. So ist heute nicht mehr der unbelassene, sondern der technologisch gestylte Körper das Ideal. Schließlich erfolgt auch die Partnerwahl nach den Gesetzen des Marktes. Wer kein Ladenhüter sein möchte, erarbeitet sich ein möglichst hohes Attraktivitätsniveau. Denn Schönheit ist heute kein Schicksal mehr, sie kann erworben werden. Waren früher vor allem Frauen dazu bereit, für einen wohl geformten Körper zu schwitzen, so sind es mittlerweile auch die Männer."[2]

Die „Heilige Hantel" wird für den neuen Mann zum Statussymbol. Man trainiert nicht für den Augenblick, sondern rüstet sich für das Leben draußen, schließlich soll mit dem Traumkörper auch der Traumjob und der Traumpartner näher rücken. Der mühsame Weg dahin lässt sich auf den überall verteilten Spiegeln im Kraftraum verfolgen – eine Selbstbespiegelung mit autoerotischem Charakter. Die Fitnessgeräte weisen in ihrer Funktionsweise Analogien mit der Geschäftswelt auf. Der Erfolg drückt sich nicht in einer real bewältigten Strecke aus, sondern auf dem Monitor: Kalorienzahl, Strecke, Pulsfrequenz – auf Wunsch auch ausgedruckt.

Die Ikonen des Körperkults sind dabei in Gestalt perfekt ausgeleuchteter Fotomodelle von Bekleidungsfirmen immer gegenwärtig. Ihre Botschaft lautet: „So wirst du zwar nie aussehen, aber versuchen musst du's trotzdem!" Verlässt man die Weihestätte, fühlt man sich gleichzeitig enttäuscht und erbaut – auch wenn das Ziel nicht zu erreichen ist, hat man wenigstens seine Pflicht getan.

> „Auffallend ist dabei die sozusagen hierarchische Nutzung der Räume: Tummeln sich im Gerätepark und der Stretchingzone auch Gelegenheitsbesucher mit geringem Ehrgeiz, so ist die Hantelzone gleichsam der Altarraum, das Allerheiligste des Studios. Hier wird nicht mehr gesprochen, hier beherrscht die Konzentration auf die rituelle Handlung alles. Selten verirren sich Frauen hierher, während die Männer – die Augen starr aufs Spiegelbild gerichtet – die rhythmischen Schwellungen ihrer Muskeln mit verklärtem Blick verfolgen. Und der dem Körper abgetrotzte Schweiß verleiht dem Mann einen Glanz, der ihn in einem höheren Licht erscheinen lässt: Geheiligt werde der Bizeps!"[3]

Vielleicht wählen die Frauen die andere Art der Körperkultur: Statt sportliche Fitness bieten unzählige Hotels Wellness für den individuellen Körper an. Unter dem Motto „Weil ich es mir wert bin" nehmen viele moderne Menschen den „Wellnes-Service" an: „Vitale Entschlackung" – „Hören Sie auf Ihr Herz" – „Wie neu geboren" – „Erschaffe dich neu" – „Stellen Sie sich Ihr individuelles Wohlfühlprogramm zusammen" – „Wärme von unten und von oben: Der Telak, türkischer Bademeister, verwöhnt den Urlaubsgast" sind nur einige Werbeslogans dieser zunehmenden Branche. Dabei ist das Wort „Wellness" bisher in keinem Lexikon definiert. „Die Zeit"[4] berichtet von wohligen Wellness-Wonnen:

---

2 Frank Armbruster in: Stuttgarter Zeitung vom 24.1.2001.
3 Ebd.
4 Nr. 41 vom 2.10.2002.

„Auf 8500 qm erleben Sie eine einzigartige Welt von Wellness und Fitness. Hier entdecken Sie neue Quellen der Kraft für Körper, Geist und Seele. Hier finden Sie Ihren eigenen Weg, sich immer wieder wie neu geboren zu fühlen."[5]

Neben dem Körper ist der Geist und die Seele angesprochen. Die religiöse Ebene wird deutlich betreten, wenn neben Dinkelkissen auch Feng Shui, Yoga für Anfänger, Heilfasten, Qigong und Ayurveda angeboten wird. Doch die Entspannung der Wellness-Angebote („Lass dich verwöhnen") suggerieren auch: „Bleibe fit und leistungsbereit". Eva Tenzer analysiert diese Bewegung sehr treffend:

> „Konsumenten sehen Wellness heute auch als einen Weg zur Selbstoptimierung und damit als Schlüssel für ein erfolgreiches Leben. In ihren Vorstellungen schafft dies nicht nur Wohlgefühl und Entspannung, sondern auch Leistungsfähigkeit und ‚Performance' nach außen. [...] Der Wellnesstrend dürfte also in den kommenden Jahren weiter zunehmen, weil er einer grundsätzlichen gesellschaftlichen Orientierung entgegenkommt: Er vereinigt Leistungswillen und Lebensgenuss."[6]

Von daher ist auch verständlich, dass das Wellness-Wochenende die Prinzipien Verdichtung und Häufung verwendet. Seelsorge-Angebote sind ebenfalls integriert wie die Matthäuspassion. Alles, was gut tut, wird in die verdichtete Zeitspanne gepackt: Dampfbad, leise kuschelige Meditationsmusik, unterschiedliche Sinneserlebnisse, sinnvolle Vorträge, spirituelle Angebote usw. Der Mensch hat eben auch nicht viel Zeit, um seinen Alltag mit Stress und Hektik zu kompensieren.

Manche Sportarten sind vielleicht erst durch geistige Höhenflüge entstanden, weil es die dazu benötigten Hilfsmittel erst zu ersinnen galt. So wurden beispielsweise beim Drachenfliegen und beim Segeln Erkenntnisse aus der Natur umgesetzt, um menschliche Begrenzungen des Alltäglichen zu durchbrechen. Ingenieuren ist diese Vorgehensweise als Bionik bekannt. Gerade bei allen Flugsportarten und beim Bergsport ist man dem Himmel so nah und schon der Psalmist weist darauf hin – wieder in schönem Konjunktiv, weil das Fliegen für ihn nicht menschenmöglich war – dass man nicht entfliegen bzw. entfliehen kann, sondern gerade auch hier die Erfahrung von Gottes Nähe machen kann: „Nähme ich Flügel der Morgenröte und flöge ans äußerste Meer, so würde auch dort deine Hand mich führen und deine Rechte mich halten." (Psalm 139,9) Da uns im modernen Alltag die Bewegungsherausforderungen fehlen, wird dies in vielfältigen Sportarten kompensiert und mit der Pflege und dem Training des Körpers können sich manchmal neue Erfahrungen auf anderen Ebenen ergeben. Sport als Medium für die Transzendenzerfahrung? Oder könnte man von spirituellen Erfahrungen sprechen, von Erfahrungen, die man folgendermaßen umschreiben könnte: Mit dem Universum eins sein, Gott nahe sein.

---

5 Zitiert in: Nüchtern, Michael: „Weil ich es mir wert bin" oder: Die große Lust auf Wellness; in: Dehn, Ulrich/Godel, Erika (Hg.): „Du salbest mein Haupt mit Öl ..." Wellness – Körperkultur oder Sinnfrage?, EZW-Texte 183/2006, 5.
6 Tenzer, Eva: Wellness. Das Widerstandsprogramm gegen den Alltagsstress; in. Psychologie Heute 8/2003, 23.

Fußballstar David Beckham als goldene Plastik zu Füßen einer Buddha-Statue[7]

2. Dimensionen der Religiosität

Mittlerweile ist der Körperkult – ob als Fitness im Trainingsraum oder als Wellness im Kurzurlaub – schon derart verbreitet, dass man ihn als Religionsersatz betrachten kann. Dies wurde in Anlehnung an die obige Beschreibung des Kraftraums von Frank Armbruster deutlich. In einer Zeit, in welcher der Kirche die Mitglieder davonlaufen, steigt die Nachfrage nach Fitness-Studios. Da nur noch wenige Menschen an die vom Christentum versprochene Vervollkommnung des Ichs in einem späteren Jenseits glauben, arbeiten sie lieber im Hier und Jetzt an der Perfektionierung des Körpers. Die Parallelen zwischen Studio und Gotteshaus sind dabei offensichtlich. Man betritt beide Räume als Mitglied einer zahlenden Gemeinde, wobei der Besuch am besten regelmäßig erfolgt und die Übungen nach einem festen Plan ablaufen. Das angestrebte Ideal ist dabei immer weit entfernt: Wie der Mensch im Verständnis des Christentums trotz aller Bemühung immer ein armer Sünder bleibt, so wird der Traumkörper doch nie zur Realität.

Charles Y. Clock hat schon in den Sechziger die Religiosität soziologisch zu fassen versucht. Dabei entdeckte er in Religionen und religionsähnlichen Gemeinschaften fünf Dimensionen der Religiosität ihrer Mitglieder:[8]

---

7   Foto entnommen aus: Herzog, Markwart (Hg.): Fußball als Kulturphänomen. Kunst – Kult – Kommerz, Stuttgart 2002, 31.
8   Vgl. Charles Y. Glock: Über die Dimensionen der Religiosität; in: Joachim Matthes (Hg.): Kirche und Gesellschaft. Einführung in die Religionssoziologie II, Hamburg 1969, S. 150-168 (amerik. Original: 1962).

1. **Die ideologische Dimension**: Jede Religion besitzt ein System von Glaubenssätzen, zu denen sich die Mitglieder bekennen. Dies hilft dem einzelnen, Lücken in seinem Weltverständnis auszufüllen, Frustrationen zu bewältigen und sich auf eine bestimmte Wertordnung zu verpflichten.

2. **Die rituelle Dimension**: Jede Religion verwirklicht sich über symbolische Manifestation hinaus durch Rituale und heilige Praktiken, wie Gottesdienst, Taufe, Trauung oder Bestattung. Sie geben dem Lebensverlauf eine gewisse Ordnung und sind meist Initiationsriten.

3. **Die Dimension der religiösen Erfahrung**: Die Mitglieder erfahren eine gefühlsbewegte, subjektive Kontaktaufnahme zum Heiligen. Sie kann dramatisch ablaufen oder als ein Gefühl der Geborgenheit durch einen Schöpfergott.

4. **Die intellektuelle Dimension des religiösen Wissens**: Jede Religion verlangt von ihren Mitgliedern gewisse intellektuelle Fähigkeiten. Die Gläubigen sollen über grundlegende Zusammenhänge und Quellen des Glaubens informiert sein.

5. **Die ethische Dimension der religiösen Wirkung**: Diese Dimension zeigt sich im gesellschaftlichen Verhalten der Religionsangehörigen. Es handelt sich um die ethische Konsequenz des Glaubens.

Für Glock ist die letzte Dimension das Ziel der vier vorangegangenen. Die Religiosität bleibt nicht in spirituellen oder intellektuellen Aspekten stecken, sondern zielt auf ethisches Verhalten. Welche Konsequenzen ergeben sich aus dem religiösen Wissen und Vertrauen für das Handeln in der Gesellschaft?

Im Folgenden versuche ich, diese religiösen Dimensionen im Blick auf die Kultur des Fitness-Studios zu konkretisieren und zu bestimmen:

zu 1.: Der Waschbrettbauch wird zum Dogma, zu einem verpflichtenden Wert an sich. Die Fotomodels zeigen die körperbetonte Ideologie. Auch wenn sie an Unterernährung oder Magersucht leiden, lässt das System sie nicht los.

zu 2.: Da sich in der Konkurrenzgesellschaft jeder selbst der Nächste ist, wird im Fitness-Studio wenig gesprochen. Jeder geht stumm seiner Tätigkeit nach, weniger lustbetont, als zielgerichtet. Das Einzeltraining der körperlichen Ertüchtigung wird als Ritual von den Spiegeln und Messgeräten initiiert und beobachtet. Der Verlauf des Rituals ist genau vorgegeben: Zehn Minuten aufwärmen, dann an die Geräte, Ausdauer, Stretching usw.

zu 3.: Das Drama liegt am heiligen Ziel. Nur die wenigsten erreichen ihr Ziel. Die Erfahrung, seine vorgegebene Pflicht erfüllt zu haben, schenkt eine partielle Geborgenheit in seinem Körper: „Ich bin auf dem Weg!" Der Fitnesswahn als Religionsersatz hilft mir, den Alltag besser zu meistern. Ich erschaffe mir im Angesicht meines Schweißes eine neue Kreatur. Das Geschöpf wird zum Schöpfer.

zu 4.: Biologische wie ästhetische und medizinische Zusammenhänge werden wahrgenommen und zum Teil berücksichtigt. Zeitschriften wie „Men's Health" klären auf und zeigen die Richtung der Körperkultur an. Die Physiologen der Fitnessräume sind die wissenden Meister.

zu 5.: Die Rücksicht auf das Äußere, den Körper, ist der exakte Gegensatz zur antiken Gnosis, die den Geist verherrlichte. Nicht die Arroganz gegenüber den Dicken und Schwachen, sondern der behutsame Umgang mit dem Körper der anderen wäre die ethische Perspektive. Jedoch ist das übertrieben asketische Trainieren des Körpers nicht immer von Gesundung begleitet.

3. Religion im Fußballsport

Sport ist unbestreitbar eine populäre Kultur. Der „heilige Rasen" als Ort der Versammlung und die Sportschau als „heilige Zeit" der Väter ist mehr als „Brot und Spiele" im alten Rom. Es ist eine Quelle der persönlichen Stärkung: „Wenn mein Fußballverein am Samstag gewonnen hat, gehe ich vergnügter in die kommende Woche." Die psychologische Wirkung dieses Wochenend-Events darf nicht unterschätzt werden. In negativer Form sind die gewaltvollen Ausschreitungen der (vermeintlichen) Fans zu sehen, wenn ihr Verein beim auswärtigen Spiel verloren hat. Die Forschung im Rahmen der „Cultural Studies" weisen religiöse Ausprägungen im Sport nach: Wie sieht die Identitätsbildung bei Hooligans aus? Wie kommt es zur Verzückung im Stadion? Welche kultischen Elemente haben die Fangesänge?[9]

Sicherlich verstehen sich die nahezu 8 Millionen deutschen Mitglieder der Fußballvereine nicht als „religiöse" Mitglieder. Der Sport ist selbstreferentiell und ein gesellschaftlicher Faktor. Fußball ist ein bedeutendes kulturelles Phänomen, welches durchaus um seiner selbst willen existiert, also Selbstzweck für die Mitglieder ist. Trotzdem gibt es Fußball-Götter (der erste: Toni Turek, dann auch Jürgen Kohler, Olaf Marschall und Thomas Linke). Rudi Assauer behauptet: „Der Fußballgott muss ein Bayer sein." Dagegen Oliver Kahn: „Es gibt nur den einen Gott." oder Gerhard Delling: „Gott hat Besseres zu tun, als sich um Fußball zu kümmern."[10]

„Kutte" eines Fans von FC Bayern München mit dem Text „F.C. Bayern München ist eine »Religion«"[11]

---

9   Diese Fragen werden in dem Sammelband von Psychologen, Volkskundlern und Sportsoziologen betrachtet: Herzog, Markwart (Hg.): Fußball als Kulturphänomen. Kunst – Kult – Kommerz, Stuttgart 2002. Ebenso ist empfehlenswert: Schwier, Jürgen: Sport als populäre Kultur. Sport, Medien und Cultural Studies, Hamburg 2000.
10 Vgl. Ulrichs, Hans-Georg: Der Ball als Kosmopolit; in: entwurf 1/2006, 9.
11 Foto entnommen aus: Herzog, Markwart (Hg.): Fußball als Kulturphänomen. Kunst – Kult – Kommerz, Stuttgart 2002. 279.

Auch im Fußball-Sport gibt es Rituale: z.B. wird bei einer internationalen Begegnung die jeweilige Nationalhymne gespielt; ebenso sammeln sich die Fußballspieler einer Mannschaft kurz vor dem Anpfiff, um sich zu ermutigen; die Zuschauer bewegen sich singend in der Masse zum Fußball-Station. Rituale stiften Gemeinschaft und Sicherheit. Sie besitzen eine Symbolik und sind emotional aufgeladen. Dies wird deutlich an der dramaturgischen Dreiphasigkeit nach Viktor Turner: Die 1. Phase ist die Trennung von der Alltagssituation, die Einstimmung bzw. das Vorspiel zur eigentlichen Phase des Rituals. In der 2. Phase findet das Ritual statt. Es ist dynamisch und oftmals ein Flow-Erlebnis. Meistens sind kreative Elemente vorhanden. In dieser Phase findet das Gemeinschaftserlebnis und die Enthierarchisierung statt. Danach sind die Beteiligten innerlich und in ihrer Beziehung zueinander verändert. Sie haben gemeinschaftlich die alltägliche Grenze überschritten. Die letzte Phase dient der Wiedereingliederung in den Alltag. Das Ritual hat den Menschen verändert.

Fußball ist keine Religion, da der substantielle Transzendenzbezug fehlt und die Mitglieder selten Fußball subjektiv als ihre Religion wahrnehmen. Fußball ist jedoch religionsähnlich, wenn der funktionale Religionsbegriff kulturhermeneutisch verwendet wird. Für den katholischen Theologen J.B. Metz ist Religion die „Unterbrechung und Überbietung dessen, was den gewöhnlichen Alltag bestimmt, Religion als Auszug aus dem Bestehenden und routinehaft Vollzogenen." Der evangelische Theologe Paul Tillich begründet an verschiedenen Stellen, dass „das, was den Menschen unbedingt angeht", die Religion sei. Sie muss wiederum symbolisch ausgedrückt werden, weil nach Tillich allein die Symbolsprache das Unbedingte auszudrücken vermag. Insofern zeigt der Fußball Religionsähnlichkeiten auf:[12]

- Fußball stiftet Gemeinschaft und gibt Menschen Halt, indem er ihren Alltag strukturiert und Rituale anbietet sowie zugleich den Ausstieg aus der Alltagswirklichkeit ermöglicht.
- Wie Religion ist populärer Sport auch als „Opium des Volkes" missbraucht worden, wenngleich er Werte wie individuelle Begabung (unabhängig von seiner sozialen Herkunft kann jeder ein Fußballstar werden, Fußballstars finden sich in allen sozialen Schichten), Teamgeist und Fairness (mit dosierten Regelverstößen) verkörpert.
- Das Auf und Ab entspricht den menschlichen Kontingenzerfahrungen und führt bei Spielern und Fans zur Neigung, übernatürliche Mächte um Hilfe anzurufen.
- Wie eine Weltreligion ist der Fußballsport auf der ganzen Welt verbreitet und bildet damit wie der religiöse Glaube eine Kontinente übergreifende Basis für Verständigung und Völkergemeinschaft.

Ebenso spüren die fünf Dimensionen nach Glock religiöse Bereiche des Fußballs auf:
1. **Die ideologische Dimension**: Der Grundwert der Fairness und damit die Einhaltung der Spielregeln bestimmen die Begegnung. Wichtige Trainerslogans werden zu Dogmen: z.B. „Nach dem Spiel ist dem Spiel" (Sepp Herberger).
2. **Die rituelle Dimension**: Seit Jahren sehen die Zuschauer Fußballstars, die sich vor dem Spiel oder nach einem Tor bekreuzigen. Die Fans pilgern in ihr Station oder unternehmen eine Wallfahrt zur auswärtigen Arena, die der Funktion einer Kathedrale mit liturgischen Gesängen und Sprachspielen nahe kommt, welche Anleihen an geprägte religiöse Sprache (z.B. „Schalke unser") besitzen. In der Pause findet die „hei-

---

12 Vgl. im Folgenden auch Pirner, Manfred: Ist Gott Fußballfan? in: entwurf 1/2006, 7.

lige Kommunion" mit Bratwurst und (alkoholfreiem) Bier statt. Zum Kalenderjahr, dem Schuljahr und dem Kirchenjahr gesellt sich nun noch die Fußball-Saison.

3. **Die Dimension der religiösen Erfahrung**: Mit Fanartikeln wie religiösen Devotionalien pilgern die Zuschauer ins Stadion. Die Begegnung mit einem Heiligen findet statt, wenn ein Profi-Kicker Autogramme gibt. Die Autogramme mutieren zu Reliquien. Der Fan verspricht sich eine Teilhabe an der Besonderheit seines Idols. Der Fan partizipiert an der Verheißung und dem Heil des Stars.

4. **Die intellektuelle Dimension des religiösen Wissens**: In der Bundesliga zu spielen, fordert ein intellektuelles Niveau und strategische Fähigkeiten sowie beim Interview sprachliche Kompetenz. Der Fan-Gemeinde selbst müssen die Regeln bekannt und plausibel sein.

5. **Die ethische Dimension der religiösen Wirkung**: Diese Dimension zeigt sich im Verhalten der Fans vor allem nach dem Spiel und bei verlorenen Spielen. Gehen die Kontrahenten fair miteinander um?

Somit wurde auf verschiedenen Ebenen deutlich, dass Sport, respektive Fußball, religionsähnliche Elemente besitzt. Der Mensch ist eben religiös und schafft sich eine Kultur, die diesem Bedürfnis entspricht.

4. Didaktische Überlegungen

Im Sport wie in anderen popkulturellen Bereichen werden trotz Kommerzialisierung Freiräume für Humanität „erspielt". Zum Beispiel fanden positive internationale Begegnungen während der Fußball-Weltmeisterschaft 2006 in Deutschland statt. Der Slogan war „Die Welt zu Gast bei Freunden". Schulen bereiteten sich durch das Projekt „Fair Play for Fair Life" auf die WM vor und informierten sich über ein ausländisches Land. Themen wie „Ausländerhass" oder „Gerechtigkeit für den Welthandel" wurden in den beteiligten Schulen thematisiert.[13] „Fairness im Fußball" übertrugen die Schülerinnen und Schüler auf „Fairness in der Schule" und entwickelten Regeln für ein gerechtes Zusammenleben.[14]

Fainess ist ein Verhalten, das über die bloße Einhaltung von Regeln hinausgeht. Es ist eine Haltung, die den anderen achtet und ihn als Partner trotz Gegnerschaft sieht. Die Fairness gebietet also:
– die Anerkennung und Einhaltung von Regeln,
– den partnerschaftlichen Umgang mit dem Kontrahenten,
– die Fähigkeit, sich in kritischen Situationen des Kampfes und Wettstreits von der eigenen Rolle zu distanzieren,
– auf gleiche Chancen und Bedingungen zu achten,
– das Gewinnmotiv zu begrenzen und seine physische und psychische Unversehrtheit zu wahren,
– die Haltung in Sieg und Niederlage (!) zu bewahren.

Die Zielbestimmungen der Fairness entstammen der Ethik im Sport und sind von mir so formuliert, dass sie auch auf anderen Bereiche, wie z.B. die Schule und den Unterricht, übertragen werden können. In Gruppenarbeit können altersgemäße Formulierungen zu

---

13 Vgl. Pfeil, Gerd: WM-Schulen – Fair Play for Fair Life; in: entwurf 1/2006, 30-37.
14 Vgl. Kessler, Mathias: Fairness im Fußball – Fairness in der Schule; in entwurf 1/2006, 17-21.

„Fair Play" diskutiert und in der Klassengemeinschaft ausprobiert werden: z.B. Fair Play ist, wenn …

… ich als Sieger nicht prahle.

… ich auch verlieren kann.

… der Sieg nicht alles bedeutet.

… ich auf den Anderen Rücksicht nehme.

… ich Schwächere nicht lächerlich mache, sondern unterstütze.

… in den Medien ausgewogen und gerecht berichtet wird.

… du dich auf den Anderen verlassen kannst.

… wir gemeinsam anpacken.

… einem die Unversehrtheit des Anderen wichtiger ist als der eigene Sieg.

… wir auch Rücksicht auf unsere Umwelt nehmen.

… jemand sich nicht, koste es, was es wolle, durchsetzt.

In einer weiteren Übung können die gefundenen Ziele und Handlungsmuster übertragen werden. Hierzu sollen die Gruppen einen fairen Hochsprungwettbewerb entwickeln: Welche Regeln gelten, um Chancengleichheit zu bewahren? Welche Abfolge hat dieser Wettbewerb? Wie sieht die Preisverleihung aus?

Unter der Thematik „Fair Play – Fair Pay – Fair Life" kann von den Problempunkten des globalisierten und ökonomisierten Sports ausgegangen und schulrelevante Aspekte behandelt werden: z.B. Unterstützungsmöglichkeiten des fairen Handels ohne Kinderarbeit bei der Herstellung von Fußbällen; „Was ist Fairness?"[15] – sportethische Aspekte und das faire Verhalten im Schulhaus (evtl. Fairplay-Vertrag zur Unterstützung der Klassengemeinschaft); „Wie gehen wir mit Verlierern um?"; Übungen zur Perspektivenübernahme und Empathieförderung.

Vor allem die Perspektivenübernahme hilft Gegnern, zu sportlichen Partnern werden zu lassen. Kontrahenten streiten und kämpfen dann fairer miteinander, da die Empathie auch für das Gegenüber gilt. Oft können dann auch schulische Konflikte besser gelöst werden, wenn wir die Anderen besser verstehen. Alltägliche Situationen von Schülern sollen unter den Leitfragen „Welche Situationen aus dem Unterricht fallen euch dazu ein?", „Was denkt der betroffene Schüler, die betroffene Schülerin?", „Was können bzw. wollen wir tun?" und „Welche Ideen zur Lösung fallen euch noch ein?" betrachtet werden. Sie fordern faire Reaktionen heraus:[16]

1) Der Letzte: Einer aus der Klasse wird immer als Letzter gewählt.

2) Ausgelacht: Ein dicker Schüler purzelt vom Kasten.

3) Ausgeschlossen: Ein unbeliebtes Mädchen steht oft abseits.

4) Ausgenutzt: Einer schleppt allein die Matten, während sich die anderen unterhalten.

Abschließend stelle ich eine Beobachtung zur Thematik „Religion und Fußball" von Heinrich Peuckmann vor. Dieser Text[17] zeigt religiöse Elemente bei einem Fußballspiel auf. Hier können Schüler Religion wahrnehmen und deuten.

---

15 Also bei Regelverstoß nicht auf das so genannte elfte Gebot setzen: „Du sollst dich nicht erwischen lassen."

16 Vgl. diese Übung sowie weitere praktische Möglichkeiten zu „Fair Play – Fair Pay – Fair Life" in: gepa (Hg.): der ball: ist rund. Arbeitsmaterialien und Informationen für Unterricht und Jugendarbeit, Herne 2005, 190.

17 Noss, Peter (Hg): Fußball verrückt. Gefühl, Vernunft und Religion im Fußball, Münster 2004.

Vom Fortleben des Religiösen im Fußball

Unsere Kathedrale ist größer als die großen Kathedralen der Welt. Aber im Gegensatz zu jenen ist sie fast immer gefüllt, obwohl der Eintritt nicht billig ist. Wir sitzen nicht nach vorne auf einen Altarraum hin ausgerichtet, sondern in Bankreihen um den Zeremonienplatz gruppiert.

Einen Pfarrer haben wir auch, er fragt vor Spielbeginn das Glaubensbekenntnis ab. Zuerst begrüßt er mit leiser Stimme die Gäste, Höflichkeit muss schließlich sein, aber dann brüllt er ins Mikrofon: „Und bei unserer Borussia spielt mit der Nummer 1 im Tor Roman …". Und die Gemeinde antwortet: „Weidenfeiler!" „Und mit der Nummer vier Christian!" Und die Gemeinde ruft: „Wörns!" Ein paar neue Namen musste sie für das neue Kirchenjahr, also die neue Saison, lernen, aber natürlich kennen sich fast alle aus. Für die Wenigen, die nicht auf dem Laufenden sind, werden die Namen auf der elektronischen Anzeigentafel eingeblendet, so dass, anders als bei den Zeremonien in den anderen Kathedralen, jeder gleich mitmachen kann.

Nach soviel Text muss ein Lied folgen, das den Zusammenhalt unter uns stärkt, dem zwischenzeitlichen Abbau der Spannung dient und unsere Zukunftshoffnung ausdrückt. Es ist eben alles durchdacht in unserer Zeremonie. „Wer war deutscher Meister?" fragen wir singend und geben uns selbst die Antwort: „BVB Borussia. Wer wird wieder Meister? Borussia BVB." Spätestens beim Refrain kann auch hier der Neue mitsingen: „Lalalalalalala …" Der Brauch, neue Texte zu altbekannten Melodien zu singen, stammt eindeutig aus der kirchlichen Szene. Dort hat beispielsweise Philipp Nicolai sein berühmtes Kirchenlied „Wie schön leuchtet der Morgenstern" zu einer populären Melodie aus der Reformationszeit geschrieben. Wir befinden uns in einer ebenso langen wie guten Tradition.

Während unten die Zeremonie abläuft, stehen wir zwischendurch auf, auch das in Übereinstimmung mit den Veranstaltungen in den anderen Kathedralen, wo ja auch zum Beten mehrfach aufgestanden wird. Bei uns geschieht dies anlässlich eines weiteren Liedes: „Steh' auf, wer ein Borusse ist …" oder die Fankurve gibt uns den Zeitpunkt vor, indem sie die Laola-Welle auslöst, die dann durch die Zuschauerreihen schwappt. Wir bestimmen also selbst, wann wir aufstehen, das Gefüge lässt uns den Spielraum. Und außerdem können wir auch mal sitzen bleiben, dann nämlich, wenn uns die Zeremonie missfällt.

Während sie abläuft, wird das Göttliche beschworen, das den tristen Alltag überhöhen soll: „Jürgen Kohler – Fußballgott!", ruft die Gemeinde. Ein Bekenntnis, das die Nachbargemeinde Schalke zwischendurch übernommen hatte. Dort war Nationalverteidiger Thomas Linke der Fußballgott, bis er die Schalker Gemeinde Richtung München verließ und zum gefallenen Engel wurde. Jetzt spielt er in Salzburg.

Während der Zeremonie wenden wir uns vom Bösen ab. Von dem Mann in Schwarz zum Beispiel, der die Welt nach eigenen, unerklärlichen Entscheidungen ordnen will. Oder von dem Rowdy in der gegnerischen Mannschaft, der verhindern will, dass das Gute siegt. Nur dieses wird von uns bejubelt, der Torschütze aus unserer Mannschaft also oder unser Verteidiger, der auf der Torlinie rettet. Das Böse dagegen wird, Teil jeder Kartharsis, gnadenlos abgelehnt, also ausgepfiffen.

Wie endet unsere Zeremonie? Natürlich mit dem Absingen weiterer Lieder, die unsere Grundeinstellung bekräftigen und das Gefühl der Zusammengehörigkeit stärken. Schließlich müssen wir Kraft gewinnen für mindestens eine Woche Alltagsleben. „Wir halten fest und treu zusammen, hipp hipp hurra, Borussia …" Oder, nach besonderen Zeremonien, durch das Hochhalten des Pokals, also der Monstranz.

Oft sind wir geläutert, wenn wir die Kathedrale verlassen. Dann hat das Gute gesiegt. Manchmal aber auch besorgt darüber, wie sehr das Böse inzwischen die Welt, also die Tabelle beherrscht. Wer sagt eigentlich, dass wir in eine immer stärker säkularisierte Welt gehen?

Das Religiöse lebt, man muss nur wissen wo.

(Pop-)Musik und Videoclip

Spirituals als Fenster des Himmels im Alltag*

1. Die Geschichte der Schwarzen in den USA

1.1 Der Sklavenhandel

Ich möchte zunächst die Geschichte der Schwarzen in den USA darstellen, da diese für die Entstehung der Negro Spirituals von elementarer Bedeutung ist. Mit der Ankunft eines Schiffes mit 20 afrikanischen Sklaven 1619 in Jamestown (Virginia) begann die lange Sklaverei und Unterdrückung der Schwarzen in Nordamerika. Heute schätzt man, dass über 20 Millionen Afrikaner aus ihrer Heimat verschleppt wurden.[1] Die Sklavenhändler überfielen meist ganze Dörfer und verschleppten die Bewohner oder sie einigten sich mit dem Stammeshäuptling, der gegen geringe Bezahlung Stammesmitglieder den Händlern übergab. Die Afrikaner wurden mit Peitschenhieben auf langen Märschen durch den Urwald auf die Schiffe an der Westküste getrieben. Auf der qualvollen Schifffahrt nach Amerika starben bereits 2/3 der Sklaven an Hunger und Krankheiten. In den USA wurden zahlreiche Arbeitskräfte für den Anbau von Tabak, Indigo, Baumwolle und Zuckerrohr benötigt. Die Schwarzen wurden auf dem Sklavenmarkt in den USA als „servant of life" (= Diener auf Lebenszeit)[2] an Plantagenbesitzer verkauft. Sie mussten hart arbeiten, erhielten von den Plantagenbesitzern als Bezahlung nur Unterkunft und Nahrung und wohnten meist in armseligen Hütten getrennt von ihrer Familie und ihrem Stamm.[3] Die weißen Sklavenhalter hielten die Afrikaner für „dumm und gutmütig".[4] Der „Slave codes" legalisierte die Gewalt gegen die Sklaven. Er zerstörte ihre Würde als Mensch, sie hatten einen „tierähnlichen Status", mussten völligen Gehorsam leisten und durften nicht Lesen und Schreiben lernen.

1.2 Die Situation der Schwarzen im 19. und 20. Jahrhundert

1.2.1 Ein Ende der Sklaverei in Sicht?

Im Jahr 1808 wurde die Einfuhr von Sklaven in die USA verboten und mit hohen Strafen geahndet. Zwischen 1819 und 1850 wurde der Sklavenhandel heimlich betrieben. Es kam zu bewaffneten Sklavenaufständen (1800 in Richmond; 1831 in Southhampton County, Virginia), die meist blutig niedergeschlagen wurden.[5] Die Sklavenfrage wurde schließlich zum Gegensatz zwischen den Nordstaaten, die die Sklaverei abschaffen wollten, und den Südstaaten, die daran fest hielten. Freie Sklaven, die Glaubensgemeinschaft der Quäker

---

* Zusammen mit Anja Pfeifer wurden vier Bausteine konzipiert.
1 Vgl. Lehmann, S. 20.; Jost, S. 41.
2 Zenetti, S. 15.
3 Vgl. Zenetti, S. 20 und Jost, S. 42.
4 Zenetti, S. 18
5 Vgl. Lehmann, S. 35f.; Zenetti, S. 16.

(seit 1688 gegen den Besitz von Menschen[6]) und Hilfsorganisationen wie die American Anti Slavery Society verhalfen den Sklaven in den Südstaaten zur Flucht in den Norden. Zwischen 1810 und 1850 konnten so 100.000 Sklaven in den Norden flüchten; im Süden wuchs dagegen der Hass gegenüber den Schwarzen an. Präsident Lincoln setzte sich für die Abschaffung der Sklaverei ein, die Südstaaten traten daraufhin aus der Union aus und es kam 1861 bis 1865 zum Sezessionskrieg, den die Nordstaaten gewannen. 1863 wurde die Sklaverei offiziell in allen amerikanischen Staaten aufgehoben.[7] 1896 wurde die Rassentrennung gesetzmäßig erlaubt; man sprach von „separated but equal", zwischen 1889 und 1919 gab es 3224 grausame Lynchfälle. Es wurden black codes (= Sonderbestimmungen) eingerichtet: Die Farbigen hatten kein Wahlrecht, durften sich nicht überall aufhalten und nur mit einer Sondergenehmigung Handel betreiben.

Martin Luther King kämpfte Mitte des 20. Jahrhunderts für die Gleichberechtigung von Schwarzen und Weißen und organisierte Demonstrationen gegen die Rassentrennung.

1.2.2 Die Schwarzen und das Christentum

Die afrikanischen Sklaven brachten ihre eigene Kultur und Religion als Erbe mit nach Amerika. Sie praktizierten einen religiösen Polytheismus mit Ekstase, Trance und Kulthandlungen.[8] Im Leben vieler westafrikanischer Stämme spielten die Musik und der Tanz als Teil des öffentlichen, privaten und religiösen Lebens eine Schlüsselrolle. Götter wurden mit Musik und Tanz beschwört. Der Alltag und die Religion wurden als Ganzheit gesehen. In den USA hatten die Schwarzen als Sklaven Versammlungsverbot und durften ihren Kult nicht mehr ausüben.

Von 1733 bis 1744 gab es die erste große Erweckungsbewegung („The Great Awakening") in den USA, 1790 bis 1815 folgte die zweite („The Great Revival"). Bei diesen Camp Meetings nahmen Weiße und Schwarze teil, es wurden lange Gottesdienste mit Massentaufen, ekstatischen Zusammenbrüchen, emotionalen Hymnen-Gesängen und Zungenreden von baptistischen oder methodistischen Missionaren abgehalten. Dieses kollektive und emotionale Erleben erinnerte die Schwarzen an ihre eigene afrikanische religiöse Praxis, sie näherten sich dem Christentum in Anlehnung an ihre eigene afrikanische Tradition und Erfahrung an (aus den afrikanischen Göttern wurde der biblische Gott mit seinem Sohn Jesus Christus, aus der Beschwörung wurde Verehrung). Bei diesen Evangelisationen wurde aus den Hymnensammlungen von Isaac Watts („Hymns and spiritual songs"), John Wesley und William Slayter gesungen; die Texte wurden mit einem neuen Rhythmus unterlegt. Es wurden aber auch spontan neue Lieder, die frühen Spirituals, geschaffen.[9]

Ihre Situation machte die afrikanischen Sklaven für die Erlösungsbotschaft des Christentums offen, im Alten Testament stießen sie auf Geschichten, die ihrer Situation sehr ähnlich waren. „Die Jenseitsverheißungen der christlichen Religion ließen sie die gegenwärtige Not leichter ertragen, und ihre ohnmächtige Wut wurde durch die Hoffnung auf eine ausgleichende Gerechtigkeit im Jüngsten Gericht gemildert."[10] Den Sklaven wur-

---

6 Vgl. Jost, S. 48.
7 Vgl. Zenetti, S. 88f.; Jost, S. 44.
8 Vgl. Jost, S. 45-47.
9 Vgl. Doering, S. 23, 48; Jost, S. 48.
10 Berendt, S. 80.

de es erlaubt, an den Gottesdiensten der Weißen teilzunehmen. Die Sklavenhalter versuchten die Sklaverei biblisch zu rechtfertigen, die Bibel wurde deshalb einseitig im Sinne der Sklaverei ausgelegt.[11] Bei geheimen religiösen Zusammentreffen der Sklaven, den so genannten „Hush harbours", lernten sie durch schwarze Prediger andere Texte der Bibel, die ihre Sehnsucht nach Freiheit ausdrückten, kennen. „Der christliche Glaube war gerade der stärkste Motor beim Kampf der Neger um ihr Recht und ihre Freiheit."[12] Die musikalische Gestaltung und die Emotionalität dieser Treffen waren typisch afrikanisch, die Predigt war eine kollektive und aktive Erfahrung.[13]

2. Die Entstehung der Negro Spirituals

2.1 Der Begriff „Negro Spirituals"

Der Begriff „Spiritual" kommt von „spiritual songs" (= geistliche Lieder). Während die Bezeichnung „Negro" auf den Ursprung hindeutet, wurde der Begriff „Spiritual" im englischen Sprachgebrauch ursprünglich für die weißen protestantischen geistlichen Lieder während der Camp meetings gebraucht.[14] Später wurde der Begriff auf die religiösen Lieder der Sklaven übertragen.[15] Seit Mitte des 19. Jahrhunderts werden „White Spirituals" und „Negro Spirituals" unterschieden.

Die ersten Spirituals entstanden um 1800 während der Sklaverei in den Südstaaten und sind von der Erfahrung des Leidens geprägt. Nach dem Sezessionskrieg veränderte sich die Situation der Sklaven und die Spirituals wurden schriftlich fixiert (erste Sammlung 1867 von Higginson). Die Negro Spirituals verloren damit ihren ursprünglichen Charakter.[16] Die Negro Spirituals entstanden aus „den Hymnen und Psalmen der Weißen und der Musikauffassung der Schwarzen in einem Bewegungs-, Verschmelzungs- und Umwandlungsvorgang"[17] und sind damit ein „historisches Resultat musikalischer und religiöser Begegnungen".[18] Vorläufer waren Work- und Fieldsongs, die die Sklaven während der Arbeit sangen und Ring Shouts.

Dixon fasst in seiner Definition diese Umstände treffend zusammen: „Negro Spirituals sind die religiösen Volkslieder der christlichen Afro-Amerikaner, die unter den Bedingungen der Sklavenzeit aus der Begegnung von afrikanischem, religiösem und musikalischem Empfinden mit der religiösen und musikalischen Tradition der protestantisch freikirchlichen Weißen der amerikanischen Südstaaten als Ausdruck eigenen, biblisch begründeten Glaubens entstanden und tradiert worden sind."[19]

2.2 Der ‚Sitz im Leben'

Die Negro Spirituals haben ihren ‚Sitz im Leben' im Gottesdienst der schwarzen Kirchen (Baptisten, Methodisten, Kirchen des „Holiness Movements" und an-

---

11 Vgl. Lehmann, S. 39 und Jost, S. 48
12 Lehmann, S. 41.
13 Vgl. Lehmann, S. 39, Jost, S. 48-50.
14 Vgl. Lehmann, S. 130.
15 Vgl. Jost, S. 38, Lehmann, S. 130.
16 Vgl. Jost, S. 39.
17 Zenetti, S. 55.
18 Jost, S. 45.
19 Dixon, S. 22.

dere Pentecostalchurches). Die Kirche war für die Farbigen sozialer und religiöser Mittelpunkt.[20] Die Negro Spirituals wurden nie wie gewöhnliche Musik komponiert, die Schöpfer der Melodien und Texte sind unbekannt und gehören der anonymen Größe des ‚Volkes' an. Die Negro Spirituals sind damit Volkslieder und wurden mündlich überliefert.

Lothar Zenetti beschreibt die Entstehung der Negro Spirituals so: „Der Pfarrer lässt den Bibelvers aufschlagen und trägt drei oder vier Sätze vor … Die Leute in der Kirche gehen mit … Sie nicken und schnalzen mit der Zunge: ‚That's right – well – o yes, my Lord!' murmeln sie und bestätigen jeden Satz wie ein Echo: ‚Amen, Halleluja!' Immer empathischer deklamiert der Prediger, immer mehr rhythmisiert er seine Worte … Mehr und mehr geht das akzentuierte, gesprochene Wort in Singen über, indem die Rede ständig in einen hohen, schrillen Ton umschlägt …"[21] Die Gemeinde antwortet auf die Predigt (die bereits rhythmisiert betont wird) mit spontanen Ausrufen, mit Singen, Tanzen, Rufen und Klatschen. Diese Spannung steigert sich und drängt nach Auflösung. Auf dem Höhepunkt geht der Sprechgesang des Predigers in Singen der ganzen Gemeinde über, wobei ein Satz aus der Predigt oder der Bibel aufgegriffen wird.

Die Schwarzen entwickelten ihre Spirituals immer weiter, für sie war das Lied lediglich Ausgangspunkt und Anregung für eine eigene Improvisation in einem gewissen Form gebenden Rahmen.[22]

Bekannt wurden die Negro Spirituals 1873 durch die „Fisk University Jubilee Singers" der Fisk University in Nashville (Tennesee), der ersten Universität für Schwarze. Da Geldmittel fehlten, sollte durch eine Tournee durch die USA und Europa Geld eingesammelt werden. Der Chor hatte damit großen Erfolg. Die Negro Spirituals wurden für den Konzertsaal bearbeitet und „europäisiert". Afrikanische Elemente wie die Expressivität und der Offbeat gingen dabei verloren.[23]

3. Merkmale der Negro Spirituals

3.1 Inhalt und theologische Aussage

Die Negro Spirituals sind „Ausdruck der inneren Notlage von Menschen, die ihr Zuhause gegen Unfreiheit und ihre Menschenwürde gegen eine Missachtung dieser eintauschen mussten."[24] Sie sind „Lieder des Heimwehs und Schwermuts, aber auch kindlich gläubige Hoffnung auf den Himmel und auf die Erlösung aus aller Bedrückung."[25] In den Negro Spirituals wird die eigene Sicht und Interpretation des christlichen Glaubens ohne dogmatische Reflexion dargestellt. Der Inhalt ist leicht fassbar. Es werden nur wenige Gedanken umkreist und der Text wird wiederholt. Mit Bildern, Metaphern und Vergleichen werden biblische Aussagen und christliche Glaubensinhalte poetisch ausgeschmückt und mit greifbaren Begriffen belegt.

Gott wird in den Negro Spirituals als gerechter, helfender und handelnder Gott dargestellt. Er hat im Alten Testament das Volk Israel aus der ägyptischen und babyloni-

---

20 Vgl. Doering, S. 46; Lehmann, S. 47.
21 Zenetti, S. 166.
22 Vgl. Zenetti, S. 117-119.
23 Vgl. Zenetti, S. 96.
24 Jost, S. 51.
25 Zenetti, S. 189.

schen Gefangenschaft befreit und Menschen wie Mose, Noah, Daniel, David, Jakob und Josua gerettet.[26] Die schwarzen Sklaven sahen sich in der gleichen Situation wie das Volk Israel und sehnten sich nach der Heimat und der Freiheit („Sometimes I feel like a motherless child a long ways from home"). Gott wurde dabei nicht als Ursache für das Leiden gesehen, sondern die vom Satan besessenen Weißen; die Sklaverei stand damit im Gegensatz zu Gott.[27]

Die Sklaven interpretierten den Tod Jesu am Kreuz und seine Auferstehung auf ihre eigene Lage bezogen und identifizierten sich damit („Nobody knows the trouble I've seen, nobody knows but Jesus").[28] Der Glauben wird als Ort der Geborgenheit und Jesus Christus als Freund der Armen und als Hoffnung für ihr Volk besungen. Viele der Texte sind eschatologisch bestimmt; in apokalyptischen Bildern ist von der Sehnsucht und Hoffnung auf eine Zeit ohne Leid und Unterdrückung und von der Hoffnung auf die Wiederkunft Christi und das Endgericht die Rede („My lord, what a mornin"). Die Schwarzen hatten keine Angst vor dem Gericht, denn es bedeutete für sie Freiheit und Freude („Free at last"). Somit öffneten die gesungenen Spirituals den Himmel für ihren Alltag, die Hoffnung für den Widerstand.

Die Negro Spirituals haben durch Wortveränderungen und -kreationen einen eigenen Dialekt. Die Konsonanten werden erweicht (more – mo), Wörter verkürzt (because – cause, last – las), unbetonte Vokale am Wortende fallen weg und „th" wird zu „d" (that – dat).[29]

3.2 Funktion der Negro Spirituals

Für die Afrikaner durchdringen sich Religion und Alltag und gehören zusammen. Die Negro Spirituals sind deshalb gleichzeitig Ausdruck tiefer Frömmigkeit und Aufforderung zur Rebellion, zum Protest und zur Kritik an der gegenwärtigen Situation.[30] Die Spirituals setzen sich spirituell und in praktischer Umsetzung mit der Wirklichkeit und der christlichen Verheißung auseinander.[31] Sie waren eine „komplexe und ambivalente Strategie mit Hilfe ihres Glaubens in dieser Welt zu überleben."[32]

Die Texte haben mehrere Sinn- und Bedeutungsebenen. Die biblischen Geschichten oder Personen werden auf die Realität des eigenen Lebens der Sklaven übertragen. Das Symbol des Jordans (Flusses) bedeutet die Trennung von der Heimat und die Grenze zu den Nordstaaten. Das Überqueren des Jordans ist der Weg in die Freiheit. Der Jordan ist aber auch Symbol für die Taufe und damit für neues Leben und die Sehnsucht nach der Ewigkeit („Deep river, my home is over Jordan, Deep river, I want to cross over into campground"). Mit ‚freedom' ist sowohl die Freiheit von der Sünde als auch von der Sklaverei gemeint, so ist das Spiritual „Steal away to Jesus" eine Aufforderung zur Flucht von der Plantage und zur Heimkehr in den Himmel. Der Wagen („Swing low, sweet chariot") ist wie der Zug („Gospel train") ein Symbol für die Freiheit.[33] Die Negro Spirituals waren auch eine Art Geheimsprache und übermittelten Informationen („Good news"

---

26 Vgl. Jost, S.61-69, 77.
27 Vgl. Doering, S. 41.
28 Vgl. Jost, S.65-69 und Zenetti, S. 83.
29 Vgl. Zenetti, S. 83.
30 Vgl. Zenetti, S. 68.
31 Vgl. Jost, S. 81, 87 und Jahn, S. 16.
32 Vgl. Jost, S. 78.
33 Vgl. Zenetti, S. 76.

als Aufforderung zur Flucht). Das Selbstvertrauen und die Zuversicht wurden durch das Singen der Negro Spirituals gestärkt und boten so eine Alternative zur Resignation.

Die Negro Spirituals sind ein emotionaler Zugang zum Glauben, erfassen und berühren den Menschen in seinem persönlichen Schicksal und seiner Lebensführung und sind so ein Beispiel für eine „emotionale Daseinsbewältigung".[34] Nach Du Bois sind die Negro Spirituals Klage über die Situation der Sklaven als eine Art Katharsis und innere Befreiung.[35] Die rhythmisch-klanglichen Elemente und die körperlich-sinnlichen Reaktionen führen in einen tranceartigen Zustand und Ekstase. Die „magische" Befreiung gab für einen kurzen Zeitraum Freiheit, um so den Alltag zu bewältigen.[36] Die Spirituals, gesungen im Gottesdienst oder auch im Alltag, ermöglichen für eine kurze Zeit den Himmel auf Erden.

3.3 Musikalische Merkmale

3.3.1 Rhythmus

Das rhythmische Grundbedürfnis der Afrikaner kommt im Alltag, der Sprache und der Bewegung zum Ausdruck, somit dominiert der Rhythmus auch in der afrikanischen Musik. Er ist unabhängig von der tonalen Bewegung und Hauptträger des musikalischen Geschehens. Über einem Grundrhythmus (Puls) überlagern sich verschiedene einzelne, recht einfache Rhythmen mit Akzenten, es entsteht ein Polyrhythmus. Die Spannung wird durch den Offbeat (Abweichungen und zeitliche Verschiebungen gegen den Grundrhythmus, reicht von Synkope bis zur feinsten Verzögerung/Beschleunigung) erreicht. [37]

3.3.2 Melodie und Harmonik

Die melodische Basis für die Negro Spirituals waren die weißen Hymnen, die bei den Camp Meetings gesungen wurden und alte afrikanische Lieder, mit denen improvisiert wurde. Typisch sind „Glissandi, Parlamenti, Praller, Tupfer, Triller, Schleifen, Vorhalte, Veränderung der Tonhöhe und Dynamik".[38] Die hohe Stimmvariabilität der Schwarzen („Hot Intonation"), reicht vom Flüstern bis zum Schreien, charakteristisch ist eine unsaubere Tongebung (Dirty Tones). Einzelne melodische Feinheiten werden nicht notiert und hängen von der individuellen stimmlichen Variabilität ab.[39] Typisch sind auch die „Blue notes": Intervalle, „die vornehmlich als Terz und Septime auftreten und durch spontane Vergrößerung oder Verkleinerung die Grenzen zwischen einer festgelegten Dur- oder Moll-Modalität verwischen".[40]

In harmonischer Hinsicht spielt die halbtonlose pentatonische Tonleiter eine große Rolle. Die europäische Funktionsharmonik vermischte sich mit dem afrikanischem

---

34 Jost, S. 90f.
35 Vgl. Doering, S. 35.
36 Vgl. Jahn, S. 16, Jost, S. 87 und Zenetti, S. 68.
37 Vgl. Jost, S. 56; Zenetti, S. 46.
38 Schmidt-Joos, S.169.
39 Vgl. Jost, S. 57.
40 Schmidt-Joos, S. 157.

Parallelismus (= über eine Grundmelodie werden eine oder mehrere gleich verlaufende Melodien geschichtet im Abstand der Terz, Quart oder Quinte). Wie im Blues wird in Schlusskadenzen die Subdominante bevorzugt.[41]

3.4 Form und Struktur

Charakteristisch ist das „Call and Response" – Prinzip, Dialog zwischen Prediger (Vorsänger) und Gemeinde (Nachsänger) sowie die Wiederholungen im Chor (z.B. bei Swing low). Die Improvisation und Variation ist ein wichtiger Bestandteil der Negro Spirituals. Mahalia Jackson äußerte sich dazu: „Wenn man versucht, die genauen Noten für den richtigen Klang und den präzisen Rhythmus unserer Lieder niederzuschreiben, verliert man alles. Das geschah einigen unserer Spirituals, als ein paar Leute anfingen, sie aufzuschreiben."[42]

Die Negro Spirituals sind die „musikalische Synthese zweier Musikkulturen".[43] Der Rhythmus und melodische Duktus ist afrikanisch, die formale und harmonische Struktur hat ihren Ursprung in der europäischen Musik.[44]

4. Die Unterscheidung von Negro Spirituals und Gospels

Negro Spirituals werden oft mit Gospels gleichgesetzt, die Gospel Songs entstanden aber erst Anfang des 20. Jahrhunderts durch die Übernahme von Jazz- und Blueselementen in den geistlichen Gesang der Schwarzen.[45] Bei den Gospel Songs (gospel = Evangelium) sind der Komponist und Texter bekannt. Die oft geäußerte Annahme, dass Negro Spirituals und Gospels sich hinsichtlich des Inhaltes unterscheiden ist falsch, denn Negro Spirituals gehen nicht nur von alttestamentlichen Texten aus, sondern haben zu 2/3 wie die Gospels auch neutestamentliche Bezüge.

Die Gospels entstanden aber ohne die Erfahrung der Sklaverei, der Rhythmus der Gospel-Songs ist swingender und intensiver als der der Negro Spirituals.[46] Als „Vater" der Gospelmusik gilt Thomas A. Dorsey (1899-1993), als größte Gospelsängerin wird Mahalia Jackson genannt.[47]

5. Die Begründung für den Einsatz von Negro Spirituals im Religionsunterricht

5.1 Begründung für das Singen im Religionsunterricht

Das Singen im Religionsunterricht kann zunächst historisch begründet werden. Bereits im Alten Testament sind die Menschen durch Gesang, Instrumente und Tanz mit Gott

---

41 Vgl. Zenetti, S. 64; Jost, S. 59.
42 Berendt, S. 84
43 Jost, S. 54.
44 Vgl. Jost, S. 54.
45 Vgl. Zenetti, S. 131.
46 Vgl. Jost, S. 61, 72. und Lehmann, S. 120-127.
47 Doering, S. 137, 195.

in Kontakt getreten, haben ihren religiösen Emotionen Ausdruck verliehen und ihn verehrt.[48] Die theologische Bedeutung von Gesang und Tanz im AT war der Lobpreis Gottes für seine Heilstaten (vgl. Psalmen).[49] Die Musik wurde funktionalisiert und zum „Medium der Kommunikation mit dem Göttlichen."[50] Die Verbindung von Musik und Religion hat eine lange biblische und kirchengeschichtlich-christliche Tradition (vgl. Gregorianik und die wichtige Bedeutung des Singens für die religiöse Erziehung bei Martin Luther).[51]

Das Singen im Religionsunterricht kann auch psychologisch begründet werden. Der musische Bereich ist für die Jugendlichen bei ihrer ganzheitlichen, emotionalen Entwicklung und für ihre Erlebens- und Gestaltungsfähigkeit wichtig. Musik gibt Geborgenheit und Vertrauen.[52] Nach Klusen ist das Singen eine „emotionale menschliche Lebensäußerung"[53] und kann durch keine andere menschliche Tätigkeit ersetzt werden. Das Singen im Religionsunterricht ist nach Heuberger für den Vollzug des Glaubens wichtig, denn „Lied und Musik dringen tiefer in den Menschen ein als manche über Rede und Schrift rational aufgenommene Erkenntnis".[54] „Lied und Musik können zu Trägern des Glaubensgutes werden, indem sie die Lernstoffe in erlebbarer Form vermitteln; sie erweisen sich so als Medium der religiösen Bildung überhaupt."[55]

Das Singen im Religionsunterricht kann auch im Sinn eines an der Lebenswelt der Jugendlichen orientierter Unterricht begründet werden. Jugendliche hören gerne Musik und singen gerne in ihrer Privatsphäre (vgl. Singen mit Tonträgern, in Fußball-Stadien oder der Karaoke-Gesang und der Erfolg von „Popstars" (RTL2) und „Deutschland sucht den Superstar" (RTL)). Nach Jost stellt sich damit nicht mehr die Frage ob, sondern wie die Negro Spirituals im Religionsunterricht eingesetzt werden können.[56]

Das Lied im Religionsunterricht steht im Spannungsfeld zwischen der Eingliederung des Liedes in Lernzusammenhänge, sodass systematisches und aufbauendes Lernen gewährleistet ist, und seinem Eigencharakter als Lied, das sich als musikalisches Kunstwerk der pädagogischen Funktionalisierung widersetzt.[57] Im Unterricht dient das Lied dem Gesamtziel des Religionsunterrichts. Die Lieder sollten deshalb integriert werden können, geeignete Methoden und Medien müssen gewählt werden und das Lied muss hinsichtlich des Textes und der Melodie wertvoll sein. Lieder sollen Jugendliche zur Eigengestaltung und zum Einbringen der eigenen Fähigkeiten anregen. Beim Singen von Liedern im Religionsunterricht kommen die SchülerInnen zu innerlicher Ruhe und die Gemeinschaft wird gefördert. Lieder können am Anfang oder Ende der Unterrichtsstunde eingesetzt werden, sie können ein Gebet vertreten und regen zu einer emotionalen Verarbeitung von Texten an. Sie können zu einem Thema hinführen, es vertiefen, Glaubensinhalte verständlich machen und Problemfelder offen legen.[58] Bei der Auswahl der Lieder für den Religionsunterricht muss das Alter und die Vorraussetzungen der SchülerInnen beachtet werden.

---

48 Vgl. Jost, S. 8.
49 Jost, S. 9, Lähnemann, S. 301.
50 Treml, S. 215.
51 Vgl. Jost, S. 17 und Heuberger, S. 9.
52 Vgl. Lähnemann, S. 303f.
53 Klusen, S.11.
54 Heuberger, S. 9.
55 Heuberger, S. 13.
56 Vgl. Jost, S. 31-35.
57 Vgl. Lähnemann, S. 305.
58 Vgl. Lähnemann, S. 307-311, Heuberger, S. 12f.

5.2 Begründung für den Einsatz von Negro Spirituals

5.2.1 Gemeinsamkeiten in der Lebenswelt der Jugendlichen und der Lebenswelt der afrikanischen Sklaven

Die Jugendlichen befinden sich in einer Zeit des Suchens und beschäftigen sich mit Sinnfragen. Diese „Zeit des Umbruchs und der emotionalen Verwirrung"[59] kann als Chance für den Religionsunterricht gesehen werden. Nach Jost haben die Sklaven und jungen Menschen zwei zentrale Grundbefindlichkeiten in ihrer jeweiligen Lebenswelt gemeinsam: Sie fühlen sich unfrei, sind von Fremdbestimmungen beeinflusst und ‚Sklaven' des jeweiligen Systems. Die afrikanischen Sklaven fühlten sich durch den Verlust ihrer Heimat kulturell entwurzelt, sie durften ihre Rituale und ihre Religion nicht mehr ausleben und waren von ihrer Familie und ihrem Stamm getrennt. Viele Jugendliche haben heute eine ähnliche Grundbefindlichkeit: Sie befinden sich auf der Suche nach ihrer Identität und fühlen sich oft fremd und einsam, suchen Geborgenheit und fragen sich ‚Wer bin ich? Wohin gehöre ich?'. Negro Spirituals sind ein Medium des emotionalen Ausdrucks und können Frustrationen und Enttäuschungen abbauen. Sie halfen den Sklaven die Wirklichkeit zu ertragen und können auch in unserer Zeit für die Jugendlichen wichtig werden.[60]

Negro Spirituals stiften Identität und fördern Gemeinschaft und Zusammengehörigkeit in der Klasse; ihre „stabilisierende und persönlichkeitserschließende Kraft" ermutigt den Einzelnen den „in Wort und Tat bestehenden Missständen entgegenzutreten."[61]

5.2.2 Negro Spirituals als Vorbildfunktion

Negro Spirituals nehmen eine Vorbildfunktion für die Jugendlichen ein, sie können durch ihre „musikalisch-emotionale Versprachlichung"[62] als überzeugende Beispiele einer emotionalen Lebensbewältigung im Glauben nachvollzogen werden und die Jugendlichen anregen, den christliche Glauben nicht mehr nur kategorisch abzulehnen, sondern sich ihm anzunähern und ihn als „überzeugenden Sinngehalt"[63] zu erfahren. „Die für den Religionsunterricht zentrale ‚Frage nach Gott' als Frage nach Grund, Sinn und Ziel der Welt, kann mit dem Thema der Negro Spirituals thematisiert und vorangetrieben werden."[64]

Negro Spirituals drücken aus, was den Menschen letztlich angeht. Die SchülerInnen erfahren zunächst mit den Negro Spirituals die Wirklichkeit. In einem zweiten Schritt werden kognitive Prozesse in Gang gesetzt. Die Jugendlichen ‚verstehen' die Wirklichkeit. Wird Musik freiheitlich und identitätsstützend erfahren, kann sie Einstellungen prägen, Verhaltensweisen anregen und die Jugendlichen schrittweise zu ihrem eigenen Ich führen. In der Begegnung mit Negro Spirituals lernen die Jugendlichen „sich und ihre eigene Welt entdecken, kritisch nach gesellschaftlichen Defiziten fragen und ihren eige-

---

59 Jost, S. 109.
60 Vgl. Jost, S. 110-117, S. 122-124.
61 Jost, S. 150.
62 Jost, S. 174.
63 Ebd.
64 Jost, S. 182.

nen, persönlichen Umgang mit der Musik bewusster zu deuten".[65] Der dritte Schritt führt zum ,Handeln'; es ist Aufgabe des Religionsunterrichts, den Jugendlichen zu begegnen, sie nicht alleine zu lassen, und ihnen christliche Orientierungsmuster und Sinnangebote als Lebenshilfe anzubieten.[66]

> „Die Negro Spirituals verkörpern das „,Plus' und jenes ,Mehr', was den christlichen Glauben an Sinn und hoffnungsvoller Verheißung ausmacht und was sie letztlich zu einem didaktisch wertvollen Thema des Religionsunterrichts qualifiziert."[67]

5.2.3 Verankerung im Bildungsplan und didaktische Möglichkeiten

Der Religionsunterricht soll nach dem Bildungsplan für die baden-württembergischen Realschulen nicht nur über den christlichen Glauben und seine Traditionen informieren, sondern die SchülerInnen mit dem Glauben als Einstellung, Haltung und Lebenspraxis in Berührung bringen. Dies kann, wie oben ausgeführt, mit Negro Spirituals im Religionsunterricht erreicht werden. Die Schülerinnen und Schüler können beim Singen von Negro Spirituals „als Geschöpfe Gottes individuelle Gaben in gemeinsamen Aufgaben einsetzen".[68] Negro Spirituals können bei der Mitgestaltung von Festen, Feiern und Gottesdiensten eingesetzt werden und sind mit ihren zahlreichen biblischen Motiven ein altersgemäßer Zugang zur Bibel. Die ästhetische Kompetenz kann „als Fähigkeit, Wirklichkeit, insbesondere Bildende Kunst, Musik und Literatur sensibel wahrzunehmen, auf Motive und Visionen hin zu befragen und selbst kreativ tätig zu werden."[69] Die Musik spricht aber auch die affektive, persönliche Seite der Jugendlichen im Gegensatz zu der meist kognitiven Ausrichtung in der Schule an.

Negro Spirituals wurden nicht für ein Konzert mit Publikum, sondern zum Mitsingen geschaffen. Laut Mahalia Jackson erfordert diese Musik eine „eigene musikalische Aktivität".[70] Mit Negro Spirituals können fachspezifische Unterrichtsinhalte durch biblische Textverweise und durch die sozio-kulturellen und historischen Umstände erschlossen werden. Negro Spirituals werden häufig als Hinführung, Zusammenfassung, Vertiefung und Transfer von Unterrichtsinhalten oder zur methodischen Auflockerung genutzt.[71]

Es folgen die vier Bausteine zur Umsetzung. Die Bausteine beschreiben die Entstehung, musikalische[72] und thematische Aspekte sowie die didaktischen und methodischen Entscheidungen. Die deutschen Übersetzungen entsprechen nicht dem englischen Original, sondern es sind deutsche Texte, die auf die Melodien singbar sind.

---

65 Jost, S. 167.
66 Vgl. Jost, S. 163-168.
67 Jost, S. 173f.
68 Bildungsplan, S. 22.
69 Bildungsplan, S. 23.
70 Berendt, S. 85.
71 Vgl. Jost, S. 96-100.
72 Es wird die Tonart der Vorlage verwendet.

6. „When Israel was in Egypt's land"

6.1 Herkunft und Inhalt des Liedes

Das Spiritual „When Israel was in Egypt's land" war in den USA im 19. Jahrhundert zeitweise verboten, da es ein verstecktes Preislied auf Harriet Tubman gesehen wurde. Harriet Tubman, eine frühere Sklavin und von vielen Sklaven ,Moses' genannt, verhalf über 300 Sklaven zur Flucht in die Freiheit und wurde polizeilich gesucht.[73] Sterling A. Brown nannte das Negro Spiritual die „Marseillaise der Sklaven"[74].

Es geht darin um die Hoffnung und Sehnsucht, dass Gott sich auf die Seite seines Volkes stellt, es nicht verlässt und in die Freiheit und das Gelobte Land führen wird. Die schwarzen Sklaven hofften, dass Gott auch jetzt in die Geschichte eingreift und sie befreit. Sie identifizierten sich mit dem Volk Israel, Ägypten war für sie die Sklaven haltenden Südstaaten, der Pharao für sie der Plantagenbesitzer.[75]

6.2 Musikalische Merkmale

„When Israel was in Egypt's land" ist ein traditionelles Spiritual mit 5 Strophen; der Kehrvers „Go down Moses" wird nach jeder Strophe wiederholt. Es steht im 4/4-Takt und in g-moll; der Tonumfang des Melodie beträgt eine Oktave (d bis d'). Abgesehen von dem für das Lied charakteristischen kleinen Sextsprung (T. 1, 4 und 5) besteht die Melodie überwiegend aus Tonwiederholungen, Sekundschritten (T. 1, 11 ,12) und Dreiklangsbrechungen (T. 3). Die Melodie von T. 1 – 4 wird in T. 5 – 8 wiederholt. Der Ruf ,Let my people go' wird in dem Spiritual dreimal mit der gleichen Melodie (d-fis-g) gesungen.

Der Rhythmus des Protestliedes ist sehr eingängig und besteht hauptsächlich aus Vierteln (T. 1, 5), Synkopen (T. 2, 3) und (punktierten) Halben (T. 9, 11). Das Spiritual lässt sich gut mit Keyboard oder Gitarre begleiten.

6.3 Einbettung in den Religionsunterricht

6.3.1 Thematischer Kontext

Das Lied „When Israel was in Egypt's land" erzählt die Geschichte vom Auszug aus Ägypten und lässt sich gut in Klasse 5 oder 6 im Rahmen des Themenfeldes „Biblische Geschichten von der Beziehung zwischen Gott und Menschen (Bsp. Mose)"[76] integrieren. Mit der Exodusgeschichte machen die Schülerinnen und Schüler die Erfahrung, dass JHWH ein persönlich begegnender (Gott ruft den Menschen beim Namen und hat zu ihm eine persönliche Beziehung), ein befreiender (Gott befreit sein Volk und schenkt befreites Leben), ein verpflichtender und ein unbegreiflicher Gott ist, der sich nur schritt-

---

73 Zenetti, S. 87.
74 Zenetti, S. 70.
75 Vgl. Kittel, S. 94f.
76 Bildungsplan, S. 26.

weise erfahren lässt.[77] Die Exodusgeschichte, ein Aufbruch in die Freiheit kann in sechs Schritten erzählt werden:

1) Ex. 1,1 – 2,22: Die Israeliten in Ägypten / Geburt und Flucht des Mose
2) Ex. 2,22b – 4,18: Moses Berufung / Gott offenbart sich, (3,14: JHWH spricht dem unterdrückten Volk seine Nähe und Gegenwart zu)
3) Ex. 4,21 – 12,51: Die ägyptischen Plagen und der Aufbruch aus Ägypten
4) Ex. 13,17 – 15,21: Der Durchzug durchs Schilfmeer.
5) Ex. 16,1 – 17,16: Israels Bewahrung auf dem Weg zum Sinai
6) Es. 19,1 – 24,11: Das Geschehen am Sinai [78]

Mit dem Negro Spiritual kann die Mose-Geschichte eingeführt werden, es eignet sich als Roter Faden durch die Unterrichtseinheit. Die Berufung des Mose (vgl. auch Bild von Marc Chagall)[79] und die Situation der hebräischen Sklaven in Ägypten kann mit der 1. Strophe thematisiert werden. Gott fordert den Pharao durch Mose auf, sein Volk ziehen zu lassen. Anhand der 2. und 3. Strophe können das Ringen des Pharaos mit Gott um die Frage, wer der Stärkere ist, und die 10 Plagen mit der Klasse erarbeitet werden. Der Pharao muss die Grenzen seiner Macht erkennen und merkt, dass er nicht Herr über Leben und Tod ist. Er lässt das Volk Israel ziehen. Gott begleitet sein Volk beim Auszug aus Ägypten und Durchzug durch das Schilfmeer und sagt Mose, was er tun soll (Str. 4). Strophe 5 bezieht sich auf das Neue Testament und die Situation der schwarzen Sklaven in den USA.

6.3.2 Einführung des Liedes im Religionsunterricht

Als Einstieg in das Unterrichtsthema ‚Exodus' und zugleich als Erstbegegnung mit dem Negro Spiritual liest der Lehrende die 1.Strophe vor. Anschließend spielt der Lehrende auf dem Keyboard (Gitarre) die Melodie vor. Das Spiritual wird dann im Wechselgesang erarbeitet: Der Lehrende übernimmt mit den SchülerInnen, die das Lied schon kennen die Rolle des Vorsängers und singt die Strophen. Die Klasse stimmt bei dem Ruf „Let my people go" mit ein. Im nächsten Schritt lernt die Klasse den Refrain „Go down Moses" und die 1. Strophe. Die Exodusgeschichte wird anhand des Textes von „When Israel was in Egypt's land" erarbeitet. Die einzelnen Strophen werden nach und nach mit dem Fortschreiten der Exoduserzählung gelernt. Das Spiritual zieht sich somit als Roter Faden durch die Unterrichtseinheit und wird in jeder Unterrichtsstunde gesungen. Wird das Lied in der 5. Klasse gesungen, kann zunächst der deutsche Text von Janheinz Jahn gesungen werden. Erst später, wenn die SchülerInnen die Melodie sicher können, kann man dann den englischen Text mit Vokabelerklärungen einführen

Als Gestaltungsmittel bietet es sich an, die Strophen im Religionsunterricht von einer kleinen Gruppe von SchülerInnen zu singen, bei dem Ruf „Let my people go" stimmt dann die Klasse mit ein, um ihm eine auffordernde und bekräftigende Wirkung zu geben. Außerdem können verschiedene Schlaginstrumente eingesetzt werden (Tamburin, Claves oder Rasseln von SchülerInnen auf die Zählzeit 2 und 4 gespielt). Da der Text relativ einfach ist und die Handlung chronologisch erzählt, kann er von den SchülerInnen auch Schritt für Schritt auswendig gelernt werden.

---

77 Vgl. Kittel, S. 91.
78 Vgl. Kittel, S. 84-89.
79 Vgl. Kursbuch Religion 5/6, S. 78f.

Melodie und Text von „When Israel was in Egypt's land"

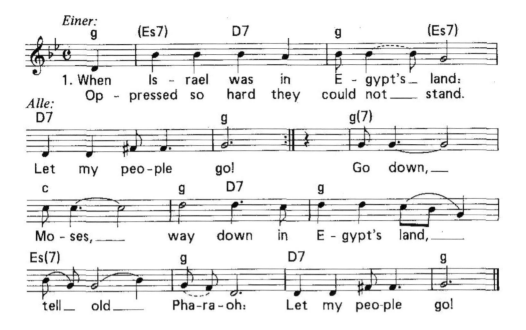

2. "Thus spoke the lord", bold Moses said, let my people go. "If not, I'll smite your first born dead", let my people go. Kehrvers

3. „No more shall they in bondage toil", let my people go. "Let them come out with Egypt's spoil", let my people go. Kehrvers

4. The Lord told Moses what to do, let my people go. To lead the children of Israel, through, let my people go. Kehrvers

5. Oh let us all from bondage flee, let my people go. And let us all in Christ be free, let my people go. Kehrvers

Deutsche Übertragung

1. Als Israel in Ägypten war, lass mein Volk doch zieh'n. Das Joch nicht zu ertragen war, lass mein Volk doch zieh'n.
Kehrvers: Geh hin, Mose, geh ins Ägyperland, sag König Pharao: Lass mein Volk doch zieh'n.

2. „Gott will's" sprach Mose vor dem Thron, lass mein Volk doch zieh'n. „Sonst töt ich deinen ersten Sohn", lass mein Volk doch zieh'n. Kehrvers

3. „Genug der Knechtschaft, Last und Fron", lass mein Volk doch zieh'n. „Lass zieh'n es mit Ägyptens Lohn", lass mein Volk doch zieh'n. Kehrvers

4. Und Gott wies Mose Weg und Zeit, lass mein Volk doch zieh'n. Dass er sein Volk zur Freiheit leit, lass mein Volk doch zieh'n. Kehrvers

7. „O freedom"

7.1 Herkunft und Inhalt des Liedes

„O freedom" ist ein weniger bekanntes, aber schon sehr altes Negro Spiritual. Es geht darin um die Hoffnung der Schwarzen auf ein Ende der Sklaverei und damit ein Ende der Schmerzen und Leiden. Die afrikanischen Sklaven sehnen sich nach einer Zeit, wo sie in Freiheit leben können (Str. 1), wo es kein Stöhnen (Str. 2) und Weinen (Str. 3) mehr gibt und sie nicht mehr vor den Plantagenbesitzern niederknien und unterwürfig sein müssen (Str. 4). Ihre Hoffnung setzen sie auf eine Zeit, in der vor Freude gesungen wird, sei es im Diesseits oder im Jenseits (Str. 5). Im Kehrvers wird deutlich, dass sie nicht mehr länger als Sklaven leben wollen, sondern lieber sterben und zu ihrem Herrn heimgehen möchten, um dort in Freiheit zu leben. Es drückt in eindrücklicher Weise die Hoffnung der Schwarzen auf das Endgericht, auf das ewige Leben im Himmel und die ersehnte Freiheit aus (s. 5.2.1 und 5.2.2).

7.2 Musikalische Merkmale

„O freedom" hat 5 Strophen und einen Kehrvers. Es steht in der Tonart G-Dur und ist im 2/4 Takt notiert. Der Tonumfang der Melodie beträgt eine große Sexte (vom d' bis zum h'). Die Melodie ist sehr eingängig und besteht hauptsächlich aus Sekundschritten (T. 2, 3, 8 – 10), Dreiklangsbrechungen (T. 6) und einigen Terz- und Quartsprüngen (T. 1/2, 5/6, 11). „O freedom" ist auch in harmonischer Hinsicht leicht zu erlernen, es werden lediglich die Harmonien G, G7, und D7 verwendet. Rhythmisch gesehen besteht das Negro Spiritual vorwiegend aus Achteln, Vierteln, Punktierungen und Synkopen (T. 2, 4). Der Text der Strophe wird immer zweimal wiederholt und ist daher ebenfalls leicht zu lernen.

7.3 Einbettung im Religionsunterricht

7.3.1 Thematischer Kontext

Im baden-württembergischen Bildungsplan für die Realschule wird unter dem Themenfeld für die 7. und 8. Klasse „Prophetie: Beispiel für verantwortliches Reden und Handeln heute" z.B. Martin Luther King genannt.[80] Um zu gewährleisten, dass das Handeln M.L. Kings von den SchülerInnen verstanden und nachvollzogen werden kann, ist es sinnvoll, eine umfassendere Unterrichtseinheit zu M.L. King zu gestalten. Dies wäre z.B. die Einheit: „Kampf für die Freiheit: Das Leben Martin Luther Kings".

Es soll der Begriff der Sklaverei eingeführt werden. Die Geschichte der Sklaverei in den USA und die damit verbundene Entstehung der Negro Spirituals soll mit Musik und Bildern anschaulich dargestellt werden (s. auch 8.3.1, **M1**). Dabei soll die Erfahrung der Sklaven von Heimatlosigkeit und Unfreiheit im Sinne eines lebensweltlichen Unterrichts im Vordergrund stehen (s. 5.2.1). Die Funktion der Negro Spirituals und ihre Merkmale können ebenfalls anhand von verschiedenen Spirituals im Religionsunterricht themati-

---

80 Bildungsplan, S. 28

siert werden. Die SchülerInnen sollen nach dem Bildungsplan lernen, dass jeder Mensch als Geschöpf Gottes eine unantastbare Würde hat, die geachtet werden muss und einzigartig ist. Daraus ergibt sich ein respektvoller Umgang untereinander.[81] Die Jugendlichen sollen wahrnehmen, dass den Sklaven gerade diese Würde genommen wurde. Sie sollen mit dem Lied „O freedom" die Hoffnung nachempfinden, mit der die afrikanischen Sklaven ihren Alltag bewältigt haben.

7.3.2 Einführung des Liedes

Wir gehen davon aus, dass „O freedom" den SchülerInnen unbekannt ist. Um das Lied einzuführen, wählen wir eine Annäherung über den Text. Der Text der 1. Strophe und des Refrains wird der Klasse über den Overhead-Projektor zugänglich gemacht. Dies ist zugleich auch der Einstieg in die Unterrichtseinheit ‚Kampf für die Freiheit: Das Leben Martin Luther Kings‘ (s. **M4**). Die Jugendlichen sollen definieren und polarisieren, was sie unter den Begriffen ‚Freiheit‘ und ‚Sklaverei‘ verstehen. Zunächst wird, besonders auch wegen den Synkopen in T. 2 und 4, der Rhythmus in den Mittelpunkt gerückt. Dazu wird die Klasse in 2 Gruppen unterteilt, die SchülerInnen stellen sich in einem Kreis auf: Die eine Gruppe macht mit ihren Füßen den Grundrhythmus (immer auf Zählzeit 1). Die zweite Gruppe klatscht zusammen mit dem Lehrenden dazu den Rhythmus der Strophen. Fühlen sich beide Gruppen sicher, kann das Tempo gesteigert werden und die Rhythmen gewechselt werden. Anschließend wird die Melodie auf dem Keyboard der Klasse vorgespielt, dann singt die Klasse die Melodie auf der Tonsilbe ‚la‘ mit. Haben die SchülerInnen die Melodie im Ohr, wird sie mit dem bereits bekannten Text gesungen.

In den darauf folgenden Unterrichtsstunden werden die einzelnen Strophen jeweils als Einstieg verwendet. Neben der bildlichen Veranschaulichung, was Sklaverei und Rassentrennung bedeutet, sollen die Jugendlichen mit „O freedom" das Leid und die Hoffnung der Sklaven auf Freiheit emotional nachvollziehen.

Die Strophen können in verschiedenen Gruppen (Jungen und Mädchen abwechselnd) gesungen werden, der Kehrvers wird gemeinsam gesungen. Da die Akkorde einfach zu spielen sind, könnte auch ein Schüler oder eine Schülerin die Begleitung auf der Gitarre oder dem Keyboard übernehmen. Zusätzlich könnten Schlaginstrumente oder andere Instrumente eingesetzt werden.

---

81 Vgl. Bildungsplan, S. 27ff.

Melodie und Text von „O Freedom"

2. No more moaning, no more moaning, no more moaning over me. Kehrvers
3. No more weeping, no more weeping, no more weeping over me. Kehrvers
4. No more kneeling, no more kneeling, no more kneeling over me. Kehrvers
5. There'll be singing, there'll be singing, there'll be singing over me. Kehrvers

Deutsche Übertragung

1. Oh Freiheit für mich … Kehrvers: Und bevor ich ein Sklave sein würde, werde ich in meinem Grab beerdigt sein und zu meinem Herrn heimgehen und frei sein.
2. Kein stöhnen mehr …
3. Kein weinen mehr …
4. Kein niederknien mehr …
5. Es wird singen für mich sein …

8.   „We shall overcome"

8.1 Herkunft und Inhalt des Liedes

Die Melodie von „We shall overcome" stammt von dem alten Negro Spiritual „I'll overcome". Der Text stammt von Zilphia Horton, Frank Hamilton und Guy Caravan. „We shall overcome" wurde zum politischen Kampflied und zur Nationalhymne der Bürgerrechtsbewegung in den USA. Im Jahr 1960 wurden mehrere schwarze Studenten in North Carolina in Geschäften und Lokalen nicht bedient, daraufhin wurde das Student Nonviolent Coordinating Committee gegründet, das Demonstrationen und Märsche auf der Basis des gewaltlosen Widerstandes organisierte.[82] „In den Reihen dieser jungen Leute voller Hingabe und Opferbereitschaft wurde ein Lied der Schwarzen mit immer neuen Strophen gesungen"[83]: „We shall overcome".

In dem Lied kommen die irdischen Leiden und das Erlangen der Seligkeit in der Ewigkeit, aber auch Siegesgewissheit im Kampf um politische Freiheit und die

---

82 Vgl. Presler, S. 62-64.
83 Presler, S. 63.

Rassengleichheit zum Ausdruck. Die Hoffnung auf eine Zeit, in der Frieden (Str. 7) herrscht, die Rassendiskriminierung überwunden ist und Schwarze und Weiße Hand in Hand gehen (Str. 5 und 6) wird besungen. In dem Lied kommt das Vertrauen auf Gottes Hilfe (Str. 2) zum Ausdruck, weshalb man sich vor der Zukunft auch nicht fürchten muss.

8.2 Musikalische Merkmale

„We shall overcome" hat 7 Strophen und einen Kehrvers, der nach jeder Strophe wiederholt wird. Das Lied steht in C-Dur und im 4/4-Takt und lässt sich in zwei Teile gliedern: Im 1. Teil (T. 1 – 6) wird der Text zweimal wiederholt, der Höhepunkt wird in T. 4 mit dem d" erreicht (vorher vom g' in Tonleiterschritten aufwärts). Der 2. Teil beginnt mit „Oh deep in my heart" (T. 6 – 13), die Melodie wird schrittweise vom a' zum c" geführt, im Folgenden wird die Melodie zum c' zurückgeführt und führt mit einer typischen Wendung (e – d – c) zum Schluss hin. Die Melodie ist eingängig, im Tonumfang einer Oktave (c'-c") und besteht überwiegend aus Sekundschritten (T. 1 – 2, 6 – 10) und Wiederholungen der Melodie (T. 1/2 wird wiederholt). Es kann mit einfachen Akkorden (C, F, G, D, a) harmonisiert werden. In rhythmischer Hinsicht ist es überwiegend aus Viertel- und Halben Noten aufgebaut. Das Wort „day" wird in T. 5 melodisch verziert und hervorgehoben. „We shall overcome" hat einen schlichten und doch feierlichen Charakter.

8.3. Einbettung im Religionsunterricht

8.3.1 Thematischer Kontext

„We shall overcome" kann im Anschluss an die Unterrichtsstunden über die Geschichte der Schwarzen in den USA und der damit verbundenen Entstehung der Negro Spirituals eingesetzt werden. Das Leben von Martin Luther King kann als Beispiel für verantwortliches Reden und Handeln heute[84] und ebenso als Beispiel für ‚Christus-Nachfolge heute'[85] dargestellt werden.

Die Rassentrennung in öffentlichen Verkehrsmitteln, Restaurants und Schulen der 50er Jahren des 20. Jahrhunderts kann anhand von eindrücklichen Bildern dargestellt werden (z.B. **M2**). Die Jugendlichen lernen am Beispiel des Lebens von M. L. King und dem von ihm praktizierten gewaltlosen Widerstand christliche Normen für ein verantwortliches Handeln kennen. Die einzelnen Stationen der Bürgerrechtsbewegung können in Verbindung mit dem Leben M. L. Kings als Gruppenarbeit von den SchülerInnen erarbeitet werden. Dabei kann sich jede Gruppe mit einer Station der Bürgerrechtsbewegung befassen und diese dann im Religionsunterricht vorstellen (Busboykott in Montgomery, Aufhebung der Rassentrennung in Little Rock, Sit-ins, Freedom Rides, Mississippi Unruhen, Birmingham Proteste, Marsch nach Washington). Das Lied „We shall overcome" kann dabei als Einstieg (mit der Frage, was in den 50-er Jahren ‚überwunden' werden sollte) und als Rahmung der Unterrichtseinheit verwendet werden.

---

84 Vgl. Bildungsplan, S. 28
85 Vgl. Kursbuch 7/8, S. 85, Bildungsplan, S. 27.

Martin Luther King war amerikanische Baptistenpfarrer, Bürgerrechtler und Friedens-nobelpreisträger, wurde 1929 in Atlanta (Georgia) geboren und studierte in Atlanta und Chester. 1953 heiratete er Coretta Scott, das Ehepaar King bekam vier Kinder. 1954 wurde er Pfarrer in Montgomery, wo die Rassentrennung in großem Ausmaß betrieben wurde. M. L. King setzte als gläubiger Christ beispielhaft sein Leben für die Freiheit der Schwarzen in den USA und gegen die Rassendiskriminierung ein. Sein gewaltloser Kampf mit Sit-ins, Kundgebungen und Märsche kann mit den Worten Jesu vom Gewaltverzicht (Matt. 5, 28, vgl. auch Jes 2,4) oder dem Handeln Mahatma Ghandis in Verbindung gebracht werden.[86] Am 4.4.1968 wurde er in Memphis erschossen. Die berühmte Rede von Martin Luther King „I have a dream" („Ich habe einen Traum, dass meine vier kleinen Kinder eines Tages in einer Nation leben werden, in der man sie nicht nach ihrer Hautfarbe, sondern nach ihrem Charakter beurteilen wird."[87]), die er in Washington 1963 vor 250.000 Menschen hielt, kann ebenfalls im Religionsunterricht thematisiert werden.[88]

8.3.2 Einführung des Liedes

Um das Lied „We shall overcome" einzuführen, spielt der Lehrende zunächst die Melodie mit einem Instrument vor. Die SchülerInnen sagen, was sie mit dieser Melodie, die vielen bekannt sein dürfte, assoziieren. Anschließend wird die Melodie auf der Tonsilbe ‚no' in Abschnitten vom Lehrenden vor- und von der Klasse nachgesungen. Dann wird der Text der 1. Strophe in den Mittelpunkt gerückt, es wird in einem Unterrichtsgespräch darüber diskutiert, was mit dem Text gemeint sein könnte. Die Situation der Schwarzen Mitte des 20. Jahrhunderts wird so zum Thema gemacht. Die Klasse soll überlegen, welche Hoffnungen und Wünsche die Schwarzen hatten und was ‚überwunden' werden sollte. In drei bis vier Unterrichtsstunden werden die einzelnen Strophen parallel zum Weg Martin Luther Kings und der Erarbeitung bzw. Präsentation der Stationen der Bürgerrechtsbewegung erlernt. Das Lied kann dabei mit den bereits erlernten Strophen als Ritual immer am Anfang der Religionsstunde gesungen werden. Es gibt somit einen Rahmen während der zwei bis drei Unterrichtsstunden, wo die einzelnen Gruppen ihr Thema erarbeiten. Während der Präsentationsphase kann es ebenfalls gut zwischen der Vorstellung der einzelnen Stationen der Bürgerrechtsbewegung eingesetzt werden. Das Singen des Liedes schafft einen emotionalen Zugang zur damaligen Situation: Die SchülerInnen könnten sich während dem Singen von „We shall overcome" vorstellen, wie eine Demonstration in den 60er Jahren wohl ausgesehen haben könnte (s. **M3**).

Das musikalisch Wertvolle des Liedes soll aber nicht zu kurz kommen. „We shall overcome" kann aufgrund seiner einfachen Akkorde gut von SchülerInnen auf dem Keyboard oder der Gitarre begleitet werden. Da es in der Tonart C-Dur und in einer geeigneten Tonlage steht, kann es von Jugendlichen, die ein Melodieinstrument (Flöte, Klarinette, Trompete…) spielen, musiziert werden (s. 3-stimmiger Satz **M5**). Dies könnte in Kooperation mit dem Fach Musik eingeübt werden. Singt die Klasse besonders gerne, könnte es auch dreistimmig mit Instrumentalbegleitung eingeübt werden und in einem Schülergottesdienst vorgetragen werden. Desweiteren wäre ein kreativer Umgang mit

---

86 Vgl. Kursbuch 7/8, S. 90f.
87 Presler, S. 95f.
88 Vgl. Presler, S. 91ff.

dem Text möglich: Die SchülerInnen könnten in Gruppen sich neue passende Strophen überlegen.

Melodie und Text von „We shall overcome"

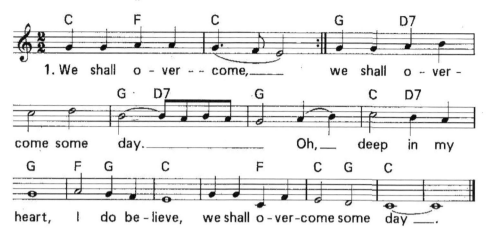

2. Th' Lord will see us through, th' Lord will se us through some day. Kehrvers
3. We are not afraid, we are not afraid today. Kehrvers
4. Truth will make us free, truth will make us free some day. Kehrvers
5. Black and white together, black and white together some day. Kehrvers
6. We'll walk hand in hand. We'll walk hand in hand some day. Kehrvers
7. We shall live in peace, we shall live in peace some day. Kehrvers

Deutsche Übertragung
1. Eines Tages werden wir überwinden …
Kehrvers: Oh, tief in meinem Herzen glaube ich: Wir werden eines Tages überwinden.
2. Eines Tages wird uns der Herr hindurch helfen …
3. Wir fürchten uns jetzt nicht …
4. Eines Tages wird die Wahrheit uns freimachen …
5. Eines Tages sind Schwarze und Weiße vereint …
6. Eines Tages werden wir Hand in Hand gehen …
7. Eines Tages werden wir in Frieden leben …

9. „Go, tell it on the mountain"

9.1 Herkunft und Inhalt des Liedes

Das traditionelle Spiritual „Go, tell it on the mountains" ist die Aufforderung, Gottes Botschaft weiterzusagen. Die Weihnachtsbotschaft ist für die ganze Welt bestimmt, sie soll verkündigt werden und weit hörbar vom Berg ins Land gerufen werden.[89] Es geht so-wohl um die Geburt Jesu in einer Krippe als auch um das eigene Leben (When I was a

---

89 Vgl. Lehmann, S. 223.

seeker/sinner, I asked, He made me ...). Die beiden deutschen Lieder „Komm, sag es allen weiter"[90] und „Geht, ruft es von den Bergen"[91] haben die gleiche Melodie.

9.2 Musikalische Merkmale

Das Negro Spiritual steht in G-Dur und im 4/4-Takt, der Tonumfang der Melodie geht vom d' bis zum e''. Durch die Punktierungen (T. 1, 5, 7, 9) bekommt das Strophenlied einen schreitenden und auffordernden Charakter. Der Kehrvers kann in zwei Teile gegliedert werden: T. 1 – 4 und 5 – 8 (wobei T. 1 und 5 melodisch und T. 1/2 und 5/6 textlich identisch sind). Die Strophe ist ebenfalls zweiteilig aufgebaut: T. 9 – 12 und T. 13 – 16, die beiden Teile sind bis auf den jeweils letzten Takt hinsichtlich der Melodie identisch. Die Melodie ist aufgrund der vielen Sekundschritte (u. a. T. 1, 3, 11) und den Dreiklangsbrechungen (T. 9, 10, 13, 14) einprägsam.

9.3 Einbettung im Religionsunterricht

9.3.1 Thematische Einbettung

In Klasse 5 und 6 sollen die SchülerInnen die Hauptfeste im Kirchenjahr erklären und sie den Lebensstationen Jesu zuordnen können.[92] Hinsichtlich des Textes von „Go, tell it on the mountain" kann man Bezug zu der Weihnachtsgeschichte in Lk 2, 1-21 (oder zu Jes 40, 9f.) nehmen.

Da die SchülerInnen die Weihnachtsgeschichte von der Grundschule her schon kennen, bietet „Go, tell it on the mountains" nochmals einen neuen Zugang zur Geschichte von der Geburt Jesu (Str. 1). Das Negro Spiritual verbindet zudem die Geburt Jesu mit dem Aufruf, diese wunderbare Botschaft weiterzuerzählen (Kehrvers), und verdeutlicht, dass Gott auf unserem Weg dabei ist, und wir als Suchende und Sünder auf seine Hilfe vertrauen können (Str. 2 / 3).

9.3.2 Einführung des Liedes

Die Freude am Singen soll bei „Go, tell it on the mountain" im Vordergrund stehen, es soll damit kein konkretes Unterrichtsthema erarbeitet werden. Das Negro Spiritual „Go, tell it on the mountains" bzw. „Geht, ruft es von den Bergen" kann in den Religionsstunden im Advent gelernt und gesungen werden.

Um das Spiritual einzuführen, spielt der Lehrende die Melodie des Kehrverses auf dem Keyboard vor. Anschließend singt der Lehrende mit den SchülerInnen, die das Lied schon kennen, den deutschen Kehrvers vor und die Klasse singt nach. In einem zweiten Schritt wird gemeinsam die 1.Strophe erlernt. In den Unterrichtsstunden im Advent können am Anfang immer neue deutsche oder englische Strophen gemeinsam gelernt werden.

---

90 Vgl. Liederbuch für die Jugend, S. 142f.
91 Vgl. Liederbuch für die Jugend, S. 322f.
92 Vgl. Bildungsplan, S. 25f.

Um das Lied interessant zu gestalten, wird die Klasse in 2 Gruppen aufgeteilt, eine Gruppe singt den Kehrvers, die andere Gruppe die Strophe. In der letzten Stunde vor Weihnachten kann in einer Weihnachtsfeier die Weihnachtsgeschichte nach dem Lukasevangelium erzählt werden und das Spiritual mit allen sechs deutschen und englischen Strophen gemeinsam gesungen und musiziert werden. Im Laufe des Schuljahres kann auf die gleiche Melodie auch das Lied „Komm, sag es allen weiter" gesungen werden.

Melodie und Text von „Go, tell it on the mountain" und „Komm, sag es allen weiter"

2. When I was a sinner, I sinned both night and day.
I asked the Lord to help me, and he showed me the way. Kehrvers
3. He made me a watschman upon the city-wall,
and if I am a Christian, I am the least of all. Kehrvers
4. 't was in a lowly manger that Jesus Christ was born. The Lord sent down an angel that bright and glorious morn. Kehrvers

2. Wir haben sein Versprechen: Er nimmt sich für uns Zeit,
wird selbst das Brot uns brechen. Komm, alles ist bereit. Kehrvers
3. Zu jedem will er kommen, der Herr, in Brot und Wein.
Und wer ihn aufgenommen, wird selber Bote sein. Kehrvers

Text von „Geht, ruft es von den Bergen"

Kehrvers: Geht, ruft es von den Bergen über die Hügel weit ins Land, geht ruft es von den Bergen: Der Heiland ist geboren.

1. Ein Engel sagt's den Hirten: Steht auf, habt keine Furcht. Ich bring euch große Freude, für euch und alle Welt. Kehrvers

2. Wollt ihr das Kindlein finden, so geht nach Bethlehem. Arm liegt es in der Krippe und ist doch Christ der Herr. Kehrvers

3. Ehr' sei Gott in der Höhe, den Menschen allen Fried'. So sangen es die Engel. Drum sagt es aller Welt: Kehrvers

10. Literatur

Berendt, Joachim Ernst / von dem Knesebeck, Paridam: Spirituals – Geistliche Lieder der Neger Amerikas. Originaltexte, Melodien und Übertragungen. München: Nymphenburger Verlagshandlung, 1955, S. 25 und 79-85

Dixon, Christa: Wesen und Wandel geistlicher Volkslieder. Negro Spirituals, Wuppertal-Barmen: Jugenddienst-Verlag, 1967

Doering, Teddy: Gospel. Musik der Guten Nachricht und Musik der Hoffnung. Neukirchen-Vluyn: Aussaat Verlag, 1999

GBR Amberg (Hrsg.): Dacapo. Liederbuch der Katholischen studierenden Jugend (KSJ) Amberg. Amberg: Frischmann Druckhaus, 2001

Hartenstein, Markus / Mohr, Gottfried (Hrsg.): Liederbuch für die Jugend. Geistliche Lieder für Schule und Kindergottesdient. Stuttgart: Quell Verlag, 18. Aufl. 1995

Heuberger, Julius: Lied und Musik in Religionsunterricht und Jugendarbeit. München: Kösel Verlag, 1976

Jahn, Janheinz: Negro Spirituals. Frankfurt a. M.: Fischer Verlag, 1963, S. 5-20, 62/6

Jost, Gesine: Negro Spirituals im evangelischen Religionsunterricht. Versuch einer didaktischen Verschränkung zweier Erfahrungshorizonte. Münster: LIT Verlag, 2003

Kittel, Gisela: Exodus. In: Lachmann, Rainer / Adam, Gottfried / Reents, Christine (Hrsg.): Elementare Bibeltexte. Exegetisch – systematisch – didaktisch. Göttingen: Vandenhoeck und Ruprecht, 2. Aufl. 2005, S. 81-99

Klusen, Ernst: Zur Situation des Singens in der Bundesrepublik Deutschland. Band 1, Köln: Gerig, 1974.

Kraft, Gerhard / Petri, Dieter / Schmidt, Heinz / Thierfelder, Jörg (Hrsg.): Kursbuch Religion 2000 5/6. Stuttgart: Calwer Verlag, 1997

Kraft, Gerhard / Petri, Dieter / Schmidt, Heinz / Thierfelder, Jörg (Hrsg.): Kursbuch Religion 2000 7/8. Stuttgart: Calwer Verlag, 1998

Lähnemann, Johannes: Musik und Lied im Religionsunterricht. In: Adam, Gottfried und Lachmann, Rainer (Hrsg.): Methodisches Kompendium für den Religionsunterricht. Göttingen: Vandenhoeck und Ruprecht, 2. Aufl., 1996., S. 299-326

Lehmann, Theo: Negro Spirituals. Geschichte und Theologie. Berlin: Evangelische Verlagsanstalt, 1965

Presler, Gerd: Martin Luther King. Reinbek: Rowohlt Taschenbuchverlag, 14. Aufl. 2005

Prinz, Ulrich und Scheytt, Albrecht (Hrsg.): Musik um uns 2/3 ab Klasse 7. Hannover: Schroedel Schulbuchverlag, 1995

Schmidt-Joos, Siegfried: Gesang aus der Tiefe. Gedichte und Musik der Spirituals und Gospel Songs; in: H. Lilje u.a. (Hg.): Das Buch der Spirituals und Gospel Songs, Hamburg 1961, 143-191

Treml, Hubert, Spiritualität und Rockmusik. Spurensuche nach einer Spiritualität der Subjekte. Anregungen für die Religionspädagogik aus dem Bereich der Rockmusik, Ostfildern: Schwabenverlag, 1997

Wiesli, Walter: Rise up. Ökumenisches Liederbuch für junge Leute. Luzern: Rex Verlag, 2002

Zenetti, Lothar: Peitsche und Psalm. Geschichte und Glaube, Spirituals und Gospelsongs der Neger Nordamerikas. München: J. Pfeiffer Verlag, 2. Aufl. 1967

Bildungsplan Realschule: Evangelische Religionslehre; in: www.bildung-staerkt-menschen.de/ service/downloads/bildungsplaene/realschule (zit. als Bildungsplan)

11. Materialien

M1: Zeitgenössische Darstellung der unmenschlichen Skalventransporte im 17. Jahrhundert (aus: Presler, S. 11)

M3: Der Marsch auf Washington am 28.8.1963 (aus: Presler, S. 93)

M4: Martin Luther King während einer Rede im März 1964 (aus: wikipedia.org/martin_luther_king)

M5: Dreistimmiger Satz von „We shall overcome"

It's Pray-Time!*

Der große Musikfernsehsender MTV feierte 2009 sein 25-jähriges Jubiläum und nie zuvor war er und mit ihm VIVA, VIVA2 und alle anderen Musikfernsehsender so erfolgreich wie heute. Der Erfolg wird bestätigt durch Statistiken, die nachweisen, dass 94% der Jugendlichen (14-19 Jahre) mehrmals in der Woche fernsehen und 85% davon Videoclips sehen. Dies ist wiederum ein Indikator dafür, dass das Medium Fernsehen und insbesondere die Musiksender in der Sozialisation, im Alltag und in der Lebenswelt der Jugendlichen eine wichtige kaum wegzudenkende Funktion inne haben.[1]

Musikfernsehsender bieten somit mehr als bloße Fernsehunterhaltung, sie verkörpern einen Lebensstil, in dem sie sich wieder erkennen können: rebellisch, unverschämt, eigensinnig und kreativ.

Die Musikvideoclips reflektieren und beeinflussen diesen Lebensstil und sind ein fester Bestandteil in der Welt der Jugendlichen. Als Identifikationsobjekte werden sie von den Schülern bei ihrer Suche nach Sinn und Orientierung genutzt. Mittlerweile gibt es kaum einen Ort, an dem Jugendliche nicht von Videoclips begleitet werden. Sie gehören zum festen Bestandteil ihres täglichen Lebens: Sei es das Jugendhaus, die Lieblingskneipe und seit jüngster Zeit auch die Kleidungsgeschäfte, die ihre Werbevideos durch die Ausstrahlung von MTV und VIVA2 ersetzt haben. Und wer mehr sehen möchte, besucht im Internet z.B. YouTube oder MyVideo.

Religiöse Symbole und Motive sind heute in einer Vielzahl aktueller Videoclips enthalten. Die in den Videoclips enthaltenen religiösen Bilder und Elemente nehmen Schüler zwar wahr und sind lange nicht so fremd, wie wir vermuten, jedoch kann eine Verbindung zwischen Situation (Lebenswelt der Schüler) und der (biblischen) Tradition nicht automatisch hergestellt werden.

Hier muss es nun Aufgabe einer massenmedial aufgeklärten bzw. lebensweltorientierten Religionspädagogik[2] sein, durch die Analyse populärer Gegenstände (Videoclips, Musik, Werbung) einen neuen Zugang zur christlichen Tradition zu eröffnen und damit auch ein tieferes Verständnis der Gegenwart zu ermöglichen. Um sich in einer immer weiter komplex entwickelnden Medien- und Kommunikationsgesellschaft zurecht zu finden, spielt dann neben der von vielen Seiten geforderten Medienkompetenz der Schüler auch die Ausbildung einer religiösen Kompetenz eine entscheidende Rolle.

1. Semiotischer Ansatz

Im Kontext religiöser Sprache, die immer symbolische Sprache ist (Paul Tillich), weil sie Hinweischarakter besitzt, öffnet sich die jüngere Symboldidaktik auch den massenmedialen Symbolen, denn gerade der Religionspädagogik muss es um die Vermittlung der zunehmend auseinander getreten christlich-kirchlichen und alltäglichen Lebenswelt zu tun sein, im Sinn einer korrelativen, wechselseitigen Erschließung von religiöser Tradition und (post)moderner Lebenswelt, von Individuum und Gesellschaft. Massenwirksame Medien thematisieren oftmals drängende gesellschaftliche Lebensprobleme. Gleichwohl ist die Einschränkung zu beachten: „Was populärkulturelle Inszenierungen zu dem

---

*   Erstveröffentlicht zusammen mit Manuel Ade-Thurow in: Religion heute 66/2006, 118-125.
1   Kubik, Religiöse Botschaften in Videoclips; in: www.rpi-loccum.de/kuvideo.html vom 28.03.2004.
2   Vgl. Böhm/Buschmann, Popmusik – Religion – Unterricht, 11ff.

macht, was sie sind: dass sie funktionieren, dass sie hier und jetzt das Lebensgefühl der Leute erreichen, ist im schulischen Unterricht nicht zu schaffen."[3] Es kann in dieser dokumentierten Unterrichtstunde nur um die Begleitung der Rezeption von Popmusik gehen.

Die Symboldidaktik hat nach Peter Biehl „die Aufgabe, die lebensgeschichtliche Verankerung eines Symbols wahrzunehmen, es in seiner religiösen Dimension zu erschließen und das in seinem anthropologischen wie religiösen Sinn erschlossene Symbol zu deuten."[4] Durch diesen didaktischen Ansatz finden im Unterricht Gesprächsanlässe statt, die die Wahrnehmung fördern und die religiös-christliche Spurensuche inszenieren.

War für Biehl der didaktische Leitsatz „Symbole geben zu lernen" in seinen früheren Büchern zur Symboldidaktik grundlegend, so vollzieht er in der Auseinandersetzung mit der Semiotik (Umberto Eco) einen Paradigmenwechsel: „Symbolische Kommunikation gibt zu lernen"[5]. Die Schüler erschließen sich die Symbole im wechselseitigen kommunikativen Prozess und bearbeiten durch subjektive Wahrnehmung das Dargebotene. Die Frage nach der Wahrheit wird durch die „Wahrnehmung der Spuren Gottes"[6] nicht suspendiert. Im Gegenteil, durch die Kommunikation über die symbolische Handlung nehmen die Beteiligten das Unsichtbare im Sichtbaren, das Unfassbare im Fassbaren wahr. Gebetsschulung wird deshalb auch über Symbole in popkulturellen Medien möglich.

Die Schülerinnen und Schüler sowie die Lehrerinnen und Lehrer nehmen am Prozess des „Wahrnehmens, Deutens und Verstehens, Handelns und Gestaltens"[7] teil. Für die unterrichtliche Konkretion ergeben sich somit vier Ziele in Anlehnung an die neuere Symboldidaktik nach Biehl:

a) Wahrnehmen einzelner Phänomene, Symbole und Symbol-Ebenen in den Medien
b) Kommunikation über die subjektive Wahrnehmung
c) Entdecken der religiösen Dimension
d) Herausarbeiten der biblisch-christlichen Dimension

Videoclips, Werbung und andere populäre Medien können, vermittelt über Symbole und Mythen, thematisieren, was Menschen „unbedingt angeht" (Paul Tillich) oder sie unbedingt angehen soll.

2. Betende Hände in jugendkulturellen Lebenswelten

Das religiöse Motiv „Die betenden Hände" begegnet uns in jugendkulturellen Lebenswelten auffällig häufig, beiläufig und selbstverständlich, insbesondere in der Werbung und in der Popmusik. Egal ob *Honda*, die Unterwäsche Marke *Viva Maria* (auch kurz zu sehen im Videoclip *Pray Pray Pray*) oder der *Spiegel* (betende Hände, angelehnt an Dürers betende Hände) sind zum Gebet bereit. Selbst der Musiksender MTV wirbt in einer Anzeige mit einem Ausschnitt des weiß-blauen Gewands von Mutter Theresa, die in ihren gealterten Händen in Gebetshaltung eine Bibel oder ein Gebetbuch hält.

---

3   Gutmann, Populäre Kultur im Religionsunterricht, 197.
4   Vgl. Biehl, Festsymbole, Neukirchen-Vluyn 1999, 99.
5   A.a.O., 15.
6   A.a.O., 75ff.
7   A.a.O., 105.

In der Popmusik sind die betenden Hände in Musikvideoclips wie Madonnas theologisch ausgiebigst analysiertem Videoclip *Like a Prayer* oder im Paddy Kelly Clip *Pray Pray Pray* zu sehen.

Der verstärkte mediale Rückgriff auf religiöse Symbole und Motive birgt die Gefahr einer Trivialisierung ihrer ursprüngliche Bedeutung sowie der didaktischen Verzweckung. Das Motiv der betenden Hände wird dann zum Träger eines Gefühls, zur Geste der Frömmigkeit, vielfältig rezipiert und populär vermarktet. Einige Beispiele zeigte Gerd Buschmann schon im Bereich Werbung und Gebet auf.[8] Der Tendenz der Instrumentalisierung wirkt der Videoclip *Pray Pray Pray* entgegen, indem er die betenden Menschen im Refrain mit den Worten *Und der Herr wird dir den Weg zeigen* schon in einen eindeutig religiösen Kontext stellt.

Der Clip motiviert, über die Bedeutung des Betens nachzudenken. Im Sinn Biehls findet dann eine Re-Symbolisierung des Gebets als symbolische Handlung statt. Betende Hände können dann als Ausdruck der Sammlung, des Zur-Ruhe-Kommens und der Konzentration sowie als Grundlage für ein Gebet angesehen werden.

Im Alten Testament wird im Buch der Psalmen viele Situationen geschildert, in denen Menschen aus Glück, Wut und Unglück gebetet haben. Im Neuen Testament wendet sich Jesus selbst im Gebet an seinen Vater und trägt ihm seine Sorgen, Ängste und sein Leid vor. Im Gebet nimmt der Mensch Teil am Gottesvertrauen Jesu. Der Mensch öffnet sich im Gebet Gott, teilt ihm Persönliches mit und bringt seine Erfahrung vor Gott.

Das Beten berührt elementare Bereiche des religiösen Lebens der Schüler. Die Schüler werden hier zum Nachdenken angeregt: Z.B. welche Rolle spielt das Beten im Alltag? Das Gebet kann als Bereicherung und Chance verstanden.

3. Der Videoclip *Pray Pray Pray* von *Paddy Kelly* (2003)

3.1 Analyse des Liedtextes

Dem Lied *Pray Pray Pray* liegt der klassische Aufbau eines Liedes zugrunde:

1. Strophe
- Refrain -
2. Strophe
- Refrain -
3. Strophe
- Refrain und Schluss -

Strophe 1

Die erste Strophe beschreibt in eindrücklichen Bildern seine Suche nach Orientierung und Halt im Leben. Paddy Kelly vergleicht die Welt mit einem *Fluss*, den er als Symbol für das Leben sieht. Das *Wasser*[9] ist durch die *Sünden verschmutzt* und der *Fluss ist nun überschwemmt*. Um dies zu überwinden bedarf es seinen Worten nach einer *Brücke von Glauben und Vertrauen*. Weiter spricht er von *einem dunklen Raum*, in dem es ihm nicht

---

8   Vgl. Buschmann, Call god, 36.
9   Dem besseren Verständnis wegen benutzen wir in der Analyse durchgängig die deutsche Übersetzung des Liedtextes.

möglich ist *ein Fenster zu öffnen, um Luft herein zu lassen*. Um die *Türe zu öffnen*, benötigt man *einen Schlüssel*; diesen Schlüssel findet er jedoch nicht, stattdessen rät ihm *Maria aus Medugorje* (eine bedeutende Heilige in Herzegowina) zu beten.

Strophe 2
Die in der ersten Strophe angedeutete Suche wird in der zweiten weitergeführt und präzisiert. Er beschreibt ein *Hin-und-her-gerissen-Sein* seiner *Brüder und Schwestern* zwischen *Himmel und Hölle*. Sie sehen kaum einen Ausweg aus einer *Spirale zwischen negativem und dämonischem Zauber*. Auf einer *Pilgerfahrt suchen sie nach Heilung*, aber erst die Begegnung mit einem *weisen Mann*, der ihnen wiederum zu beten rät, bringt ihnen die Lösung.

Strophe 3
In der dritten Strophe wird zunächst explizit das Symbol Kreuz angesprochen: *Wir haben alle unsere Kreuze zu tragen, wenn wir sie demütig tragen, dann müssen wir uns nicht fürchten*. Dies weist darauf hin, dass trotz des Glaubens auch schwere Zeiten im Leben durchzustehen sind.

Die Worte *Wir müssen wie ein Kind sein, um in den Himmel zu kommen* erinnern an die Bibelstelle Matthäus 18,2-5 und ruft die Menschen zum Vertrauen auf Gott auf. Dies wird durch die darauffolgende, fast schon prophetische Aussage *Bis die Ernte kommt, habt keine Angst* noch verstärkt.

Am Ende der dritten Strophe folgt nun eine Art persönliches Glaubenszeugnis: Für ihn ist *Gott keine Illusion*, er *verbürgt* sich für das was er *erfahren* hat. Die abschließenden Worte der dritten Zeile weisen auf die Intention seines Liedes hin: *Ein Glaube, den man nicht in den Tag umsetzt, ist ein schlechter Glaube, das ist, warum ich dieses Lied geschrieben habe.*

Mit dem unmittelbar darauffolgenden Refrain scheint die Umsetzung des Glaubens im Gebet zu erfolgen.

Refrain
Im Refrain spiegelt sich die Kernaussage des Liedes wider, auf die jede einzelne Strophe hinführt: die Aufforderung zum Gebet *Bete, Bete, Bete*. Darüber hinaus gibt er auch den Inhalt des Gebets an, nämlich das Gebet *für einen glücklicheren Tag*. Darauf folgt dann die ermutigende Zusage *Und der Herr wird dir den Weg zeigen.*

Insgesamt lässt sich der Zusammenhang zwischen den Strophen und dem Refrain als ein Wechselspiel zwischen der Suche nach Orientierung und einem möglichem (Aus-)Weg bzw. einer Lösung interpretieren.

3.2 Kurzbiografie *Paddy Kelly*

Michael Patrick Kelly (*Paddy*) wurde 1977 in der Nähe von Dublin in Irland geboren. Als zehntes Kind der Künstlerfamilie *The Kelly Family* begann er schon in jungen Jahren, selbst aufzutreten, und präsentierte seine Familie als Moderator bei Konzerten und TV-Shows. Bedingt durch die musikalische Umgebung in seiner frühen Jugend wurde das Song-Schreiben und Auftreten ein natürlicher Teil seines Lebens. Bereits im Alter von 15 Jahren schieb er den ersten großen, selbst geschriebenen Hit der Kelly Family *An Angel* der gleichzeitig den endgültigen Durchbruch für die Band bedeutete. Mit 19 wurde er der Kopf bei Studio-Produktionen und musikalischer Führer der Band, die bis heute 15 Millionen Platten verkaufte und 48 Gold- und Platin-Auszeichnungen in ganz Europa erhielt.

In der ersten Singleauskoppelung *Pray* seines Debutalbums *Exile* reflektiert er seinen eigenen Glauben. Die Single schaffte es bei ihrer Veröffentlichung im Frühjahr 2003 auf Anhieb in die deutschen Top 100 Charts und konnte sich dort mehrere Wochen erfolgreich halten.

3.3 Religiöse Symbole und Motive im Musikvideoclip *Pray Pray Pray*

Der Videoclip setzt die Aussagen des Textes in eindrückliche Bilder um. Das zentrale Motiv des Videoclips sind die betenden Hände. Im Refrain begegnen dem Zuschauer betende Menschen unterschiedlichster Religionen und in verschiedenen Lebenssituationen: betende Kinder, die betende Mutter Theresa, betende Fußballballfans, ein genervt betender Autofahrer usw.

Im Videoclip werden weitere religiöse Motive aufgenommen, die sich jedoch nicht unmittelbar dem Text zuordnen lassen. Sie sind am ehesten als Hinweis auf die religiöse Pluralität unserer Zeit zu verstehen. So z.B. eine Buddhafigur, pilgernde Moslems, die sich um die Kaaba in Mekka scharen, der segnende Papst Johannes Paul II, Gandhi und ein bibellesender Mann. Sieht man sie alle im Zusammenhang mit der Kernaussage des Liedes, so unterstreichen sie die religionsübergreifende und einende Funktion und Wirkung des Gebetes.

An drei Stellen im Videoclip wird auf das Symbol Kreuz zurückgegriffen An der ersten Stelle wird, während der Text von der Suche nach einem *Schlüssel* zur Befreiung aus einem *dunklen Raum* berichtet, ein Kreuz an einer Kette eingeblendet, was wohl als Hinweis auf die Erlösung durch das Kreuz Jesu Christi gelten darf.

An einer weiteren Stelle im Clip wird erneut das gleiche Kreuz an der Kette eingeblendet. Die Textstelle hierzu lautet *Wir müssen wie ein Kind sein, um in den Himmel zu kommen*. Der Weg in den Himmel wird hier neben dem Kindsein durch das Kreuz ermöglicht.

Unmittelbar danach wird ein weiteres Mal ein Kreuz eingeblendet, diesmal jedoch in Form einer Tätowierung. Der dazugehörige Text *Wir haben alle unsere Kreuze zu tragen* wird hier noch bildlich unterstrichen.

Neben den beschriebenen religiösen Motiven sind an zwei Stellen eine schwangere Frau und Kinder zu sehen, die alle traurig und unglücklich dargestellt sind. Ihnen scheint der Refrain mit der Aufforderung zum Gebet in besonderem Maße zu gelten, um so einen *glücklicheren Tag* erleben zu können.

Musikalisch erscheint der Song im Stile eines charttauglichen Popsongs. Zu Beginn des Songs führt eine ruhige fast schon besinnliche Melodie und ein ruhiger Gesang in das Lied ein. Von der Mitte bis Ende des Clips wird dann sowohl der Gesang als auch die Musik kraftvoller und unterstreicht eindrücklich den Refrain mit seiner Aufforderung zum Gebet.

4. Durchgeführte Unterrichtssequenzen

4.1 Zielsetzung und Kompetenzerwerb

Vor allem der baden-württembergische Bildungsplan der Realschule im Fach Evangelische Religionslehre berücksichtigt die Thematik innerhalb der Dimension *Gott*. In der 10. Klasse sehen die Bildungsstandards vor, dass Schüler *Motive aus der Bibel und christlicher Tradition z.B. in Musik, darstellender Kunst, Film oder populärer Kultur entdecken können* und somit die religiöse sowie die hermeneutische Kompetenz gefördert wird. In der Beschäftigung mit Videoclips wird zudem die ästhetische Kompetenz der Schüler ausgebildet, indem sie den Musikvideoclip sensibel wahrnehmen und auf Motive und Visionen befragen. [10]

Die Schüler entdecken religiöse Symbole und Motive in Musikvideoclips und setzen sich kreativ exemplarisch mit dem Motiv „Betenden Hände" auseinander.

Diese Ziele lassen sich nach den folgenden Fähigkeiten und Fertigkeiten differenzieren:

Fachliche Kompetenzen
- Die Schüler entdecken religiöse Symbole und Motive im Musikvideoclip „Pray, Pray, Pray" von Paddy Kelly.
- Sie können exemplarisch am Beispiel der betenden Hände ein religiöses Motiv in einem Musikvideoclip bearbeiten.
- Sie formulieren ein Gebetsanliegen einer im Videoclip enthaltenen Person.

Soziale Kompetenzen
- Die Schüler üben bei der Gruppenarbeit ihre Kommunikations- und Kooperationsfähigkeiten ein.

Personale Kompetenzen
- Die Schüler machen sich Gedanken über mögliche Situation der im Clip gezeigten Personen.
- Zudem werden sie angeregt, ihre eigene Gebetspraxis zu reflektieren.

Methodische Kompetenzen
- Die Schüler können Aufgabenstellungen in Gruppenarbeit bearbeiten.
- Sie sind in der Lage, sich kreativ mit einem religiösen Symbol auseinanderzusetzen.
- Die Schüler üben das Präsentieren von Erarbeitetem vor der Klasse.

4.2 Methodische Hinweise

Den Sequenzen der Unterrichtsstunde liegt folgender dreiteilige Aufbau zugrunde:

1. Teil   Der Vorstellung des Musikvideoclips *Pray, Pray, Pray* von *Paddy Kelly* folgt ein Brainstorming zum Clip sowie das Gespräch über die gefundenen Symbole und Motive im Clip. (Phase der Erstbegegnung und Erschließung)

---

10 Vgl. Bildungsplan 2004, 29.

2. Teil   In Gruppenarbeit findet die Auseinandersetzung mit dem im Musikvideoclip verwendeten Symbol „Betende Hände" statt. (Phase der Vertiefung und Gestaltung)

3. Teil   In einem Präsentationsteil werden die Ergebnisse der Gruppenarbeit in der Klasse vorgestellt, indem die Schüler ihre Plakate mit dem ausgewählten Bild und dem dazugehörigen Gebet vorstellen. Am Ende der Stunde berichten die Schüler in einer Art Metakommunikation gegenseitig von der Entstehung ihres Gebets. (Phase der Präsentation und Reflexion)

4.3 Lehr-Lern-Arrangement

Phasen / Zeit	Geplantes Lehrerverhalten	Erwartetes Schülerverhalten	Arbeits-form	Medien
Erstbegegnung und Erschließung 10' min	L .kündigt den Videoclip *pray pray pray* von *Paddy Kelly* an. L. befragt SuS nach Eindrücken aus dem Videoclip. L. sammelt die Äußerungen der SuS an der Tafel. L. klärt den Begriff des religiösen Symbols.	SuS schauen den Videoclip an. SuS berichten von ihren Eindrücken aus dem Videoclip und nennen religiöse Motive und Symbole des Clips. SuS stellen Vermutungen an, was ein religiöses Symbol sein könnte.	LV UG	Videoclip Tafel
Vertiefung und Gestaltung 20' min	L. erläutert die Arbeitsanweisungen auf den Arbeitsblättern und gibt Arbeitszeiten bekannt. L. teilt die Klasse in fünf Gruppen ein und teilt anschließend die Arbeitsblätter, Bilder und Plakate aus. L. verhält sich während der Gruppenarbeit reaktiv und beobachtet die Arbeit der Gruppen. Bei Rückfragen von Seiten der SuS gibt er kurz Hilfestellungen.	SuS wählen sich Bild aus, das eine Person aus dem Videoclip mit betenden Händen zeigt. SuS setzen sich mit dem Bild kreativ auseinander und schreiben ein Gebet. SuS lesen zusätzliche Informationen zum Thema Gebet und ordnen sie ihrem Gebet zu. SuS fertigen das Plakat, indem sie die ausgewählten Bilder aufkleben und ihr Gebet aufschreiben	LV GA	Arbeits-blatt Bilder Plakate
Präsentation und Reflexion 15' min	L leitet zur Präsentationsphase über und bittet die jeweilige Gruppe ihr Plakat vorzustellen. L. fragt nach der Art des Gebets. L. motiviert die SuS über die Entstehung der Gebete zu berichten.	SuS präsentieren ihre Plakate mit den Bildern und den Gebeten. SuS geben Auskunft über die Art des Gebets. SuS berichten über das Entstehen der Gebete.	SV SV UG	Plakate

Verwendete Abkürzungen: UG = Unterrichtsgespräch, GA = Gruppenarbeit,
SV = Schülervortrag, LV = Lehrervortrag,
L = Lehrperson, SuS = Schülerinnen und Schüler

4.4 Unterrichtliche Erfahrungen

Bei der Vorstellung des Videoclips im ersten Teil der Stunde war bei der Nennung des Interpreten, ein Raunen in der Klasse zu vernehmen. Dies ist nicht verwunderlich, denn die Schüler sehen *Paddy Kelly* zunächst als Mitglied der *Kelly Family* und verbinden mit ihm den charakteristischen Musikstil der *Kellys*, der bereits während der *Kelly*-Hysterie der 90er Jahre polarisierte.

Diese Spannung in der Klasse zwischen obligatorischer Ablehnung der Kellymusik und der Neugier auf den Videoclip sollte ausgehalten werden. Nach den ersten Takten des Liedes wird schnell klar, dass es sich hier nicht um die erwartete typische Kellymusik handelt, sondern um ein charttaugliches Lied eines eigenständigen Künstlers. Neben der Musik ist es dann auch insbesondere die Vielfalt der Bilder und Symbole, die den Clip für die Schüler als sehenswert erscheinen lässt. Selbst kritische Jungen in der Klasse werden beim Anblick betender Fußballfans angesprochen.

Alternativ wäre auch denkbar bei der Nennung des Musikvideoclips kurz auf die Entwicklung *Paddy Kellys* als Solointerpret einzugehen, um so vorhandene *Kelly*-Vorurteile abzubauen.

An das Brainstorming, das sich bei der Vielzahl an Motiven- und Symbolen sehr ertragreich gestaltete, schloss sich ein Gespräch über die im Clip verwendeten Symbole an. Es bietet sich an, die im Clip gefundenen Symbole von den Schülern auf Kärtchen notieren und an der Tafel sammeln zu lassen. Diese Visualisierung stützt das anschließende Gespräch über die Symbole.

In der Gruppenarbeitsphase meldeten sich einzelne Gruppe (insbesondere Gruppen mit Jungen) und berichteten von Schwierigkeiten bei der Erstellung des Gebets. Auf Formulierungshilfen auf dem Arbeitsblatt wurde bewusst verzichtet, um nicht die Kreativität zu hemmen und die Gebete bereits in eine bestimmte Richtung zu kanalisieren. Als Lehrerfeedback genügte es, die betreffenden Gruppen noch einmal darauf hinzuweisen, dass sie in der Wahl des Gebetsinhalts zum jeweiligen Bild frei sind.

Bewährt hat sich, die Wahl des jeweiligen Bildes der Gruppe selbst zu überlassen und nicht von Lehrerseite die Bilder vorzugeben. Die Folge daraus, dass die Gruppen mit Jungen meist das Bild der betenden Fußballfans und die Mädchen die betende Mutter Theresa wählten, erwies sich bei der Betrachtung der Ergebnisse als nicht nachteilig.

Die abschließende Präsentationsphase gestaltete sich trotz gleicher Bilder abwechslungsreich durch die individuell erstellten Gebete. Da die Gebete auf die im Bild dargestellte Situation zugeschnitten waren und nicht auf die Schüler selbst, trauten sich dann auch alle Gruppen ihre Gebete vorzustellen. Die Medien Videoclip und Gebets-Plakate eigneten sich vorzüglich für ein religionspädagogisches Gespräch über Beten bzw. Religion im Alltag.

4.5 Erläuterungen zu den Materialien

Musikvideoclip *Pray Pray Pray*

Der Einsatz des Musikvideoclips *Pray Pray Pray* dient einem doppelten Zweck: Einerseits beinhaltet der Videoclip eine Vielzahl verschiedener religiöser Symbole und Motive, die die Schüler entdecken und benennen. Andererseits sollen die Schüler durch das im Videoclip häufig verwendete Motiv der betenden Hände motiviert werden, sich später in der Gruppenarbeitsphase näher mit diesem Motiv auseinander zu setzen.

Arbeitsblätter für die Gruppenarbeit

In der Gruppenarbeitsphase wird die Klasse in fünf Gruppen eingeteilt, die sich kreativ mit dem im Videoclip enthaltenen religiösen Motiv der betenden Hände beschäftigt. Hierzu werden den Gruppen Arbeitsblätter ausgeteilt. Nachdem die Schüler eine Bildperson ausgewählt haben, überlegen sie sich für diesen Menschen mit Hilfe des Bildes und des Refrains eine Lebenssituation. Sowohl diese, als auch die betenden Hände sollen die Grundlage eines formulierten Gebets sein. Des weiteren sind Detailinformationen zum Beten abgedruckt. Die auf den Arbeitsblättern enthaltenen Informationen sind dem Magazin *Chrismon* entnommen, das Informationen zum Gebet schüleradäquat erklärt.[11]

Bilder aus dem Musikvideoclip

Als zweite Aufgabenstellung während der Gruppenarbeitsphase bekommt jede Gruppe zu Beginn des Gruppenarbeitsprozesses vier Szenenbilder, die betende Menschen zeigen, sowie den Refrain. Aus diesen Bildern wählen die Schüler ein Bild aus, das sie am Ansprechendsten finden. Durch die Bilder wird der Bezug zum Videoclip hergestellt und das religiöse Motiv der betenden Hände aufgenommen und die Schüler des weiteren motiviert, sich in die jeweilige Person hinein zu versetzen und aus ihrer Sicht ein Gebet zu verfassen. Unter jedem Bild befindet sich der englische Refrain. Es handelt sich um eine einfache englische Textaussage (die Behandlung des gesamten Liedtextes wäre zu komplex), die Raum für Interpretationen lässt und einen Bezug zum Videoclip herstellt.

Präsentationsplakate in Form von betenden Händen

Jede Gruppe erhält zu ihren Arbeitsblättern ein Plakat, das die Form betender Hände zeigt. In diese Plakate kleben die Schüler das von ihnen ausgewählte Bild, samt des Refrains und schreiben ihr selbst formuliertes Gebet darunter. Auf diese Art und Weise bildet die Person auf dem Szenenbild, der Refrain und das selbstverfasste Gebet eine Einheit. Symboldidaktisch findet somit eine wechselseitige Erschließung zwischen Tradition (Motiv der betenden Hände) und der Situation (in Form des auf die Situation verfassten Gebetes) statt.

5. Literatur

Biehl, Peter, Festsymbole, Neukirchen-Vluyn 1999

Böhm, Uwe/Buschmann, Gerd, Popmusik – Religion – Unterricht. Modelle und Materialien zur Didaktik von Popularkultur, Münster 2002, 2., überarbeitete und ergänzte Auflage

Buschmann, Gerd, Call God: Gebetshaltungen in Werbeanzeigen. Materialien für einen alternativen Zugang zum Thema Gebet im RU; in: entwurf. Religionspädagogische Mitteilungen, 1/2002, 36-39.

Gutmann, Hans-Martin, Populäre Kultur im Religionsunterricht; in: Biehl, Peter/Wegenast, Klaus (Hg.), Religionspädagogik und Kultur. Beiträge zu einer religionspädagogischen Theorie kulturell vermittelter Praxis in Kirche und Gesellschaft, Neukirchen-Vluyn 2000, 179-200

Ministerium für Kultus Jugend und Sport (Hg.): Bildungsplan 2004. Realschule, Ditzingen 2004

---

11 Chrismon. Das evangelische Magazin, 3/2001, 36.

6. Materialien

M 1: Songtext zu *Pray Pray Pray*
M 2: Arbeitsblatt für die Gruppenarbeit
M 3: Bilder aus dem Clip
M 4: Produkt-Beispiele aus den Gruppen

M 1
Songtext *Pray Pray Pray* von *Paddy Kelly*

Englisches Original

The world is like a river of which we drink
but our sins pollute the water
and now the river is flooded so we must build
an ark of faith and trust in divine providence

I was in a room of darkness it wasn't
enough to open the window for air
I had to unlock the door so I searched for
the key and what I found was our lady of
Medugorje saying to

Refrain:
Pray, pray pray pray, pray pray pray,
for a happier day, oh come on and
pray, pray pray pray, pray pray pray,
and the lord will show you the way

Me and my brothers and sisters we were
struggling between heaven and hell we found
it hard to understand how we got sunk into a
spiral of negative and demonic spells

So we went on a pilgrimage searching for
healing at the heavenly wells
we came across a wise man telling us children
it's very simple: conversion, mass, the
sacraments and

Deutsche Übersetzung (durch Beate Böhm)

Die Welt ist wie ein Fluss, aus dem wir trinken,
aber unsere Sünden verschmutzen das Wasser.
Und nun ist der Fluss überschwemmt und so
müssen wir eine Arche des Glaubens und des
Vertrauens in die göttliche Vorsehung bauen.

Ich war in einem dunklen Raum. Es genügte
nicht, ein Fenster zu öffnen, um Luft herein zu
lassen. Ich musste die Tür aufschließen. Deshalb
suchte ich nach dem Schlüssel, aber alles was
ich fand, war die Madonna aus Medugorje, die
sagte:

Refrain:
Bete, bete, bete, bete, bete, bete, bete
Für einen glücklicheren Tag.
Leg los und bete ...
Und der Herr wird dir den Weg zeigen

Ich und meine Brüder und Schwestern wurden
hin und her gerissen zwischen Himmel und
Hölle und es war schwer für uns zu verstehen,
wie wir auf einer Spirale von negativen und
dämonischen Zeiten immer tiefer sanken.

Deshalb gingen wir auf eine Pilgerfahrt und
suchten nach Heilung am himmlischen
Brunnen. Wir begegneten einem weisen Mann,
der uns Kindern erzählte, dass es sehr einfach
ist: Umkehr, Messe, die Sakramente und ...

Refrain:
Pray, pray pray pray, pray pray pray…
Oh we've got to pray, pray pray pray,
pray pray pray for a happier day
need a childlike faith to enter into heaven
'til the harvesters come don't be afraid

We all have our crosses to carry if we carry
them humbly there's no need to worry
if we forgive we'll be forgiven then our
purified hearts will feel the presence of God's
eternal love burn inside

I ain't no religious expert
but I don't have to
be to know that God ain't illusion
I'm testifying what I witness 'cause a faith
without acts is a dead faith that's why
I wrote this song
so we can

Refrain

Refrain:
Bete …
Oh, wir müssen beten, beten …
Für einen glücklicheren Tag.
Wir brauchen einen kindlichen Glaube, um
in den Himmel zu kommen. Bis die Schnitter
kommen, habt keine Angst.

Wir haben alle unsere Kreuze zu tragen.
Wenn wir sie demütig tragen, müssen wir uns
nicht sorgen. Wenn wir vergeben, wird uns
auch vergeben werden. Dann werden unsere
gereinigten Herzen die Gegenwart von Gottes
ewiger Liebe in sich brennen fühlen.

Ich bin zwar kein religiöser Experte, aber muss
auch keiner sein, um zu wissen, dass Gott keine
Illusion ist. Ich bezeuge, was ich erfahren habe,
weil ein Glaube ohne Taten ein toter Glaube ist,
darum schrieb ich dieses Lied:

Refrain

M 2
Musikvideoclip *Pray Pray Pray* von *Paddy Kelly*

❶ Wählt euch aus den vier Bildern von Personen aus dem Videoclip **ein Bild** aus, das euch besonders anspricht.

❷ Überlegt euch anhand des Bildes und mit Hilfe des Ausschnitts aus dem Refrain eine **mögliche Situation**, in der sich die Person befinden könnte.

❸ Formuliert nun bezogen auf die Situation der Person ein **mögliches Gebet** und bezieht auch die **betenden Hände** und was sie ausdrücken könnten mit ein. (**mindestens vier Zeilen**)

❹ Klebt das **Bild samt dem Refrain** auf das Plakat und schreibt euer **Gebet** darunter.

Informationen zum Beten

Beten, also das persönliche oder gemeinschaftliche Anrufen von Gott, ist der Grundakt jeder Religion. Und das Bittgebet ist seit Jahrtausenden die Urform dieses Gottesumgangs: *„Bitte, lieber Gott, gib mir dies oder das, mach dies und jenes."* Mehr Regen oder mehr Sonne, Schutz vor Feinden, die Frau oder den Mann fürs Leben, Gesundheit, Reichtum oder zumindest Hilfe aus der Armut, manchmal auch Weisheit, Liebe, Geduld. Selbst um Glauben beten Menschen.

Beten fängt dort an, wo man ist, und nicht dort, wo man gern sein möchte. Beter sollen ihr konkretes Anliegen vor Gott bringen, in all ihrer Naivität und Menschlichkeit. Wer sich Sorgen um seinen Arbeitsplatz macht, darf das vorbringen und muss nicht zuerst den Weltfrieden erflehen. Als Jesus den blinden Bettler Bartimäus fragte *„Was willst du?"*, antwortete dieser: *„Ich will sehen können"* (Mk 10, 46-52). Alles andere war Bartimäus egal. Nicht sehr sozial von ihm, aber sehr echt und ehrlich.

Sicher, es gibt andere Arten des Gebets als das Bitten, Gebetsformen, die weniger Schwierigkeiten machen, zum Beispiel die Anbetung Gottes, das Loben oder das Dankesagen. Aber gerade die konkrete persönliche Bitte macht den Glauben an einen himmlischen Vater authentisch. Hier erlebt der Beter auch Enttäuschungen. Die gibt es in jeder echten Beziehung, wenn Wünsche nicht in Erfüllung gehen. Denn das Gebet hat nichts mit Zaubersprüchen und Magie zu tun, sondern viel mehr mit Vertrauen.

❺ Lest den Text zum Beten durch und notiert die **Art** eures Gebets.

Pray, pray pray pray, pray pray pray,
for a happier day, oh come on and
pray, pray pray pray, pray pray pray,
and the lord will show you the way

Pray, pray pray pray, pray pray pray,
for a happier day, oh come on and
pray, pray pray pray, pray pray pray,
and the lord will show you the way

Pray, pray pray pray, pray pray pray,
for a happier day, oh come on and
pray, pray pray pray, pray pray pray,
and the lord will show you the way

Pray, pray pray pray, pray pray pray,
for a happier day, oh come on and
pray, pray pray pray, pray pray pray,
and the lord will show you the way

LIEBER GOTT,
FÜR UNS STEHT VIEL AUF DEM SPIEL.
WIR DÜRFEN NICHT VERLIEREN! BITTE LASS SIE
EIN TOR SCHIEßEN UND GEWINNEN. SIE HABEN
HART DAFÜR TRAINIERT UND HABEN SO DEN
SIEG VERDIENT. LASS UNSERE MANNSCHAFT
NICHT IM STICH. WIR VERTRAUEN DIR...
DANKE LIEBER GOTT

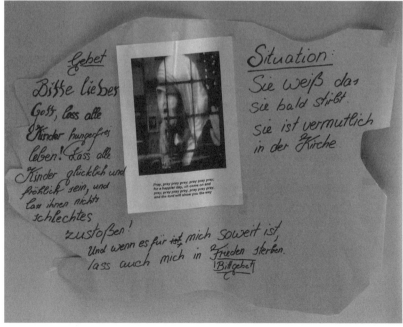

Gebet

Bitte lieber
Gott, lass alle
Kinder hungerfrei
leben! Lass alle
Kinder glücklich und
fröhlich sein, und
lass ihnen nichts
schlechtes
zustoßen!
Und wenn es für mich soweit ist,
lass auch mich in Frieden sterben.
Bittgebet

Situation:
Sie weiß das
sie bald stirbt.
Sie ist vermutlich
in der Kirche.

„Where is the love?" oder: „Die andere Backe hinhalten"*

Obwohl Jugendliche oftmals für Kirche wenig Interesse zeigen, heißt dies nicht, dass für sie die Religion keine wichtige Rolle in ihrem Leben spielt. Religion ist für Jugendliche zu einem „Element der Patchworkidentität der Gegenwart"[1] geworden. Daraus lässt sich religionspädagogisch folgern, dass Religion im Alltag der Jugendlichen aufgespürt und dann wahrgenommen werden muss.

Im Alltag Jugendlicher findet sich an vielen Stellen die Religion wieder, so auch in den Videoclips. Der Videoclip ist Medium aus der Lebenswelt der Kinder und Jugendlichen.[2] Mehrere Stunden verbringen Kinder und Jugendliche täglich im Internet. Youtube und Myvideo gehören zur Tagesordnung. In den Videoclips finden Jugendliche ihre Idole, sie sind ihnen wichtig. Und die „Religionspädagogik der Zukunft hat sich dem lebensweltlichen Kontext zu öffnen und auszusetzen."[3] So werden die Videoclips als Teil der Lebenswelt der Jugendlichen in den Religionsunterricht integriert. Damit wird auch einer aktuell geforderten Bildungsaufgabe Rechnung getragen: Jugendliche sollen lernen, mit Medien (Videoclips, Filme, Werbung etc.) umzugehen, diese analysieren und deuten zu können. Viele Videoclips sind voll von neuen und traditionellen Symbolen, deshalb muss der „Religionsunterricht verstanden werden als Ausbildung der Fähigkeit, in die Kultur *links* zur jüdisch-christlichen Erzähltradition einzutragen bzw. derartige Verbindungen zu entdecken."[4] Ziel ist, Symbole auf das traditionelle und das heutige Verständnis deuten zu können und somit an den Berührungspunkten Zugänge zur Religion und zur Gegenwart zu bekommen. Daher steht die Arbeit im Unterricht mit Popmusik im Kontext des *Erfahrungsorientierten Religionsunterrichts*[5]*, für den massenmediale Symboldidaktik*[6] *eine Selbstverständlichkeit ist.*

Die Behandlung von Popmusik im Religionsunterricht ist nicht nur eine Attraktivitätssteigerung des Unterrichts, sondern auch eine Chance zur Kommunikation über einen Bereich der Präferenz der Jugendlichen. Dabei regen der Text, die Handlung und die verwendeten Symbole der Videoclips zum gegenseitigen Austausch an. Ein weiterer Vorteil bei der Arbeit mit Popmusik ist das Durchbrechen von Schüler- und Lehrerrolle. Schüler haben in Bezug auf Informationen zur Gruppe und zum Song meist schneller bessere Informationsquellen zur Hand als der Lehrer. Ebenso besitzen sie meistens den ausgewählten Videoclip und bringen diesen in den Unterricht mit.

Exemplarisch stellen wir hier den Popsong „Where Is The Love" von „The Black Eyed Peas" vor. Methodisch bieten wir eine Form des Stationenlernens ab der 8. Klassenstufe an.

---

* Erstveröffentlicht zusammen mit Elena Klaiber in: Medienimpulse. Beiträge zur Medienpädagogik (hg. v. Österreichischen Bundesministerium für Unterricht und kulturelle Angelegenheiten) 52/2005, 58-67.
1 Mertin, Videoclips, 11.
2 Vgl. Böhm/Buschmann, Popmusik, 12.
3 Ebd. S. 15.
4 Mertin, Videoclips, 13. „Links eintragen" bedeutet in diesem Kontext Verbindungen herstellen.
5 Vgl. Böhm/Buschmann, Popmusik, 16-19.
6 Ebd.

1. Zur Gruppe „The Black Eyed Peas"[7]

Alles beginnt Anfang der 90er Jahre in Los Angeles. Der Filipino Apl De Ap und der Schwarze Will I Am sind beide Tänzer in der Breakdancegruppe „Tribal Nation" ihrer Highschool. Die beiden jungen Menschen lernen sich kennen und gründen eine eigene Band, da sie sich mehr auf die Hip Hop-Musik spezialisieren wollen. Ihr Bandname ist „Atban Klann", was soviel bedeutet wie „A Tribe beyond a Nation". Atban Klann verbinden ihren Hip Hop mit schönen, friedvollen Texten und Breakdance ganz im Gegensatz zu der Hip Hop-Kultur der Straßengangster in dieser Zeit. So ist es für den Labelchef Eazy E von Ruthless Records auch sehr schwierig, die erste Platte zu vermarkten. Kurz darauf stirbt Eazy E an Aids und die Gruppe will sich neu orientieren. Taboo, ein Indianer aus dem Chachoney-Stamm, schließt sich der Band an. Sie geben sich den Namen „The Black Eyed Peas" – „Die schwarzäugigen Erbsen". Zusammen mit Interscope produzieren sie 1998 ihre erste Platte „Behind The Front". Die Konzerte rund um Los Angeles sind ein großer Erfolg. Zusammen mit De La Soul, Macy Gray und anderen touren sie durch die Staaten. Im Jahr 2000 bringen sie ihr zweites Album „Bridging the Gap" heraus. Drei Jahre später suchen sich „The Black Eyed Peas" eine weibliche Sängerin. Zusammen mit Fergie machen sie das dritte Album „Elephunk". Auch dieses ist ein großer Erfolg. In Deutschland werden an die 150.000 Alben verkauft. Ihr Genre ist der Rap, ihr Style der Hip Hop und der Alternative Rap. Sie spielen immer mit einer Liveband, das ist ihnen wichtig. Sie singen gerne über die wahre Liebe und wollen mit ihrer Musik ihre Fans begeistern.

2. Zum Inhalt des Songs „Where Is The Love"

Zunächst folgt eine ausführliche Aufarbeitung des Bildmaterials durch die Erarbeitung des Storyboards (2.1). Erst dann analysieren wir den Textinhalt unter Einbezug des Videoclips (2.2). Die Visualisierung des Songs durch ein Musikvideo unterstützt den hier gewählten phänomenologischen Ansatz der Kulturhermeneutik.

2.1 Das Storyboard zum Videoclip

Das Storyboard (M1) gibt das Musikvideo chronologisch in tabellarischer Form wieder. Den verschiedenen Sekundenspannen werden Ort, Handlung und eventuelle Symbole zugewiesen. Diese Aufarbeitung des Clips ist notwendig, um den Aufbau der Stationen nachzuvollziehen.

2.2 Interpretation des Textes

Der englische Text (M 2) wurde ins Deutsche übertragen (M 3). Die folgende Analyse berücksichtigt die Visualisierung des Textes durch den Videoclip. Obwohl bei den

---

7   Die folgenden Informationen zur Band beruhen auf Internetseiten, die wir im Literaturverzeichnis aufführen.

Lernstationen nur sieben Strophen sowie der Epilog bearbeitet werden, geben wir hier Anregungen für alle Textteile wieder.

Das Lied setzt sich aus dreizehn Strophen und dem Refrain zusammen. Der Refrain selbst besteht wiederum aus drei Teilen. Die Strophe hat meist vier oder fünf Zeilen. Das Lied hat einen symmetrischen Aufbau. Nach vier Strophen folgt der dreiteilige Refrain. Dieses Schema wiederholt sich dreimal. Nach dem dritten Refrain folgt der Epilog.

Die *erste Strophe* spricht zwei Themen an. Zuerst wird eine eröffnende Frage in den Raum gestellt, was mit der Welt denn los sei. Die Menschen leben ohne Liebe. Sie leben so, als ob sie die prägende Mutterliebe nie erfahren durften. Mütter stehen hier als die zentralen Personen, die die Liebe übermitteln und weitergeben. Außerdem wird das chronische Verlangen der Menschen nach schlechten Dingen angesprochen.

Die *zweite Strophe* behandelt ein heikles Thema, nämlich den Terrorismus. „The Black Eyed Peas" nehmen zu diesem politischen Thema Stellung. Sie ziehen den amerikanischen Kampf gegen den Terrorismus etwas ins Lächerliche. Sie geben den USA den Beinamen der „big CIA", also ein zentral gesteuerter Machtapparat, der weltweit funktionieren muss, obwohl im eigenen Land genügend Probleme sind (Gangs, Ku Klux Klan). Im Video wird an dieser Stelle die nachgebildete Freiheitsstatue[8] gezeigt, die als Sinnbild der Freiheit mit dem Krieg in krassem Gegensatz steht. Über die Fackel wird ein ? geklebt.

In der *dritten Strophe* geht es um Faschismus und die Kettenreaktion von Rassendiskriminierung, Hass und Zorn. Im Video fahren Schwarze und Weiße gemeinsam Fahrrad mit einer großen ?-Fahne[9], die offensichtlich die Rassendiskriminierung in Frage stellt. In der *vierten Strophe* wird dazu aufgerufen, das Böse abzulegen und die Liebe ins Herz zu schließen.

Nun folgt der *Refrain*. In dessen erstem Teil geht es um die Menschen, die töten und um die Kinder, die verletzt sind und schreien. Im Video wechseln verschiedene Gesichter von Kindern sich ab. An der Stelle, wo es um ihr Leid geht, da schweigen sie und singen nicht mehr mit. Des Weiteren fragen „The Black Eyed Peas", ob man auch seine eigene Predigt in die Tat umsetzen würde und im Folgeschluss die andere Backe hinhalten würde. Hier spielen sie direkt auf Matthäus 5, 39 an. Im Video wird parallel zu dieser Textstelle die Handzettelverteilungsaktion gezeigt. Diese ?-Kampagne zieht sich durch das gesamte Video. Die Flyer mit den markanten Fragezeichen in roter Farbe auf schwarzem Hintergrund und in einem weißen Rahmen werden an viele verschiedene Menschen verteilt und an vielen Plätzen der Stadt angebracht. Die Fragezeichen sollen die Menschen zum Nachdenken anregen. Sie sollen über ihr Leben nachdenken und über die Liebe, die in ihrem Leben fehlt. Aber auch die Stellen und Plätze in der Stadt, an denen ? angebracht werden, weisen auf eine tiefere Bedeutung hin. Alles dies wird in Frage gestellt, so die Freiheitsstatue, die Wirtschaft (der Zeitungsverteiler der Financial Times), der Kommerz (die Werbeplakatwände), das gesamte politische, wirtschaftliche und öffentliche Leben. Der zweite Teil des Refrains geht einen Schritt weiter und ruft in dieser fragenden Situation nach Gott, dem Vater. Von ihm soll weisende Führung kommen, denn die Frage nach der Liebe ist bei vielen Menschen unbeantwortet. Und so klingt auch der dritte Teil des Refrains mit der Frage „Where Is The Love" aus.

In der *fünften Strophe* geht es um die Fragestellung, warum die Liebe nicht die Welt regiert. Im Video werden Kinder gezeigt, die einen Film schauen mit Bildern ei-

---

8   Siehe Szene Nr. 8.
9   Siehe Szene Nr. 13.

ner Feuerkatastrophe/Brandstiftung[10]. Sie sitzen von Angst gepackt vor dem Fernseher. Weder der Film mit den Angst einflößenden Bildern, noch die Freizeitbeschäftigung der Kinder hat etwas mit Liebe oder Frieden zu tun.

Die *sechste Strophe* handelt über den Krieg. Kinder leiden unverschuldet und unweigerlich darunter. Ist das wirklich ein von Liebe erfülltes Leben? Im Video erscheint auf dem Fernseher ein ?[11]. Dadurch werden sowohl die Filme dieser Art[12] an sich, als auch die kriegerische Wirklichkeit in Frage gestellt. Das ?, das an dem Staatsgebäude heruntergelassen wird[13], lässt den Rezipienten die Staatsgewalt überdenken.

Ein stark negativ geprägtes Menschenbild kommt in der *siebten Strophe* zum Vorschein. Menschen sind nicht fähig richtig zu urteilen, sie fällen falsche Entscheidungen und leben untereinander in Unverständnis. Fehlende Toleranz wird kritisiert, Menschen verleugnen sich gegenseitig. Der Videoclip nimmt an dieser Textstelle nicht dieses Thema auf. Im Video erscheint auf dem Fernseher das Getreidefeld mit dem großen ?[14]. Die Interpretation dazu ist frei. Das große ?, das an dem Wohnhaus hängt[15], könnte z.B. auf die Anonymität in den Städten anspielen.

Die *achte Strophe* ist thematisch sehr heiß. „The Black Eyed Peas" nehmen hier als US-amerikanische Band zur Irakpolitik Stellung. Der Krieg wird geführt, der Grund dafür wird aber nicht direkt benannt, Wahrheiten werden verschwiegen und unter den Teppich gekehrt. Und in der vierten Zeile spricht die Band jeden Zuhörer ganz persönlich an. Wer die Wahrheit nicht kennt, wird niemals die wahre Liebe erkennen. Vermutlich beziehen sie sich hier auf Johannes 14, 6: Jesus Christus ist selbst die Wahrheit, lernt man ihn nicht kennen, so wird das Leben nie von Liebe erfüllt sein. Der von Gott geliebte Mensch kann andere Menschen auch mit ihren Fehlern und Schwächen lieben, das heißt annehmen.[16] Das ist nur ein Aspekt der Auswirkungen der Liebe Gottes unter vielen. Interessant ist die Darstellung im Video, für die achte Strophe wird im Van der Lautsprecher angeschaltet[17], damit alle Leute die Botschaft hören können. In der zweiten Wiederholung des Refrains wird im Video ein Straßenprediger gezeigt[18], der auf diese Weise die Predigt weitergibt. An der passenden Textstelle[19] schreit er zum Himmel.

In der *neunten Liedstrophe* geht es wieder um die Menschen, die immer kälter und abgestumpfter werden, ihr Streben nach Reichtum regiert ihr Handeln, sie sind selbstsüchtig. Bis zum nächsten Refrain tauchen im Clip immer wieder Szenen einer Handlungskette[20] auf. Apl De Ap klebt an einen fahrenden Bus ein ?-Flyer, er wird erwischt, versucht zu flüchten, doch die Polizei kann ihn fassen. Er sitzt, als er geschnappt wird, auf einer Treppe und tut dem Polizisten seine Meinung, den Liedtext, kund.

Die *zehnte Strophe* spricht von der Medienkritik. Gezeigt werden Dinge, die auf falschen Tatsachen beruhen, Böses wird verbreitet. Bilder prägen sich in den Köpfen der Kinder ein und beeinflussen ihr Unterbewusstsein. Kinder orientieren ihr Handeln an dem, was sie im Fernsehen sehen. Verstärkt wird der Text durch die Bilder im Clip. Vier

---

10 Siehe Szene Nr. 44.
11 Siehe Szene Nr. 47.
12 Siehe Szene Nr. 42.
13 Siehe Szene Nr. 49.
14 Siehe Szene Nr. 54.
15 Siehe Szene Nr. 57.
16 Vgl. 1. Pt 3, 9 und Rö 12, 14. 17. 21.
17 Siehe Szene Nr. 58.
18 Siehe Szene Nr. 62.
19 „Father, father, father help us, send us guidance from above!"
20 Siehe Szenen Nr. 72-75, 78, 80, 82-85, 87-89.

junge Erwachsene schauen in eine Fernseherwand[21], sie beobachten die Flucht von Apl De Ap. Sie sind von den Bildern vor dem Fernseher gefesselt, genauso wie das Mädchen im Wohnzimmer[22]. Auf dem Fernseher tauchen nacheinander die Begriffe „What's wrong?", „Humanity", „Help us", „Equality", „Ask yourself" und „Unity" auf.

Diese Schlagwörter beziehen sich inhaltlich eher auf die folgende *elfte Strophe*. Menschlichkeit, Gleichheit unter den Menschen, Liebe sind alles Dinge, die verloren sind. An die Stelle der Liebe treten die Feindschaft und das Unverständnis. Und ohne Werte kann die Gemeinschaft nicht leben. Die Bilder von der brutalen Festnahme Apl De Aps verstärken den Text. Was jedoch die kurze Einblendung des amerikanisch rot-weißen Nikolaus oder der roten Abrahamfigur mit Bart soll[23], das lässt sich nicht eindeutig festlegen.

In der *zwölften Strophe* geht es um die Gefühle eines Menschen, der sich nach Liebe sehnt. Dieser Mensch, hier Apl De Ap, fühlt sich seelisch zerstört und am Boden. Er bittet zu Gott, dass er seinen Glauben am Leben erhält und ruft danach den Zuhörer auf, sich selbst zu durchleuchten.

In der dritten Refrainwiederholung kommen noch zwei sehr interessante Szenen vor. Auf einer Börsentafel[24] blinkt ein Fragezeichen auf. Hier kann man eine Hinterfragung der Wirtschaft, des Geschäftemachens etc. sehen. Und anschließend leuchtet auf einem hohen Turm[25], eventuell dem World Trade Center, ein ? auf. Hier soll der Zuhörer entscheiden, was es bedeutet. Wird der Welthandel hinterfragt oder der 11. September? Im Liedtext ertönt an dieser Stelle das „Where Is The Love".

Ein musikalischer *Epilog* rundet das Musikstück ab. Das Ende steht als eine Art Ermahnung. Textlich gesehen geht es um die Eine Welt, die alle Menschen gemeinsam haben, die alle Menschen zusammen bilden, auf der alle Menschen gemeinsam leben und handeln, von der die Menschen gezeichnet sind. „The Black Eyed Peas" zeigen ihren Zeigefinger und demonstrieren damit gleichzeitig das Ermahnen und die Eine Welt. In den letzten Szenen sieht man viele, unterschiedliche Menschen mit unterschiedlicher Farbe und unterschiedlichem Alter. Sie alle schauen zum Himmel und haben einen glücklichen Gesichtsausdruck.[26] Sogar die vier Erwachsenen wenden sich von den Fernsehern ab.[27] Die Kameraeinstellung zeigt aber nichts von dem, was die Leute sehen. Die Fantasie des Rezipienten ist in diesem Himmelsblick gefragt.

3. „Would you turn the other cheek?" – Biblischer Befund

Im ersten Teil des Refrains in der vierten Zeile wird auf einen Satz aus der Bergpredigt angespielt. Er steht in Matthäus 5, 39. Im Kontext dreht es sich um die Vergeltung durch Liebe. Jesus zitiert zuerst das berühmte „Auge um Auge, Zahn um Zahn"[28]. Dieser Lehrsatz begrenzt die menschliche Rachsucht. Jesus stellt dem alttestamentlichen Lehrsatz noch höhere Handlungsanweisungen gegenüber. Daher nennt man diese Textstelle auch Antithese. In einer Reihe von sechs Antithesen steht diese an drit-

---

21 Siehe Szene Nr. 77.
22 Siehe Szene Nr. 79.
23 Siehe Szene Nr. 81.
24 Siehe Szene Nr. 91.
25 Siehe Szene Nr. 92.
26 Siehe Szenen Nr. 98, 101, 103-106, 108-110.
27 Siehe Szene Nr. 107.
28 2. Mose 21, 24; 3. Mose 24, 20; 5. Mose 19, 21.

ter Stelle. Ein synoptischer Vergleich zeigt, dass sich auch bei Lukas diese Textstelle findet (Luk 6, 29). Sie ist verkürzt und inhaltlich leicht abgeändert.[29] Jesus stellt drei Beispiele vor, wie man Menschen, die Böses verursachen wollen, entgegnen kann. Es geht nicht um den Widerstand, sondern um das Nachgeben und das Übertreffen von Forderungen.[30] „Es ist ein Wort Jesu, das offenbar mit Absicht alles in Frage stellt, was wir im politischen ebenso wie im persönlichen Umgang miteinander für unser verbrieftes und gottgewolltes Recht erklären.“[31] Das erste Beispiel greift eine Situation auf, in der ein Mensch seinem Gegenüber eine Ohrfeige verpasst. Er macht dies mit seinem rechten Handrücken und schlägt auf die rechte Backe. Zur Zeit Jesu galt diese Tat als eine Entwürdigung des Gegenübers. Indem der Misshandelte gleich darauf seine andere Backe hinhält, zeigt er sich erstens stark, nicht entehrt, und er regt den Anderen zum Nachdenken an. Im ersten Beispiel geht es um die Reaktion auf Gewalt. Jesus zeigt neue Wege auf, er setzt „gegen die Gewalt endgültig nicht mehr die Gegengewalt, sondern die Gewaltlosigkeit, ja, die Wehrlosigkeit“[32]. Das zweite Beispiel greift eine Szene im Gericht auf. Gibt der Angeklagte zu seinem Rock auch noch seinen Mantel her, so steht er nackt vor seinem Gegenüber! Welche Blamage für den Kläger! Das aber ist nur ein Aspekt. Im Orient musste der Mantel vor Sonnenuntergang zurückgegeben werden, denn vor der Kälte der Nacht musste sich auch der Verurteilte schützen.[33] Jesus verlangt somit, dass der Angeklagte dieses Recht nicht einfordert. Und der Kläger muss eindeutig erkennen, dass seine Forderung das Existenzminimum angreift. Das dritte Beispiel nimmt eine Situation auf, in der ein römischer Soldat einen Bürger zu einer Dienstleistung (Wegbegleitung z.B. zum Tragen schwerer Lasten) zwingt. Indem der Bürger gleich doppelt soweit mit ihm läuft, regt er ihn zum Nachdenken an.

In allen Beispielen benutzt Jesus die 2. Person Singular und Plural. Trotzdem kann man die Forderungen nicht nur auf den privaten Bereich einschränken, auch auf Gemeindefragen lassen sich die Anweisungen übertragen.[34] Interessant ist, dass Jesus seine Forderungen nicht begründet.[35] Sein Wort bedarf keiner Begründung!

Drewermann geht in seiner Interpretation zu den besprochenen Fallbeispielen noch ein Stück weiter.[36] Er sieht in unseren staatlichen Gesetzen einen Widerspruch zu Gottes Gesetz. Sie sind wie zwei entgegen gesetzte Pole. Der Teufelskreis menschlichen Verhaltens von der Reaktion auf Böses mit Bösem soll unterbrochen werden. Gott gehe es darum, dass der Mensch seine innere Freiheit wieder gewinnt. Die innere Freiheit ermöglicht dem Menschen in seinem Handeln nicht so zu reagieren, wie es sein Gegenüber ihm vorschreibt. Nur so kann Frieden auf Erden werden. Bedenken muss man jedoch, dass die Forderungen keinen moralischen noch juristischen Charakter haben sollen. Um so zu handeln, wie es Jesus aufzeigt, muss man in Gott eine Sicherheit gefunden haben. Man muss die Angst vor dem Anderen und vor sich selber ablegen können. Derjenige, der von mir Böses will, bekommt Zeit, indem ich erst einmal nicht reagiere und dann

29 Lukas führt die Beispiele im Kontext der Feindesliebe an. Bei ihm fehlen die Antithese und das dritte Beispiel. Außerdem gibt es auch inhaltliche Abweichungen. Lukas schreibt von der *anderen* Wange, nicht von der *rechten*. Und im zweiten Beispiel tauscht er die Reihenfolge, erst der Mantel, dann das Hemd.
30 Vgl. Schnackenburg, Matthäusevangelium, 59.
31 Drewermann, Matthäusevangelium, 482.
32 Drewermann, Matthäusevangelium, 483.
33 Vgl. Schnackenburg, Matthäusevangelium, 59.
34 Vgl. Schnackenburg, Matthäusevangelium, 59.
35 Vgl. Wiefel, Matthäus, 117.
36 Im Folgenden: Drewermann, Matthäusevangelium, 484-500.

die Spannungen abbaue, da ich auf ihn einen Schritt zugehe. Außerdem interpretiert Drewermann die Forderungen des Klägers als Ausdruck einer tiefen, inneren Not. Der Angeklagte hat nun die Aufgabe, dem anderen in seiner Not zu helfen, seine Bedürfnisse zu stillen. Der Kläger meint, von seinem Nächsten keine Hilfe zu bekommen, deswegen droht er mit Gewalt. Und das ist das eigentliche Unrecht, das dem Angeklagten zukommt. Reagiert der Angeklagte nun mit Barmherzigkeit, so ist er Gottes Reich ein Schritt näher gekommen. Und die Menschen werden zu Geschwistern.

Wichtig ist auch der Übergang von der Vergeltung durch Liebe zur Feindesliebe. Das von Jesus geforderte Verhalten ist die Nächstenliebe, diese führt in der Radikalisierung zur Feindesliebe. Die Forderungen Jesu ganzheitlich zu erfüllen, ist praktisch unmöglich. Deshalb werden sie oft im Kontext des kommenden Reiches Gottes gesehen: Die nicht zu erfüllenden Anweisungen sind „Zielbildung der künftigen Heilordnung" und können uns heute „neue Impulse zum Handeln" sein.[37] Jesus hingegen erfüllte diese Forderungen in seinem Leben, konkreter: in seinem Leiden für uns.[38]

4. Didaktisch-methodische Anregungen

4.1 Intentionale Einbettung

Der Liedtext von „Where Is The Love" eröffnet viele thematische Felder. Fast jede der zwölf Strophen hat einen anderen thematischen Schwerpunkt. Acht Strophen eignen sich unserer Meinung nach sehr gut zur Bearbeitung im Unterricht. Zur *Strophe 1* muss die Rolle der Mutter in der Familie und ihre Aufgabe als Vermittlerin der Liebe angesprochen werden. *Strophe 2 und 8* geben Anlass, gemeinsam über den Terrorismus und im Speziellen über die (amerikanische) Irakpolitik zu sprechen. Es ist wichtig, dass sich die Schülerinnen und Schüler zu diesem aktuellen Thema ihre eigene Meinung bilden. Das Thema Krieg im Allgemeinen wird dann in *Strophe 6* thematisiert und kann so auch für das Unterrichtsgespräch aufgegriffen werden. Was Faschismus ist, kann durch die *Strophe 3* erläutert werden. Das gehört zur Allgemeinbildung. Das negative Menschenbild, das sich in *Strophe 9* abzeichnet, muss besprochen werden, auch im Zusammenhang mit dem Thema aus *Strophe 11*, dem Leben in der Gemeinschaft. In *Strophe 10* geht es um die Medienkritik. Auch der Austausch darüber kann sehr fruchtbar sein. Zuletzt muss der Gedanke der Einen Welt aus dem *Epilog* verdeutlicht werden.

Alle diese aufgezählten Themen berühren die Jugendlichen in ihrem eigenen Leben. Jugendliche auf dem Weg zum Erwachsensein müssen sich unweigerlich mit diesen Themen auseinandersetzen, um persönlich zu reifen. Politische Themen sind zudem aktuell und die Schülerschaft muss darüber informiert werden und sich ihre eigene Meinung dazu bilden.

Die Textanalyse des Refrains führt zum Gebet, dem Rufen zu Gott, unserem Vater. Da im ersten Refrainteil die vierte Zeile auf den Vers der Bergpredigt anspielt, wäre es lohnenswert, dieser Spur nachzugehen und in der Bibel mit den Schülern gemeinsam danach zu suchen. Daher lässt sich dieser Unterricht z.B. gut in die Unterrichtseinheit Bergpredigt eingliedern. Zusammen mit dem Popsong als popkulturelle Auslegung kann Matthäus 5, 38-42 bearbeitet werden. Verschiedene Interpretationsansätze müs-

---

37 Vgl. Schnackenburg, Matthäusevangelium, 60.
38 Vgl. Wiefel, Matthäus, 118.

sen gemeinsam diskutiert werden. Natürlich muss der Lehrer hierbei Hilfestellungen und Anregungen geben. Möglich wäre auch eine Unterrichtseinheit zu den sechs Antithesen. Der Clip wäre dann der Baustein zur fünften Antithese. Matthäus 5, 38-42 (Vergeltung) steht in direkter Verbindung zum Clip. Sinnvoll wäre aber auch Matthäus 5, 43-48 (Feindesliebe) in den Unterricht aufzunehmen. Die Bekämpfung der Gewalt durch Gewaltlosigkeit gegenüber meinem Nächsten mündet schließlich in der Feindesliebe.

4.2 Thematische Stationen zum Popsong

Methodisch bietet sich das Lernen und das Erarbeiten an Stationen an. In Kleingruppen (drei bis vier Teilnehmer) besuchen die Schüler von den sieben Stationen mindestens fünf und erfüllen die dortige Aufgabe. Die freie Auswahl der Stationen erfordert von den Schülern Teamfähigkeit. Eine Station greift jeweils ein Thema einer oder zweier Strophen auf. An den verschiedenen Stationen machen sich die Schüler gemeinschaftlich Gedanken zu den Themen. Die Aufgaben und Fragen sind an jeder Station unterschiedlich gestellt. Eine Station besteht jeweils aus einem Tisch mit vier Stühlen. Die Aufgabenstellung bleibt auf dem Tisch liegen. Die Schüler übertragen sie in ihr Heft.

Literaturangaben

DVD
A & M Records: THE BLACK EYED PEAS. BEHIND THE BRIDGE TO ELEPHUNK, 2004

Kommentare zur Bibel
Drewermann, E.: Das Matthäusevangelium. Erster Teil: Mt 1, 1 – 7, 29. Bilder der Erfüllung, Olten 1992
Schnackenburg, R.: Matthäusevangelium. In: Gnilka, J. / Schnackenburg, R. (Hg.): Die Neue Echter Bibel. Kommentar zum Neuen Testament mit der Einheitsübersetzung, Würzburg 1991, 2. Aufl.
Wiefel, W.: Das Evangelium nach Matthäus. In: Binder, H. u.a. (Hg.): Theologischer Handkommentar zum neuen Testament, Leipzig 1998

Lexika
Betz, O. u.a. (Hg.): Calwer Bibellexikon. Gesamtausgabe Band 1 und Band 2, Stuttgart 2003
Mette, N. / Rickers, F. (Hg.): Lexikon der Religionspädagogik, Neukirchen-Vluyn 2001

Weitere Fachliteratur
Böhm, U. / Buschmann, G.: Popmusik – Religion – Unterricht. Modelle und Materialien zur Didaktik von Popularkultur, Münster 2002, überarbeitete und ergänzte Auflage mit einem Literaturbericht von Manfred L. Pirner / Uwe Böhm / Gerd Buschmann
Mertin, A.: Videoclips im Religionsunterricht. Eine praktische Anleitung zur Arbeit mit Musikvideos, Göttingen 1999
Peisker, C. H.: Evangeliensynopse der Einheitsübersetzung, Wuppertal / Kassel / Stuttgart 2001, 5. Aufl.

Zur Informationsbeschaffung über die Gruppe „The Black Eyed Peas" befragten wir das Internet:

http://www.blackeyedpeas.com
http://www.golyr.de/black-eyed-peas
http://www.laut.de/wortlaut/artists/b/black_eyed_peas/biographie/index.htm
http://www.laut.de/vorlaut/news/2004/04/19/08515/index.htm
http://www.urban.de/_artists/blackeyedpeas/band.php
http://www.williger-online.de/print.php?SongID=1579

Materialien

M 1   Das Storyboard zum Videoclip
M 2   Englischer Originaltext
M 3   Ins Deutsche übersetzter Liedtext
M 4   Material für die Stationen

M 1: Das Storyboard zum Videoclip

Szene	Zeit	Ort	Besondere Kameraeinstellung, Personen, Handlungen	Symbole / Zeichen
1	14.52[1]		Nahaufnahme: Das Fragezeichen flattert im Wind.	?[2]
2	14.59	Straße	Unbekannter hält ein ?-Flyer und rennt damit durch die Straße.	?
3	15.02		An einem Straßenschild mit der Aufschrift „Notice. No Public Entrance" hängt ein ?-Flyer.	?
4	15.03	Straße	Unbekannter klebt ?-Flyer an verschiedene Orte: Mauern, Hauswände, Mülleimer, Zeitungsverteiler (Financial Times), Plakatwand	?
5	15.11		An einem Schild mit der Aufschrift „This property closed to the public" hängt ein ?-Flyer.	?
6	15.12	Straße in einer Stadt	Ein schwarzer Van mit dunklen Fenstern und ? fährt durch die Straße.	
7	15.12	im Van	Will I Am singt, Ausstattung des „Piratenautos" wird gezeigt (Mischpult, Mikros, Lautsprecher).	
8	15.21	nachgebildete Freiheitsstatue	Über die Fackel wird ein ? geklebt.	Freiheitsstatue
9	15.24	im Van	Will I am singt.	
10	15.26	vor einer Gebäudewand	Will I am singt vor Wandgraffiti („We are not a minority!!").	Graffiti
11	15.28	vor einem Zaun	Drei schwarz Angekleidete verteilen ?-Flyer, hängen einen davon an einen Stacheldrahtzaun.	?
12	15.29	vor einer Gebäudewand	Will I am singt vor Wandgraffiti („We are not a minority!!").	
13	15.32	Straße	Radfahrer (Schwarze und Weiße gemeinsam) mit ?-Fahne	?
14	15.35	im Van, Straße	Schneller Bildwechsel: Will I am singt; Van fährt; Fahrräder mit ?-Fahne	?
15	15.42	versteckter Eingang in einer Mauer	Zwei Männer stempeln die ? auf Geldscheine.	?
16	15.44		Nahaufnahme: Auf dem Display erscheint ein Palm: „Transmission interrupted", anschließend erscheint das ?.	?
17	15.48	Straße	Van fährt, an der Seite kann man deutlich das ? erkennen.	?

---

1 Auf der Original DVD „Behind The Bridge To Elephunk" beginnt das Videoclip bei 14 Minuten und 52 Sekunden. Diese Zeiteinstellung behalte wir hier bei, um lästiges Umrechnen im Unterricht zu vermeiden..

2 Das „?" steht für das rote Fragezeichen auf schwarzem Hintergrund in einem weißen Rahmen, das im Clip ständig verwendet wird.

18	15.48	Straße	Will I am, Apl De Ap und Fergie, alle schwarz gekleidet, rennen mit einem Koffer, der mit ? bedruckt ist, über die Straße.	?
19	15.51	Wohngebiet	The Black Eyed Peas laufen nebeneinander und singen den Refrain.	
20	15.53		Nahaufnahme: Drei Kindergesichter werden hintereinander gezeigt, die Kinder singen mit.	
21	15.58	Fußgängerweg	In einer Menschenmasse verteilt ein schwarz gekleideter Mann Handzettel.	
22	15.59	Auto	Fergie steckt einen Flyer an die Windschutzscheibe.	
23	16.00	Fußgängerweg	Menschenmasse in Bewegung	
24	16.01	Autobahn	Blick von oben auf eine Autobahn	
25	16.02	Autobahn	Nahaufnahme: Auf einem Straßenschild klebt ein riesiges ?.	?
26	16.04		Nahaufnahme: Kindergesichter, Kinder singen mit. Kurze Zwischeneinblende: The Black Eyed Peas im Wohngebiet singend.	
27	16.07	Lebensmittelgeschäft	Nahaufnahme: Der Bildschirm des Überwachungsfernsehens.	
28	16.08	Lebensmittelgeschäft	Jemand kauft eine Limonade, Flasche hat ?-Etikett.	?
29	16.08	Lebensmittelgeschäft	Regale mit Flaschen	
30	16.10		Zwischeneinblende (Gesicht): Jugendlicher, der Refrain singt.	
31	16.11	Lebensmittelgeschäft	Nahaufnahme: Mit ? gestempelter Geldschein, Einkäufer zahlt an der Kasse, im Hintergrund beobachtet Apl De Ap die Kasse.	?
32	16.12	Lebensmittelgeschäft	Will I am klebt ? auf die Flaschen. Nahaufnahme: Mehrere Wasserflaschen mit ?, Will I am blickt hinter dem Regal vor.	?
33	16.14	Tätowierstudio	Ein Mann tätowiert einen Kunden.	
34	16.15		Nahaufnahme: Der mit ? tätowierte Arm.	?
35	16.15	Tankstelle	Auf der großen Benzinpreistafel ist eine Ziffer mit ? abgedeckt.	
36	16.17	Tankstelle	Eine Frau tankt, Kamera schwenkt auf ihren mit ? tätowierten/bemalten Unterarm.	?
37	16.18	Tankstelle	Nahaufnahme: Die Preistafel mit ?.	?
38	16.19		Nahaufnahme: Gesicht von Fergie, sie singt.	
39	16.21	Wohngebiet	The Black Eyed Peas singen und laufen dabei nebeneinander her.	
40	16.23		Nahaufnahme: Gesicht von Fergie, sie singt.	
41	16.24	im Van	Taboo singt.	

42	16.28	Fernseher	Nahaufnahme: Verschiedene übereinander gelagerte Katastrophen-, Unfallbilder auf dem Fernseher.	Feuer
43	16.29		Nahaufnahme: Kindergesichter, die auf den Fernseher starren.	
44	16.30	Wohn-zimmer	Zwei Kinder schauen den Film (s. 42).	
45	16.32	im Van	Apl De Ap singt.	
46	16.32	Wohn-zimmer	Kinder beim Fernsehen, ein Mädchen bedient das Videogerät.	
47	16.34	Fernseher	Nahaufnahme: Ein ? erscheint auf dem Bildschirm.	?
48	16.34	im Van	Apl De Ap singt.	
49	16.35	New York	An einem großen Staatsgebäude wird eine riesige ?-Fahne heruntergelassen.	?
50	16.37	im Van	Apl De Ap singt.	
51	16.40		Nahaufnahme: Ein Gesicht einer älteren Dame.	
52	16.41	Wohn-zimmer	Die ältere Dame sitzt auf dem Sofa.	
53	16.42	im Van	Apl De Ap singt.	
54	16.44	Wohn-zimmer	Fernseher zeigt ein Bild von einem Getreidefeld, in das ein ? gedroschen ist, es steht dabei: „Crop Formation?".	?
55	16.45	Wohn-zimmer	Die ältere Frau betrachtet das Bild auf dem Fernseher.	?
56	16.47	Straße	Taboo singt mit starken Armbewegungen.	
57	16.49	Straße	Kameraperspektive von unten: Hochhaus, an dem eine riesige ?-Fahne hängt.	?
58	16.51	im Van	Apl De Ap singt, er macht den Lautsprecher an, Lautsprecher während der Fahrt in Nahaufnahme.	
59	16.55	Straße	Van ist beklebt mit vielen ?.	?
60	16.58	im Van	Apl De Ap und Will I am singen.	
61	17.04		Jugendlicher und zwei Kinder (Gesicht) singen.	
62	17.09	Fußgänger-zone	Straßenprediger mit zum Himmel entgegen gestreckten Armen	
63	17.11		Nahaufnahme: In seiner rechten Hand hält der Straßenprediger ein Buch (wahrscheinlich Bibel) mit ? darauf.	Bibel/ Buch ?
64	17.12		Junge (Gesicht) singt.	
65	17.15	Fußgänger-zone	Der Straßenprediger, mit seinen Armen den Himmel beschwörend, schreit laut.	Bibel/ Buch
66	17.18		Nahaufnahme (Gesicht): Insg. fünf Mädchen und Jungen nacheinander, der erste Junge singt, die anderen schauen traurig.	
67	17.22		Weizenfeld mit ? (s. 54) von oben	?
68	17.23		Nahaufnahme (Gesicht): Ein Junge singt.	
69	17.24	Van	Fergie und Will I am singen, sie stehen hinten an der Türe, sie haben ?-Flyer. Immer mehr Kinder schließen sich ihnen an und rennen dem Van hinterher, Kamera schwenkt und zeigt Szene aus verschiedenen Perspektiven.	
71	17.35		Nahaufnahme: Apl De Ap singt.	

72	17.40	Straße	Apl De Ap springt an einem fahrenden Bus hoch und klebt ein ? an.	?
73	17.40	Bus	Apl De Ap rennt davon.	
74	17.42	Straße	Polizeiauto fährt hinter ihm her.	
75	17.45		Apl De Ap singt.	
76	17.48		Drei Fernseher: Apl De Ap rennt eine Treppe hinunter, ein Polizist hinterher.	
77	17.48	Raum	Vier Erwachsene schauen auf eine Fernseherwand (s. 76).	Fernseher
78	17.49	Treppe	Apl De Ap springt die Stufen hinunter, der Polizist verfolgt ihn.	
79	17.53	Wohn-zimmer	Mädchen schaut fern, auf dem Bildschirm tauchen nacheinander auf: „What's wrong?" – „Humanity" – „Help us", dann Nahaufnahme: „Equality", „Ask yourself", „Unity".	
80	17.55	auf der Treppe	Stark gestikulierend singt Apl De Ap, der Polizist hört zu.	
81	18.00	an der Treppe	Hinter einem Auto taucht eine Gestalt mit rotem Umhang und weißem Kopftuch und Vollbart auf.	rote Farbe
82	18.01	Treppe	Apl De Ap erneut auf der Flucht die Treppe hinunter, der Polizist hinterher. Apl De Ap hechtet sich auf ein vorbeifahrendes Auto, dort kann der Polizist ihn festnehmen.	
83	18.03	auf der Treppe	Stark gestikulierend singt Apl De Ap, der Polizist hört zu.	
84	18.06	an der Treppe	Festnahme, das Auto entpuppt sich als ein Polizeiwagen.	
85	18.06	auf der Treppe	Stark gestikulierend singt Apl De Ap, der Polizist hört zu.	
86	18.09	an der Treppe	mehrere, übereinander gelagerte, verschwommene Bilder	viel Schwarz
87	18.11	auf der Treppe	Nahaufnahme (Gesicht): Stark gestikulierend singt Apl De Ap.	
88	18.13	an der Treppe	Festnahme, Apl De Ap wehrt sich und wird brutal von dem Polizist festgehalten.	
89	18.14	auf der Treppe	Stark gestikulierend singt Apl De Ap, Polizist hört zu.	
90	18.17	Wohngebiet	The Black Eyed Peas laufen in einer Gruppe, nur Will I am singt.	
91	18.18	Börse	Elektronische Börsenanzeige, es blinkt ein ? auf.	?
92	18.19	New York	Auf einem hohen Gebäude (WTC?) erleuchtet das ? durch Einschalten der Raumbeleuchtung in entsprechenden Räumen.	?
93	18.24	Wohngebiet	The Black Eyed Peas laufen in der Gruppe.	
94	18.26		Nahaufnahme (Gesicht) eines Jungens	
95	18.27	vor einer Gebäude-wand	Will I am singt vor Wandgraffiti („We are not a minority!!") (s. 10)	Graffiti
96	18.29		Nahaufnahme (Gesicht): Will I am und Fergie	
97	18.31		Nahaufnahme (Gesicht): Ein Jugendlicher und ein Mädchen	

98	18.36	Wohngebiet	Eine Gruppe von Menschen steht entlang der Straße und schaut zum Himmel.	
99	18.38		Zeitlupe, Nahaufnahme (Kopf): Will I am springt hoch.	
100	18.39	Wohngebiet	The Black Eyed Peas laufen in der Gruppe, Taboo zeigt seinen (einen) Zeigefinger, das zweite Mal zeigen drei von ihnen ihren Zeigefinger.	
101	18.42		Nahaufnahme (Kopf): Ein junger Mann, der nach oben zum Himmel sieht, dann eine junge Frau, die auch nach oben blickt (Nahaufnahme Gesicht).	
102	18.44		The Black Eyed Peas laufen in der Gruppe mit dem Zeigefinger nach oben gerichtet.	
103	18.47	Fußgänger-weg	Ein älterer Mann blickt nach oben (Kamera von hinten).	
104	18.48	Wohngebiet	Eine Gruppe von Menschen steht entlang der Straße und schaut zum Himmel.	
105	18.49		Nahaufnahme (Gesicht): Ein kleiner Junge, der erstaunt zum Himmel blickt.	
106	18.51	Fußgänger-zone	Nahaufnahme (Kopf von vorne): Der ältere Mann (s. 103), der zum Himmel blickt.	
107	18.51	vor einem Laden	Gruppe junger Erwachsener (s. 77) sieht zum Himmel.	
108	18.52	Haus	Die Frau (s. 51) kommt aus dem Haus heraus.	
109	18.54	an einem Hausfenster	Zwei Mädchen schauen aus dem Fenster heraus, blicken zum Himmel.	
110	18.56	unter der Haustür	Nahaufnahme (Kopf): Die Frau (s. 108) blickt zum Himmel.	

M 2: „Where Is The Love" von „The Black Eyed Peas" (2003)

(1)   What's wrong with the world, mama?
           People livin' like they ain't got no mamas!
           I think the whole world addicted to the drama
           Only attracted to things that'll bring you trauma

(2)   Overseas, yeah, we try to stop terrorism
           But we still got terrorists here livin'
           In the USA, the big CIA
           The Bloods and The Crips and the KKK

(3)   But if you only have love for your own race
           Then you only leave space to discriminate
           And to discriminate only generates hate
           And when you hate then you're bound to get irate, yeah

(4)   Badness is what you demonstrate
           And that's exactly how anger works and operates
           Then you gotta have love just to set it straight
           Take control of your mind and meditate
           Let your soul gravitate to the love, y'all, y'all

Refrain:

(I)   People killin', people dyin'
           Children hurt and you hear them cryin'
           Can you practice what you preach?
           And would you turn the other cheek?

(II)   Father, Father, Father help us!
           Send us some guidance from above!
           'Cause people got me, got me questionin'
           Where is the love (Love)?

(III)   Where is the love? (The love)
           Where is the love? (The love)
           Where is the love?
           The love, the love

(5)   It just ain't the same, always unchanged
           New days are strange, is the world insane?
           If love and peace is so strong
           Why are there pieces of love that don't belong?

(6)   Nations droppin' bombs
           Chemical gasses fillin' lungs of little ones
           With the ongoin' sufferin' as the youth die young
           So ask yourself is the lovin' really gone

(7)   So I could ask myself really what is goin' wrong
    In this world that we livin' in people keep on givin' in
    Makin' wrong decisions, only visions of them dividends
    Not respectin' each other, deny thy brother

(8)   A war is goin' on but the reason's undercover
    The truth is kept secret, it's swept under the rug
    If you never know truth then you never know love!
    Where's the love, y'all, come on (I don't know)
    Where's the truth, y'all, come on (I don't know)
    Where's the love, y'all

Refrain

(9)   I feel the weight of the world on my shoulder
    As I'm gettin' older, y'all, people gets colder
    Most of us only care about money makin'
    Selfishness got us followin' our own direction

(10)   Wrong information always shown by the media
    Negative images is the main criteria
    Infecting the young minds faster than bacteria
    Kids act like what they see in the cinema

(11)   Yo', whatever happened to the values of humanity
    Whatever happened to the fairness in equality
    Instead in spreading love we spreading animosity
    Lack of understanding, leading lives away from unity

(12)   That's the reason why sometimes I'm feelin' under
    That's the reason why sometimes I'm feelin' down
    There's no wonder why sometimes I'm feelin' under
    Gotta keep my faith alive to lovers bound!
    Ask yourself!

Refrain

(Epilog) Singin' we are
One world, one world
We only got
One world, one world
So we go
One world, one world
So drawn with the, yeah, so drawn with the, yeah
So drawn with the big, big world, yeah
We only got
One world, one world

M 3: „Where Is The Love" von „The Black Eyed Peas" (2003) (Deutsche Übersetzung)

(1)   Was ist los mit der Welt, Mama?
       Die Leute leben so, als ob sie keine Mamas hätten!
       Ich denke, die ganze Welt ist süchtig nach Dramas
       Nur angezogen von Dingen, die uns traumatisieren

(2)   In Übersee versuchen wir den Terrorismus zu stoppen
       Aber wir haben immer noch Terroristen, die hier leben
       In den USA, der großen CIA (Central Intelligence Agency)
       Die „Bloods", die „Crips" und den KKK (Ku Klux Klan)

(3)   Aber wenn du nur Liebe für deine eigene Rasse übrig hast
       Dann schaffst du Raum, um andere zu diskriminieren
       Und jemanden zu diskriminieren erzeugt nur Hass
       Und wenn du jemanden hasst, dann musst du zwangsläufig zornig werden

(4)   Das Schlechte trägst du zur Schau
       Und das genau ist es, wie Wut funktioniert und arbeitet
       Dann brauchst du Liebe, um das wieder auszubügeln
       Überwache deinen Verstand und denke nach
       Lasse deine Seele in die Liebe fallen

Refrain:

(I)   Menschen töten, Menschen sterben
       Kinder sind verletzt und du hörst sie schreien
       Kannst du umsetzen, was du predigst?
       Und würdest du die andere Backe hinhalten?

(II)   Vater, Vater, Vater, hilf uns!
       Sende uns etwas Führung von oben!
       Denn die Leute fragen mich
       „Wo ist die Liebe?"

(III) Wo ist die Liebe? (Die Liebe)
       Wo ist die Liebe? (Die Liebe)
       Wo ist die Liebe?
       Die Liebe, die Liebe

(5)   Es ist nicht nur dasselbe, immer unverwechselbar
       Neue Tage sind seltsam, ist die Welt wahnsinnig?
       Wenn Liebe und Frieden so stark sind,
       warum gibt es Teile der Liebe, die nicht dazu gehören?

(6)   Nationen werfen Bomben ab
       Chemische Gase füllen die Lungen von kleinen Leuten
       Mit dem andauernden Leiden stirbt die Jugend so jung
       Also frage dich selbst, ist das Lieben wirklich vergangen?

(7)   Also könnte ich mich selbst fragen, was falsch läuft in dieser Welt,
        in der wir leben, die Leute geben weiterhin ständig auf,
        Leute fällen falsche Entscheidungen
        Nur Visionen dieser Entscheidungen trennen sie
        Sie respektieren sich nicht gegenseitig, verleugnen ihren Bruder

(8)   Ein Krieg wird geführt, aber der Grund ist verborgen
        Die Wahrheit wird geheim gehalten, sie wird unter den Teppich gekehrt
        Wenn du niemals die Wahrheit kennst, dann kennst du nie die Liebe!
        Wo ist die Liebe, sagt's mir!
        Wo ist die Liebe, sagt's mir!
        Wo ist die Liebe?

Refrain

(9)   Ich fühle das Gewicht der Welt auf meiner Schulter
        Während ich älter werde, werden die Leute kälter
        Die Meisten von uns kümmern sich nur um das Geld machen
        Egoismus führt uns unseren Weg

(10)   Falsche Informationen werden durch die Medien gezeigt
        Negative Bilder sind das Hauptkriterium
        Sie infizieren den Verstand junger Leute schneller als Bakterien
        Kinder handeln so, wie sie es in den Medien sehen

(11)   Was passierte mit den Werten der Menschlichkeit?
        Was passierte mit der Fairness der Gleichheit?
        Anstatt Liebe zu verbreiten, verbreiten wir Feindseligkeit
        Verständnismangel führt die Lebenden weg von der Gemeinschaft

(12)   Das ist der Grund, warum ich mich manchmal niedergeschlagen fühle
        Das ist der Grund, warum ich mich manchmal down fühle
        Kein Wunder, dass ich mich manchmal niedergeschlagen fühle
        Halte meinen Glauben am Leben!
        Befrage dich selbst!

Refrain

(Epilog) Singt: Wir sind
        Eine Welt, eine Welt
        Wir haben nur
        Eine Welt, eine Welt
        Also, gehen wir
        Eine Welt, eine Welt
        Gezeichnet von der, yeah, gezeichnet von der, yeah
        Gezeichnet von der großen, großen Welt
        Wir haben nur
        Eine Welt, eine Welt

M 4: Lernstationen zu „Where Is The Love"

Station 1
Die Aufgaben dieser Station beziehen sich auf die erste Strophe.

Aufgaben:
1. Lest euch die erste Strophe genau durch.
2. Überlegt euch, welche Rolle Mütter in Familien heute haben.
3. Und was passiert eurer Meinung nach, wenn es in der Welt keine Mütter mehr gäbe?

Station 2
Die Aufgaben beziehen sich auf die zweite und achte Strophe.

Aufgaben:
1. Lest euch die beiden Strophen durch.
2. Könnt ihr euch vorstellen, auf welchen Krieg/Konflikt in den beiden Strophen angespielt wird?
Interpretiert folgende Aussage der zweiten Strophe:
„In den USA, der großen CIA".

Station 3
Die Aufgaben dieser Station beziehen sich auf die dritte Strophe.

Aufgaben:
1. Lest euch die dritte Strophe durch.
2. Stellt die Kettenreaktion des Rassismus in einem Schema dar.

Station 4
Die Aufgaben dieser Station beziehen sich auf die neunte Strophe.

Aufgaben:
1. Lest euch die neunte Strophe genau durch.
2. Bewertet die folgenden Aufgaben auf einer Skala von 0 bis 5.

0 = trifft nicht zu 5 = trifft vollständig zu	1	2	3	4	5
a) Umso älter die Menschen werden, desto kälter werden sie.					
b) Die meisten Menschen kümmern sich nur ums Geldmachen.					
c) Egoismus regiert unser Leben.					

Station 5

Die Aufgaben beziehen sich auf die zehnte Strophe.

Aufgaben:

1. Lest euch die zehnte Strophe genau durch.
2. Füllt die Tabelle aus. Ihr könnt Argumente aus der Strophe nehmen und euch eigene überlegen.

Vorteile des Mediums Fernsehen +	Nachteile des Mediums Fernsehen –

Station 6

Die Aufgaben beziehen sich auf die elfte Strophe.

Aufgaben:

1. Lest euch die elfte Strophe genau durch.
2. Überlegt gemeinsam, welche Werte für ein Leben in Gemeinschaft nötig sind.

Station 7

Die Aufgaben beziehen sich auf den Epilog.

Aufgaben:

1. Lest euch den Epilog genau durch.
2. Fasst den Hauptgedanken des Epilogs in eigenen Worten zusammen (ein Satz).